Das Antiterrordateigesetz

Rechtspolitisches Symposium
Legal Policy Symposium

Herausgegeben im Institut für Rechtspolitik an der Universität Trier
von Bernd von Hoffmann und Gerhard Robbers

Band 11

PETER LANG
Frankfurt am Main · Berlin · Bern · Bruxelles · New York · Oxford · Wien

Kathrin Luise Lang

Das Antiterrordateigesetz

Zusammenarbeit von Polizei und Nachrichtendiensten im Lichte des Trennungsgebotes

PETER LANG
Internationaler Verlag der Wissenschaften

Bibliografische Information der Deutschen Nationalbibliothek
Die Deutsche Nationalbibliothek verzeichnet diese Publikation in der Deutschen Nationalbibliografie; detaillierte bibliografische Daten sind im Internet über http://dnb.d-nb.de abrufbar.

Zugl.: Trier, Univ., Diss., 2010

Umschlaggestaltung:
Olaf Glöckler, Atelier Platen, Friedberg

D 385
ISSN 1610-8906
ISBN 978-3-631-61064-0

Meinen lieben Eltern

Vorwort

Die vorliegende Arbeit wurde im Sommersemester 2010 vom Fachbereich Rechtswissenschaft der Universität Trier als Dissertation angenommen. Erstgutachter war Herr Prof. Dr. Gerhard Robbers, Zweitgutachter Herr Prof. Dr. Mark A. Zöller.

Besonders danke ich meinem Doktorvater, Herrn Prof. Dr. Gerhard Robbers, der mein Promotionsvorhaben mit außergewöhnlicher Hilfsbereitschaft, Zuverlässigkeit und Freundlichkeit begleitet hat. Ich bin ihm zu großem Dank verpflichtet.

Bedanken möchte ich mich auch bei meinem Zweitgutachter Herrn Prof. Dr. Mark A. Zöller für die zügige Erstellung des Zweitgutachtens.

Dank gebührt darüber hinaus meinem lieben Ehemann Heribert, ohne dessen ausdauernde und vielseitige Unterstützung in juristischen wie nichtjuristischen Fragen die Anfertigung dieser Dissertation nicht möglich gewesen wäre. Für seine unermüdliche Motivation und seine konstruktive Kritik, die mir immer wieder neue Wege für mein wissenschaftliches Arbeiten aufgezeigt hat, möchte ich mich von ganzem Herzen bedanken.

Schließlich danke ich in besonderem Maße meinen Eltern Marie-Luise und Franz Lang, die mit ihrer Zeit, ihrer Energie und ihrem Vertrauen maßgeblich zum erfolgreichen Gelingen dieser Arbeit beigetragen haben. Ihrer Unterstützung und ihrem Glauben habe ich die Verwirklichung meiner akademischen Ziele zu verdanken. Ihnen sei daher die vorliegende Arbeit gewidmet.

Erwähnen möchte ich zuletzt auch meinen Zwillingsbruder Simon, der mir während unserer gesamten juristischen Ausbildung einschließlich unserer Promotionsvorhaben ein sehr wichtiger und treuer Begleiter war.

Düsseldorf, im Dezember 2010

Kathrin Luise Lang

Inhaltsverzeichnis

Kapitel 1 - Einleitung

A. Einführung in die Thematik

„Die Balance zwischen Freiheit und Sicherheit darf vom Gesetzgeber neu justiert werden, die Gewichte dürfen jedoch von ihm nicht grundlegend verschoben werden.“[1] Diese Formulierung hat das Bundesverfassungsgericht in seiner Entscheidung zur Verfassungsmäßigkeit der präventiven polizeilichen Rasterfahndung vom 04. April 2006 gewählt.

Der Beweggrund für diese Vorgabe des höchsten Gerichtes mag darin begründet gewesen sein, dass das Phänomen „Terrorismus“ in der Politik der Inneren Sicherheit zunehmend Veränderungen bewirkt und sich nach *Hetzer* „zum funktionellen Äquivalent eines ‚Sesam öffne dich'“ entwickelt hat.[2] Die Angst vor terroristischen Bedrohungen und der Wunsch nach einer möglichst frühzeitigen Aufdeckung terroristischer Betätigungen haben zu einer Vielzahl neuer gesetzlicher Regelungen geführt.[3] Diese versprechen zwar regelmäßig – zumindest theoretisch – unsere Gesellschaft besser zu schützen und eine frühere Erkennung und Aufdeckung von Bedrohungen zu ermöglichen. Ob sie sich dabei aber auch innerhalb der rechtsstaatlichen und (verfassungs-) rechtlichen Vorgaben halten, kann nicht in jedem Fall gewährleistet werden.

Insbesondere die Terroranschläge vom 11. September 2001 in den USA, vom 11. März 2004 in Madrid und vom 07. Juli 2005 in London sowie die versuchten Bombenanschläge auf Regionalzüge in Nordrhein-Westfalen und Rheinland-Pfalz im Jahr 2006 haben eine intensive Diskussion um die Sicherheitsarchitektur Deutschlands ausgelöst. Die aufgrund dessen neubewertete Sicherheitslage führte zu einer Intensivierung der Zusammenarbeit zwischen den Polizeibehörden und Nachrichtendiensten, um „den Raum der Sicherheit, der Freiheit und des Rechts“ fortzuentwickeln.[4]

Dabei wurde speziell auf informationeller Ebene die Zusammenarbeit der Sicherheitsbehörden intensiviert.[5] Folge der zu diesem Zweck verabschiedeten Gesetzesvor-

---

1 BVerfG, Beschluss vom 04. 04. 2006 - 1 BvR 518/02 = NJW 2006, 1939 (1946); vgl. in diesem Zusammenhang auch die Stellungnahme des Unabhängigen Landeszentrums für Datenschutz des Landes Schleswig-Holsteins, BR-Drucks., 672/06, 827. Sitzung des Bundesrates am 03.11.2006.

2 *Hetzer*, Terrorabwehr im Rechtsstaat, ZRP 2005, S. 132.

3 So etwa: Gesetz zur Bekämpfung des internationalen Terrorismus (Terrorismusbekämpfungsgesetz) vom 09.01.2002 (BGBl. I S. 361, 3142); Strafrechtsänderungsgesetz - § 129b StGB (34. StrÄndG) vom 22.08.2002 (BGBl. I S. 3390); Gesetz zur Ergänzung des Terrorismusbekämpfungsgesetzes (Terrorismusbekämpfungsergänzungsgesetz) vom 05.01.2007 (BGBl. I S. 2); vgl. dazu: *Hetzer*, Terrorabwehr im Rechtsstaat, ZRP 2005, S. 132, Fn. 1.

4 Zum Begriff: *Götz*, Ein Raum der Freiheit, Sicherheit und des Rechts, in: Ipsen/Schmidt-Jortzig (Hrsg.), Recht – Staat – Gemeinwohl, Festschrift für Dietrich Rauschning, S. 185-199.

5 Vgl. dazu den Artikel von *Käppner*, Jeder sammelt vor sich hin. Wie der deutsche Sicherheitsapparat funktioniert – oder auch nicht., Süddeutsche Zeitung vom 18.03.2004, online abrufbar unter http://www.sueddeutsche.de/politik/700/393490/text/ (zuletzt aufgerufen

haben ist, dass die Balance zwischen den Sicherheitsbedürfnissen des modernen Staates, der sich mit bislang unbekannten terroristischen Bedrohungen auseinandersetzen muss, und dem freiheitlich orientierten Rechtsstaat, der auf die Wahrung grundrechtlicher Freiheiten ausgerichtet ist, von der Legislative immer wieder neu justiert wird. Der Pflicht, für eine effektive Abwehr terroristischer Bedrohungen zu sorgen, steht die begründete Furcht vor der Errichtung eines nahezu schrankenlos wirkenden Präventionsstaates gegenüber. Die (verfassungs-) rechtlichen Grundlagen und Maßstäbe dieses Spannungsverhältnisses zwischen staatlichem Schutzauftrag und rechtsstaatlich gebotener Distanz geraten wiederkehrend in die rechtspolitische Diskussion und sollen auch Gegenstand dieser Ausarbeitung sein.

I. Das Antiterrordateigesetz

Die Einführung gemeinsamer Dateien war seit längerer Zeit Gegenstand von politischen Debatten. Am 23. Dezember 2006 trat gegen die Stimmen der Opposition das vom Deutschen Bundestag am 01. Dezember 2006 beschlossene „Gesetz zur Errichtung gemeinsamer Dateien von Polizeibehörden und Nachrichtendiensten des Bundes und der Länder (Gemeinsame-Dateien-Gesetz)“ (GDG)[6] in Kraft. Ziel dieses Gesetzes ist es, angesichts der Bedrohungen durch den internationalen Terrorismus den Informationsaustausch zwischen Polizeien und Nachrichtendiensten weiter zu verbessern.[7] Zu diesem Zweck sieht das GDG in Artikel 1 die Errichtung einer gemeinsamen Antiterrordatei durch das „Gesetz zur Errichtung einer standardisierten zentralen Antiterrordatei von Polizeibehörden und Nachrichtendiensten von Bund und Ländern (Antiterrordateigesetz)“ (ATDG) vor. In den Artikeln 2 bis 4 des GDG wird die Einführung von gemeinsamen Projektdateien geregelt. Es handelt sich bei der Antiterrordatei und den Projektdateien um so genannte Verbunddateien, also Sammlungen von Daten, die bei den einzelnen Behörden bereits vorhanden sind und von diesen in die entsprechende Datei eingespeichert werden. Zugleich wird anderen Behörden der Zugriff auf diese Daten ermöglicht. Solche Informationssysteme existieren bereits für die Polizeien in Form von INPOL[8] und als NADIS[9] für die Nachrichtendienste. Während diese Verbunddateien aber lediglich den Informationsaustausch zwischen den Polizeibehörden einerseits und den Nachrichtendiensten andererseits ermöglichen, ebnen die Antiterrordatei und die gemeinsamen Projektdateien jedoch den Weg für eine vereinfachte informationelle Zusammenarbeit der verschiedenen Polizeibehörden und Nachrichtendienste untereinander. Bislang gestaltete sich der Austausch von Informationen zwischen den unterschiedlichen Sicherheitsbehörden weitaus komplizierter: Auf ein Ersu-

---

am 18.08.2009), der über eine Terrorwarnung für das Bundeswehrkrankenhaus am 30.12.2003 in Hamburg-Wandsbek und das dabei entstandene Ermittlungschaos berichtet.

6 BGBl. 2006/I, S. 3409.

7 Vgl. die amtliche Begründung zum GDG: BT-Drucks. 16/2950, S. 1.

8 INPOL ist das bundesländerübergreifende Informationssystem der Polizei beim Bundeskriminalamt.

9 NADIS ist ein nichtöffentliches, automatisiertes Datenverbundsystem, an dem die Verfassungsschutzbehörden des Bundes und der Länder beteiligt sind.

chen der anfragenden Behörde übermittelte die angefragte Behörde nur im konkreten Einzelfall Daten unter bestimmten Voraussetzungen, die sich den einschlägigen Übermittlungsvorschriften wie etwa den §§ 17 ff. des „Gesetzes über die Zusammenarbeit des Bundes und der Länder in Angelegenheiten des Verfassungsschutzes und über das Bundesamt für Verfassungsschutz (Bundesverfassungsschutzgesetz)" (BVerfSchG) entnehmen lassen. Die Antiterrordatei und die gemeinsamen Projektdateien zeichnen sich hingegen durch die in den Dateien vorhandenen Datensammlungen aus, auf die von den polizeilichen und nachrichtendienstlichen Sicherheitsbehörden in der Regel ohne vorherige einzelfallbezogene Anfrage automatisch zugegriffen werden können.

Die Umsetzung des Gesetzesvorhabens war jedoch von starken rechtspolitischen Diskussionen und Kontroversen begleitet worden. Im Fokus der Kritiker stand dabei insbesondere das so genannte Trennungsgebot zwischen der Polizei und den Nachrichtendiensten. Denn diese aufgrund des GDG geschaffene Möglichkeit eines sehr weitgehenden Informationsverbundes zwischen Nachrichtendiensten und Polizeibehörden wirft Fragen hinsichtlich der Vereinbarkeit mit dem Trennungsgebot auf. Aber auch eine mögliche Verletzung des Rechts auf informationelle Selbstbestimmung von einzelnen Personen oder Vereinigungen wurde kontrovers diskutiert und soll aufgrund seiner Sachnähe in der vorliegenden Bearbeitung eine – wenn auch oberflächlichere – Berücksichtigung finden.

II. Das Trennungsgebot

Das Trennungsgebot wird zu den Grundelementen des deutschen Nachrichtendienstrechtes gezählt[10] und besteht nun bereits seit über 60 Jahren.[11]

Der Begriff Trennungsgebot lässt sich explizit keiner gesetzlichen Regelung entnehmen. Erst seit den 1980er Jahren findet sich der Terminus in der Literatur[12] und stellt ein Ergebnis der politischen Auseinandersetzung um den Datenschutz dar.[13] So war er Gegenstand intensiver juristischer Erörterungen im Zusammenhang mit der Frage nach der Zulässigkeit einer Kooperation von Polizei und Nachrichtendiensten in Anbetracht des Grundrechts auf informationelle Selbstbestimmung.[14] Umstritten war

---

10 *Nehm*, Das nachrichtendienstrechtliche Trennungsgebot und die neue Sicherheitsarchitektur NJW 2004, S. 3289.

11 *v. Denkowski*, Das Trennungsgebot – Gefahr für die Innere Sicherheit? Ein Plädoyer für die Zusammenlegung von Staats- und Verfassungsschutz, Kriminalistik 2003, S. 212.

12 *Bull*, Datenschutz und Ämter für Verfassungsschutz, in: Bundesministerium des Innern (Hrsg.), Verfassungsschutz und Rechtsstaat: Beiträge aus Wissenschaft und Praxis, S. 149 f.; *Denninger*, Amtshilfe im Bereich der Verfassungsschutzbehörden, in: Bundesministerium des Innern (Hrsg.), Verfassungsschutz und Rechtsstaat: Beiträge aus Wissenschaft und Praxis, S. 19 (36 ff); *ders.*, Die Trennung von Verfassungsschutz und Polizei und das Grundrecht auf informationelle Selbstbestimmung, ZRP 1981, S. 231 f.

13 *Singer*, Das Trennungsgebot – Teil 1 – Politisches Schlagwort oder verfassungsrechtliche Vorgabe? Die Kriminalpolizei 9/2006, S. 85 (86).

14 *Dorn*, Das Trennungsgebot in verfassungshistorischer Perspektive. Zur Aufnahme inlandsnachrichtendienstlicher Bundeskompetenzen in das Grundgesetz vom 23. Mai 1949,

dabei, ob sich die Nachrichtendienste mittels eines an die Polizeibehörden gerichteten Amtshilfeersuchens von diesen Informationen beschaffen lassen dürfen, die sie aufgrund der ihnen zugewiesenen Befugnisse nicht selbst hätten erheben dürfen. Auch stellte sich die Frage nach der Zulässigkeit eines generellen Informationsaustauschs zwischen den Sicherheitsbehörden.[15] Nicht zuletzt die Problematik der Fernhaltung von so genannten Radikalen vom öffentlichen Dienst ließ schließlich die Diskussion über den normativen Rang des Trennungsgebotes aufkommen.[16] Diskutiert wurde dabei, ob es sich lediglich um eine einfachgesetzliche Regelung handele oder ob dem Trennungsgebot verfassungsrechtliche Qualität beizumessen sei. Nachdem jedoch die infolge des Volkszählungsurteils des Bundesverfassungsgerichts[17] erforderlich gewordenen Gesetzesnovellierungen in Kraft getreten waren, verlor auch die Frage nach dem Verfassungsrang des Trennungsgebotes wieder an Bedeutung.[18] Im Rahmen der Bekämpfung der organisierten Kriminalität in den 1980er und 1990er Jahren lebte der Streit jedoch erneut auf, ein Konsens wurde allerdings nicht erzielt.[19]

Nach der Wiedervereinigung schien – angesichts der Neuordnung des Nachrichtendienstrechts durch den Bundesgesetzgeber – der Streit um den Verfassungsrang des Trennungsgebotes schließlich endgültig hinfällig geworden zu sein; vor dem Hintergrund der terroristischen Anschläge in den USA im Jahr 2001 und der Forderung nach einer intensiveren Zusammenarbeit von Polizei und Nachrichtendiensten auch in Deutschland gewann die Frage nach der Rechtsqualität des Trennungsgebotes jedoch wiederum an Bedeutung.[20]

So wurden die Befugnisse und Aufgabenbereiche der polizeilichen und nachrichtendienstlichen Sicherheitsbehörden durch den Gesetzgeber erweitert und damit die Grenzen zwischen Polizei und Nachrichtendiensten zunehmend fließender gestaltet.[21]

S. 15; *Gusy*, Informationelle Zusammenarbeit zwischen Sicherheitsbehörden. Auftrag und Grenzen am Beispiel der Verfassungsschutzbehörden, CR 1989, S. 628.

15 *Singer*, Das Trennungsgebot – Teil 1 – Politisches Schlagwort oder verfassungsrechtliche Vorgabe? Die Kriminalpolizei 9/2006, S. 85 (88).

16 *Singer*, Das Trennungsgebot – Teil 1 – Politisches Schlagwort oder verfassungsrechtliche Vorgabe? Die Kriminalpolizei 9/2006, S. 85 (88).

17 *Nehm*, Das nachrichtendienstrechtliche Trennungsgebot und die neue Sicherheitsarchitektur, NJW 2004, S. 3289.

18 *Gusy*, Das gesetzliche Trennungsgebot zwischen Polizei und Verfassungsschutz, DV 24 (1991), S. 467 (476); *Nehm*, Das nachrichtendienstrechtliche Trennungsgebot und die neue Sicherheitsarchitektur, NJW 2004, S. 3289.

19 Vgl. *Gusy*, Trennungsgebot - Tatsächliches oder vermeintliches Hindernis für effektive Maßnahmen zur Bekämpfung des internationalen Terrorismus?, in: Möllers/v. Ooyen (Hrsg.), Jahrbuch Öffentliche Sicherheit 2008/2009, S. 177 ff.

20 *Soria*, Nachrichtendienste und Polizei, Die Zusammenarbeit in Deutschland und in der EU im Lichte des Trennungsgebotes in: Hendler/Ibler/Soria (Hrsg.) „Für Sicherheit, für Europa“, Festschrift für Prof. Dr. Volkmar Götz zum 70. Geburtstag, S. 359; *Dorn*, Das Trennungsgebot in verfassungshistorischer Perspektive. Zur Aufnahme inlandsnachrichtendienstlicher Bundeskompetenzen in das Grundgesetz vom 23. Mai 1949, S. 15.

21 Vgl. etwa: Gesetz zur Bekämpfung des internationalen Terrorismus (Terrorismusbekämpfungsgesetz) vom 09.01.2002 (BGBl. I S. 361, 3142); Strafrechtsänderungsgesetz - § 129b StGB (34. StrÄndG) vom 22.08.2002 (BGBl. I S. 3390); Gesetz zur Ergänzung des

Im Rahmen der Diskussionen um das im Jahr 2006 in Kraft getretene GDG ist nun erneut die Frage aufgeworfen worden, inwiefern sich die informationelle Zusammenarbeit von Polizei und Nachrichtendiensten mit dem Trennungsgebot vereinbaren lässt. Auch der Streit um einen möglichen Verfassungsrang des Trennungsgebotes ist damit wiederholt in den Blickpunkt des rechtspolitischen Interesses gerückt worden.

Gegen den Entwurf des GDG wurden erhebliche verfassungsrechtliche Bedenken ins Feld geführt. So wies etwa Bundesverfassungsrichter a.D. Dieter Grimm darauf hin, dass die Grenzen zwischen vorbeugenden Sicherheitsmaßnahmen und Strafverfolgung nicht zum Zwecke der Informationsbeschaffung des Staates abgeschafft werden dürfen: *„Wir erlauben den Geheimdiensten viel mehr Informationsbeschaffung, weil es hier um die Unterrichtung der Regierung über bestimmte Lagen geht, ohne dass sich dies sofort auf Individuen auswirkt. Wir erlauben der Polizei erheblich weniger, weil dadurch unmittelbar Personen in Mitleidenschaft gezogen werden können, etwa durch Einleitung eines strafrechtlichen Ermittlungsverfahrens. Diese Differenz darf nicht durch ein unbegrenztes Datenverwertungs- und Datenvermittlungsrecht eingeebnet werden."*[22]

Auch die ehemalige Präsidentin des Bundesverfassungsgerichts (BVerfG) Jutta Limbach äußerte sich zum Gesetzesentwurf wie folgt: *„Gewiss kann man sich darauf verlassen, dass es noch das Bundesverfassungsgericht gibt, das die Gesetzestexte im Streitfall kritisch gegenliest. Doch sollte es der Ehrgeiz der Politik sein, dieser verfassungsgerichtlichen Nachhilfe zuvorzukommen."*[23]

B. Ziel der Arbeit und Gang der Untersuchung

Das ATDG ist zwischenzeitlich in Kraft getreten. Die im Rahmen des Gesetzgebungsverfahrens aufgekommenen umfangreichen Diskussionen und rechtlichen Forderungen wurden bei der Umsetzung des Gesetzes jedoch weitgehend unberücksichtigt gelassen. Ziel der vorliegenden Arbeit ist es nun, die Reichweite des Trennungsgebotes zwischen Polizei und Nachrichtendiensten vor dem Hintergrund der aktuellen terroristischen Bedrohungssituation in Deutschland zu untersuchen, insbesondere welche rechtlichen Folgen sich für die Gegenwart aus dem Trennungsgebot ergeben. Dabei soll die Frage aufgeworfen werden, inwieweit das Trennungsgebot Raum für eine Zusammenarbeit zwischen Nachrichtendiensten und Polizeibehörden – wie sie nach dem ATDG vorgesehen ist – lässt und zu diesem Zweck die Vereinbarkeit der Regelungen des ATDG mit dem Trennungsgebot untersucht werden.

Aufbau der Arbeit

Die Bearbeitung gliedert sich in insgesamt fünf Kapitel. Das sich an diese Einleitung (Kapitel 1) anschließende Kapitel 2 enthält eine Darstellung der Grundlagen, in der die

---

Terrorismusbekämpfungsgesetzes (Terrorismusbekämpfungsergänzungsgesetz) vom 05.01.2007 (BGBl. I S. 2).

22 Zitiert nach: Die Zeit, 34/2006 vom 17.08.2006.

23 Zitiert nach: Süddeutsche Zeitung vom 24.08.2006.

einzelnen, thematisch wichtigen Begriffe in ihrem rechtshistorischen Zusammenhang erläutert werden.

Eine solche einführende Erörterung der Begrifflichkeiten bietet sich insbesondere deshalb an, weil sich (rechtliche) Begriffe in der Geschichte entwickeln und in der Folge „nur mit ihrer und aus ihrer Geschichte zu verstehen" sind.[24] Darüber hinaus werden die Fachausdrücke in der Gegenwart oftmals nicht ganz einheitlich verwendet. Es soll daher eine Möglichkeit geschaffen werden, die in der weiteren Bearbeitung auftauchenden Begriffe besser in den Gesamtkontext einordnen zu können und Missverständnissen infolge Mehrdeutigkeit entgegenzuwirken.

In einem ersten Schritt wird der Begriff der „Inneren Sicherheit" in Deutschland näher beleuchtet. Zu diesem Zweck wird der staatstheoretische und rechtshistorische Hintergrund vergegenwärtigt, um die Stellung von Sicherheit im freiheitlich orientierten Rechtsstaat herausarbeiten zu können.

Im Weiteren sind die Geschichte der Polizei und Nachrichtendienste, ihre Aufgaben- und Zuständigkeitsbereiche in der Gegenwart, ihre Gemeinsamkeiten und Unterschiede Gegenstand der Ausarbeitung. Daran anschließend erfolgt eine kurze Erläuterung der Begriffe Staatsschutz und Verfassungsschutz. In einem nächsten Schritt werden der Terrorismus und seine Erscheinungsformen, Schwierigkeiten bei der Bekämpfung des Terrorismus sowie (gesetzliche) Maßnahmen im Bereich der Terrorismusbekämpfung thematisiert.

Gegenstand des 3. Kapitels ist die Darstellung des Trennungsgebotes. Nach einer kurzen Erläuterung der historischen Entwicklung dieses Grundsatzes werden die verschiedenen Ausprägungen des Trennungsgebotes näher untersucht und damit zugleich die Konsequenzen dieses Prinzips für eine Zusammenarbeit zwischen Polizei und Nachrichtendiensten ausgeführt. Einen weiteren Schwerpunkt dieses Kapitels bildet die Suche nach dem rechtlichen Standort des Trennungsgebotes und dabei insbesondere die Frage nach einer verfassungsrechtlichen Qualität desselben.

Im 4. Kapitel wird der Inhalt des ATDG erläutert und daran anschließend die Vereinbarkeit der Regelungen des ATDG mit den Vorgaben des Verfassungsgebers geprüft. Dabei liegt der Schwerpunkt der wissenschaftlichen Bearbeitung in der Überprüfung der Vereinbarkeit mit dem Trennungsgebot. Sodann werden verschiedene Reformvorschläge vorgestellt, die zu einer Konformität der Bestimmungen des ATDG mit dem Trennungsgebot beitragen sollen und auch im Übrigen die Verfassungsmäßigkeit des Gesetzes bewirken können.

Den Abschluss der Bearbeitung bildet in einem 5. Kapitel die thesenartige Zusammenfassung der wesentlichen Ergebnisse der Arbeit in Verbindung mit einer Schlussbemerkung.

24 *Pieroth/Schlink/Kniesel*, Polizei- und Ordnungsrecht mit Versammlungsrecht, S. 1.

Kapitel 2 - Grundlagen

Die Arbeit beginnt mit der grundlegenden Darstellung derjenigen Rechtsbereiche und -begriffe, deren Kenntnis im Sinne einer umfassenden Auseinandersetzung mit der Materie erforderlich ist und darüber hinaus geboten erscheint, um das für den Gang der Untersuchung erforderliche einheitliche Grundverständnis bezüglich der verwendeten Fachausdrücke sicherzustellen.

A. Innere Sicherheit in der Bundesrepublik Deutschland

In seiner Begründung zum Entwurf des GDG hat der Gesetzgeber hervorgehoben, dass *„die anhaltend hohe Bedrohung durch den internationalen Terrorismus (...) einen bestmöglichen Einsatz der Instrumente zur Gewinnung und zum Austausch von Erkenntnissen der Sicherheitsbehörden von Bund und Ländern“* erfordert.[25] Doch was verbirgt sich hinter dem Begriff der „Sicherheit“, zu deren Schutz – dem Willen des Gesetzgebers entsprechend – **Sicherheits**behörden sich *„moderner Informationstechnologie, einschließlich gemeinsamer Dateien von Polizeien und Nachrichtendiensten“* bedienen sollen?[26]

Zur Beantwortung dieser Frage wird einführend der Begriff der Inneren Sicherheit in der Bundesrepublik Deutschland erläutert. Ein Blick auf die Geschichte soll dabei zunächst die wesentlichen Eckpunkte der Entwicklung des Terminus Sicherheit aufzeigen, um dann in einem weiteren Schritt untersuchen zu können, inwiefern der Begriff der Inneren Sicherheit Gegenstand von Rechtsprechung oder des Grundgesetzes ist. Auch der Innenausschuss des Bundestages hat sich mit dem Terminus befasst; einer kurzen Darstellung der von ihm gefundenen Definition schließt sich eine Erläuterung der Inneren Sicherheit im modernen Rechtsstaat an. Dabei wird versucht, eine für den hier interessierenden Zusammenhang adäquate Definition des Begriffes zu finden. Abschließend wird die Innere Sicherheit abgegrenzt von der Äußeren Sicherheit, sowie die Aufgabe des Staates zur Gewährleistung der Inneren Sicherheit thematisiert.

I. Der Begriff der Sicherheit

Die Verwendung des Begriffes Sicherheit ist vielseitiger Natur. Im Zusammenhang mit sozialen Werten lässt sich Sicherheit zunächst beschreiben als ein Gefühl von Vertrauen, innerer Beruhigung und auch der Zuversicht.[27]

Objektiv einordnen lässt sich dieser Zustand der Sicherheit als das Vorhandensein von Schutzeinrichtungen vor bestehenden Gefahrenquellen bis hin zum vollständigen Fehlen von Gefahrenmomenten, so dass Sicherungseinrichtungen nicht mehr erforder-

---

25 Vgl. die amtliche Begründung zum GDG: BT-Drucks. 16/2950, S. 12.

26 BT-Drucks. 16/2950, S. 12.

27 Vgl. *Wurtzbacher*, Sicherheit durch Gemeinschaft - Bürgerschaftliches Engagement für öffentliche Sicherheit, S. 15.

lich sind.[28] Subjektiv kann sich dieser Zustand ausdrücken als die Gewissheit des Individuums bezüglich der zuverlässigen und flächendeckenden Wirkungsweise von bestehenden Schutzmechanismen gegen mögliche Bedrohungen. Unter diese Bedrohungen fallen neben der Gefährdung der materiellen Existenz durch etwa soziale Notlagen[29], in dem hier interessierenden Zusammenhang insbesondere Terror- und Gewaltakte, die gegen Individuen oder auch die gesamte Gesellschaft gerichtet sein können. Gefährdet sind dabei Gesundheit und Leben des Einzelnen ebenso wie das Eigentum der Betroffenen oder einer ganzen Gesellschaft oder sogar die Sicherheit von Staat und Verfassung.[30] Diese oftmals aber nicht ausschließlich von Willkür gezeichneten Gewaltakte bedrohen dabei eine ganz besondere Form der Sicherheit: die Innere Sicherheit.

II. Die Innere Sicherheit

Die Suche nach einer adäquaten Definition für den Begriff der Inneren Sicherheit fällt weniger leicht. Nach einer im Schrifttum zu findenden Begriffserklärung bildet die Innere Sicherheit das verfassungsrechtliche Minimum, welches die Basis des Rechtsstaates darstelle; Innere Sicherheit bezeichne dabei den Zustand des Gemeinwesens, in dem der Schutz des Einzelnen und der Gemeinschaft sowie ihrer Institutionen gegen alle Arten von Normverstößen ebenso gewährleistet werde wie gegebenenfalls eine Sanktionierung dieser Verstöße.[31] Diese sehr weit gefasste Definition erweist sich jedoch als eher unergiebig bei der Suche nach einer *präzisen* Umschreibung des Terminus Innere Sicherheit. Da auch keine Begriffsbestimmung mit rechtsverbindlichem Charakter anerkannt ist[32], bietet sich ein Blick auf die historische Entwicklung des Begriffes Sicherheit an, um in einem nächsten Schritt den Begriff der Inneren Sicherheit in Zeiten des modernen Rechtsstaates besser erfassen zu können.

---

28 *Singer*, Die rechtlichen Vorgaben für die Beobachtung der Organisierten Kriminalität durch die Nachrichtendienste der Bundesrepublik Deutschland, S. 32; *Gusy*, Zur Relativität der Staatsaufgabe Sicherheit, DÖV 1996, S. 573 (578).

29 Diese Form der Sicherheit wird auch als die ökologische Sicherheit bezeichnet. Daneben existieren auch eine soziale und eine physische Ausprägung der Sicherheit, vgl. *Callies*, Sicherheit im freiheitlichen Rechtsstaat - Eine verfassungsrechtliche Gratwanderung mit staatstheoretischem Kompass, ZRP 2002, S. 1; *Brugger*, Gewährleistung von Freiheit und Sicherheit im Lichte unterschiedlicher Staats- und Verfassungsverständnisse, VVDStRL 2004, S. 101 (102). Insbesondere die soziale Sicherheit wurde durch die Aufnahme in die UN-Menschenrechtserklärung von 1948 (Art. 22) zum Bestandteil kodifizierten Rechts, vgl. *Brockhaus –Die Enzyklopädie*, Band 20, S. 229.

30 *Ahlf*, Erweiterter Sicherheitsbegriff und Polizei – Ein Essay - , Die Polizei 2002, S. 93 (95).

31 *Walter*, Innere Sicherheit zwischen Mythos und Nimbus. Die Gewährleistung der Inneren Sicherheit als Lackmuster für den Rechtsstaat, Kriminalistik 2000, S. 778 (781).

32 *Middel*, Innere Sicherheit und präventive Terrorismusbekämpfung, S. 20.

III. Begriff der Sicherheit in der Geschichte

Der Gedanke der Securitas – der Sicherheit – wurde bereits im Altertum etwa von *Cicero* oder *Lukrez* thematisiert.[33] Allerdings ist das damalige Verständnis von Securitas nur als ein „früher Vorläufer" des heutigen Sicherheitsgedankens anzusehen.[34]

Erste Auseinandersetzungen mit einer Schutzpflicht des Staates, die Sicherheit seiner Bürger zu gewährleisten, finden sich im Mittelalter. Im 14. Jahrhundert etwa entwarf der italienische Maler *Ambrogio Lorenzetti* (etwa 1290 bis 1348) im Rathaus von Siena, dem Palazzo Publico, einen Freskenzyklus[35]: Durch diese allegorische Darstellung der *„Guten und Schlechten Regierung"* aus den Jahren 1338 bis 1340 wurde *Lorenzetti* berühmt.[36] Auf dem Freskenzyklus erkennt man die Securitas – die Sicherheit – wie sie in Engelsgestalt über dem Stadttor von Siena schwebt.[37] In einer Hand hält sie einen Galgen, an dem der tote Körper eines männlichen Verbrechers hängt.[38] Die andere Hand des Engels umfasst eine auseinander gerollte Pergamentrolle, auf der der folgende Vers zu lesen ist[39]: *"Ohne Angst gehe jedermann frei seines Weges und es wird gesät und die Felder werden bestellt, solange die Kommune die Herrschaft dieser Dame* [Securitas] *aufrecht erhält, denn sie hat die Bösen aller Macht beraubt."*[40] Bemerkenswert ist, dass *Lorenzetti* in diesem Vers neben der Sicherheit vor Gewalttaten der ökonomischen Sphäre im Sinnbild der Bewirtschaftung der Felder eine wichtige Rolle einräumt.[41] So wird dieser wirtschaftlichen Voraussetzung in den heute bekannten Definitionsversuchen für den Begriff der Sicherheit keine überragende Stellung mehr beigemessen.[42] Vereinzelt wird sie jedoch als Voraussetzung für eine sozial orientierte Sicherheit angesehen.[43]

---

33 *Robbers*, Sicherheit als Menschenrecht. Aspekte der Geschichte, Begründung und Wirkung einer Grundrechtsfunktion, S. 29.

34 *Robbers*, Sicherheit als Menschenrecht. Aspekte der Geschichte, Begründung und Wirkung einer Grundrechtsfunktion, S. 29.

35 *Kutscha*, in: Roggan/Kutscha (Hrsg.), Handbuch zum Recht der Inneren Sicherheit, S. 26.

36 Vgl. zum Freskenzyklus von Ambrogio Lorenzetti die Dissertation von *Dagmar Schmidt*, Der Freskenzyklus von Ambrogio Lorenzetti über die gute und die schlechte Regierung - Eine danteske Vision im Palazzo Pubblico von Siena.

37 *Schmidt, D.*, Der Freskenzyklus von Ambrogio Lorenzetti über die gute und die schlechte Regierung - Eine danteske Vision im Palazzo Pubblico von Siena, S. 71.

38 *Kutscha*, in: Roggan/Kutscha (Hrsg.), Handbuch zum Recht der Inneren Sicherheit, S. 26.

39 *Schmidt, D.*, Der Freskenzyklus von Ambrogio Lorenzetti über die gute und die schlechte Regierung - Eine danteske Vision im Palazzo Pubblico von Siena, S. 71.

40 Der italienische Original-Wortlaut des Verses lautet: „Senza paura ogn'uom franco camini, e lavorando semini ciascuno, mentre che tal comuno manterrà questa donna in signoria, ch'el à levata a' rei ogni balia."

41 *Kutscha*, in: Roggan/Kutscha (Hrsg.), Handbuch zum Recht der Inneren Sicherheit, S. 26.

42 *Kutscha*, in: Roggan/Kutscha (Hrsg.), Handbuch zum Recht der Inneren Sicherheit, S. 25. Eine Ausnahme bildet nach *Kutscha* das Entwicklungskonzept der UNO zur „menschlichen Sicherheit".

43 *Gusy*, Gewährleistung von Freiheit und Sicherheit im Lichte unterschiedlicher Staats- und Verfassungsverständnisse, VVDStrL 63 (2004), S. 151 ff.

Es ist naheliegend anzunehmen, dass es *Lorenzetti* bei der künstlerischen Gestaltung der Figur der Securitas belassen und diese nicht in theoretischer Form näher ausgeleuchtet hat.[44]

Vor dem Hintergrund der in Frankreich wütenden Religionskriege machte der französische Jurist *Jean Bodin* (1530-1596) in seinem Werk *„Les six livres de la République"* (*„Sechs Bücher über den Staat"*, 1576) sodann erste theoretische Ausführungen zur Staatsaufgabe Sicherheit: Der staatlichen Führung wird „souveräne Staatsgewalt" zuerkannt, mithin das allumfassende und andauernde Monopol von Gewaltanwendungen.[45] Im Gegenzug wird vom Monarchen die Garantie der Religionsfreiheit und der Sicherheit der Untertanen gefordert.[46] „Die Monopolisierung der Gewaltanwendung beim Staat", die im mittelalterlichen Herrschaftsverband so nicht vorgekommen ist, stärkt die innere Souveränität des Staates.[47] Ziel ist es, private Gewalt zu unterbinden, also die Rechtsgüter der Bürger vor Übergriffen anderer Bürger zu bewahren und so einen Zustand inneren Friedens herzustellen, der durch Sicherheit und die Abwesenheit von Bürgerkriegen gekennzeichnet ist.[48]

Dabei versäumte es *Bodin* jedoch, näher auszuführen, mit welcher Berechtigung sich die Staatsgewalt gerade in den Händen des Monarchen bündeln sollte. Er führte insoweit nur aus, dass die Gewalt von Natur aus beim Souverän liegt und von Gott verliehen wird.[49]

Eine Begründung dieser Berechtigung zur Ausübung absoluter Macht (legibus absolutus) gelang jedoch erstmals dem englischen Mathematiker, Staatstheoretiker und Philosophen *Thomas Hobbes* (1588-1679). In seinen Werken *„De Cive"* (*„Über den Bürger"*, 1642) und *„Leviathan"* (1651) geht er von einem anarchischen Naturzustand zwischen den Menschen aus, der von Ruhmsucht, Furcht und Unsicherheit sowie von dem Recht des Stärkeren geprägt ist.[50] Eine staatliche Organisationsform oder Rechtsordnung existiert nicht. Der Zustand ist vielmehr gekennzeichnet durch den berühmten Krieg aller gegen alle (bellum omnium contra omnes).[51] Jeder erhält das, was er sich mit Hilfe von Gewalt oder List aneignen kann. Mit den Worten *„homo homini lupus"*[52] umschreibt *Hobbes* den Zustand, in dem jeder das Recht auf alles geltend macht, zugleich aber „um Leib und Leben" sowie „um Hab und Gut fürchten" muss.[53]

---

44 *Kutscha*, in: Roggan/Kutscha (Hrsg.), Handbuch zum Recht der Inneren Sicherheit, S. 26.

45 *Middel*, Innere Sicherheit und präventive Terrorismusbekämpfung, S. 22, der insoweit auf *Bodin*, Sechs Bücher über den Staat, Buch 1, Kapitel 8 und 10 verweist.

46 *Callies*, Sicherheit im freiheitlichen Rechtsstaat - Eine verfassungsrechtliche Gratwanderung mit staatstheoretischem Kompass, ZRP 2002, S. 1 (2).

47 *Middel*, Innere Sicherheit und präventive Terrorismusbekämpfung, S. 21.

48 *Götz*, in: Isensee/Kirchhof, Handbuch des Staatsrechts, Bd. III: Demokratie - Bundesorgane, § 79, Rn. 21.

49 *Callies*, Sicherheit im freiheitlichen Rechtsstaat - Eine verfassungsrechtliche Gratwanderung mit staatstheoretischem Kompass, ZRP 2002, S. 1 (2).

50 *Hobbes*, Leviathan oder Wesen, Form und Gewalt des kirchlichen und bürgerlichen Staates, S. 98 f.

51 *Callies*, Sicherheit im freiheitlichen Rechtsstaat - Eine verfassungsrechtliche Gratwanderung mit staatstheoretischem Kompass, ZRP 2002, S. 1 (2).

52 Deutsche Übersetzung: Der Mensch ist dem Mensch ein Wolf.

53 *Middel*, Innere Sicherheit und präventive Terrorismusbekämpfung, S. 22.

Überwunden werden kann dieser Zustand nur durch die Regeln der Vernunft als *„gesellschaftliche Naturgesetze"*.[54] Damit diese zur Anwendung kommen können, muss nach der Überzeugung von *Hobbes* ein Gesellschaftsvertrag geschlossen werden, durch den der Einzelne seine Selbstbestimmungs- und Selbstverteidigungsrechte auf den Staat, den Leviathan[55], überträgt und alle Handlungen und Befehle desselben zukünftig als seine eigenen betrachtet.[56] In der Konsequenz ist es dem Staat nun möglich, die Einzelnen zum friedlichen Zusammenleben anzuhalten.[57] Dieser Frieden kann nach der Ansicht von *Hobbes* jedoch nur durch die Anwendung von Zwang sichergestellt werden.[58] Schon in der frühen Neuzeit hatte nach der Staatszwecklehre von *Hobbes* der Staat also den Zweck, den Naturzustand zwischen den Menschen zu überwinden, um einen Zustand des Friedens zu schaffen, der dem Bürger Sicherheit für Leib und Leben gewährleistet.[59] In seinem Werk *„De Cive"* hat *Hobbes* zum Begriff der Sicherheit ausgeführt: *„Zum Frieden unter den Menschen ist vor allem nötig, dass jeder gegen die Gewalttätigkeit der übrigen so weit geschützt werde, dass er sicher leben könne, d.h. dass keiner einen gerechten Grund habe, andere zu fürchten, solange er selbst ihnen kein Unrecht zufügt. Allerdings ist es unmöglich, die Menschen gänzlich vor gegenseitigen Schädigungen zu schützen; darauf darf es hier also nicht ankommen. Dagegen kann man Vorsorge treffen, dass kein gerechter Grund zur Furcht bestehe. Denn Sicherheit ist der Zweck, weshalb die Menschen sich anderen unterwerfen; und wenn diese nicht erlangt werden kann, so gilt die Unterwerfung unter andere als nicht geschehen und das Recht der Selbstverteidigung kraft Urteils in eigener Sache nicht als verloren. Denn man kann annehmen, dass jemand nicht eher sich zu etwas verpflichtet oder sein Recht auf alles aufgegeben habe, als bis für seine Sicherheit gesorgt ist."*[60]

Zusammenfassend lässt sich also feststellen, dass durch den Zusammenschluss der Menschen zum Staat das Ziel verfolgt wird, den Naturzustand zu überwinden. Dies

---

54 *Kutscha*, in: Roggan/Kutscha (Hrsg.), Handbuch zum Recht der Inneren Sicherheit, S. 26.

55 Interessanterweise benutzt Hobbes – der „erklärte Staatsfreund" - hier den Begriff des Leviathans. Leviathan ist der biblische Name für ein mythologisches Ungeheuer. Vgl. dazu *Middel*, Innere Sicherheit und präventive Terrorismusbekämpfung, S. 32, Rn. 32.

56 *Kutscha*, in: Roggan/Kutscha (Hrsg.), Handbuch zum Recht der Inneren Sicherheit, S. 27.

57 *Callies*, Sicherheit im freiheitlichen Rechtsstaat - Eine verfassungsrechtliche Gratwanderung mit staatstheoretischem Kompass, ZRP 2002, S. 1 (3).

58 So formuliert er in Leviathan: „Verträge ohne das bloße Schwert sind bloße Worte und besitzen nicht die Kraft, einem Menschen auch nur die geringste Sicherheit zu bieten. Falls keine Zwangsgewalt errichtet worden oder diese für unsere Sicherheit nicht stark genug ist, wird und darf jedermann sich rechtmäßig zur Sicherung gegen alle anderen Menschen auf seine eigene Kraft und Geschicklichkeit verlassen"

59 *Callies*, Sicherheit im freiheitlichen Rechtsstaat - Eine verfassungsrechtliche Gratwanderung mit staatstheoretischem Kompass, ZRP 2002, S. 1 (3); vgl. hierzu auch *Denninger*, Zehn Thesen zum Ethos des Polizeirechts, JA 1987, S. 131 (132).

60 *Hobbes*, De Cive, 1647, caput VI, 3, in: Malmesburiensis Opera Philosophica quae latine scripsit omnia in unum corpus nunc primum collecta studio et labore Gulielmi Molesworth (Reprint of the edition 1839-45), Vol. II, Aalen 1961, hier zitiert in der Übersetzung von *Isensee*, Das Grundrecht auf Sicherheit. Zu den Schutzpflichten des freiheitlichen Verfassungsstaates, S. 4 m.N.

geschieht durch den Abschluss eines Gesellschaftsvertrages, der durch ein Austauschverhältnis Schutz gegen Gehorsam gekennzeichnet ist: Die Bürger unterwerfen sich der Staatsgewalt, während der Staat sich zur Gewährleistung von Sicherheit verpflichtet.[61] Allerdings gilt dies nur so lange, wie der Staat seinen Verpflichtungen zur Gewährleistung der Sicherheit auch nachkommt. Tut er dies nicht, erlangt der Bürger das zuvor übertragene Selbstverteidigungsrecht zurück und ist nicht weiter an Gehorsam und Gewaltverzicht gebunden.[62]

Während *Hobbes* einen möglichen Missbrauch der dem Staat übertragenen Autorität zwar im Zusammenhang mit dem allgemeinen Prinzip der Sicherheit erörterte, aber nicht weiter kommentierte[63], befasste sich sein Landsmann, der Philosoph *John Locke* (1632-1704) auch genauer mit dieser nicht abwegigen Variante.[64] Dabei hielt auch er es für eine originäre Funktion des Staates, für die Sicherheit seiner Bürger und den Schutz des Eigentums derselben zu sorgen.[65] Zugleich erläuterte er jedoch auch die Gefahr eines Machtmissbrauches durch diesen Staat selbst und betonte in diesem Zusammenhang die sinnvolle Funktion einer Gewaltenteilung: Die gesetzgebende und die exekutive Gewalt sollen in verschiedenen Händen liegen, um den Missbrauch und die Konzentration von staatlicher Macht zu verhindern.[66] *Locke* hatte also erkannt, dass mit der Staatsaufgabe *„Sicherheit“* sich widersprechende Vorstellungen verbunden werden können: Der Staat kann Sicherheit vermitteln; durch eine entsprechende Konzentration von Macht und deren Missbrauch kann jedoch auch vom Staat eine Gefahr für die Innere Sicherheit ausgehen.[67] Der Staat sollte also die Innere Sicherheit seiner Bürger zu bewahren versuchen, und zugleich ist die Innere Sicherheit vor dem Staat zu schützen.[68] Schließlich erklärte *Locke*, dass die Autorität des Staates zwar von den Bürgern abgeleitet wird, seine Befugnisse aber sowohl durch die Rechtsordnung als auch die naturrechtlich begründeten, individuellen Menschenrechte seiner Bürger beschränkt werden.[69] Damit betonte *Locke* die anthropologische Notwendigkeit einer

---

61 *Gusy*, Zur Relativität der Staatsaufgabe Sicherheit, DÖV 1996, S. 573 (577); *Callies*, Sicherheit im freiheitlichen Rechtsstaat - Eine verfassungsrechtliche Gratwanderung mit staatstheoretischem Kompass, ZRP 2002, S. 1 (3).

62 *Robbers*, Sicherheit als Menschenrecht. Aspekte der Geschichte, Begründung und Wirkung einer Grundrechtsfunktion, S. 42; vgl. auch *Brugger*, Gewährleistung von Freiheit und Sicherheit im Lichte unterschiedlicher Staats- und Verfassungsverständnisse, VVDStRL 63 (2004), S. 101 (116).

63 *Robbers*, Sicherheit als Menschenrecht. Aspekte der Geschichte, Begründung und Wirkung einer Grundrechtsfunktion, S. 47.

64 *Kutscha*, in: Roggan/Kutscha (Hrsg.), Handbuch zum Recht der Inneren Sicherheit, S. 27.

65 *Middel*, Innere Sicherheit und präventive Terrorismusbekämpfung, S. 23; *Kutscha*, in: Roggan/Kutscha (Hrsg.), Handbuch zum Recht der Inneren Sicherheit, S. 27.

66 *Robbers*, Sicherheit als Menschenrecht. Aspekte der Geschichte, Begründung und Wirkung einer Grundrechtsfunktion, S. 47 ff.; *Kutscha*, in: Roggan/Kutscha (Hrsg.), Handbuch zum Recht der Inneren Sicherheit, S. 27.

67 *Kutscha*, in: Roggan/Kutscha (Hrsg.) (Hrsg.), Handbuch zum Recht der Inneren Sicherheit, S. 27.

68 *Middel*, Innere Sicherheit und präventive Terrorismusbekämpfung, S. 23; *Kutscha*, in: Roggan/Kutscha (Hrsg.), Handbuch zum Recht der Inneren Sicherheit, S. 27.

69 Vgl. dazu *Middel*, Innere Sicherheit und präventive Terrorismusbekämpfung, S. 23 f.

Verbindung zwischen Sicherheit und Freiheit und rückte den Sicherheitszweck in ein neues Licht: Der Staat soll zwar Sicherheit gewährleisten, zugleich legitimiert diese Verpflichtung die Beschränkung von individuellen Freiheitsrechten der Bürger durch den Staat.[70]

Im Anschluss an die in England thematisierten Sicherheitsphilosophien wurden Aspekte des Sicherheitsgedankens auch in den Verfassungen der Vereinigten Staaten von Amerika verankert. Beispielhaft soll hier die Virginia Bill of Rights vom 12. Juni 1776 genannt werden, deren Artikel 1 den folgenden Wortlaut hat: *„Alle Menschen sind von Natur aus gleichermaßen frei und unabhängig und besitzen gewisse angeborene Rechte, deren sie, wenn sie den Status einer Gesellschaft annehmen, durch keine Abmachung ihre Nachkommenschaft berauben oder entkleiden können, und zwar den Genuss des Lebens und der Freiheit und dazu die Möglichkeit, Eigentum zu erwerben und zu besitzen und Glück und Sicherheit zu erlangen.“*[71] Überdies findet man in Sektion 3 der Deklaration die folgende Formulierung: *"Eine Regierung ist oder sollte eingesetzt sein zum allgemeinen Wohle; zum Schutze und zur Sicherheit des Volkes, der Nation oder Allgemeinheit; von all den verschiedenen Arten und Formen der Regierung ist diejenige die beste, die imstande ist, den höchsten Grad von Glück und Sicherheit hervorzubringen.“*[72]

In Europa wird die Sicherheit als eines der natürlichen und unveräußerlichen Menschenrechte in die Erklärung der Menschen- und Bürgerrechte (*„Déclaration des droits de l'homme et du citoyen“*) von 1789 aufgenommen: *"Les droits sont la liberté, la propriété, la sûreté et la résistance à l'oppression.“*[73] Jedoch wird behauptet, dass der Begriff der Sicherheit hier wohl eher als eine gesetzliche Schranke der Freiheit angeführt wurde, als dass ihm eine andere überragende Bedeutung zugemessen wurde.[74] In diesem Zusammenhang wird auch vertreten, dass mit *Sûreté* nicht die Gewährleistung allumfassender Sicherheit gemeint war, sondern vielmehr nur der Teilbereich Sicherheit im Straf- und Strafverfahrensrecht, das heißt willkürliche Festnahme und Inhaftierung, geschützt werden sollte.[75] Dagegen lässt sich anführen, dass bereits durch die Erwähnung des Terminus Sicherheit eine Vermutung für eine über die Gewährung von bloßen Freiheitsrechten hinausgehende Funktion spricht.

In den europäischen Verfassungen des 19. und 20. Jahrhunderts wird der Sicherheitsbegriff seltener thematisiert. Begründet wird dies mit der Selbstverständlichkeit,

---

70 *Möstl*, Die staatliche Garantie für die öffentliche Sicherheit und Ordnung, S. 10 f.

71 Zitiert nach *Robbers*, Sicherheit als Menschenrecht. Aspekte der Geschichte, Begründung und Wirkung einer Grundrechtsfunktion, S. 52, Fn. 3.

72 Zitiert nach *Isensee*, Das Grundrecht auf Sicherheit. Zu den Schutzpflichten des freiheitlichen Verfassungsstaates, S. 12.

73 Vgl. Art. 2 der Erklärung, zitiert nach *Isensee*, Das Grundrecht auf Sicherheit. Zu den Schutzpflichten des freiheitlichen Verfassungsstaates, S. 15. Deutsch: „Diese Rechte sind die Freiheit, das Eigentum, die Sicherheit und der Widerstand gegen Unterdrückung.“

74 *Isensee*, Das Grundrecht auf Sicherheit. Zu den Schutzpflichten des freiheitlichen Verfassungsstaates, S. 15.

75 *Wieschhörster*, Die Aufrechterhaltung der öffentlichen Ordnung und der Schutz der inneren Sicherheit gem. Art. 64 Abs. 1 EGV, S. 102 f.

die diesem Begriff im modernen Rechtsstaat entgegengebracht wird.[76] So stellt die Pflicht des Staates zur Gewährleistung der Sicherheit seiner Bürger eines der *„Konstitutionsprinzipien des modernen Staates"* dar.[77] Die Pflicht des Staates, die Innere Sicherheit zu bewahren, lässt sich abschließend zusammenfassen als die Pflicht zur Wahrung der Sicherheit als Gesamtzustand des Gemeinwesens und der Schutz vor privater Gewalt.[78]

IV. Innere Sicherheit im Grundgesetz

Der Verfassungsgeber hat es unterlassen, den Begriff der Inneren Sicherheit in das Grundgesetz (GG) aufzunehmen.[79] So schlägt sich zwar die Verpflichtung des Staates zur Erfüllung seiner sozialen Obliegenheiten in den grundgesetzlichen Normen der Artikel 20 und 28 Abs. 1 wieder. Auch lässt sich der Verteidigungsauftrag der Bundeswehr in Art. 87a GG ausmachen. Der Begriff der Inneren Sicherheit ist dem Grundgesetz jedoch nicht zu entnehmen.[80] Insbesondere ist die Innere Sicherheit nicht gleichzusetzen mit dem in Art. 35 Abs. 2 GG niedergelegten Begriff der „Öffentlichen Sicherheit" oder dem in Art. 73 Nr. 10 b) GG verwendeten Begriff der „Sicherheit des Bundes oder eines Landes".[81]

Als Grund für das Fehlen des Terminus Innere Sicherheit im Grundgesetz wird angeführt, dass der Verfassungsgeber die Begriffe Freiheit und Demokratie als zentrale Begriffe gewählt habe und die Sicherheitsaufgabe des Staates dabei wie selbstverständlich vorausgesetzt worden sei.[82]

Vor dem Hintergrund der zum Zeitpunkt der Verabschiedung des Grundgesetzes noch jungen Erfahrungen mit der Herrschaft der Nationalsozialisten im Dritten Reich lässt sich diese Argumentation gut nachvollziehen.[83] Aber auch eine nähere Betrachtung der in der Verfassung niedergelegten Grundsätze zeigt: Schon aus der im Grundgesetz verankerten Konstituierung eines sozialen und demokratischen Rechtsstaates

---

76 *Middel*, Innere Sicherheit und präventive Terrorismusbekämpfung, S. 40; *Götz, in:* Isensee/Kirchhof, Handbuch des Staatsrechts, Bd. III: Demokratie - Bundesorgane, § 79, Rn. 9.

77 *Robbers*, Sicherheit als Menschenrecht. Aspekte der Geschichte, Begründung und Wirkung einer Grundrechtsfunktion, S. 13.

78 *Schafranek*, Die Kompetenzverteilung zwischen Polizei- und Verfassungsschutzbehörden in der Bundesrepublik Deutschland, S. 4.

79 *Callies*, Sicherheit im freiheitlichen Rechtsstaat - Eine verfassungsrechtliche Gratwanderung mit staatstheoretischem Kompass, ZRP 2002, S. 1.

80 Vgl. *Kutscha*, in: Roggan/Kutscha (Hrsg.), Handbuch zum Recht der Inneren Sicherheit, S. 25.

81 *Götz*, in: Handbuch des Staatsrechts, Bd. III: Demokratie - Bundesorgane, § 79, Rn. 4; Brenner führt dazu aus, dass der Begriff der Sicherheit in Art. 73 Nr. 10 lit. b GG sowohl die innere als auch die äußere Sicherheit umfasse, vgl. *Brenner*, Bundesnachrichtendienst im Rechtsstaat, S. 26.

82 So *Brugger*, Gewährleistung von Freiheit und Sicherheit im Lichte unterschiedlicher Staats- und Verfassungsverständnisse, VVDStRL (63) 2004, S. 101 (129 ff.); *Kniesel*, „Innere Sicherheit" und Grundgesetz, ZRP 1996, S. 482 (485).

83 So auch *Middel*, Innere Sicherheit und präventive Terrorismusbekämpfung, S. 25.

sowie den Regelungen betreffend Amtshilfe, Justiz und Polizei kann man auf die Staatsaufgabe Sicherheitsgewährleistung schließen.[84] Insbesondere gilt dies für das in Art. 20 Abs. 3 und 28 Abs. 1 GG verankerte Rechtsstaatsprinzip: Rechtsstaat bedeutet Schutz *vor* dem Staat, da die Staatsgewalt an Gesetz und Verfassung gebunden ist; zugleich heißt Rechtsstaatlichkeit auch, dass Sicherheit und Frieden durch das Recht gewährleistet wird und damit Schutz *durch* den Staat selbst.[85]

Neben dem Rechtsstaatsbegriff liefern auch die Vorschriften zur föderalistischen Aufgaben- und Kompetenzverteilung zwischen den Sicherheitsbehörden sowie die damit korrespondierenden Verfahrens- und Organisationsvorschriften im Grundgesetz Hinweise auf einen Staatsauftrag Sicherheitsgewährleistung.[86] Zuletzt ist auch ein Blick auf die Grundrechte in den Art. 1 bis 19 GG lohnenswert[87]: Die so genannten grundrechtlichen Schutzpflichten werden ebenfalls für eine Manifestation der Staatsaufgabe Sicherheit im Grundgesetz herangezogen.[88] Teilweise wird sogar von dem Bestehen eines ungeschriebenen Grundrechts auf Sicherheit ausgegangen.[89] Weiter wird für die verfassungsrechtliche Herleitung der Staatsaufgabe Sicherheit aus den Grundrechten auf die einzelnen Gesetzesvorbehalte verwiesen, die in ihrem Wortlaut sogar eindeutige Anhaltspunkte für die Staatsaufgabe Sicherheit beinhalten.[90]

Dem Grundgesetz lässt sich richtigerweise also nicht ausdrücklich der Begriff der Inneren Sicherheit entnehmen. Gleichwohl liefert der Verfassungstext aber deutliche Hinweise auf den Begriff der Inneren Sicherheit und eine entsprechende Gewährleistungspflicht durch den Staat selbst.[91]

---

84 *Möstl*, Die staatliche Garantie für die öffentliche Sicherheit und Ordnung, S.44.

85 *Middel*, Innere Sicherheit und präventive Terrorismusbekämpfung, S. 26.

86 *Gusy*, Zur Relativität der Staatsaufgabe Sicherheit, DÖV 1996, S. 573 (578); *Götz*, in: Isensee/Kirchhof, Handbuch des Staatsrechts, Bd. III: Demokratie - Bundesorgane, § 79, Rn. 2.

87 *Götz*, in: Isensee/Kirchhof, Handbuch des Staatsrechts, Bd. III: Demokratie - Bundesorgane, § 79, Rn. 2.

88 *Möstl*, Die staatliche Garantie für die öffentliche Sicherheit und Ordnung, S. 25; kritisch sieht dies jedoch *Gusy*: Die grundrechtlichen Schutzpflichten bedürften ihrerseits einer verfassungsrechtlichen Rechtfertigung, vgl. *Gusy*, Zur Relativität der Staatsaufgabe Sicherheit, DÖV 1996, S. 573 (578).

89 Vgl. dazu die Ausführungen bei *Middel*, Innere Sicherheit und präventive Terrorismusbekämpfung, S. 39 ff., der dabei im Wesentlichen auf *Robbers*, Menschenrecht auf Sicherheit und *Isensee*, Das Grundrecht auf Sicherheit. Zu den Schutzpflichten des freiheitlichen Verfassungsstaates, zurückgreift.

90 Zu erwähnen ist etwa Artikel 10 Abs. 2 GG mit der Klausel „dem Schutze der freiheitlichen demokratischen Grundordnung oder des Bestandes oder der Sicherung des Bundes oder eines Landes“.

91 Vgl. insoweit *Mager*, Terrorismusbekämpfung zwischen Sicherheit und Freiheit, S. 56, der in diesem Zusammenhang den Schutzgedanken des Art. 20a GG anführt; *Callies*, Die Europäisierung der Staatsaufgabe Sicherheit unter den Rahmenbedingungen des freiheitlichen Rechtsstaats, in: Müller/Schneider (Hrsg.), Die Europäische Union im Kampf gegen den Terrorismus, S. 83.

V. Das Bundesverfassungsgericht und der Begriff der Inneren Sicherheit

Auch das Bundesverfassungsgericht hat sich mit dem Begriff der Sicherheit auseinandergesetzt: In seinem Beschluss zum Kontaktsperregesetz aus dem Jahr 1978[92] wählte es die folgende Formulierung, die es insoweit einer Entscheidung des Bundesverwaltungsgerichts[93] zur Begrenzung des Asylrechts aus dem Jahr 1975 entnommen hat[94]: *„Die Sicherheit des Staates als verfasster Friedens- und Ordnungsmacht und die von ihm zu gewährleistende Sicherheit seiner Bevölkerung sind Verfassungswerte, die mit anderen im gleichen Rang stehen und unverzichtbar sind, weil die Institution Staat von ihnen die eigentliche und letzte Rechtfertigung herleitet.“* Auch wenn die Innere Sicherheit nicht ausdrücklich als Staatsaufgabe im Grundgesetz niedergelegt ist, lässt sich dieser Aussage des Bundesverfassungsgerichts entnehmen, dass es der erklärte Wille des höchsten Gerichtes in unserem Rechtsstaat ist, die Innere Sicherheit durch den Staat selbst gewährleisten zu lassen. Der Staat ist dem Gemeinwohl verpflichtet.

In einem nächsten Schritt ist sodann zu prüfen, was genau unter dem Begriff der *Inneren* Sicherheit im modernen Rechtsstaat zu verstehen ist. Zuvor soll jedoch auch das Verständnis des Innenausschusses vom Begriff der Inneren Sicherheit dargelegt werden.

VI. Innenausschuss des Bundestages und der Begriff der Inneren Sicherheit

Auch der Innenausschuss des Bundestages hat sich mit dem Begriff der Inneren Sicherheit befasst und nimmt eine Gefährdung der Inneren Sicherheit an, wenn das friedliche und freie Zusammenleben der Bewohner des Bundesgebietes, ihr Leben, Eigentum und ihre Gesundheit gefährdet werden; ebenso bejaht er eine Gefahr für die Innere Sicherheit im Falle einer Gefährdung des Staates, seiner Rechtsordnung und des Funktionierens seiner Organe.[95] Der Innenausschuss betont jedoch zugleich, dass nicht jede Verletzung innerstaatlichen Rechts zugleich eine Gefährdung der Inneren Sicherheit bedeutet.[96]

VII. Innere Sicherheit im modernen Rechtsstaat

Nach der historischen Herleitung des Begriffes der Inneren Sicherheit und einer verfassungstheoretischen Beleuchtung unter Rückgriff auch auf die Rechtsprechung des Bundesverfassungsgerichts und die Ansicht des Innenausschusses des Bundestages stellt sich die Frage, was genau unter dem Begriff der Inneren Sicherheit im modernen

---

92 BVerfGE 49, 24 (56/57) = NJW 1978, 2235, 2237.

93 BVerwGE 49, 202 (209) = NJW 1976, 491, 492.

94 Siehe hierzu *Kutscha*, in: Roggan/Kutscha (Hrsg.), Handbuch zum Recht der Inneren Sicherheit, S. 26.

95 So die Ausführungen des Innenausschusses zum Begriff der Inneren Sicherheit im Rahmen seiner Stellungnahme zur Änderung des Art. 73 Nr. 10 b) GG, vgl. den Schriftlichen Bericht des Innenausschusses, BT-Drucks. VI/3533 S. 3 f.

96 Schriftlicher Bericht des Innenausschusses, BT-Drucks. VI/3533 S. 3 f.

Rechtsstaat zu verstehen ist. Denn es ist naheliegend anzunehmen, dass der Begriff im wechselnden historischen Zusammenhang eine (zumindest leicht) modifizierte Bedeutung angenommen hat. In der Literatur findet sich dazu eine Vielzahl verschiedenartigster Definitionsversuche.[97]

Einigkeit besteht zunächst dahingehend, dass im modernen Rechtsstaat die Pflicht zur Gewährleistung der Sicherheit verschiedenen Institutionen übertragen ist. Während die Streitkräfte mit der Abwehr äußerer Gefahren befasst sind, sind mit der Gewährleistung der Inneren Sicherheit in erster Linie die Polizei- und Verfassungsschutzbehörden betraut, die ihrerseits mit weiteren Behörden auf dem Gebiet der Gefahrenabwehr zusammenarbeiten können.[98] Sinnvoll erscheint vor dem Hintergrund des Themas der vorliegenden Arbeit eine Definition heranzuziehen, die sich an den der Erhaltung der Inneren Sicherheit dienenden Institutionen orientiert.

Eine solche institutionelle Definition des Terminus beschreibt Innere Sicherheit als *„den Teilbereich des politischen Systems, welcher die Handelnden (Akteure), die Strukturen (Polity), die Entscheidungsprozesse (Politics) und die materiellen Inhalte bzw. Programme (Policy) enthält, die an der Herstellung der Politik der IS* [Inneren Sicherheit] *beteiligt sind und diese kennzeichnen.“*[99] *An diesem „Politikfeld“ sind „neben den Akteuren des politisch-administrativen Systems auch eine Reihe von weiteren politischen und gesellschaftlichen Akteuren beteiligt.*[100] *IS* [Innere Sicherheit] *ist infolgedessen deskriptiv zu definieren als ein System von staatlichen Institutionen und Einrichtungen, welches durch Verfassung und Organe der demokratischen Willensbildung legitimiert ist, das öffentliche Gewaltmonopol im Rahmen kodifizierter Regeln exekutiv unter Anwendung auch von unmittelbarem Zwang auszuüben.“*[101]

Noch präziser wird diese Definition, wenn man mit *Götz* die Innere Sicherheit versteht als *„in vollem Umfang die unter dem Begriff Verbrechensbekämpfung zusammengefasste polizeiliche Verbrechensverhütung und Strafverfolgung, die in der deutschen Rechtsentwicklung als sicherheitspolizeilich eingestuften Aufgaben des Melde-, Pass-, Ausländer-, Vereins- und Versammlungswesens, darüber hinaus sämtliche vollzugspolizeiliche Aufgaben und die Aufgaben des Verfassungsschutzes und der Nachrichtendienste“*[102].

Götz nennt hier jedoch nur die zentralen an der Erhaltung der Inneren Sicherheit beteiligten Bereiche. Nach *Lange* erfasst das so genannte Politikfeld der Inneren Sicher-

---

97 Vgl. den Überblick bei *Rupprecht/Hellenthal*, Innere Sicherheit im Europäischen Binnenmarkt. Strategien und Optionen für die Zukunft Europas, S. 23 (61 ff.).

98 *Evers*, Privatsphäre und Ämter für Verfassungsschutz, S. 73.

99 *Lange*, in: Lange, Wörterbuch zur Inneren Sicherheit, S. 123.

100 *Lange* erwähnt in diesem Zusammenhang die Innenministerien, parlamentarischen Institutionen (Ausschüsse), Parteien und Verbände (Polizeigewerkschaften, Verbände der privaten Sicherheitswirtschaft, Bürgerrechtsgruppen) sowie föderale Verhandlungsgremien (Innenministerkonferenz, Ausschüsse des Bundesrates), vgl. *Lange*, in: Lange, Wörterbuch zur Inneren Sicherheit, S. 124.

101 *Lange*, in: Lange, Wörterbuch zur Inneren Sicherheit, S. 123 f; vgl. auch *Lange*, Innere Sicherheit im Politischen System der Bundesrepublik Deutschland, S. 16

102 *Götz*, in: Handbuch des Staatsrechts, Bd. III: Demokratie - Bundesorgane, § 79, Rn. 4; vgl. auch *Werthebach/Droste-Lehnen*, in: Dolzer/Vogel/Grashof (Hrsg.), Bonner Kommentar zum Grundgesetz, Art. 73 Nr. 10, Rn. 182.

heit neben dem *„Zentralbereich"* auch ein *„politisch institutionelles Umfeld"* und ein *„korrespondierendes politisches Umfeld."*[103]

Der *„Zentralbereich"* umfasst dabei auf Bundesebene die staatlichen Sicherheitsbehörden wie die Bundespolizeien[104], die Nachrichtendienste des Bundes[105], die Sonderpolizeien des Bundes[106], die Generalbundesanwaltschaft und als Sonderinstitution die Hausinspektion des Deutschen Bundestages.[107] Auf Landesebene sind dies die Landespolizei[108], das Landeskriminalamt sowie die landesspezifischen gesonderten Polizeibehörden[109]; weiter umfasst der *„Zentralbereich"* hier das Landesamt für Verfassungsschutz, als Sonderpolizeibehörden die Steuerfahndungen sowie die Staatsanwaltschaften[110] der Länder.[111]

Während sich der *„Zentralbereich"* also aus exekutiven Behörden zusammensetzt, besteht das *„politisch-institutionelle Umfeld"* aus übergeordneten Institutionen, denen bezüglich der Exekutivbehörden Entscheidungs-, Weisungs- und Kontrollbefugnisse zukommen.[112] Zu nennen sind hier auf Bundesebene das Bundesministerium des Innern, der Bundestag und Bundesrat (speziell die Innenausschüsse), die Bundestagsfraktionen (speziell die Facharbeitskreise), der Datenschutzbeauftragte des Bundes sowie besondere Ausbildungseinrichtungen[113] und die Innenministerkonferenz.[114] Auf Landesebene gehören dem *„politisch institutionellen Umfeld"* das Innenministerium, der Landtag (insbesondere der Innenausschuss), die Landtagsfraktionen (insbesondere die Facharbeitskreise), der Datenschutzbeauftragte, Ausbildungsinstitutionen wie Fachhochschulen und Polizeischulen an, sowie die Arbeitsgremien der Innenministerkonferenz.[115]

Die Akteure im *„korrespondierenden politischen Umfeld"* stehen dagegen in keinem gesetzlich definierten Verhältnis mit Weisungsbefugnis zu den staatlichen Sicherheitsbehörden des Zentralbereichs.[116] Auf Bundesebene gehören zu diesen Ak-

---

103 *Lange*, in: Lange, Wörterbuch zur Inneren Sicherheit, S. 124.

104 Bundeskriminalamt, Bundespolizei (vormals Bundesgrenzschutz), der Inspekteur der Bereitschaftspolizeien der Länder beim Bundesinnenministerium.

105 Bundesamt für Verfassungsschutz, Militärischer Abschirmdienst und Bundesnachrichtendienst.

106 Die Zollbehörden Zollgrenzdienst und Zollfahndung, Bundesamt für Güterverkehr, Strom- und Schifffahrtspolizei.

107 *Lange*, in: Lange, Wörterbuch zur Inneren Sicherheit, S. 124.

108 Schutz- und Kriminalpolizei in den Polizeibehörden auf kommunaler Ebene.

109 Autobahn-, Wasserschutz- und Bereitschaftspolizeien.

110 Generalstaatsanwalt, Leitende Oberstaatsanwälte, Staatsanwälte.

111 *Lange*, in: Lange, Wörterbuch zur Inneren Sicherheit, S. 125.

112 *Lange*, in: Lange, Wörterbuch zur Inneren Sicherheit, S. 124.

113 Hierunter fällt zum Beispiel die Polizei-Führungsakademie, die auf einer Bund-Länder-Vereinbarung basiert und den gesamten höheren Dienst sowohl bei den Länderpolizeien als auch bei der Bundespolizei, bis zum 01.07.2005 Bundesgrenzschutz, und bei dem Bundeskriminalamt ausbildet, vgl. hierzu *Lange*, in: Lange, Wörterbuch zur Inneren Sicherheit, S. 124.

114 *Lange*, in: Lange, Wörterbuch zur Inneren Sicherheit, S. 124.

115 *Lange*, in: Lange, Wörterbuch zur Inneren Sicherheit, S. 126.

116 Siehe *Lange*, in: Lange, Wörterbuch zur Inneren Sicherheit, S. 125.

teuren des *„korrespondierenden politischen Umfelds"* die Gewerkschaft der Polizei (GdP), die Deutsche Polizeigewerkschaft im Deutschen Beamtenbund (DPolG), der Bund Deutscher Kriminalbeamter (BDK) sowie der Bundesgrenzschutzverband. Ebenso lassen sich zu diesem Bereich die Parteien und die Verbände der privaten Sicherheitswirtschaft zählen, aber auch die Medien, die infolge der Berichterstattung über Entwicklungen im Politikfeld der Inneren Sicherheit die „Politikproduktion" nicht unwesentlich zu beeinflussen vermögen.[117] Weiter fallen auch Forschungsinstitute, die sich mit Problemen der Inneren Sicherheit beschäftigen, unter das *„korrespondierende politische Umfeld"* auf Bundesebene.[118] Auf Landesebene werden dem *„korrespondierenden politischen Umfeld"* vor allem die einflussreichen Gewerkschaftsverbände zugerechnet, da sie in ein *„festes korporatistisches Austauschverhältnis mit der Polizeiverwaltung eingebunden"* sind.[119] Des Weiteren umfasst dieser Bereich auch auf Landesebene die Parteien, die Verbände der privaten Sicherheitswirtschaft, die Medien und Forschungsinstitute.[120]

VIII. Innere Sicherheit in Abgrenzung zur Äußeren Sicherheit

Nachdem die für die vorliegende Bearbeitung hilfreichen institutionellen Definitionen des Terminus Innere Sicherheit vorgestellt worden sind, soll schließlich noch die Frage nach dem Unterschied zur Äußeren Sicherheit aufgeworfen werden. Als Abgrenzungskriterium wird regelmäßig der Ort der Gefahrenquelle herangezogen: Wenn sich dieser außerhalb des Hoheitsgebiets der Bundesrepublik Deutschland befindet, wird eine Bedrohung für die Äußere Sicherheit angenommen, im anderen Fall eine solche für die Innere Sicherheit.[121] Danach könnte man den Begriff der „Äußeren Sicherheit" als Korrelat der „Inneren Sicherheit" begreifen.

Ein Blick auf die vom Bundesgerichtshof (BGH) gewählte Definition der Äußeren Sicherheit in der Entscheidung vom 09. Dezember 1987 (Verfassungsfeindliche Einwirkung auf die Bundeswehr) zeigt aber, dass dies nur bedingt zutrifft. *„Bestrebungen gegen die äußere Sicherheit"* sind danach solche, *„deren Träger gerade auf eine Beeinträchtigung der Fähigkeit der BR Deutschland hinarbeiten, sich gegen Angriffe von außen zur Wehr zu setzen, die also auf eine Erschütterung der Verteidigungsfähigkeit der Bundesrepublik hinzielen."*[122] Der BGH stellt also als Schutzgut der Äußeren Sicherheit den Schutz und die Verteidigungsfähigkeit der Institution Staat heraus.[123] In Abgrenzung dazu wird die Innere Sicherheit als ein Zustand relativer Ungefährdetheit von Bestand und Verfassung gegenüber gewaltsamen Aktionen innerstaatlicher Kräfte

---

117 *Lange*, in: Lange, Wörterbuch zur Inneren Sicherheit, S. 125.

118 Vgl. *Lange*, in: Lange, Wörterbuch zur Inneren Sicherheit, S. 125.

119 *Lange*, in: Lange, Wörterbuch zur Inneren Sicherheit, S. 126.

120 *Lange*, in: Lange, Wörterbuch zur Inneren Sicherheit, S. 126.

121 So etwa *Hansen*, Eine Wiederkehr des „Leviathan"? Starker Staat und neue Sicherheitsgesellschaft, KJ 1999, S. 231 (232).

122 BGH NStZ 1988, S. 215. Die Definition des BGH bezieht sich auf den Begriff der „Bestrebungen gegen die Äußere Sicherheit" in § 92 Abs. 3 Nr. 2 StGB.

123 *Götz*, Handbuch des Staatsrechts, Bd. III: Demokratie - Bundesorgane, § 79, Rn. 18.

beschrieben.[124] Im Mittelpunkt stehe dabei die Fähigkeit der Bundesrepublik, sich nach innen gegen Störungen zu wehren.[125]

In der Literatur wird schließlich bezüglich der „Äußeren Sicherheit" weiter gefordert, dass sich die Gefahrenquelle nicht nur räumlich außerhalb des Bundesgebietes befindet, sondern dass die Gefahr dabei auch von einem anderen Staat ausgeht.[126] In diesem Zusammenhang besteht allerdings das Risiko von Abgrenzungsproblemen, wenn die Gefahr nicht von einer anderen Staatsgewalt, sondern von einer Privatperson ausgeht.[127]

Zusammenfassend lässt sich die Innere Sicherheit aber jedenfalls als die Sicherheit vor Rechts- und Rechtsgutverletzungen innerhalb des eigenen Hoheitsgebietes und die Äußere Sicherheit als Sicherheit vor von außen kommender, fremder Staatsgewalt beschreiben.[128]

IX. Sicherheit als Aufgabe des Staates

Die auf der rechtshistorischen Grundlage gewonnene Erkenntnis, dass Sicherheit immer auch als ein wichtiger Teil des freiheitlichen Rechtsstaates anzusehen ist, da der Staat verfassungsrechtlich verpflichtet ist, die Sicherheit seiner Bürger zu gewährleisten, liefert zugleich Anhaltspunkte für die rechtsstaatlichen Grenzen staatlicher Sicherheitsmaßnahmen. Der Staat ist verpflichtet, seine Bürger vor Gefahren für die Innere Sicherheit zu bewahren. Er darf bei der Erreichung dieses Ziels die Rechte des Einzelnen aber nicht so stark eingrenzen, dass dessen Freiheitsrechte unverhältnismäßig begrenzt werden. Ebenso wenig darf der Staat bei der Umsetzung neuer Gesetzesvorhaben zum Schutz der Inneren Sicherheit bestehende rechtsstaatliche Grundsätze vernachlässigen oder sich vollständig über diese hinwegsetzen.

So entstehen grundsätzlich Probleme, wenn gefordert wird, dass die für die Gewährleistung der Sicherheit im Staat zuständigen Behörden eng kooperieren sollen. Diese Zusammenarbeit soll nämlich neben einem regen Austausch von vorhandenen Informationen und Daten auch die gegenseitige Übertragung und Wahrnehmung von Befugnissen beinhalten.[129] Begründet wird dies mit der Sicherheit als fundamentalem Zweck des modernen Staates: Zwischen den für die Einhaltung dieser Sicherheit verantwortlichen Behörden bestehe eine so genannte Funktionseinheit, aufgrund derer sie kooperieren müssten und dürften.[130] Und – so wird gefordert – im Falle von Umstän-

---

124 *Steinmetz*, in: Joecks/Miebach, Münchener Kommentar zum StGB, Band 2/2, § 92, Rn. 18.

125 S. auch BGH v. 22. 12. 2000 - 3 StR 378/00, BGHSt 46, 238 (250 f.) = NJW 2001, 1359 (1362 f.).

126 *Möstl*, Die staatliche Garantie für die öffentliche Sicherheit und Ordnung, S. 277.

127 Vgl. dazu die Ausführungen von *Middel*, Innere Sicherheit und präventive Terrorismusbekämpfung, S. 30 ff.

128 *Möstl*, Die staatliche Garantie für die öffentliche Sicherheit und Ordnung, S. 279.

129 *Pieroth/Schlink/Kniesel*, Polizei- und Ordnungsrecht mit Versammlungsrecht, S. 20.

130 *Scholz/Pitschas*, Informationelle Selbstbestimmung und staatliche Informationsverantwortung, S. 119.

den, die eine Zusammenarbeit beeinträchtigten, habe der Gesetzgeber diese zu überwinden, notfalls unter Berufung auf eine grundrechtliche Schutzpflicht.[131]

Diesem Verständnis von der Funktionseinheit der Sicherheitsbehörden und der Forderung nach einer entsprechenden Durchsetzung durch den Gesetzgeber ist jedoch richtigerweise entgegenzutreten.[132] Der moderne Staat zeichnet sich aus durch eine ausdifferenzierte Verteilung der einzelnen Funktionen, die sich nicht nur auf die klassische Gewaltenteilung (Gesetzgebung, Verwaltung, Rechtsprechung) beschränkt, sondern sich darüber hinaus insbesondere im Bereich der Verwaltung weiter aufteilen lässt etwa in die Bereiche der Ordnungs- und Polizeiverwaltung, der Strafverfolgung und der Geheim- und Nachrichtendienste.[133] Nun zu fordern, dass die in den einzelnen Bereichen vorhandenen Behörden im Sinne einer Funktionseinheit kooperieren müssten, indem sie sich gegenseitig jedwede Information und Daten überlassen und sogar Befugnisse übertragen, geht zu weit. Damit würde „wie in einem Polizeistaat" von der Aufgabe einer Behörde auf deren Befugnisse geschlossen; mit der rechtsstaatlichen Ausdifferenzierung der einzelnen Funktionen der Verwaltung hat dies nichts zu tun.[134] Inwieweit die einzelnen Sicherheitsbehörden zusammenarbeiten dürfen, vermag sich allein aus dem Gesetz, nicht aber aus einem geschaffenen Begriff der Funktionseinheit ergeben.[135]

In dem hier interessierenden Zusammenhang stellt sich nun die Frage, inwiefern der Gesetzgeber bei der Schaffung des ATDG (verfassungs-) rechtliche Grundsätze betreffend die Zusammenarbeit zwischen den einzelnen für die Gewährleistung der Inneren Sicherheit in unserem Rechtsstaat verantwortlichen Behörden beachtet hat. Im besonderen Blickfeld der vorliegenden Ausarbeitung ist dabei das Trennungsgebot. Die Einhaltung desselben bei der Schaffung und Umsetzung des ATDG gilt es im weiteren Verlauf zu untersuchen. Zuvor soll jedoch der Fokus der Bearbeitung auf die mit der Gewährleistung der Inneren Sicherheit befassten Sicherheitsbehörden, nämlich die Polizeibehörden und Nachrichtendiensten, gerichtet werden. Diese einführende Darstellung der in der Bundesrepublik Deutschland primär mit der Staatsaufgabe Sicherheit befassten Institutionen ist insbesondere im Hinblick auf das Trennungsgebot zwischen Polizei und Nachrichtendiensten erforderlich, um die die im Rahmen der weiteren Arbeit in diesem Kontext entwickelten Grund- und Lösungsansätze besser nachvollziehen zu können.

---

131 *Scholz/Pitschas,* Informationelle Selbstbestimmung und staatliche Informationsverantwortung, S. 119.

132 So auch *Pieroth/Schlink/Kniesel,* Polizei- und Ordnungsrecht mit Versammlungsrecht, S. 21.

133 Siehe hierzu *Pieroth/Schlink/Kniesel,* Polizei- und Ordnungsrecht mit Versammlungsrecht, S. 21.

134 *Pieroth/Schlink/Kniesel,* Polizei- und Ordnungsrecht mit Versammlungsrecht, S. 22.

135 *Pieroth/Schlink/Kniesel,* Polizei- und Ordnungsrecht mit Versammlungsrecht, S. 22.

B. Nachrichtendienste und Polizei

Die Gewährleistung der Inneren Sicherheit obliegt Bund und Ländern primär in den Bereichen Justiz, Polizei und Verfassungsschutz.[136] Dabei kommt insbesondere den polizeilichen und nachrichtendienstlichen Akteuren eine wichtige Bedeutung zu.

Im Hinblick auf das Trennungsgebot zwischen den Sicherheitsbehörden erscheint zunächst eine genaue Untersuchung der Tätigkeiten und Aufgabenbereiche von Polizei und Nachrichtendiensten, ebenso eine Hervorhebung ihrer Gemeinsamkeiten und der bestehenden Unterschiede geboten. Im weiteren Verlauf der Arbeit werden die wichtigsten Behörden von Polizeien und Nachrichtendiensten vorgestellt.

Der Erörterung vorangestellt ist ein Überblick über den geschichtlichen Hintergrund der beiden Sicherheitsinstitutionen. Diese Herleitung ist angezeigt, da die gegenwärtige Ausgestaltung von Polizeien und Nachrichtendiensten wesentlich geprägt ist von den historischen Entwicklungen und dabei maßgeblich auf die Erfahrungen unter der nationalsozialistischen Gewalt- und Willkürherrschaft im Dritten Reich zurückgeführt werden kann.

I. Nachrichtendienste und Polizei in der Geschichte

Schwierigkeit der historischen Darstellung

Die historische Entwicklung von Polizei und Nachrichtendiensten kann nur gemeinsam dargestellt werden. Der Grund dafür ist, dass die beiden Institutionen jedenfalls in der Vergangenheit eng miteinander verknüpft waren. So verfügten Behörden, deren Aufgaben sich auf staats- und verfassungsschutzrechtliche Bereiche erstreckten, regelmäßig auch über polizeiliche Befugnisse.[137] Erst mit Gründung der Bundesrepublik Deutschland wurde die ursprüngliche Verknüpfung der beiden Institutionen aufgehoben. Infolgedessen ist eine getrennte Darstellung der Entwicklungsgeschichte nicht zweckmäßig.

Die Betrachtung beginnt mit der Polizei im (europäischen) Mittelalter. Nachrichtendienstliche Betätigungen waren erst im 17. Jahrhundert von solch ausgeprägter Natur, dass die Entwicklungsgeschichte im Wesentlichen nachvollzogen werden kann.[138] Demzufolge wird erst auf dieser geschichtlichen Stufe der Blick auf die Entwicklung auch von nachrichtendienstlichen Strukturen gerichtet werden.

Aufbau

Die polizeilichen und nachrichtendienstlichen Aufgaben wurden im Laufe der Geschichte von verschiedenen Institutionen wahrgenommen. Weder die Bezeichnung derselben noch die Organisationsformen ermöglichen jedoch eine vergleichende Dar-

---

136 Die Gerichtsbarkeit sorgt mit „ihrer befriedenden Funktion“ dafür, die Innere Sicherheit zu gewährleisten, vgl. *Singer*, Die rechtlichen Vorgaben für die Beobachtung der Organisierten Kriminalität durch die Nachrichtendienste der Bundesrepublik Deutschland, S. 16.

137 *Schafranek*, Die Kompetenzverteilung zwischen Polizei und Verfassungsschutzbehörden in der Bundesrepublik Deutschland, S. 16.

138 *Droste*, Handbuch des Verfassungsschutzrechts, S. 1.

stellung über die Grenzen der verschiedenen Epochen hinaus. Die sich anschließende historische Darlegung von Polizei und Nachrichtendiensten orientiert sich daher im Wesentlichen an der Entwicklung innerhalb der jeweiligen Epochen bzw. Jahrhunderte.

1. Die Anfänge der Polizei

a. Die Polizei im Mittelalter und zu Beginn der Neuzeit

Der Begriff der Polizei unterlag im Laufe der Geschichte zahlreichen Wandlungen. Seit Menschengedenken wurden „polizeiliche" Aufgaben im heutigen Sinne wahrgenommen, allerdings noch nicht von einer Institution, wie wir sie heute kennen. So wurden etwa in frühester Zeit bereits Verbrechen verfolgt oder der Versuch unternommen, die öffentliche Sicherheit und Ordnung aufrechtzuerhalten. Dass diese Aufgaben aber von eigens dafür vom Staat eingesetzten Personen ausgeübt wurden, lässt sich erst im frühen Mittelalter feststellen[139]: Im 11. Jahrhundert entstand aufgrund der zunehmenden Urbanisierung das Bedürfnis nach einer ordnenden Einrichtung, die sodann auch vom Staat geschaffen wurde. Die ersten polizeilichen Ordnungsvorschriften wurden vom Magistrat erlassen und mit Hilfe von so genannten „Stadtknechten", „Bütteln" und „Häschern" in die Praxis umgesetzt.[140] Doch nicht nur in den Städten wuchs das Bedürfnis nach „polizeilichem Schutz", auch in den ländlichen Regionen verstärkte sich infolge des aufblühenden Handels die Furcht vor kriminellen Machenschaften: Aus diesem Grund schufen auch hier die zuständigen Landesfürsten im späten Mittelalter Landesordnungen und wurden bei der Überprüfung der Einhaltung dieser Ordnungen von „reisigen Knechten" unterstützt.[141] So entwickelte sich in dieser Zeit auch die Lehre vom „ius politiae"[142], die besagte, dass dem jeweiligen Landesfürsten die absolute Staatsgewalt zukam, er also sowohl das Recht, als auch die Pflicht hatte, für die gute Ordnung in seinem Land zu sorgen.[143]

(1) Begriff der „Polizei"

Bereits im 12. Jahrhundert wurde der Begriff der „Polizei" geprägt, als er von *Wilhelm von Moerbeke*[144] im Rahmen seiner Übersetzungen der Schriften von *Aristoteles* in den

139 *Boldt/Stolleis*, in: Lisken/Denninger, Handbuch des Polizeirechts, S. 2.

140 Siehe *Boldt/Stolleis*, in: Lisken/Denninger, Handbuch des Polizeirechts, S. 2.

141 *Boldt/Stolleis*, in: Lisken/Denninger, Handbuch des Polizeirechts, S. 2.

142 Das „ius politiae" (Polizeigewalt als Hoheitsrecht) entwickelte sich in dieser Zeit zum juristischen Inbegriff absolutistischer Herrschaft, vgl. dazu *Pieroth/Schlink/Kniesel*, Polizei- und Ordnungsrecht mit Versammlungsrecht, S. 2.

143 *Knemeyer*, Polizei- und Ordnungsrecht, S. 2; *Schafranek*, Die Kompetenzverteilung zwischen Polizei und Verfassungsschutzbehörden in der Bundesrepublik Deutschland, S. 9.

144 Von Moerbeke war ein bekannter flämischer Geistlicher und Übersetzer antiker Schriften (um 1215 bis 1286).

französischen Ordonnances aufgenommen wurde.[145] Das Wort „Polizei“ ist griechischen Ursprungs und geht zurück auf das Wort „politeia“ (πολιτεία), das sich mit Verfassung des Stadtstaates und dem Status der in ihm lebenden Menschen, demnach mit Verwaltung des Staates übersetzen lässt.[146]

Erst im 15. Jahrhundert tauchte der Begriff zunehmend auch in Mitteleuropa auf: Die deutsche Rechtssprache übernahm den Terminus, wandelte ihn nur leicht ab in „Policey“, „Pollitzey“, „Polluzey“ oder ähnliches.[147] So heißt es in einer der ältesten deutschen Fundstellen des Begriffes „Pollitzey“, nämlich in einem kaiserlichen Privileg für die Stadt Nürnberg aus dem Jahr 1464, dass die Stadt das Recht erhalte, dass sie *„pollitzey und regirung...in allen Sachen ordnen, setzen und fürnemen“* solle.[148] Ferner findet man über die Stadt Würzburg die Formulierung, dass *„dise stat mit vil loblichen polliceyen und guten ordnunge versehen“* sei.[149]

Aus diesen geschichtlichen Quellen lässt sich schließen, dass man mit „Pollitzey“ oder auch „Pollicey“ zum damaligen Zeitpunkt weniger eine Institution verband, wie wir sie heute kennen, sondern vielmehr einen Zustand *„guter Ordnung eines Gemeinwesens“* sowie dessen Aufrechterhaltung.[150]

Auch in den nachfolgenden Jahrhunderten änderte sich dies nicht: So umschrieb auch der bekannte Polizeiwissenschaftler *Justus Christoph Dithmar* (1678-1737) im Jahr 1745 den Begriff mit einem Zustand *„guter Ordnung und Verfassung der Personen und Sachen eines Staats“*.[151] Dabei blieb dieser Zustand weitgehend unbestimmt, es wurde alles von *„Polizei“* erfasst, was in irgendeiner Form einer Ordnung bedurfte.[152] Grenzen fand polizeiliches Tätigwerden nur, wenn die auf einem Rechtstitel beruhenden Rechte der Untertanen (iura quaesita) beeinträchtigt zu werden drohten, und der handelnde Fürst nicht über eine „iusta causa“, eine Berechtigung zum Eingriff in diese Rechte, verfügte.[153] Hervorzuheben ist, dass mit dem Begriff „Polizei“ zum da-

---

145 *Boldt/Stolleis*, in: Lisken/Denninger, Handbuch des Polizeirechts, S. 3.

146 Vgl. *Möller/Wilhelm*, Allgemeines Polizei- und Ordnungsrecht mit Verwaltungszwang und Bescheidtechnik, S. 1; *Knemeyer*, Polizei- und Ordnungsrecht, S. 2.

147 *Knemeyer*, Art. “Polizei”, in: Brunner/Conze/Koselleck (Hrsg.), Geschichtliche Grundbegriffe. Historisches Lexikon zur politisch-sozialen Sprache in Deutschland, Bd. 4, S. 875; *Boldt/Stolleis*, in: Lisken/Denninger, Handbuch des Polizeirechts, S. 3; siehe auch *Pieroth/Schlink/Kniesel*, Polizei- und Ordnungsrecht mit Versammlungsrecht, S. 1.

148 Zitiert nach *Boldt/Stolleis*, in: Lisken/Denninger, Handbuch des Polizeirechts, S. 3.

149 Zitiert nach *Boldt/Stolleis*, in: Lisken/Denninger, Handbuch des Polizeirechts, S. 3. Siehe auch *Möller/Wilhelm*, Allgemeines Polizei- und Ordnungsrecht mit Verwaltungszwang und Bescheidtechnik, S. 1.

150 *Knemeyer*, Polizei- und Ordnungsrecht, S. 3 f.; *Boldt/Stolleis*, in: Lisken/Denninger, Handbuch des Polizeirechts, S. 3; vgl. auch *Tilgner*, Sozialdisziplinierung und Sozialregulierung. Die Policeyordnungen für Schleswig Holstein von 1636 und für das Amt Bergedorf von 1623, S. 14.

151 Nachweise bei *Knemeyer*, Art. “Polizei”, in: Brunner/Conze/Koselleck (Hrsg.), Geschichtliche Grundbegriffe. Historisches Lexikon zur politisch-sozialen Sprache in Deutschland, Bd. 4, S. 875.

152 *Würtenberger/Heckmann/Riggert*, Polizeirecht in Baden-Württemberg, Rn. 2; *von Unruh*, in: Jeserich/Pohl/von Unruh (Hrsg.), Deutsche Verwaltungsgeschichte, Bd. I, Vom Spätmittelalter bis zum Ende des Reiches, S. 389 f.

153 *Boldt/Stolleis*, in: Lisken/Denninger, Handbuch des Polizeirechts, S. 4.

maligen Zeitpunkt nicht die Leute, die für die Herstellung der Ordnung bestellt waren, bezeichnet wurden. Dies geschah erst in der jüngeren Vergangenheit.[154]

(2) Polizeiliche Vorschriften

Die ersten polizeilichen Vorschriften wurden schon im 15. Jahrhundert geschaffen. Nachdem der deutsche Kaiser *Maximilian I.* die Reichsreform initiiert hatte, wurde der Ewige Landfrieden nebst der dazugehörigen Ausführungsverordnung über die Handhabung von *„Frieden und Recht"* auf dem Wormser Reichstag 1495 verkündet. Das Recht sollte nun nicht mehr mit Gewalt, sondern vielmehr auf dem Rechtsweg durchgesetzt werden. Das Heilige Römische Reich wurde zum Träger des Gewaltmonopols bzw. der Polizeigewalt.[155] In der Folge versuchte das Reich in den drei großen Reichspolizeiordnungen aus den Jahren 1530, 1548 und 1577 dazu gesetzliche Grundregeln zu schaffen[156]; die Anwendung in der Praxis scheiterte jedoch am Fehlen einer Institution zur Durchsetzung der Regelungen in der Gesellschaft.[157] So blieb es auch nach Einführung gesetzlicher Vorgaben dabei, dass gewöhnlich die fürstlichen Territorialherren bestimmten, was unter dem polizeilichen Zustand verstanden werden sollte.[158]

b. Polizei im Zeitalter des Absolutismus

Das Zeitalter des Absolutismus zeichnete sich durch eine zunehmende staatliche Betätigung aus, die auch eine Wende in der Bedeutung des Begriffes Polizei mit sich brachte. Hintergrund waren die Auswirkungen des Dreißigjährigen Krieges auf das Land und die Bevölkerung. Unter Polizei verstand man nun nicht mehr nur die Aufrechterhaltung einer guten Ordnung, sondern vielmehr auch die Schaffung und Einrichtung einer Ordnung durch den Staat.[159] Diese Ordnung sollte neben moralischen Aspekten insbesondere auch einen materiellen Wohlstand des Staates und seiner Bürger sichern.[160] Um auch die öffentliche Ordnung zu gewährleisten, wurde im Jahr 1742 in Berlin eine staatliche Polizeiverwaltung geschaffen.[161] Der Begriff der Polizei veränderte sich damit zusehends und wurde im Zeitalter des Merkantilismus auch auf ökonomische Bereiche ausgeweitet.[162] Als man schließlich in den Großstädten mit der Wahrnehmung polizeilicher Aufgaben so genannte *„Polizeidirektoren"* betraute, die

---

154 Siehe *Boldt/Stolleis*, in: Lisken/Denninger, Handbuch des Polizeirechts, S. 4.

155 *Boldt/Stolleis*, in: Lisken/Denninger, Handbuch des Polizeirechts, S. 4.

156 *Schenke*, Polizei- und Ordnungsrecht, § 1, Rn. 2; *Tilgner*, Sozialdisziplinierung und Sozialregulierung. Die Policeyordnungen für Schleswig Holstein von 1636 und für das Amt Bergedorf von 1623, S. 18.

157 *Boldt/Stolleis*, in: Lisken/Denninger, Handbuch des Polizeirechts, S. 4.

158 Siehe *Boldt/Stolleis*, in: Lisken/Denninger, Handbuch des Polizeirechts, S. 5.

159 *Boldt/Stolleis*, in: Lisken/Denninger, Handbuch des Polizeirechts, S. 5.

160 *Knemeyer*, Polizeibegriffe in Gesetzen des 15. bis 18. Jahrhunderts, AöR 92 (1967), S. 153 (165 f.).

161 *Boldt/Stolleis*, in: Lisken/Denninger, Handbuch des Polizeirechts, S. 5.

162 *Boldt/Stolleis*, in: Lisken/Denninger, Handbuch des Polizeirechts, S. 5.

ihrerseits *„Polizeikommissare"* in den einzelnen Polizeibezirken einsetzten, wurden erstmals von dem Polizeibegriff auch die ausübenden Institutionen und deren Mitarbeiter erfasst.[163] Ein institutioneller Polizeibegriff ergänzte damit den einen Zustand der Ordnung beschreibenden Polizeibegriff.[164]

Hinzu kam der im 18. Jahrhundert aufkeimende Gedanke einer der Wohlfahrt dienenden Polizei, wonach es nicht die Aufgabe der Polizei sei, die Sicherheit des Staates und seiner Bürger zu gewährleisten, sondern vielmehr deren Wohlfahrt.[165] So findet sich in einem Wörterbuch aus dem 18. Jahrhundert die Definition, die Polizei sei *„eine Einrichtung, damit die Untertanen gute Nahrung und Bequemlichkeit haben mögen, und insofern ist sie von dem Justiz-, Staats- und Kriegswesen unterschieden, denn dieses hat die Sicherheit, die Polizei aber die Bequemlichkeit zum Zweck."*[166]

c. Polizei im 19. Jahrhundert

Der Übergang zur konstitutionellen Monarchie brachte weitgehende Veränderungen des Polizeibegriffes mit sich. So wurde der Wohlfahrtsgedanke zurückgedrängt und die Sicherheit als Zweck polizeilicher Tätigkeit rückte in den Vordergrund.[167] Allerdings führte die Betonung des Sicherheitsaspektes nicht zu einer vollständigen Auslöschung der Wohlfahrtsaufgabe, diese wurde zumindest auch dann noch anerkannt, wenn sie der Hauptaufgabe, Gewährleistung der Sicherheit, förderlich war.[168] Anders formuliert, wurde *„die polizeiliche Wohlfahrt (...) zur Sicherheitsprävention."*[169] Insbesondere der Göttinger Staatsrechtslehrer *Johann Stephan Pütter* verfolgte das Ziel, die absolute Staatsgewalt der Landesfürsten einzuschränken und forderte daher im Jahr 1770 in seinen *„Institutiones juris publici Germanici"*, „dass der aufgeklärte Bürger nicht mehr durch staatliche (...) Bevormundung zu seinem Glück gezwungen werden dürfe."[170] Gemeint war mit der staatlichen Bevormundung die polizeiliche Sorge für

---

163 *Boldt/Stolleis*, in: Lisken/Denninger, Handbuch des Polizeirechts, S. 5.

164 *Boldt/Stolleis*, in: Lisken/Denninger, Handbuch des Polizeirechts, S. 5; vgl. zum institutionellen Polizeibegriff etwa *Schenke*, Polizei- und Ordnungsrecht, § 1, Rn. 14.

165 *Boldt/Stolleis*, in: Lisken/Denninger, Handbuch des Polizeirechts, S. 7.

166 Jablonski, Allgemeines Lexikon der Künste und Wissenschaften, 2. Auflage Königsberg, Leipzig 1748, Bd. 2, S. 824, zitiert nach *Knemeyer*, Art. "Polizei", in: Brunner/Conze/Koselleck (Hrsg.), Geschichtliche Grundbegriffe. Historisches Lexikon zur politisch-sozialen Sprache in Deutschland, Bd. 4, S. 875 (885).

167 *Schafranek*, Die Kompetenzverteilung zwischen Polizei und Verfassungsschutzbehörden in der Bundesrepublik Deutschland, S. 9.

168 *Boldt/Stolleis*, in: Lisken/Denninger, Handbuch des Polizeirechts, S. 9.

169 Siehe *Boldt/Stolleis*, in: Lisken/Denninger, Handbuch des Polizeirechts, S. 10.

170 *Knemeyer*, Polizei- und Ordnungsrecht, S. 4.

die Förderung der Wohlfahrt.[171] Aufgabe der Polizei sei vielmehr die Abwehr zukünftiger Übel.[172]

Der Gedanke der Förderung der Wohlfahrt durch die Polizei wurde gegen Ende des 19. Jahrhunderts überwiegend aufgegeben und die Tätigkeitsbereiche der Polizei beschränkt auf Gewährleistung der öffentlichen Sicherheit und Ordnung.[173] In § 10 II 17 des preußischen Allgemeinen Landrechts (ALR) findet sich eine entsprechende Bestimmung: *„Die nöthigen Anstalten zur Erhaltung der öffentlichen Ruhe, Sicherheit und Ordnung und zur Abwendung der dem publico oder einzelnen Mitgliedern desselben bevorstehenden Gefahr zu treffen, ist das Amt der Polizei."*[174] Hintergrund waren die technischen und wirtschaftlichen Entwicklungen im Zuge der industriellen Revolution ebenso wie die sich stetig vergrößernde Bevölkerungszahl, die eine Neuordnung erforderlich machten.[175] So wurden Fachpolizeien eingerichtet wie etwa die „Bahnpolizei", „Gewerbepolizei", „Kriminalpolizei" und auch eine „politische Polizei", die Aufgaben des Staats- und Verfassungsschutzes wahrnahm.[176]

---

171 Wörtlich heißt es dort: „Politiae est cura avertendi mala futura; promovendae salutis cura non est proprie politiae" (Aufgabe der Polizei ist die Sorge für die Abwendung bevorstehender Gefahren; die Wohlfahrt zu fördern ist nicht eigentlich Aufgabe der Polizei), zitiert nach *Schenke*, Polizei- und Ordnungsrecht, § 1, Rn. 4.

172 Siehe *Knemeyer*, Polizei- und Ordnungsrecht, S. 4; *Möller/Wilhelm*, Allgemeines Polizei- und Ordnungsrecht mit Verwaltungszwang und Bescheidtechnik, S. 2.

173 *Boldt/Stolleis*, in: Lisken/Denninger, Handbuch des Polizeirechts, S. 14 f.

174 *Knemeyer*, Polizei- und Ordnungsrecht, S. 4; *Tilgner*, Sozialdisziplinierung und Sozialregulierung. Die Policeyordnungen für Schleswig Holstein von 1636 und für das Amt Bergedorf von 1623, S. 24.

175 In diesem Zusammenhang ist auch die berühmte Kreuzbergentscheidung des Preußischen Oberverwaltungsgerichts vom 14. Juni 1882 zu nennen: Die Entscheidung führte zur Aufhebung eines polizeilichen Bauverbotes, das sich im Wesentlichen auf Gründe der Kultur- und Wohlfahrtpflege stützte. Hintergrund war, dass der verbotene Bau den Blick vom Kreuzberg auf ein Berliner Kriegerdenkmal verstellte. Nach Ansicht des Gerichts war es aber gerade nicht mehr Aufgabe der Polizei, die öffentliche Wohlfahrt zu fördern (PrOVG 9, 353 = DVBl. 85, 219). Vgl. dazu *Jochum/Rühle*, Rheinland-Pfälzisches Landesrecht - Polizei- und Ordnungsrecht, S. 29; vgl. auch *Pieroth/Schlink/Kniesel*, Polizei- und Ordnungsrecht mit Versammlungsrecht, S. 5 und *Tilgner*, Sozialdisziplinierung und Sozialregulierung. Die Policeyordnungen für Schleswig Holstein von 1636 und für das Amt Bergedorf von 1623, S. 24, der den Tag der Entscheidung sogar als Übergang des Gedankens der Wohlfahrt zum heutigen Polizeiverständnis in Norddeutschland bezeichnet.

176 Aus dem formellen Polizeibegriff (Polizei ist das, was die Polizei macht) entwickelte sich zunehmend ein engerer materieller Polizeibegriff (Polizei bedeutet Aufgabe der Gefahrenabwehr), vgl. *Knemeyer*, Polizei- und Ordnungsrecht, S. 4. Zum formellen Polizeibegriff vgl. etwa *Schenke*, Polizei- und Ordnungsrecht, § 1, Rn. 16.

2. Die politische Polizei: Nachrichtendienstliche Betätigungen durch die Polizei

a. Begriff der politischen Polizei

Die Staats- und Verfassungsschutzaufgaben wurden damals nicht von einer nachrichtendienstlichen Behörde, wie sie heute in der Bundesrepublik Deutschland etwa das Bundesamt für Verfassungsschutz darstellt, wahrgenommen; vielmehr entwickelte sich eine so genannte *politische Polizei.*[177]

Der Aufgabenbereich dieser politischen Polizei erstreckte sich neben der Verfolgung politischer Straftaten primär auch auf die Sammlung von Informationen über staats- bzw. verfassungsfeindliche Bestrebungen. Da die politische Polizei zugleich regelmäßig über polizeiliche Befugnisse verfügte, lässt sich der Begriff der politischen Polizei auch beschreiben als die dem Schutz des Staates dienenden Polizeifunktionen.[178]

b. Die Anfänge einer nachrichtendienstlichen Betätigung

Eine innerstaatliche, geheime Informationserhebung hat es zwar bereits im Altertum gegeben[179], erst im 17. Jahrhundert war sie jedoch von solch ausgeprägter Natur, dass sie entwicklungsgeschichtlich nachgezeichnet werden kann.[180] Die damaligen Inlandsnachrichtendienste waren ausschließlich staatspolizeilich strukturiert, das bedeutet, sie erhoben geheime Informationen, zugleich übten sie aber auch exekutive Tätigkeiten aus. Dabei dienten diese Geheimpolizeien ausschließlich der Verteidigung des absolutistischen Staates und *„erlagen den Versuchungen des Übermaßes und der Repression"*.[181]

Auf dem Gebiet der politischen Polizei nahm Frankreich unter *Ludwig XIV.* mit der im Jahre 1667 gegründeten *„haute police"* eine Vorreiterstellung in Europa ein: Diese hatte die Aufgabe, *„alle dem König und damit zugleich dem Staate"* feindlichen Elemente *„zu ermitteln und zu vernichten"*.[182] Unter *Napoleon* und seinem Minister *Fouché* (1759-1820) erreichte die französische Geheimpolizei schließlich *„ihren Höhepunkt an Macht und Effizienz"*.[183] Grund dafür war, dass Polizeiminister *Fouché* über ein besonderes politisches Gespür und Organisationstalent verfügte.

---

177 Siehe dazu *Boldt/Stolleis*, in: Lisken/Denninger, Handbuch des Polizeirechts, S. 14. Eine innerstaatliche, geheime Informationserhebung hat es jedoch bereits im Altertum gegeben, war zu diesem Zeitpunkt jedoch nicht derart ausgeprägt, dass ihre wesentliche geschichtliche Entwicklung nachvollzogen werden könnte, vgl. *Droste*, Handbuch des Verfassungsschutzrechts, S. 1.

178 *Schafranek*, Die Kompetenzverteilung zwischen Polizei und Verfassungsschutzbehörden in der Bundesrepublik Deutschland, S. 16.

179 *Weiss*, Polizei und Politik, S. 28.

180 *Droste*, Handbuch des Verfassungsschutzrechts, S. 1.

181 *Droste*, Handbuch des Verfassungsschutzrechts, S. 1.

182 *Weiss*, Polizei und Politik, S. 30.

183 *Droste*, Handbuch des Verfassungsschutzrechts, S. 2.

In Österreich machte sich Staatskanzler *Metternich* im Zusammenhang mit der politischen Polizei einen Namen, als er mit Hilfe der Karlsbader Beschlüsse versuchte, das absolutistische Regime zu erhalten.[184] Seine Bemühungen, die geheimpolizeilicher Absicherung nach innen bedurften, blieben jedoch erfolglos. Dennoch hinterließ *Metternich* seine Spuren im Geistesleben jener Epoche.[185]

c. Entwicklung einer eigenständigen politischen Polizei

Die Anfänge einer eigenständigen politischen Polizei sind in Preußen auszumachen, als im Jahr 1809 das Berliner Polizeipräsidium gegründet wurde.[186] Es wurde ein *„Sicherheitsbüro"* eingerichtet, dem im Jahr 1811 auch die Kriminalpolizei zugeordnet wurde[187]; zugleich trennte man die politische Polizei von der übrigen allgemeinen Sicherheitspolizei ab.[188]

Im Jahr 1819 erschufen die Preußen schließlich eine *„Zentraluntersuchungskommission"*, deren Aufgabe es war, *„Tatbestand, Ursprung und Verzweigungen aller gegen die bestehende Verfassung und innere Ruhe (...) gerichteten revolutionären Umtriebe und demagogische Verbindungen zu untersuchen und festzuhalten"*.[189] Zudem wurde im Jahr 1866 ein *„Central-Nachrichten-Bureau"* eingerichtet, das seinen Befugnissen entsprechend als früher Vorläufer des heutigen Verfassungsschutzes angesehen werden kann und ohne exekutive Kompetenzen oder behördliche Einbindung bis zum Jahr 1873 existierte.[190] Nach den Attentaten auf *Kaiser Wilhelm I.* am 11. Mai und 02. Juni des Jahres 1878 wurde die politisch-polizeiliche Aktivität in Preußen umfassend reformiert. Der Berliner Polizeipräsident erhielt die Gesamtzuständigkeit für das Land und stationierte preußische Agenten in verschiedenen anderen deutschen Staaten.[191] Im selben Jahr nahm in Berlin die für das gesamte Reich zuständige *„Zentralstelle zur Bekämpfung anarchistischer Bewegung"* ihre Arbeit auf.

d. Politische Polizei in der Weimarer Republik

Auch nach dem Ersten Weltkrieg betätigte sich die politische Polizei des Berliner Polizeipräsidiums weiter, obwohl offiziell die politische Abteilung geschlossen worden war.[192]

184 *Weiss*, Polizei und Politik, S. 36.
185 *Weiss*, Polizei und Politik, S. 36.
186 So auch *Siemann*, Deutschlands Ruhe, Sicherheit und Ordnung, S. 62.
187 Auch das Innenministerium und das Außenministerium übten geheimpolizeiliche Aufgaben aus, vgl. *Siemann*, Deutschlands Ruhe, Sicherheit und Ordnung, S. 63.
188 *Siemann*, Deutschlands Ruhe, Sicherheit und Ordnung, S. 67.
189 *Weiss*, Polizei und Politik, S. 48.
190 *Borgs-Maciejewski/Ebert*, Das Recht der Geheimdienste, Einleitung, Rn. 3; *Ahlf*, Das Bundeskriminalamt als Zentralstelle, S. 175.
191 *Ahlf*, Das Bundeskriminalamt als Zentralstelle, S. 181.
192 *Gusy*, Weimar – die wehrlose Republik?: Verfassungsschutzrecht und Verfassungsschutz in der Weimarer Republik, S. 277.

(1) Aufgaben und Befugnisse

Die wesentlichen Aufgaben und Befugnisse der politischen Polizei in der Weimarer Republik lassen sich dem Runderlass des Preußischen Ministers des Innern vom 12. Dezember 1928[193] entnehmen.[194] Nach einem Geschäftsverteilungsplan, auf den in diesem Runderlass verwiesen wurde, zählten Verfassungsangelegenheiten, Presse-, Vereins- und Versammlungswesen, die Beobachtung staatsfeindlicher Bewegungen und Bestrebungen, vorbeugende Maßnahmen gegen Unruhen, die Spionageabwehr, die Beobachtung von kultur- und wirtschaftspolitischen Bewegungen sowie das Waffen- und Schießsportwesen und Sprengstoffangelegenheiten zu den Sachgebieten der politischen Polizei.[195]

(2) Staatskommissar und Reichskommissar

Zuerst hatte Preußen und im Anschluss daran das Deutsche Reich mit dem *„Staatskommissar für die Überwachung der öffentlichen Ordnung"* bzw. dem *„Reichskommissar für die öffentliche Ordnung"* 1919 und 1920 einen Nachrichtendienst ohne exekutive Kompetenzen.[196] Der preußische Staatskommissar nahm dabei die Funktion einer Zentralstelle der politischen Polizei ein, die zuvor noch der Berliner Polizeipräsident wahrgenommen hatte.[197] Sein Aufgabengebiet beschränkte sich – mangels polizeilicher Befugnisse – auf die Beschaffung von Informationen, die dann an die Staatsregierung weitergegeben wurden.[198] Dies änderte sich, als das Staatskommissariat im Jahr 1924 in die Polizeiabteilung des Innenministeriums eingegliedert wurde: Fortan wurden politische Aufgaben auch von den Polizeivollzugsbehörden, die mit entsprechenden Zwangsbefugnissen ausgestattet waren, wahrgenommen.[199] Zentrale Nachrichtensammelstelle der politischen Polizei war seit dem Jahr 1928 das Landeskriminalpolizeiamt, dem der Berliner Polizeipräsident vorstand.[200]

Dem Beispiel des preußischen Staatskommissars folgend schuf das Deutsche Reich im Jahr 1920 den *„Reichskommissar für die öffentliche Ordnung"*, der als zentrales

---

193 Runderlass des Preußischen Ministers des Innern vom 12. Dezember 1928 – „Organisation der politischen Polizei", Ministerialblatt für die Preußische innere Verwaltung (MBliV), S. 1198 ff.

194 *Schafranek*, Die Kompetenzverteilung zwischen Polizei und Verfassungsschutzbehörden in der Bundesrepublik Deutschland, S. 21.

195 Der Geschäftsverteilungsplan war dem Runderlass als Anlage beigefügt worden und trug den Titel: "Einheitliche Gliederung und Geschäftsverteilung der staatlichen Polizei-Verwaltung", siehe dazu *Schafranek*, Die Kompetenzverteilung zwischen Polizei und Verfassungsschutzbehörden in der Bundesrepublik Deutschland, S. 22, Fn. 89.

196 *Weiss*, Polizei und Politik, S. 110, 138.

197 *Schafranek*, Die Kompetenzverteilung zwischen Polizei und Verfassungsschutzbehörden in der Bundesrepublik Deutschland, S. 24.

198 *Evers*, Privatsphäre und Ämter für Verfassungsschutz, S. 76.

199 *Gusy*, Weimar – die wehrlose Republik?: Verfassungsschutzrecht und Verfassungsschutz in der Weimarer Republik, S. 277.

200 Siehe *Schafranek*, Die Kompetenzverteilung zwischen Polizei und Verfassungsschutzbehörden in der Bundesrepublik Deutschland, S. 24.

nachrichtendienstliches Organ verfassungsfeindliche Entwicklungen beobachtete und die Reichsregierung hierüber unterrichtete.[201] Der Reichskommissar verfügte ebenfalls nicht über polizeiliche Exekutivbefugnisse.[202] Nach der Eingliederung des Reichskommissariats in das Reichsinnenministerium im Jahr 1929 beschränkten sich die Kompetenzen dieser „Nachrichtensammelstelle" nur noch auf die Verarbeitung von Nachrichten aus frei zugänglichen Quellen; eine Informationserhebung wurde nicht mehr vorgenommen.[203]

3. Polizei im Dritten Reich

Die Machtergreifung durch die Nationalsozialisten im Januar 1933 und der damit einhergehende Abbau der föderativen Strukturen in Deutschland hatten im Bereich des Polizeiwesens bedeutende Auswirkungen.[204] Die rechtsstaatlichen Strukturen der deutschen Polizei wurden innerhalb kurzer Zeit aufgelöst, und es fand eine so genannte *„Verreichlichung"* des Polizeiwesens statt.[205] Diese machte sich zunächst durch den Einsatz so genannter Reichsstatthalter bemerkbar, welchen im Zuge der Gleichschaltung der Länder[206] weitreichende Befugnisse im Hinblick auf die Landesgewalt übertragen worden waren.[207]

Dieser Prozess der *„Verreichlichung"*, der sich auch auf polizeirechtliche Materien wie das Meldewesen oder die Ausländerpolizei auswirkte, hatte damit einen bedeutenden Einfluss auf die Organisation der Polizei.[208]

Mittels Reichsgesetz[209] wurden den Ländern bereits ein Jahr nach der Machtergreifung alle Hoheitsrechte und demzufolge auch die Polizeigewalt entzogen und auf das Reich übertragen. Zunächst erhielt der Reichsminister des Inneren ein Weisungsrecht gegenüber den Landespolizeibehörden[210]; infolge der Zusammenlegung des Preußi-

---

201 *Schafranek*, Die Kompetenzverteilung zwischen Polizei und Verfassungsschutzbehörden in der Bundesrepublik Deutschland, S. 25.

202 *Weiss*, Polizei und Politik, S. 110, 138.

203 *Gusy*, Weimar – die wehrlose Republik?: Verfassungsschutzrecht und Verfassungsschutz in der Weimarer Republik, S. 289.

204 *Schafranek*, Die Kompetenzverteilung zwischen Polizei und Verfassungsschutzbehörden in der Bundesrepublik Deutschland, S. 25.

205 *Boldt*, in: Lisken/Denninger, Handbuch des Polizeirechts, S. 24.

206 Zweites Gesetz zur Gleichschaltung der Länder mit dem Reich vom 07. April 1933 (sog. „Reichsstatthaltergesetz"), RGBl. I S. 173.

207 Ausführlich dazu: *Rebentisch*, in: Jeserich/Pohl/von Unruh (Hrsg.), Deutsche Verwaltungsgeschichte, Bd. IV, Das Reich als Republik und in der Zeit des Nationalsozialismus, S. 745 ff.

208 *Boldt*, in: Lisken/Denninger, Handbuch des Polizeirechts, S. 25.

209 Gesetz über den Neuaufbau des Reiches vom 30. Januar 1934, RGBl. I S. 75.

210 Erste Verordnung über den Neuaufbau des Reiches vom 02. Februar 1934, RGBl. I S. 81 (insbes. § 4).

schen Innenministeriums mit dem Innenministerium des Reiches[211] am 01. November 1934 aber lag die Polizeihoheit nun vollständig bei dem Deutschen Reich. [212]

a. Entwicklung der Geheimen Staatspolizei

In einem weiteren Prozess, den man allgemein als *„Entstaatlichung"* der Polizei bezeichnet[213], wurden hohe Polizeifunktionen der Sicherheitspolizei[214] an Angehörige der Schutzstaffeln (SS) übertragen, während umgekehrt zuverlässige Polizeioffiziere in die SS aufgenommen wurden.[215] Damit fand die Herauslösung der Polizei aus der inneren Verwaltung statt.

Im Frühjahr 1933 wurde in Berlin ein für das Land Preußen zuständiges Geheimes Staatspolizeiamt gegründet, dem alle Befugnisse der politischen Polizei übertragen wurden. Zudem wurde es als zentrale Nachrichtensammelstelle der politischen Polizei geführt.[216] Auf der Ebene der Regierungsbezirke waren diesem Geheimen Staatspolizeiamt einzelne Staatspolizeistellen nachgeordnet.[217]

In der Folgezeit wurden die politischen Polizeien aller Länder zusammengelegt und damit der Aufbau der Geheimen Staatspolizei[218] (Gestapo) vorangetrieben.[219] Nachdem sie bereits drei Jahre später auf alle deutschen Länder erweitert worden war[220], wurde am 10. Februar 1936 in Preußen[221] das dritte[222] Gesetz über die Geheime

---

211 *Rebentisch*, in: Jeserich/Pohl/von Unruh (Hrsg.), Deutsche Verwaltungsgeschichte, Bd. IV, Das Reich als Republik und in der Zeit des Nationalsozialismus, S. 742.

212 *König*, Trennung und Zusammenarbeit von Polizei und Nachrichtendiensten, S. 56.

213 *Wagner*, Die Polizei im Faschismus, in: Reifner/Sonnen (Hrsg.), Strafjustiz und Polizei im Dritten Reich, S. 161 ff.

214 Diese bestand aus Kriminalpolizei und politischer Polizei und war von der Ordnungspolizei organisatorisch getrennt.

215 *Harnischmacher/Semerak*, Deutsche Polizeigeschichte: Eine allgemeine Einführung in die Grundlagen, S. 104 f.

216 Runderlass des Preußischen Innenministers über die Neuorganisation der politischen Polizei vom 26. April 1933, MBliV 1933 I, S. 503.

217 Gesetz über die Errichtung eines Geheimen Staatspolizeiamtes vom 26. April 1933, PrGS S.122.

218 Zur Entstehungsgeschichte und Organisation der Gestapo vgl. auch das Urteil des BVerfG: BVerfGE 6, 132 (205 ff.).

219 *Wilhelm*, Die Polizei im NS-Staat: Die Geschichte ihrer Organisation im Überblick, S. 41 f.

220 Nach § 1 Abs. 1 des Gesetzes vom 10.02.1936 (PrGS S. 21) sollte dem Amt die Aufgabe obliegen, „alle staatsgefährdenden Bestrebungen im gesamten Staatsgebiet zu erforschen und zu bekämpfen, das Ergebnis der Erhebungen zu sammeln und auszuwerten, die Staatsregierung zu unterrichten und die übrigen Behörden über für sie wichtige Feststellungen auf dem laufenden zu halten und mit Anregungen zu versehen."

221 Die Regelungen des dritten GestapoG galten bald auch in den übrigen Ländern, vgl. hierzu: *Just*, Polizeibegriff und Polizeirecht im Nationalsozialismus – Unter besonderer Berücksichtigung der Arbeit des Ausschusses für Polizeirecht bei der Akademie für Deutsches Recht, S. 89.

222 Ergänzend: Das zweite Gesetz über die Geheime Staatspolizei wurde am 30. November 1933 erlassen (PrGS S. 413).

Staatspolizei (GestapoG)[223] erlassen. Nach § 1 Abs. 1 dieses Gesetzes hatte die Gestapo die Aufgabe, *„alle staatsgefährlichen Bestrebungen zu erforschen und zu bekämpfen, das Ergebnis der Erhebungen zu sammeln, die Staatsregierung zu unterrichten und die übrigen Behörden über für sie wichtige Feststellungen auf dem laufenden zu halten und mit Anregungen zu versehen."*[224]
Diese Aufgaben wurden von den Kreis- und Ortspolizeibehörden als Hilfsorganen der Staatspolizeistellen wahrgenommen (§ 4 S. 3 GestapoG) mit Ausnahme der Grenzgebiete, in denen die Gestapo über besondere Grenzkommissariate verfügte.

Der Prozess der *„Entstaatlichung"* setzte sich schließlich fort, als der Reichsführer SS *Heinrich Himmler* durch den Führererlass vom 17. Juni 1936[225] zum *„Chef der deutschen Polizei"* im Reichsinnenministerium ernannt wurde.[226] Der nunmehr mit der SS vereinten Polizei war es damit möglich, den Dienstweg bis hin zu den untersten Ebenen der Sicherheitspolizei vollständig über den „SS-Befehlsstrang" abzuwickeln.[227] Zwar war der Reichsführer SS noch formell dem Reichsinnenminister unterstellt, er unterstand rein tatsächlich aber nur den Anweisungen des Führers.[228] Dem Prozess der *„Entstaatlichung"* war damit auch ein solcher der *„Verselbständigung der Polizei"* immanent: Der vollständig der inneren Verwaltung entzogene Polizeiapparat[229] hatte schließlich eine militärähnliche Sonderstellung inne und näherte sich auch durch die zunehmende Militarisierung der Ausbildung und Ausrüstung der Wehrmacht an.[230]

Seit dem Jahr 1939 war die Gestapo durch ihr *„Reichssicherheitshauptamt"*, das aus den zentralen Ämtern der Gestapo, der Sicherheitspolizei und des Sicherheitsdienstes zusammengesetzt worden war, in der Lage, jede Lebensäußerung des Volkes zu überwachen und zu verfolgen.[231]

Rückblickend ist die Gestapo in jeder Hinsicht als das wirkungsvollste und gefährlichste Instrument des Regimes zur Bekämpfung seiner Gegner im Innern einzustufen.

---

223 PrGS S. 21.

224 Zitiert nach *Kutscha*, Die Aktualität des Trennungsgebots für Polizei und Verfassungsschutz, ZRP 1986, S. 194.

225 RGBl. I, S. 487.

226 *Boldt*, in: Lisken/Denninger, Handbuch des Polizeirechts, S. 25.

227 *Buchheim*, SS und Polizei im NS-Staat. Staatspolitische Schriftenreihe, S. 114 ff.; *Boldt*, in: Lisken/Denninger, Handbuch des Polizeirechts, S. 25.

228 *Götz*, in: Jeserich/Pohl/von Unruh (Hrsg.), Deutsche Verwaltungsgeschichte, Bd. IV, Das Reich als Republik und in der Zeit des Nationalsozialismus, S. 1022 f.; *Just*, Polizeibegriff und Polizeirecht im Nationalsozialismus – Unter besonderer Berücksichtigung der Arbeit des Ausschusses für Polizeirecht bei der Akademie für Deutsches Recht, S. 79 f.; *Wilhelm*, Die Polizei im NS-Staat: Die Geschichte ihrer Organisation im Überblick, S. 76.

229 Klarstellend ist hier anzumerken, dass die SS nicht in die staatliche Verwaltungsorganisation eingebunden war, sondern ein Parteiorgan der NSDAP darstellte, das ursprünglich vor allem dem Schutz der Partei, ihrer Repräsentanten und Veranstaltungen dienen sollte.

230 Vgl. hierzu: *Wilhelm*, Die Polizei im NS-Staat: Die Geschichte ihrer Organisation im Überblick, S. 65 ff.; *Harnischmacher/Semerak*, Deutsche Polizeigeschichte: Eine allgemeine Einführung in die Grundlagen, S. 102 f.

231 *Kutscha*, Die Aktualität des Trennungsgebots für Polizei und Verfassungsschutz, ZRP 1986, S. 194.

So war sie etwa für die Verhängung der so genannten Schutzhaft zuständig, welche auf § 1 der Reichstagsbrandverordnung[232] gestützt wurde und mithilfe derer Regimegegner nahezu aus jedem beliebigem Grund und zeitlich unbegrenzt in ein Konzentrationslager deportiert werden konnten.[233]

Hinzukommt, dass die Gestapo überwiegend im Geheimen handelte, das heißt einer Kontrolle in jedweder Form entzogen war und nahezu unbeschränkte Befugnisse besaß. Zudem war gegen Maßnahmen der Gestapo kein Rechtsschutz möglich, da sämtliche Verfügungen der Gestapo einer Kontrolle durch die Verwaltungsgerichte entzogen waren.[234] In der älteren Literatur werden die Aufgaben der nationalsozialistischen Polizei (einschließlich der Gestapo) wie folgt beschrieben: Diese habe als *„Hüterin der Gemeinschaft überall dort einzuschreiten, wo deren Belange es erfordern. Weder ist dafür ein gesetzlicher Auftrag notwendig, noch gibt es eine sie hindernde gesetzliche Schranke; ihr Ziel ist die innere Sicherung der deutschen Volksordnung gegen jede Störung und Zerstörung. Ihre Tätigkeit darf durch Normen weder gebunden noch beschränkt werden.“*[235]

b. Zusammenfassung

Zusammenfassend war all dies Ausdruck des Bemühens, die Polizei in der Zeit des Nationalsozialismus zum wichtigsten Instrument der Herrschaftssicherung zu machen.

Das Ergebnis dieser Verschmelzung von polizeilichen und nachrichtendienstlichen Organisationen und Befugnissen war ein auf das politische System der Diktatur zugeschnittenes Polizeisystem, das nichts mehr mit dem liberal-rechtsstaatlichen Polizeigefüge der Weimarer Republik gemeinsam hatte. Durch die Mittel der Verselbständigung, Zentralisierung, Militarisierung und Infiltration wurde ein der Regierung gefügiger Apparat geschaffen, mit Hilfe dessen missliebige Personen und politische Feinde verfolgt und unterdrückt werden konnten.[236] Die Gestapo, der im Jahr 1944 etwa 32.000 Personen angehörten, stellte ein Machtinstrument dar, zu dem das Bundesverfassungsgericht im Jahr 1957 feststellte, dass sich *„schon aus der formalen gesetzlichen Abgrenzung ihres Aufgabengebietes“* ergebe, *„daß die Gestapo diejenige Behörde war, die vor allen anderen staatlichen Einrichtungen die Unrechts- und Willkürmaßnahmen durchzuführen hatte, die der von der NSDAP beherrschte Staat nach der nationalsozialistischen Ideologie sich als staatliche Aufgabe setzte, nämlich die Bekämpfung aller Gegner des Nationalsozialismus mit rechtswidrigen Mitteln, insbesondere ungesetzlicher Freiheitsbeschränkung oder Freiheitsberaubung, schließlich die*

---

232 Verordnung des Reichspräsidenten zum Schutz von Volk und Staat vom 28. Februar 1933, RGBl. I S. 83.

233 *Maunz*, Gestalt und Recht der Polizei (Deutsche Geisteswissenschaft: Idee und Ordnung des Reiches), S. 49 ff.; *Wilhelm*, Die Polizei im NS-Staat: Die Geschichte ihrer Organisation im Überblick, S. 53 ff.

234 § 7 GestapoG; vgl. dazu auch die Entscheidungen des PrOVG: PrOVGE 97, 103 (104 f.); 99, 85 (86 ff.); 103, 137 ff.

235 *Kluge/Krüger*, Verfassung und Verwaltung im Großdeutschen Reich, S. 368.

236 *Harnischmacher/Semerak*, Deutsche Polizeigeschichte: Eine allgemeine Einführung in die Grundlagen, S. 106 f.

Ausrottung des Judentums und die weitgehende Vernichtung anderer fremder Volksgruppen und politisch mißliebiger Personen.“[237] Damit ist die Gestapo gerade zu dem Zweck geschaffen worden, *„in weitem Umfang über den Bereich legitimer Staatsaufgaben hinaus staatlichem Unrecht zu dienen.“*[238]

4. Entwicklung der Polizei unter der Besatzungsherrschaft

Nach dem Ende des Zweiten Weltkrieges und der Besetzung Deutschlands durch die Alliierten Besatzungsmächte (Vereinigtes Königreich, Vereinigte Staaten von Amerika, Union der Sozialistischen Sowjetrepubliken und Französische Republik) übernahmen diese die vorhandene Staatsgewalt und ersetzten sie durch ihre eigene.[239] Auch die Polizeihoheit wurde nun von den Besatzungsmächten ausgeübt.[240] Während dies zunächst durch den Einsatz der eigenen Militärpolizeien geschah und eine spätere Unterstützung durch deutsche Hilfspolizisten stattfand, merkten die Siegermächte sehr bald, dass im Zuge der stetig wachsenden Kriminalität im Nachkriegsdeutschland die Aufstellung deutscher Polizeieinheiten zwingend erforderlich wurde.[241]

Der entsprechenden Vorgehensweise der Alliierten lag dabei kein ausgearbeitetes Konzept zugrunde; sie orientierten sich vielmehr an den bei den Konferenzen von Jalta und Potsdam erarbeiteten Prinzipien, die auf eine Demokratisierung, Dezentralisierung, Entmilitarisierung und Entnazifizierung Deutschlands gerichtet waren.[242] Die Umsetzung dieser Grundsätze hatte im Wesentlichen zur Folge, dass die militärisch organisierten Polizeieinheiten abgeschafft wurden und die neuen Polizeieinheiten nur noch in deutlich geringerem Ausmaß über Waffen verfügten.[243] Auch wurden ehemalige Mitglieder der NSDAP entlassen.[244] Zudem wurde die Polizeihoheit wieder auf die Länder übertragen.[245]

---

237 BVerfGE 6, 132 (208).

238 BVerfGE 6, 132 (209).

239 Vgl. hierzu die „Erklärung in Anbetracht der Niederlage Deutschlands und der Übernahme der obersten Regierungsgewalt hinsichtlich Deutschlands durch die Regierungen des Vereinigten Königreichs, der Vereinigten Staaten von Amerika und der Union der Sozialistischen Sowjet-Republiken und durch die Provisorische Regierung der Französischen Republik“ vom 05. Juni 1945, siehe Amtsblatt des Kontrollrats in Deutschland, Ergänzungsblatt Nr. 1, S. 7-9.

240 *Boldt/Stolleis*, in : Lisken/Denninger, Handbuch des Polizeirechts, S. 27.

241 *Boldt/Stolleis*, in : Lisken/Denninger, Handbuch des Polizeirechts, S. 27.

242 *Harnischmacher/Semerak*, Deutsche Polizeigeschichte: Eine allgemeine Einführung in die Grundlagen, S. 135 ff; *Knemeyer*, Polizei und Ordnungsrecht, S. 6; *Noethen*, Polizei in der Besatzungszeit – Vorstellungen und Einflüsse der Alliierten, in: Lange (Hrsg.), Die Polizei der Gesellschaft: zur Soziologie der Inneren Sicherheit, S. 77 (81).

243 Siehe dazu *Noethen*, Polizei in der Besatzungszeit – Vorstellungen und Einflüsse der Alliierten, in: Lange (Hrsg.), Die Polizei der Gesellschaft: zur Soziologie der Inneren Sicherheit, S. 77 (79 f.); *Boldt/Stolleis*, in : Lisken/Denninger, Handbuch des Polizeirechts, S. 28.

244 *König*, Trennung und Zusammenarbeit von Polizei und Nachrichtendiensten, S. 65; *Boldt/Stolleis*, in : Lisken/Denninger, Handbuch des Polizeirechts, S. 28.

245 *Boldt/Stolleis*, in : Lisken/Denninger, Handbuch des Polizeirechts, S. 28.

Es gelang den Siegermächten jedoch nicht, eine einheitliche Strategie für die Umsetzung der Polizeipolitik zu entwerfen, so dass sich in den einzelnen Besatzungszonen unterschiedliche Modelle der Reorganisation der Polizei entwickelten.[246]

Zwar verfügte die Polizei in Deutschland bereits Ende 1946, das heißt nur eineinhalb Jahre nach Ende des Zweiten Weltkrieges, in Westdeutschland mit etwa 78.000 und in der sowjetischen Besatzungszone mit ca. 60.000 Mitarbeitern[247] über eine zufrieden stellende Versorgungsdichte. Jedoch führte die organisatorisch sehr unterschiedliche Umsetzung der Neu-Strukturierung der Polizei in den einzelnen Besatzungszonen, die auch noch nach Übertragung der Polizeihoheit auf die einzelnen Länder anhielt, zu einem sehr uneinheitlichen Bild der staatlich oder kommunal geführten Polizei.[248] Hinzukam, dass sich ein Prozess der so genannten *„Entpolizeilichung"* abzeichnete.[249] Insbesondere in der britischen Besatzungszone erkannte man der Polizei die Verordnungsrechte ab und stufte sie zum staatlichen (bzw. kommunalen) Vollzugsorgan zur „unmittelbaren Gefahrenabwehr" ab.[250] Dies bedeutete jedoch keinesfalls, dass die Polizei nicht mehr als eigene Institution anerkannt wurde und ihr alle Befugnisse entzogen wurden.[251] Zweck war es vielmehr, den Tätigkeitsbereich der Polizei auf bestimmte Bereiche, nämlich die Vollzugsaufgaben, die Verfolgung von Verbrechen und die Verkehrsüberwachung zu konzentrieren.[252] Zugleich wurden Ordnungsbehörden gegründet, die darüber hinausgehende, reglementierende Tätigkeiten übernahmen und denen auch Anordnungsbefugnisse übertragen wurden.[253] So übte etwa die in der britischen Besatzungszone in Bauaufsicht umbenannte Baupolizei auch weiter polizeiliche Gewalt aus mit der Besonderheit, dass sich ihre Befugnis, Anordnungen zu treffen auch auf stilistische und planerische Aspekte erstreckte.[254]

Auch in anderen Bereichen, wie etwa der Gesundheitsaufsicht und der Lebensmittelversorgung, für die in Zeiten vor der Besatzung die Polizei unter dem Gesichtspunkt

---

246 Eine hilfreiche Übersicht zu den Entwicklungen in den einzelnen Besatzungszonen findet sich bei *Boldt/Stolleis*, in: Lisken/Denninger, Handbuch des Polizeirechts, S. 28 f. Vgl. dazu auch die Darstellung bei *Noethen*, Kriminalpolitische Vorgaben der alliierten Besatzungsmächte, in: Lange (Hrsg.), Kriminalpolitik, S. 59 (65 ff.).

247 Vgl. dazu *Wettig*, Entmilitarisierung und Wiederbewaffnung in Deutschland 1943-1955 – Internationale Auseinandersetzungen um die Rolle der Deutschen in Europa, S. 109, 114.

248 *Boldt/Stolleis*, in: Lisken/Denninger, Handbuch des Polizeirechts, S. 29.

249 Vgl. dazu *Pieroth/Schlink/Kniesel*, Polizei- und Ordnungsrecht mit Versammlungsrecht, S. 10 ff.; *Boldt/Stolleis*, in: Lisken/Denninger, Handbuch des Polizeirechts, S. 29.

250 Vgl. *Knemeyer*, Polizei und Ordnungsrecht, S. 6; *Boldt/Stolleis*, in: Lisken/Denninger, Handbuch des Polizeirechts, S. 29.

251 Vgl. dazu *Knemeyer*, Polizei und Ordnungsrecht, S. 6.

252 *Jochum/Rühle*, Rheinland-Pfälzisches Landesrecht - Polizei- und Ordnungsrecht, S. 33; *Boldt/Stolleis*, in: Lisken/Denninger, Handbuch des Polizeirechts, S. 29 f.

253 Siehe *Boldt/Stolleis*, in: Lisken/Denninger, Handbuch des Polizeirechts, S. 29.

254 *Knemeyer*, Art. "Polizei", in: Brunner/Conze/Koselleck (Hrsg.), Geschichtliche Grundbegriffe. Historisches Lexikon zur politisch-sozialen Sprache in Deutschland, Bd. 4, S. 875 (896); *Boldt/Stolleis*, in: Lisken/Denninger, Handbuch des Polizeirechts, S. 29; *Möller/Wilhelm*, Allgemeines Polizei- und Ordnungsrecht mit Verwaltungszwang und Bescheidtechnik, S. 6, 8.

der Wohlfahrt zuständig gewesen war, wurden die Tätigkeiten von nun an von Ordnungsbehörden übernommen.[255]

5. Polizei und Nachrichtendienste nach Gründung der Bundesrepublik Deutschland

Nach Gründung der Bundesrepublik am 23. Mai 1949 wurde die Organisation der Polizei trotz andauernden Besatzungszustands in deutsche Hände gegeben.[256] Im Grundgesetz wurde dies zum einen durch Artikel 73 Nr. 10, in dem dem Bund die Gesetzgebungskompetenz für die Zusammenarbeit des Bundes und der Länder in der Kriminalpolizei und in den Angelegenheiten des Verfassungsschutzes, die Einrichtung eines Bundeskriminalpolizeiamtes sowie die internationale Verbrechensbekämpfung zugewiesen wurde, niedergelegt.[257] Zum anderen wurde Art. 87 Abs. 1 GG geschaffen, nach dem durch Bundesgesetz Bundesgrenzschutzbehörden, Zentralstellen für das polizeiliche Auskunfts- und Nachrichtenwesen zur Sammlung von Unterlagen für Zwecke des Verfassungsschutzes und für die Kriminalpolizei eingerichtet werden können.[258]

Zudem wurde in Art. 91 Abs. 1 GG geregelt, dass ein Land zur Abwehr einer drohenden Gefahr für den Bestand oder die freiheitliche demokratische Grundordnung des Bundes oder eines Landes Polizeikräfte anderer Länder anfordern kann.[259] In Absatz 2 der Vorschrift wurde bestimmt, dass – falls das Land, in dem die Gefahr droht, nicht selbst zur Bekämpfung der Gefahr bereit oder in der Lage ist – die Bundesregierung die Polizei in diesem Land und die Polizeikräfte anderer Länder ihren Weisungen unterstellen kann.

Gerade dieser Absatz widersprach jedoch offenbar den Vorstellungen der Alliierten, weshalb sie im Jahr 1949 im so genannten „Polizeibrief" ihre Idealvorstellungen von einer Organisation der Polizei in der neu gegründeten Bundesrepublik Deutschland noch einmal deutlich herausstellten und in dem Genehmigungsschreiben zum Grundgesetz vom 12. Mai 1949 den zweiten Absatz des Art. 91 GG suspendierten, weil sie die Landespolizei auch nicht nur vorübergehend der Weisungskompetenz der Bundesregierung unterstellt sehen wollten.[260] Wie wichtig den Besatzungsmächten die Verhinderung eines Zurückfallens der Bundesrepublik in alte „Verhaltensmuster" gewesen sein muss, lässt sich der Tatsache entnehmen, dass sie nach dem Genehmigungsschreiben am 21. September 1949 noch eine weitere Anweisung verfassten, in der sie

---

255 Siehe dazu *Knemeyer*, Polizei und Ordnungsrecht, S. 6; *Boldt/Stolleis*, in: Lisken/Denninger, Handbuch des Polizeirechts, S. 29.

256 Siehe *Boldt/Stolleis*, in:Lisken/Denninger, Handbuch des Polizeirechts, S. 30.

257 *Boldt/Stolleis*, in: Lisken/Denninger, Handbuch des Polizeirechts, S. 30.

258 *Boldt/Stolleis*, in: Lisken/Denninger, Handbuch des Polizeirechts, S. 30.

259 *Boldt/Stolleis*, in: Lisken/Denninger, Handbuch des Polizeirechts, S. 30.

260 *Jochum/Rühle*, Rheinland-Pfälzisches Landesrecht - Polizei- und Ordnungsrecht, S. 34; *Boldt/Stolleis*, in: Lisken/Denninger, Handbuch des Polizeirechts, S. 31. Zu den Einzelheiten von „Polizeibrief" und Genehmigungsschreiben siehe die ausführliche Darstellung unter Kapitel 3 - B.

die nicht militärischen und dezentralisierten Tätigkeiten der deutschen Polizei erneut umrissen und auf die Aufrechterhaltung der öffentlichen Sicherheit und Ordnung aber auch die Verbrechensverfolgung beschränkt sehen wollten.[261]

Doch bereits im Jahr 1950 kam es infolge des Koreakrieges und der sich zuspitzenden Situation in Europa im Zuge des Kalten Krieges zu einer Kehrtwende. Die Suspendierung des Art. 91 Abs. 2 GG wurde aufgehoben[262]; ebenso war man dem Verlangen der Deutschen nach einer militärisch aufgestellten Polizeieinheit nicht länger vollständig abgeneigt.[263]

In diesem Zusammenhang wird der Begriff der *„Restauration"* der Polizei verwendet.[264] So kam es zu der Einrichtung einer Bereitschaftspolizei entsprechend den Verhältnissen in der Weimarer Republik, wobei dies nur den Ländern, nicht aber dem Bund gestattet wurde.[265] Die Landespolizei wurde dabei unterteilt in die Zweige Schutzpolizei, Wasserschutzpolizei, Bereitschaftspolizei und Kriminalpolizei.[266]

Weiter wurden in den Ländern Verfassungsschutzämter eingerichtet, deren Aufgabenbereich sich auf die Sammlung und Auswertung einschlägiger Informationen erstreckte. Zwar wurden diesen Ämtern keine polizeilichen Befugnisse zuerkannt, die Polizei und die Verwaltungsbehörden wurden aber angewiesen, eng mit den Verfassungsschutzämtern zusammenzuarbeiten und Anfragen von dieser Seite zu beantworten.[267] Von der Einrichtung einer politischen Polizei wurde abgesehen.[268]

In der Folgezeit wurden nicht nur Polizeigesetze in den Ländern erlassen, in denen die Haupttätigkeit der Polizei in Form einer Generalklausel auf die Abwehr von Gefahren für die öffentliche Sicherheit und Ordnung beschrieben war; auch der Bund machte von seiner im Grundgesetz niedergelegten Gesetzgebungskompetenz Gebrauch und errichtete im Jahr 1951 das Bundesamt für Verfassungsschutz (BfV)[269], das jedoch nicht über polizeiliche Befugnisse verfügte, und den Bundesgrenzschutz (heute Bundespolizei)[270], dessen rund 20.000 Angehörige militärisch aufgestellt, bewaffnet und kaserniert waren.[271]

Weiter errichtete der Bund im Jahr 1951 das Bundeskriminalamt (BKA)[272] in Wiesbaden.[273] Dessen Aufgabe war es zunächst jedoch nur, eine zentrale Informationssammelstelle zu sein, während die bereits existierenden Landeskriminalämter auf die Aufklärung von Verbrechen konzentriert waren.[274]

---

261 *Boldt/Stolleis*, in: Lisken/Denninger, Handbuch des Polizeirechts, S. 31.
262 *Jochum/Rühle*, Rheinland-Pfälzisches Landesrecht - Polizei- und Ordnungsrecht, S. 34.
263 *Boldt/Stolleis*, in: Lisken/Denninger, Handbuch des Polizeirechts, S. 31.
264 *Boldt/Stolleis*, in: Lisken/Denninger, Handbuch des Polizeirechts, S. 31.
265 *Boldt/Stolleis*, in: Lisken/Denninger, Handbuch des Polizeirechts, S. 32.
266 Siehe *Boldt/Stolleis*, in: Lisken/Denninger, Handbuch des Polizeirechts, S. 32.
267 *Boldt/Stolleis*, in: Lisken/Denninger, Handbuch des Polizeirechts, S. 32.
268 *Boldt/Stolleis*, in: Lisken/Denninger, Handbuch des Polizeirechts, S. 32.
269 Siehe die Ausführungen unter Kapitel 2 - B.III.3.a.
270 Vgl. dazu Kapitel 2 - B.II.2.b.
271 Siehe dazu *Boldt/Stolleis*, in : Lisken/Denninger, Handbuch des Polizeirechts, S. 33.
272 Siehe hierzu die Ausführungen unter Kapitel 2 - B.II.2.a.
273 *Schenke*, Polizei- und Ordnungsrecht, § 9, Rn. 440; *Boldt/Stolleis*, in: Lisken/Denninger, Handbuch des Polizeirechts, S. 32 f.
274 *Boldt/Stolleis*, in: Lisken/Denninger, Handbuch des Polizeirechts, S. 33.

Im Jahr 1956 wurde die Organisation Gehlen[275] in die Bundesverwaltung übernommen und erhielt den Namen Bundesnachrichtendienst (BND). Dem BND ist im Hinblick auf die Sicherung des Bestandes und die Sicherheit der Bundesrepublik Deutschland die Auslandsaufklärung übertragen worden.[276] Im selben Jahr wurde der Militärische Abschirmdienst (MAD) als „Verfassungsschutzbehörde der Bundeswehr" gegründet.[277]

6. Reformen in den 1970er und 1980er Jahren

Die Massendemonstrationen und gewalttätigen Proteste, neue Formen des Terrorismus und des organisierten Verbrechens in den 1970er Jahren blieben nicht ohne Einfluss auf die Organisation und Tätigkeit der Polizeien und Nachrichtendienste.[278] So wurden Modernisierungs- und Umstrukturierungsmaßnahmen in den einzelnen Behörden vorgenommen, aber auch Gesetzesverschärfungen realisiert[279], um den zunehmenden Bedrohungen wirksamer begegnen zu können.[280] Neben den Verfassungsschutzämtern wurde insbesondere das BKA zur „Zentralstelle der Verbrechensbekämpfung in Bund und Ländern" erweitert.[281] Darüber hinaus wurden dem BKA aus Gründen der besseren Ermittlungsmöglichkeiten weitere polizeiliche Vollzugsbefugnisse zuerkannt.[282] In einem weiteren Schnitt versuchte man, die Organisation der Polizei in Deutschland zu vereinheitlichen. Hintergrund waren die zunehmend erforderlich gewordenen, Ländergrenzen überschreitenden Einsätze der Polizei.[283] Man entwickelte zu diesem Zweck einen so genannten Musterentwurf eines einheitlichen Polizeigesetzes (1976/1977)[284], anhand dessen die einzelnen Länder ihre Polizeiorganisation freiwillig umgestalten

---

275 Die Organisation Gehlen wurde nach dem Generalmajor Gehlen benannt, der nach 1945 von den Amerikanern beauftragt wurde, Nachrichten über die Sowjetunion zu beschaffen und auszuwerten, vgl. *Schafranek*, Die Kompetenzverteilung zwischen Polizei und Verfassungsschutzbehörden in der Bundesrepublik Deutschland, S. 39.

276 Siehe *Schafranek*, Die Kompetenzverteilung zwischen Polizei und Verfassungsschutzbehörden in der Bundesrepublik Deutschland, S. 39; *Schenke*, Polizei- und Ordnungsrecht, § 9, Rn. 445c.

277 *Schafranek*, Die Kompetenzverteilung zwischen Polizei und Verfassungsschutzbehörden in der Bundesrepublik Deutschland, S. 38; *Schenke*, Polizei- und Ordnungsrecht, § 9, Rn. 445d.

278 *Boldt/Stolleis*, in: Lisken/Denninger, Handbuch des Polizeirechts, S. 34.

279 So wurde etwa das Straf- und Strafprozessrecht reformiert: Vgl. die Änderung der StPO vom 14. April 1978 (BGBl. I S. 497) und das Anti-Terrorismus-Gesetz vom 18. August 1976 (BGBl. I S. 2184).

280 *Boldt/Stolleis*, in: Lisken/Denninger, Handbuch des Polizeirechts, S. 34 f.

281 *Boldt/Stolleis*, in: Lisken/Denninger, Handbuch des Polizeirechts, S. 35: Es wird hier insbesondere Bezug genommen auf den Computerverbund INPOL, in dem Informationen sowohl über gesuchte, als auch über nur allgemein verdächtige Personen gespeichert wurden, um auch vorbeugende Verbrechensbekämpfung betreiben zu können.

282 *Boldt/Stolleis*, in: Lisken/Denninger, Handbuch des Polizeirechts, S. 35.

283 Vgl. *Boldt/Stolleis*, in: Lisken/Denninger, Handbuch des Polizeirechts, S. 35.

284 Siehe dazu *Heise/Riegel*, Musterentwurf eines einheitlichen Polizeigesetzes mit Begründung und Anmerkungen.

konnten.[285] Nachdem in den 1970er Jahren auch die *„Verstaatlichung"* der Polizei ihren Abschluss gefunden hatte, führte dieser Musterentwurf zu einer weitgehenden *„Vereinheitlichung und Zentralisierung"* der Polizei. Als Folge dieser Entwicklungen wird ein „Verlust an Bürgernähe" beklagt, der mit der Schließung der Einzel- und Revierbereiche – auf dem Weg zu zentralen Einrichtungen – einherging.[286]

7. Aufgabenerweiterung und Befugnisausdehnung

a. „Vernachrichtendienstlichung" der Polizei

Unter dem Schlagwort „Vernachrichtendienstlichung" der Polizei werden die bedeutenden Veränderungen sowohl des polizeilichen Aufgabenbereiches als auch eine Erweiterung der Befugnisse der Polizei zusammengefasst.[287] Der Polizei wurden zum Zwecke der heimlichen oder ereignisunabhängigen Gewinnung von Informationen sowie zu deren Auswertung weitreichende Eingriffsbefugnisse zugestanden. So wurde ihr im Jahr 1992 durch eine entsprechende Ergänzung der Strafprozessordnung (StPO) der Einsatz verdeckter Ermittler zur Aufklärung bestimmter schwerer Straftaten gestattet.[288] Beispielhaft zu nennen sind auch die bereits Ende der 1980er Jahre in die Polizeigesetze eingeführten Mittel der so genannten beobachtenden Fahndung und die Rasterfahndung.[289] Durch diese Möglichkeiten wurde die polizeiliche Tätigkeit in den vorbeugenden Bereich der Verbrechensbekämpfung, nämlich in das Gefahrenvorfeld und damit einen originär den Nachrichtendiensten vorbehaltenen Bereich, vorverlagert.[290] Damit wurde neben den Befugnissen auch der Aufgabenbereich der polizeilichen Sicherheitsbehörden erheblich erweitert. Auslöser für diese Verlagerung war die Überlegung, auf diesem Weg die Gesellschaft zu sanieren und Kriminalität insgesamt zu verhindern.[291] Hintergrund waren auch die in den 1970er Jahren zunehmenden Bedrohungen durch terroristische Anschläge und politische Straftaten. Eine allein repres-

---

285 Siehe dazu *Knemeyer*, Polizei- und Ordnungsrecht, S. 6; *Boldt/Stolleis*, in: Lisken/Denninger, Handbuch des Polizeirechts, S. 35.

286 Siehe insoweit *Boldt/Stolleis*, in: Lisken/Denninger, Handbuch des Polizeirechts, S. 36.

287 *Möstl*, Die staatliche Garantie für die öffentliche Sicherheit und Ordnung, S. 408; *Zöller*, Informationssysteme und Vorfeldmaßnahmen von Polizei, Staatsanwaltschaft und Nachrichtendiensten, S. 372.

288 Vgl. §§ 110a bis e a.F. StPO.

289 § 1 Abs. 1 S. 2 des Vorentwurfs zur Änderung des Musterentwurfs eines Polizeigesetzes (VEMEPolG) der Innenministerkonferenz vom 12. März 1986 erweiterte die Aufgaben der Polizei um die „vorbeugende Bekämpfung von Straftaten" und die „Vorbereitung auf die Gefahrenabwehr". Vgl. weiter *Albert*, Gedanken zum Verhältnis von Polizei und Verfassungsschutz, in: Bundesamt für Verfassungsschutz (Hrsg.), Bundesamt für Verfassungsschutz. 50 Jahre im Dienst der inneren Sicherheit, S. 85 (95).

290 *Nehm*, Das nachrichtendienstrechtliche Trennungsgebot und die neue Sicherheitsarchitektur, NJW 2004, S. 3289 (3292 f.).

291 *Boldt/Stolleis*, in: Lisken/Denninger, Handbuch des Polizeirechts, S. 36.

sive Vorgehensweise erschien nicht mehr ausreichend, um den Sicherheitsauftrag zu erfüllen.[292]

b. „Verpolizeilichung“ der Nachrichtendienste

Auch die nachrichtendienstliche Tätigkeit wurde in einen polizeilichen Verwendungsbereich eingebunden und der Zuständigkeitsbereich der Nachrichtendienste seit Beginn der 1990er Jahre zunehmend auf die Bereiche der organisierten und der internationalen Kriminalität und damit die allgemeine Verbrechensbekämpfung erweitert.[293] Zugleich verfügen die Nachrichtendienste zwischenzeitlich über Befugnisse, die zuvor nur der Polizei vorbehalten waren.[294]

c. Weitere Entwicklung

Die Annäherung der Aufgabenbereiche von Polizei und Nachrichtendiensten und die Angleichung ihrer Befugnisse sind keine Erscheinung ausschließlich der 1970er bis 1990er Jahre; vielmehr zeichnet sich in diesem Zusammenhang ein stetig voranschreitender Entwicklungsprozess ab, der insbesondere durch die zunehmende terroristische Bedrohung auch (in) der Bundesrepublik Deutschland im ersten Jahrzehnt des neuen Jahrtausends beschleunigt wird.[295] Die jüngste Aufgaben- und Befugniserweiterung erfolgte dabei durch das am 01.01.2009 in Kraft getretene neugefasste „Gesetz über das Bundeskriminalamt und die Zusammenarbeit des Bundes und der Länder in kriminalpolizeilichen Angelegenheiten“ (BKAG).[296] Dem BKA werden in dem ergänzend eingefügten § 4a BKAG auch Aufgaben der Abwehr von Gefahren des internationalen Terrorismus zugewiesen; zu diesem Zweck erhält das BKA erstmals auch Befugnisse zur vorbeugenden Gefahrenabwehr wie die Möglichkeit zur Rasterfahndung, zur Telekommunikationsüberwachung (TKÜ), zur Online-Durchsuchung und zum Einsatz von V-Personen und verdeckten Ermittlern. (vgl. §§ 20a ff. BKAG).[297]

8. Schlussfolgerung

Die Darstellung der Entwicklungsgeschichte von Nachrichtendiensten und Polizeien zeigt, dass die Trennung der beiden Institutionen mehr ist als ein Reflex auf die geheimpolizeilichen Exzesse der nationalsozialistischen Zeit; sie ist vielmehr Aus-

---

292 Allerdings begegnet(e) die neue präventive Art der Polizeitätigkeit erheblichen rechtsstaatlichen Bedenken, vgl. *Boldt/Stolleis*, in: Lisken/Denninger, Handbuch des Polizeirechts, S. 36.

293 *Möstl*, Die staatliche Garantie für die öffentliche Sicherheit und Ordnung, S. 410.

294 *König*, Trennung und Zusammenarbeit von Polizei und Nachrichtendiensten, S. 233.

295 Vgl. die Ausführungen unter Kapitel 2 - D.IV.3.c.

296 BGBl. I S. 3083.

297 Vgl. die Ausführungen von *Roggan*, Das neue BKA-Gesetz - Zur weiteren Zentralisierung der deutschen Sicherheitsarchitektur, NJW 2009, S. 257 ff.

druck der Freiheitlichkeit in einem besonders empfindlichen Bereich staatlicher Machtausübung. An die Darstellung der geschichtlichen Hintergründe schließt sich nun die Vorstellung der heutigen Sicherheitsbehörden Polizei und Nachrichtendienste an. Zu diesem Zweck werden zunächst die allgemeinen Aufgaben und Zuständigkeitsbereiche erläutert und in einem weiteren Schritt die verschiedenen Institutionen, ihr jeweiliger Aufgabenbereich und die Befugnisse erläutert.

II. Die Polizei

1. Aufgaben und Zuständigkeitsbereiche der Polizei

Nachdem in der historischen Darlegung bereits Ausführungen zu Reformen im Hinblick auf die Reichweite der polizeilichen Befugnisse und Aufgabenbereiche gemacht worden sind, sollen nun die aktuellen Zuständigkeitsbereiche der Polizei aufgezeigt werden. Aus den Bundes- und Landesgesetzen lassen sich dabei unterschiedliche Aufgabenbereiche der Polizei entnehmen.

a. Strafverfolgung

Gemäß § 160 Abs. 1 Strafprozessordnung (StPO) ist die Staatsanwaltschaft, sobald sie Kenntnis von dem Verdacht einer Straftat erhält, zur Aufnahme von Ermittlungen verpflichtet. Die Ermittlungstätigkeit kann sie dabei durch die Behörden und Beamten des Polizeidienstes vornehmen lassen, wobei diese verpflichtet sind, dem Ersuchen oder Auftrag der Staatsanwaltschaft zu genügen (§ 161 Abs. 1 StPO). Auch ohne ein entsprechendes Ersuchen der Staatsanwaltschaft obliegt den Polizeien allerdings gemäß § 163 StPO die Ermittlungstätigkeit. Nach Absatz 1 dieser Vorschrift haben die Behörden und Beamten des Polizeidienstes Straftaten zu erforschen und alle keinen Aufschub gestattenden Anordnungen zu treffen, um die Verdunkelung der Sache zu verhüten.[298]

Maßgeblich ist dabei das in § 152 Abs. 2 StPO niedergelegte Legalitätsprinzip: Die Verpflichtung der Staatsanwaltschaft als Ermittlungsbehörde, ein Ermittlungsverfahren zu eröffnen, wenn sie Kenntnis von dem Verdacht einer Straftat erlangt hat. In Analogie zu § 152 Abs. 2 StPO ist auch die Polizei demnach zur Strafverfolgung verpflichtet, wenn zureichende tatsächliche Anhaltspunkte für eine verfolgbare Straftat vorliegen. Erforderlich für das Tätigwerden der Polizei als Strafverfolgungsbehörde ist also ein Anfangsverdacht, der in konkreten Tatsachen und nicht etwa bloßen Vermutungen besteht.[299]

---

298 Vgl. dazu *Albert*, Gedanken zum Verhältnis von Polizei und Verfassungsschutz, in: Bundesamt für Verfassungsschutz (Hrsg.), Bundesamt für Verfassungsschutz. 50 Jahre im Dienst der inneren Sicherheit, S. 85 (87).

299 *Meyer-Goßner*, Strafprozessordnung: mit Gerichtsverfassungsgesetz und Nebengesetzen und ergänzende Bestimmungen, § 152, Rn. 4.

Der Aufgabenbereich der Strafverfolgungsbehörden, zu denen neben der Staatsanwaltschaft auch die Polizeibehörden zählen, erstreckt sich demnach auf die Aufklärung von Straftaten.

b. Gefahrenabwehr

Daneben sind die Polizeibehörden für die Abwehr von Gefahren für die öffentliche Sicherheit oder Ordnung zuständig.

So enthält das rheinland-pfälzische Polizeigesetz (POG Rh.-Pf.) etwa in § 1 Abs. 1 die folgenden Aufgabenzuweisungen: Die Polizei hat (gemeinsam mit den Ordnungsbehörden) die Aufgabe, Gefahren für die öffentliche Sicherheit oder Ordnung abzuwehren. Sie hat dazu Vorbereitungen zu treffen, um künftige Gefahren abwehren zu können (Vorbereitung auf die Gefahrenabwehr). Darüber hinaus hat die Polizei im Rahmen der Gefahrenabwehr auch Straftaten zu verhüten und für die Verfolgung von Straftaten vorzusorgen (vorbeugende Bekämpfung von Straftaten). In Absatz 2 der Vorschrift wird angeordnet, dass die Polizei ferner die Aufgaben zu erfüllen hat, die ihr durch andere Rechtsvorschriften übertragen sind. Der Schutz der privaten Rechte wird ihr durch Absatz 3 auferlegt, allerdings nur für den Fall, dass gerichtlicher Schutz nicht rechtzeitig zu erlangen ist und wenn ohne polizeiliche Hilfe die Verwirklichung des Rechts vereitelt oder wesentlich erschwert werden würde. Daneben leistet die Polizei nach § 1 Abs. 4 POG Rh.-Pf. anderen Behörden Vollzugshilfe. Auch ist die Polizei zuständig für die Abwehr von Gefahren durch den Straßenverkehr (§ 1 Abs. 5 POG Rh.-Pf.) und für die Anordnungen zum Schutz vor Gewalt in engen sozialen Beziehungen (§ 1 Abs. 6 POG Rh.-Pf.). Im Übrigen wird die Polizei tätig, soweit die Abwehr der Gefahr durch eine andere Behörde nicht oder nicht rechtzeitig möglich erscheint (§ 1 Abs. 7 POG Rh.-Pf.). Zuletzt bestimmt Absatz 8 der Vorschrift, dass alle Träger der öffentlichen Aufgaben im Rahmen ihrer Zuständigkeit zur Vermeidung strafbarer Verhaltensweisen (Kriminalprävention) beitragen und zusammenwirken sollen.

c. Zusammenfassung

Während die Strafverfolgung also als *repressive* Tätigkeit der Polizei das Vorliegen des Verdachts einer Straftat voraussetzt, zielt die *präventive* Tätigkeit der Gefahrenabwehr darauf ab, den Eintritt eines Schadens zu verhüten. Im Unterschied zur Strafverfolgung gilt hier das Opportunitätsprinzip, das heißt, es liegt im Ermessen der Polizeibehörden, ob oder wie sie tätig werden.[300]

---

300 *Albert*, Gedanken zum Verhältnis von Polizei und Verfassungsschutz, in: Bundesamt für Verfassungsschutz (Hrsg.), Bundesamt für Verfassungsschutz. 50 Jahre im Dienst der inneren Sicherheit, S. 85 (89).

2. Die einzelnen Institutionen der Polizei

Zu den wichtigsten polizeilichen Institutionen gehören das Bundeskriminalamt, die Bundespolizei und die Länderpolizeien; daneben existieren weitere Bundesbehörden mit polizeilichen Eingriffsbefugnissen.

a. Das Bundeskriminalamt

Das Bundeskriminalamt (BKA) ist eine dem Bundesministerium des Innern (BMI) nachgeordnete Bundesoberbehörde, hat seinen Hauptsitz in Wiesbaden[301] und zählt neben der Bundespolizei (ehemals Bundesgrenzschutz) und der Polizei beim Deutschen Bundestag zu den Bundespolizeibehörden.[302] Die verfassungsrechtliche Legitimation für das BKA ergibt sich aus Art. 73 Nr. 10 a) in Verbindung mit Art. 87 Abs. 1 Satz 2 GG: Danach können durch Bundesgesetz Zentralstellen für das polizeiliche Auskunfts- und Nachrichtenwesen und für die Kriminalpolizei eingerichtet werden.[303]

Aufgaben
Die gesetzlich normierten Hauptaufgaben des BKA ergeben sich im Wesentlichen aus dem „Gesetz über das Bundeskriminalamt und die Zusammenarbeit des Bundes und der Länder in kriminalpolizeilichen Angelegenheiten" (BKAG) vom 07. Juli 1997[304]. Darüber hinaus lassen sich dem Bundespolizeigesetz (BPolG)[305] sowie dem „Gesetz über den unmittelbaren Zwang bei Ausübung öffentlicher Gewalt durch Vollzugsbeamte des Bundes" (UZwG) Aufgaben des BKA entnehmen.[306]

Gemäß § 1 BKAG dient das BKA der Zusammenarbeit des Bundes und der Länder in kriminalpolizeilichen Angelegenheiten. Nach den §§ 2 ff. BKAG hat es die Aufgabe, die nationale Verbrechensbekämpfung in der Bundesrepublik in enger Zusammenarbeit mit den Landeskriminalämtern zu koordinieren und Ermittlungen in bestimmten schwerwiegenden Kriminalitätsfeldern mit Auslandsbezug durchzuführen. Das BKA ist die Zentralstelle für das polizeiliche Auskunfts- und Nachrichtenwesen und hat die Aufgabe, die Bundes- und Länderpolizeien bei der Verfolgung und Verhütung von Straftaten zu unterstützen.

Als Zentralstelle für das polizeiliche Auskunfts- und Nachrichtenwesen und für die Kriminalpolizei unterstützt das BKA die Polizeien des Bundes und der Länder bei der Verhütung und Verfolgung von Straftaten mit länderübergreifender, internationaler oder erheblicher Bedeutung (§ 2 Abs. 1 BKAG). Zur Wahrnehmung dieser Aufgabe hat das Bundeskriminalamt alle hierfür erforderlichen Informationen zu sammeln und auszuwerten und die Strafverfolgungsbehörden des Bundes und der Länder unverzüglich über die sie betreffenden Informationen und die in Erfahrung gebrachten Zusam-

---

301 Daneben existieren noch Außenstellen in Meckenheim und Berlin-Treptow.
302 *Lange*, in: Lange, Wörterbuch zur Inneren Sicherheit, S. 26.
303 *Schenke*, Polizei- und Ordnungsrecht, § 9, Rn. 440.
304 BGBl. I S. 1650.
305 An einzelnen Stellen verweist das BKAG auf die Regelungen des BPolG.
306 *Lange*, in: Lange, Wörterbuch zur Inneren Sicherheit, S. 27.

menhänge von Straftaten zu unterrichten (§ 2 Abs. 2 BKAG). Zu diesem Zweck unterhält das BKA das so genannte INPOL-System, ein bundesländerübergreifendes Informationssystem der Polizei und greift auf die polizeilichen Lageberichte und Meldedienste zurück.[307]

Das BKA hat als Zentralstelle ferner zur Unterstützung der Polizeien des Bundes und der Länder bei der Verhütung und Verfolgung von Straftaten die erforderlichen Einrichtungen für alle Bereiche kriminaltechnischer Untersuchungen und für kriminaltechnische Forschung zu unterhalten und die Zusammenarbeit der Polizei auf diesen Gebieten zu koordinieren; darüber hinaus hat das BKA kriminalpolizeiliche Analysen und Statistiken einschließlich der Kriminalstatistik zu erstellen und hierfür die Entwicklung der Kriminalität zu beobachten, polizeiliche Methoden und Arbeitsweisen der Kriminalitätsbekämpfung zu erforschen und zu entwickeln, sowie Aus- und Fortbildungsveranstaltungen auf kriminalpolizeilichen Spezialgebieten durchzuführen.[308] Das BKA erstattet überdies erkennungsdienstliche und kriminaltechnische Gutachten für Strafverfahren auf Anforderungen von Polizeidienststellen, Staatsanwaltschaften und Gerichten.[309]

Nach § 3 Abs. 1 BKAG ist das BKA Nationales Zentralbüro der Bundesrepublik Deutschland für die Internationale Kriminalpolizeiliche Organisation (Interpol). Eine wichtige Aufgabe des Bundeskriminalamtes stellt also auch die Zusammenarbeit mit Justiz- oder Polizeibehörden anderer Länder dar, für die das BKA zum Zwecke der Verhütung und Verfolgung von Straftaten grundsätzlich zuständig ist.[310]

Neben einer Reihe weiterer Aufgaben, die sich unter anderem aus dem Schengener Durchführungsübereinkommen (SDÜ) ergeben, ist das BKA auch zuständig für die Verfolgung von bestimmten Straftaten, die sich aus § 4 BKAG ergeben. Beispielhaft zu nennen ist hier der internationale Waffen- und Sprengstoffhandel. Dem BKA obliegt ebenso der Schutz der Mitglieder der Verfassungsorgane des Bundes[311] sowie in besonderen Fällen der Gäste dieser Verfassungsorgane und der Zeugenschutz[312], ferner der innere Schutz der Dienst- und Wohnsitze sowie der jeweiligen Aufenthaltsräume des Bundespräsidenten, der Mitglieder der Bundesregierung und in besonderen Fällen ihrer Gäste aus anderen Staaten.[313]

Schließlich wurde dem BKA mit der am 01.01.2009 in Kraft getretenen Neufassung des BKAG[314] in § 4a BKAG die Aufgabe der Abwehr von Gefahren des internationalen Terrorismus übertragen. Zu den Voraussetzungen für eine Zuständigkeit des BKA zählen das Vorliegen einer länderübergreifenden Gefahr (Nr. 1), die nicht erkennbare

---

307 *Lange*, in: Lange, Wörterbuch zur Inneren Sicherheit, S. 27.

308 Vgl. § 2 Abs. 6 BKAG.

309 Vgl. § 2 Abs. 7 BKAG.

310 Vgl. § 3 BKAG.

311 Vgl. § 5 BKAG. Die Gesetzgebungs- und Verwaltungskompetenz des Bundes für diese Regelung ergibt sich dabei aus der Natur der Sache, vgl. *Schenke*, Polizei- und Ordnungsrecht, § 9, Rn. 441.

312 Vgl. § 6 BKAG.

313 Vgl. § 5 BKAG. Dem BKA stehen dabei die in den §§ 21 bis 25 BKAG geregelten Befugnisse zu, die einzelne Vorschriften des BPolG für anwendbar erklären.

314 BGBl. I S. 3083.

Zuständigkeit einer Landespolizeibehörde (Nr. 2) oder das Ersuchen einer obersten Landesbehörde (Nr. 3). Als Unterfall der Gefahrenabwehr nennt das Gesetz „Fälle" der Straftatenverhütung. Das BKA wird somit erstmals mit der Aufklärung des Gefahrenvorfelds beauftragt. Nach Absatz 2 des § 4a BKAG hat die Aufgabenwahrnehmung im gegenseitigen Benehmen mit anderen Bundes- oder Landespolizeibehörden zu erfolgen.

Befugnisse

Die Befugnisse des BKA ergeben sich aus den §§ 7 ff. BKAG. Danach darf das BKA personenbezogene Daten erheben, speichern, nutzen, verändern, soweit dies zur Erfüllung seiner jeweiligen Aufgabe als Zentralstelle erforderlich ist.[315] Zu diesem Zweck kann das BKA Dateien führen, in denen die Daten abgespeichert, genutzt oder verändert werden.[316] Das BKA kann ferner diese Daten unter bestimmten Voraussetzungen an öffentliche aber auch nicht-öffentliche Stellen übermitteln.[317] Nach § 11 BKAG hat das BKA weiter die Befugnis, ein polizeiliches Informationssystem zu unterhalten. Ihm kommen zudem Ausschreibungsbefugnisse bei der Zusammenarbeit mit anderen Staaten oder einem internationalen Strafgerichtshof zu[318], sowie verschiedene weitere Befugnisse im Rahmen der Strafverfolgung und Datenspeicherung für Zwecke zukünftiger Strafverfahren.[319] Darüber hinaus obliegen dem BKA diverse Befugnisse zur Erfüllung seiner Aufgaben im Bereich der Abwehr von Gefahren des internationalen Terrorismus[320], im Bereich des Schutzes von Mitgliedern der Verfassungsorgane[321] und zur Erfüllung seiner Aufgaben im Bereich des Zeugenschutzes.[322]

Durch Art. 4 GDG wurde dem BKA in § 9a BKAG die Befugnis eingeräumt, für die Dauer einer befristeten projektbezogenen Zusammenarbeit mit anderen polizeilichen und nachrichtendienstlichen Sicherheitsbehörden Projektdateien zum Austausch und zur gemeinsamen Auswertung von Erkenntnissen zu bestimmten Straftaten einzurichten. Es handelt sich dabei um Straftaten der geheimdienstlichen Agententätigkeit (§ 99 StGB), der Bildung – auch ausländischer – terroristischer Vereinigungen (§§ 129a, 129b StGB), der Proliferation (§ 34 Abs. 1 bis 6 AWG) sowie der mit diesen Straftaten in einem unmittelbaren Zusammenhang stehenden Straftaten. Nach dem Willen des Gesetzgebers ist der Straftatenkatalog dabei vor dem Hintergrund einer effektiven Aufklärung oder Bekämpfung des internationalen Terrorismus zu sehen.[323]

Zudem wurde dem BKA durch das geänderte BKAG[324], eine Reihe weitreichender Befugnisse zur Abwehr von Gefahren des internationalen Terrorismus übertragen.

---

315 Vgl. § 7 BKAG: Führung kriminalpolizeilicher personenbezogener Sammlungen der Zentralstelle.

316 Vgl. § 8 ff. BKAG.

317 Vgl. § 10 und 14 BKAG.

318 Vgl. § 15 BKAG.

319 Vgl. §§ 16 ff. BKAG.

320 Vgl. §§ 20 a ff. BKAG.

321 Vgl. §§ 21 ff. BKAG.

322 Vgl. § 26 BKAG.

323 Vgl. die amtliche Begründung zum GDG: BT-Drucks. 16/2950, S. 25.

324 BGBl. I S. 3083. Dieses ist am 01.01.2009 in Kraft getreten.

Hervorzuheben sind dabei neben der Möglichkeit einer Online-Durchsuchung (§ 20k BKAG) die Rasterfahndung (§ 20j BKAG), so genannte Lausch- und Spähangriffe (§ 20h BKAG) und die (Quellen-) Telekommunikationsüberwachungen (§ 20l BKAG).[325]

b. Die Bundespolizei

Nach § 1 des Gesetzes über die Bundespolizei (BPolG) wird die Bundespolizei in bundeseigener Verwaltung geführt und ist – ebenso wie das BKA – eine Polizei des Bundes im Geschäftsbereich des BMI.[326] Seine gesetzliche Legitimation erfährt die Bundespolizei – jedenfalls im Hinblick auf den Aufgabenbereich Bundesgrenzschutz – durch Art. 73 Nr. 5 GG in Verbindung mit Art. 87 Abs. 1 Satz 2 GG[327]: Danach besitzt der Bund die ausschließliche Gesetzgebungskompetenz für den Grenzschutz und kann durch Bundesgesetz Bundesgrenzschutzbehörden einrichten.[328]

Die Bundespolizei besteht aus fünf Bundespolizeipräsidien[329], denen wiederum 19 Bundespolizeiämter mit jeweils vier bis acht Polizeiinspektionen nachgeordnet sind. Hinzu kommen 11 Bundespolizeiabteilungen mit insgesamt 31 Einsatzhundertschaften und fünf Ausbildungs- und Fortbildungszentren.[330] Darüber hinaus existieren verschiedene Spezialverbände und Spezialeinheiten wie etwa die GSG 9 oder die Fliegerstaffeln und die Bundespolizeiakademie sowie der Fachbereich Bundespolizei an der Fachhochschule des Bundes für öffentliche Verwaltung in Lübeck und die Bundespolizeidirektion in Koblenz.[331]

Aufgaben

Der Bundespolizei obliegen im Wesentlichen die folgenden Aufgabenbereiche: Grenzpolizeilicher Schutz des Bundesgebietes (§ 2 BPolG), die Gefahrenabwehr auf dem Gebiet der Bahnanlagen (§ 3 BPolG) und im Bereich des Luftverkehrs (§ 4 BPolG), die Aufrechterhaltung oder Wiederherstellung der Sicherheit oder Ordnung an Bord von deutschen Luftfahrzeugen (§ 4a BPolG i.V.m. § 5 LuftsicherheitsG), der Schutz von Bundesorganen (§ 5 BPolG), Einsätze auf See außerhalb des deutschen

---

325 Vgl. zu den neuen Eingriffsbefugnissen des BKA die Ausführungen von Roggan, Das neue BKA-Gesetz - Zur weiteren Zentralisierung der deutschen Sicherheitsarchitektur, NJW 2009, S. 257 ff.

326 Vgl. § 57 Abs. 2 Satz 3 BPolG.

327 *Lisken/Denninger*, in: Lisken/Denninger, Handbuch des Polizeirechts, S. 126, die insoweit feststellen, dass eine vergleichbare Legitimation für die Aufgaben der Bahnanlagensicherheit oder der Flugsicherheit nicht existiert.

328 Eine erhebliche Erweiterung der Zuständigkeiten des früheren Bundesgrenzschutzes hat dazu geführt, dass durch das Gesetz vom 21. Juni 2005 (BGBl. I S. 1818) der Bundesgrenzschutz in Bundespolizei umbenannt wurde. Bislang hat der Gesetzgeber noch nicht in allen Gesetzen diese begriffliche Änderung übernommen.

329 Dies sind im Einzelnen: Bundespolizeipräsidium Nord (Bad Bramstedt), Süd (München), Mitte (Fuldatal), Ost (Berlin) und West (Sankt Augustin).

330 *Lange*, in: Lange, Wörterbuch zur Inneren Sicherheit, S. 36.

331 *Lange*, in: Lange, Wörterbuch zur Inneren Sicherheit, S. 36.

Küstenmeeres (§ 6 BPolG), Aufgaben im Notstands- und Verteidigungsfall (Art. 91 Abs. 2, 115 f Abs. 1 Nr. 1 GG i.V.m. § 7 BPolG), internationale Polizeieinsätze (§ 8 BPolG) und die Unterstützung anderer Bundesbehörden, etwa des BKA (§ 9 BPolG). Des Weiteren obliegen der Bundespolizei Aufgaben zur Unterstützung des Bundesamtes für Verfassungsschutz auf dem Gebiet der Funktechnik (§ 10 BPolG) und zur Unterstützung der Polizei eines Landes in Fällen von besonderer Bedeutung (Art. 35 Abs. 2 GG i.V.m. § 11 Nr. 1 BPolG) oder Hilfe bei Naturkatastrophen und besonders schweren Unglücksfällen (Art. 35 Abs. 2 Satz 2 und Abs. 3 i.V.m. § 11 Abs. 1 Nr. 2 BPolG). Ferner obliegt ihr die Abwehr einer drohenden Gefahr für den Bestand oder die freiheitliche demokratische Grundordnung des Bundes oder eines Landes (Art. 91 Abs. 1 GG i.V.m. § 11 Abs. 1 Nr. 3 BPolG). In den in § 12 BPolG genannten Fällen nimmt die Bundespolizei Strafverfolgungsaufgaben wahr und verfolgt und ahndet überdies Ordnungswidrigkeiten entsprechend der in § 13 BPolG getroffenen Regelung.

Befugnisse
Die Befugnisse der Bundespolizei sind in den §§ 14 ff. BPolG geregelt und stimmen weitgehend mit den üblichen Grundsätzen des allgemeinen Polizeirechts überein.[332]

c. Sonstige Bundesbehörden mit polizeilichen Eingriffsbefugnissen

Bundesbehörden mit polizeilichen Eingriffsbefugnissen sind die Behörden der Wasser- und Schifffahrtsverwaltung (Art. 89 Abs. 2, 87 Abs. 1 Satz 1 GG), das Kraftfahrt-Bundesamt[333], das Bundesamt für Güterverkehr[334], das Eisenbahn-Bundesamt[335] und die Anstalt Deutscher Wetterdienst.[336]

Die polizeiliche Zuständigkeit der Bundesregierung ist unter den in Art. 35 Abs. 3, 91 Abs. 2 und 115 f Abs. 1 GG aufgeführten Voraussetzungen gegeben. Der Deutsche Bundestag verfügt über einen eigenen Polizeivollzugsdienst (§ 1 Abs. 2 BPolBG), wobei der Präsident des Deutschen Bundestages im Bundestagsgebäude die Polizeigewalt ausübt (vgl. Art. 40 Abs. 2 GG). Unterstützt wird er dabei von der Bundespolizei (§ 9 Nr. 1 BPolG).

d. Die Länderpolizeien

Neben dem BKA, der auf Bundesebene agierenden Kriminalpolizei und der Bundespolizei als nationale Schutzpolizei dienen die Länderpolizeien der Gewährleistung der Inneren Sicherheit in den 16 Bundesländern.[337] Nach dem materiellen Polizeibegriff[338]

---

332 *Schenke*, Polizei- und Ordnungsrecht, § 9, Rn. 439.

333 S. Gesetz vom 04. August 1951, BGBl. I S. 488, z.g.d. Gesetz vom 15. Mai 2004, BGBl. I S. 954.

334 Vgl. §§ 53 ff. GÜKG.

335 Vgl. § 5a Abs. 1 Satz 2 Nr. 1 AEG.

336 S. Gesetz vom 10. September 1998, BGBl. I, S. 278, z.g.d. Gesetz vom 03. Mai 2005, BGBl. I 1224; *Schenke*, Polizei- und Ordnungsrecht, § 9, Rn. 442.

337 *Lange*, in: Lange, Wörterbuch zur Inneren Sicherheit, S. 193.

haben die Länderpolizeien dabei primär die Aufgabe, Gefahren vom Einzelnen oder der Allgemeinheit abzuwehren, die die öffentliche Sicherheit oder Ordnung gefährden.[339]

Die Länderpolizeien lassen sich strukturell in drei verschiedene Bereiche untergliedern: Allgemeiner Vollzugsdienst und Kriminalpolizei, die wiederum durch die Bereitschaftspolizei ergänzt werden.[340]

Dem *allgemeinen Vollzugsdienst* (also der uniformierten Schutzpolizei) obliegen neben Personen- und Streifendienst die Überwachung und Lenkung des Verkehrs sowie Ermittlungstätigkeiten im Bereich von Straftaten oder Ordnungswidrigkeiten.[341] Zu der Schutzpolizei zählt auch die Wasserschutzpolizei, die die vollzugspolizeiliche Betreuung auf den schiffbaren Wasserstrassen und sonstigen schiffbaren Gewässern übernimmt.[342]

Aufgabe der *Kriminalpolizei* ist die Aufklärung und Verfolgung von Straftaten, wobei dies in der Regel Straftaten von einigem Gewicht sind, wie etwa Kapitaldelikte, Wirtschaftsstraftaten oder Sexualdelikte.[343] Zur Erfüllung dieser Aufgaben bedient sich die Kriminalpolizei insbesondere den Spezialeinsatzkommandos (SEK)[344] oder Mobilen Einsatzkommandos (MEK)[345].

Bei der *Bereitschaftspolizei* handelt es sich um einen Großverband der Landespolizeien der Länder, deren Einheiten als geschlossene Einheiten fungieren.[346] Ihre Aufgabe ist etwa die Unterstützung der Polizeibehörden bei länderübergreifenden Großlagen wie etwa Demonstrationen. Zudem wird sie tätig zur Unterstützung der Polizeipräsidien bei der täglichen Kriminalitätsbekämpfung und Verkehrssicherheitsarbeit,[347] im Ausnahmefall auch zur Besorgung des Schutzes oberster Staatsorgane und Behörden sowie lebenswichtiger Institutionen und Anlagen oder in besonderen Not- oder Eilfällen.[348]

---

338 Nach der h.M. ist der materielle Polizeibegriff funktional zu verstehen und wird definiert als Staatstätigkeit mit der Aufgabe der Gefahrenabwehr, unabhängig davon, welche Behörde zuständig ist. Vgl. dazu *Pieroth/Schlink/Kniesel*, Polizei- und Ordnungsrecht mit Versammlungsrecht, S. 8 f.

339 *Lange*, in: Lange, Wörterbuch zur Inneren Sicherheit, S. 193.

340 *Möller/Wilhelm*, Allgemeines Polizei- und Ordnungsrecht mit Verwaltungszwang und Bescheidtechnik, S. 17; *Lange*, in: Lange, Wörterbuch zur Inneren Sicherheit, S. 195.

341 *Lange*, in: Lange, Wörterbuch zur Inneren Sicherheit, S. 195.

342 Es sei denn, der Bund ist gemäß Art. 89 Abs. 2 GG für die Bundeswasserstraßen zuständig, vgl. *Möller/Wilhelm*, Allgemeines Polizei- und Ordnungsrecht mit Verwaltungszwang und Bescheidtechnik, S. 17; *Lange*, in: Lange, Wörterbuch zur Inneren Sicherheit, S. 195.

343 *Lange*, in: Lange, Wörterbuch zur Inneren Sicherheit, S. 195.

344 Die SEK sind hochspezialisierte Einheiten, die für besonders schwierige und gefährliche Notlagen ausgebildet sind, vgl. *Lisken/Denninger*, in: Lisken/Denninger, Handbuch des Polizeirechts, S.133.

345 Lokale Spezialeinheiten für die mobile Observation und den Zugriff.

346 *Schenke*, Polizei- und Ordnungsrecht, § 9, Rn. 448.

347 *Lange*, in: Lange, Wörterbuch zur Inneren Sicherheit, S. 195.

348 *Schenke*, Polizei- und Ordnungsrecht, § 9, Rn. 448.

III. Nachrichtendienste

1. Nachrichtendienste und Geheimdienste

Im allgemeinen Sprachgebrauch werden die Begriffe „Nachrichtendienst“ und „Geheimdienst“ zumeist synonym verwendet. Danach versteht man unter beiden Termini eine Umschreibung für im verdeckten Bereich arbeitende staatliche Institutionen, deren Aufgabenbereich sich auf die Sammlung und Auswertung von für die vollziehende Gewalt relevanten Informationen und eine Weitergabe dieser Erkenntnisse an die zuständigen Stellen erstreckt. Zur Aufgabenerfüllung bedienen sie sich nachrichtendienstlicher Mittel[349], verfügen aber nicht über polizeiliche Exekutivbefugnisse.[350]

Nach verschiedenen in der Literatur vertretenen Ansätzen besteht jedoch ein Unterschied zwischen diesen beiden Bezeichnungen. So wird etwa nach einem „Nachrichtendienst im engeren Sinne“ und einem „Nachrichtendienst im weiteren Sinne“ differenziert, wobei letzterer mit dem Begriff des „Geheimdienstes“ gleichgesetzt wird.[351] *Roewer* definierte dabei Ende der 1980er Jahre die „Nachrichtendienste im engeren Sinne“ als staatliche Organisationen, die auf die Sammlung und Auswertung von Informationen beschränkt sind, während die Arbeit der „Nachrichtendienste im weiteren Sinne“ bzw. der „Geheimdienste“ sich auf die Beschaffung, Auswertung und Weitergabe politisch bedeutsamer Nachrichten sowie ein regelmäßig geheimes Tätigwerden im In- und Ausland gegen politische Gegner konzentriert.[352] Diesem Definitionsversuch folgten auch andere Ansätze, etwa dergestalt, dass „Geheimdienste“ primär auf die politische Beeinflussung von Gegnern im In- und Ausland beschränkt seien, während die „Nachrichtendienste“ ausschließlich mit der Sammlung und Auswertung von Informationen beschäftigt seien.[353]

Es existiert keine allgemein verbindliche Definition der Begriffe; einer Entscheidung zwischen den verschiedenen Definitionsvorgaben bedarf es aber dennoch nicht. Denn die Bezeichnung „Nachrichtendienste“ legt schon der Wortbedeutung nach nahe, dass es bei der Arbeit der „Nachrichtendienste“ primär um die Sammlung und Auswertung von *Nachrichten* geht. Demgegenüber zeichnet sich der Begriff des „Geheimdienstes“ durch Beschreibung der Art und Weise der Aufgabenerledigung aus: Diese erfolgt primär im „*Geheimen*“.[354]

---

349 Dazu zählen neben der Observation und Ermittlung unter Legende, der Einsatz von V-Leuten sowie die Anwendung optischer und akustischer Hilfsmittel wie Photographie oder Abhöranlagen, vgl. *Evers*, Verfassungsschutz und Polizei, in: Bundesministerium des Innern (Hrsg.), Verfassungsschutz und Rechtsstaat: Beiträge aus Wissenschaft und Praxis, S. 65 (69).

350 *Soria*, Nachrichtendienste und Polizei, Die Zusammenarbeit in Deutschland und in der EU im Lichte des Trennungsgebotes, in: Hendler/Ibler/Soria, „Für Sicherheit, für Europa“, Festschrift für Prof. Dr. Volkmar Götz zum 70. Geburtstag, S. 359 (369); *König*, Trennung und Zusammenarbeit von Polizei und Nachrichtendiensten, S. 25.

351 Vgl. *Roewer*, Nachrichtendienstrecht der Bundesrepublik Deutschland, § 3 BVerfSchG, Rn. 4.

352 *Roewer*, Nachrichtendienstrecht der Bundesrepublik Deutschland, § 3 BVerfSchG, Rn. 4.

353 *Zöller*, Informationssysteme und Vorfeldmaßnahmen von Polizei, Staatsanwaltschaft und Nachrichtendiensten, S. 285.

354 *Gröpl*, Die Nachrichtendienste im Regelwerk der deutschen Sicherheitsverwaltung. Legitimation, Organisation und Abgrenzungsfragen, S. 36.

Für den dieser Arbeit zugrunde liegenden Untersuchungszusammenhang genügt diese wortlautorientierte Auslegung vollständig: Denn sie macht einerseits deutlich, dass die Begriffe nicht synonym verstanden werden können, sich andererseits aber auch nicht gegenseitig ausschließen: Ein Nachrichtendienst kann zugleich auch ein Geheimdienst sein, wenn die besondere Heimlichkeit seiner Arbeit betont werden soll.

Im Nachfolgenden soll daher der Einheitlichkeit wegen primär der Begriff der „Nachrichtendienste" als Oberbegriff für die staatlichen Organisationen gebraucht werden, die mit der Informationssammlung und -auswertung beschäftigt sind; wenn dagegen die Art und Weise der (heimlichen) Aufgabenerledigung besonders hervorgehoben werden soll, wird dem Begriff des „Geheimdienstes" der Vorzug eingeräumt werden.

2. Aufgaben und Zuständigkeitsbereiche der Nachrichtendienste

§ 3 BVerfSchG legaldefiniert die Aufgaben der Verfassungsschutzbehörden. Danach ist Aufgabe der Verfassungsschutzbehörden des Bundes und der Länder die Sammlung und Auswertung von Informationen, insbesondere von sach- und personenbezogenen Auskünften, Nachrichten und Unterlagen, die einer der in Ziffern 1 bis 4 des Absatzes 1 aufgeführten Fallgruppen entsprechen.[355] Im Wesentlichen sind dies Informationen über verfassungsfeindliche[356] Bestrebungen (Rechts- und Linksextremismus und -terrorismus), sicherheitsgefährdende Bestrebungen von Ausländern (Ausländerextremismus und -terrorismus) sowie geheimdienstliche Aktivitäten (Spionageabwehr, Pro-

---

355 Die einzelnen Fallgruppen von § 3 Abs.1 BVerfSchG lauten wie folgt:
Nr. 1: Bestrebungen, die gegen die freiheitlich demokratische Grundordnung, den Bestand oder die Sicherheit des Bundes oder eines Landes gerichtet sind oder eine ungesetzliche Beeinträchtigung der Amtsführung der Verfassungsorgane des Bundes oder eines Landes oder ihrer Mitglieder zum Ziel haben,
Nr. 2: Sicherheitsgefährdende oder geheimdienstliche Tätigkeiten im Geltungsbereich dieses Gesetzes für eine fremde Macht,
Nr. 3: Bestrebungen im Geltungsbereich dieses Gesetzes, die durch Anwendung von Gewalt oder darauf gerichtete Vorbereitungshandlungen auswärtige Belange der Bundesrepublik Deutschland gefährden,
Nr. 4: Bestrebungen im Geltungsbereich dieses Gesetzes, die gegen den Gedanken der Völkerverständigung (Art. 9 Abs. 2 des Grundgesetzes), insbesondere gegen das friedliche Zusammenleben der Völker (Art. 26 Abs. 1 des Grundgesetzes) gerichtet sind.

356 Eine Definition von „verfassungsfeindlich" findet sich in § 4 Abs. 2 BVerfSchG. Dort wird aufgezählt, was zur freiheitlichen demokratischen Grundordnung gehört, nämlich *„das Recht des Volkes, die Staatsgewalt in Wahlen und Abstimmungen und durch besondere Organe der Gesetzgebung, der vollziehenden Gewalt und der Rechtsprechung auszuüben und die Volksvertretung in allgemeiner, unmittelbarer, freier, gleicher und geheimer Wahl zu wählen (lit. a), die Bindung der Gesetzgebung an die verfassungsmäßige Ordnung und die Bindung der vollziehenden Gewalt und der Rechtsprechung an Gesetz und Recht (lit. b), das Recht auf Bildung und Ausübung einer parlamentarischen Opposition (lit. c), die Ablösbarkeit der Regierung und ihre Verantwortlichkeit gegenüber der Volksvertretung (lit. d), die Unabhängigkeit der Gerichte (lit. e), der Ausschluss jeder Gewalt- und Willkürherrschaft (lit. f) und die im Grundgesetz konkretisierten Menschenrechte (lit. g)."*

liferation und Staatsterrorismus).[357] Weiter wirken die Verfassungsschutzbehörden des Bundes und der Länder gemäß § 3 Abs. 2 BVerfSchG bei Sicherheitsüberprüfungen von Personen mit (Nr. 1 und 2) sowie bei technischen Sicherheitsmaßnahmen von im öffentlichen Interesse geheimhaltungsbedürftigen Informationen (Nr. 3).[358]

Die Nachrichtendienste werden damit im Vorfeld konkret polizeitypischer Gefahren und strafprozessualer Verdachtslagen tätig.[359] Ihre Arbeit konzentriert sich dabei im Wesentlichen auf die Beobachtung von (Straf-)Taten mit politischem Hintergrund. Der Zuständigkeitsbereich der Nachrichtendienste ist bereits weit im Vorfeld einer sich konkret entwickelnden Gefahr eröffnet: Es ist ausreichend, wenn „tatsächliche Anhaltspunkte" für verfassungsfeindliche Bestrebungen oder Tätigkeiten gegeben sind.[360] Obwohl sie grundsätzlich als „Frühwarnsystem" fungieren und beobachtend tätig sind, erhalten die Nachrichtendienste zwangsläufig auch Kenntnis von Straftaten.[361] Dabei unterliegen sie aber dem Opportunitätsprinzip, das heißt, es liegt in ihrem Ermessen, ob sie die gewonnenen Erkenntnisse an die Strafverfolgungsbehörden weitergeben oder aus beobachtungstaktischen Gründen davon absehen.[362]

Der Rückgriff auf polizeiliche Kompetenzen, etwa die Anwendung von Zwangsmitteln ist den Nachrichtendiensten verwehrt. Dies ergibt sich aus § 8 Abs. 3 BVerfSchG. Danach stehen dem Bundesamt für Verfassungsschutz polizeiliche Befugnisse oder Weisungsbefugnisse nicht zu; es darf die Polizei auch nicht im Wege der Amtshilfe um Maßnahmen ersuchen, zu denen es selbst nicht befugt ist.

---

357 Vgl. die Aufzählung bei *Albert*, Gedanken zum Verhältnis von Polizei und Verfassungsschutz, in: Bundesamt für Verfassungsschutz (Hrsg.), Bundesamt für Verfassungsschutz. 50 Jahre im Dienst der inneren Sicherheit, S. 85 (87 f).

358 Der genaue Wortlaut von § 3 Abs. 2 BVerfSchG lautet: „Die Verfassungsschutzbehörden des Bundes und der Länder wirken mit
bei der Sicherheitsüberprüfung von Personen, denen im öffentlichen Interesse geheimhaltungsbedürftige Tatsachen, Gegenstände oder Erkenntnisse anvertraut werden, die Zugang dazu erhalten sollen oder ihn sich verschaffen können,
bei der Sicherheitsüberprüfung von Personen, die an sicherheitsempfindlichen Stellen von lebens- oder verteidigungswichtigen Einrichtungen beschäftigt sind oder werden sollen,
bei technischen Sicherheitsmaßnahmen zum Schutz von im öffentlichen Interesse geheimhaltungsbedürftigen Tatsachen, Gegenständen oder Erkenntnissen gegen die Kenntnisnahme durch Unbefugte."

359 In der Literatur wurde der Begriff des „Vorfeldmonopols" der Nachrichtendienste geprägt, vgl. etwa *Evers*, Verfassungsschutz und Polizei, in: Bundesministerium des Innern (Hrsg.), Verfassungsschutz und Rechtsstaat: Beiträge aus Wissenschaft und Praxis, S. 65 (66) oder *Gusy*, Das gesetzliche Trennungsgebot zwischen Polizei und Verfassungsschutz, DV 24 (1991), S. 467 (474).

360 *Albert*, Gedanken zum Verhältnis von Polizei und Verfassungsschutz, in: Bundesamt für Verfassungsschutz (Hrsg.), Bundesamt für Verfassungsschutz. 50 Jahre im Dienst der inneren Sicherheit, S. 85 (90).

361 Dies gilt insbesondere für den Bereich der Spionageabwehr, vgl. *Albert*, Gedanken zum Verhältnis von Polizei und Verfassungsschutz, in: Bundesamt für Verfassungsschutz (Hrsg.), Bundesamt für Verfassungsschutz. 50 Jahre im Dienst der inneren Sicherheit, S.85 (89).

362 *Albert*, Gedanken zum Verhältnis von Polizei und Verfassungsschutz, in: Bundesamt für Verfassungsschutz (Hrsg.), Bundesamt für Verfassungsschutz. 50 Jahre im Dienst der inneren Sicherheit, S. (85) 89.

3. Die einzelnen Institutionen der Nachrichtendienste

In der Bundesrepublik Deutschland befassen sich neben dem Bundesamt für Verfassungsschutz und den Verfassungsschutzbehörden der Länder der Bundesnachrichtendienst und der Militärische Abschirmdienst mit der Sammlung und Auswertung von Erkenntnissen über Organisationen und Tätigkeiten von sicherheitsrelevanter Natur.

a. Das Bundesamt für Verfassungsschutz

Das Bundesamt für Verfassungsschutz (BfV) untersteht als Bundesoberbehörde dem Bundesministerium des Innern und hat seinen Sitz in Köln.[363] Es ist der zivile Inlandsgeheimdienst der Bundesrepublik Deutschland. Seine Existenzberechtigung ergibt sich aus Art. 73 Nr. 10 in Verbindung mit Art. 87 Abs. 1 GG.[364] Das BfV darf gemäß § 2 Abs. 1 Satz 3 BVerfSchG einer polizeilichen Dienststelle nicht angegliedert werden. Organisatorisch ist das BfV in eine Zentralabteilung und sechs Fachabteilungen aufgeteilt, wobei die Fachabteilungen sich mit Grundsatz- und Rechtsangelegenheiten, Informationstechnik, Rechts- und Linksextremismus, Spionageabwehr und Geheimschutz, Ausländerextremismus und Islamismus beschäftigen.[365]

Aufgaben

Die Aufgaben des BfV lassen sich in einen originären Bereich und in Mitwirkungsaufgaben unterteilen[366]: Aufgabe des BfV ist zunächst die Sammlung und Auswertung von Informationen, insbesondere von sach- und personenbezogenen Auskünften, Nachrichten und Unterlagen über Bestrebungen, die gegen die freiheitliche demokratische Grundordnung, den Bestand oder die Sicherheit des Bundes oder eines Landes gerichtet sind oder eine ungesetzliche Beeinträchtigung der Amtsführung der Verfassungsorgane des Bundes oder eines Landes oder ihrer Mitglieder zum Ziele haben. Eine weitere Aufgabe des BfV ist die Spionageabwehr, zudem wird sie tätig bei Bestrebungen, die durch Anwendung von Gewalt oder darauf gerichtete Vorbereitungshandlungen auswärtige Belange der Bundesrepublik Deutschland gefährden oder bei solchen, die gegen den Gedanken der Völkerverständigung (Artikel 9 Abs. 2 GG), insbesondere gegen das friedliche Zusammenleben der Völker (Artikel 26 Abs. 1 GG) gerichtet sind.[367] Ferner wirkt das BfV bei Sicherheitsüberprüfungen von Personen mit, die Zugang zu geheimhaltungsbedürftigen Informationen haben oder erhalten sollen (§ 3 Abs. 2 Nr. 1 BVerfSchG) oder die an sicherheitsempfindlichen Stellen von lebens- oder verteidigungswichtigen Einrichtungen beschäftigt sind oder werden sollen (§ 3 Abs. 2 Nr. 2 BVerfSchG). Überdies ist gemäß § 3 Abs. 2 Nr. 3 BVerfSchG die

363 *Droste*, Handbuch des Verfassungsschutzrechts, S. 36.

364 *Schenke*, Polizei- und Ordnungsrecht, § 9, Rn. 444; *Lange*, in: Lange, Wörterbuch zur Inneren Sicherheit, S. 23.

365 *Droste*, Handbuch des Verfassungsschutzrechts, S. 44.

366 Vgl. dazu *Schenke*, Polizei- und Ordnungsrecht, § 9, Rn. 444 ff; *Droste*, Handbuch des Verfassungsschutzrechts, S. 86.

367 Vgl. § 3 Abs. 1 BVerfSchG.

Mitwirkung des Bundesamtes bei technischen Sicherheitsmaßnahmen zum Schutz geheimhaltungsbedürftiger Informationen (Geheimnisschutz) vorgesehen.

Zur Informationsbeschaffung bedient sich das BfV verschiedener Quellen: Den überwiegenden Teil seiner Informationen bezieht das Bundesamt aus öffentlichen und frei zugänglichen Quellen wie Zeitungen, Fernsehen und Internet.[368] Darüber hinaus besuchen Mitarbeiter des Bundesamtes öffentliche Veranstaltungen, Demonstrationen und Kundgebungen von beobachteten Organisationen.[369] Ferner werden nachrichtendienstliche Mittel eingesetzt, um an Informationen zu gelangen. Dazu gehört der Einsatz von V-Leuten ebenso wie die Brief- und Telefonüberwachung.[370] Nicht zuletzt erhält das BfV auch Informationen von Privatpersonen oder Behörden, die zum Beispiel verdächtige Beobachtungen gemacht haben.[371]

Neben diesem Aufgabenspektrum fungiert das BfV auch als Sammelstelle für alle Informationen, die von den Landesbehörden gewonnen wurden.[372] Nicht zuletzt aufgrund der sehr engen Zusammenarbeit mit den Landesämtern für Verfassungsschutz wurde in den 1970er Jahren das Computersystem NADIS (Nachrichtendienstliches Informationssystem) geschaffen, ein nichtöffentliches automatisiertes Datenverbundsystem, das als elektronisches Aktenregister Auskunft gibt, ob eine Person oder Organisation dem Verfassungsschutz bekannt ist und gegebenenfalls in welcher Akte Informationen zu finden sind.[373]

Befugnisse

Das BfV verfügt zur Erfüllung der ihm übertragenen Aufgaben über eine Reihe von Befugnissen, die in den §§ 8 ff. BVerfSchG näher ausgeführt sind. So darf es insbesondere nach § 8 Abs. 1 BVerfSchG die zur Erfüllung seiner Aufgaben erforderlichen Informationen einschließlich personenbezogener Daten erheben, verarbeiten und nutzen, soweit nicht die anzuwendenden Bestimmungen des Bundesdatenschutzgesetzes oder besondere Regelungen im BVerfSchG entgegenstehen. Ein Ersuchen des BfV um Übermittlung personenbezogener Daten darf nur diejenigen personenbezogenen Daten enthalten, die für die Erteilung der Auskunft unerlässlich sind. Schutzwürdige Interessen des Betroffenen dürfen nur in unvermeidbarem Umfang beeinträchtigt werden. Nach näherer Maßgabe des § 8 Abs. 2 BVerfSchG darf das BfV ferner nachrichtendienstliche Mittel wie Observationen, Bild- und Tonaufzeichnungen und Vertrauensleute einsetzen zum Zwecke der Informationsbeschaffung. Dabei finden sich insbesondere in § 9 Abs. 2 BVerfSchG ergänzende Regelungen etwa zur Tonaufzeichnung in Wohnungen.

---

368 *Lange*, in: Lange, Wörterbuch zur Inneren Sicherheit, S. 24.

369 *Droste*, Handbuch des Verfassungsschutzrechts, S. 88 f.

370 *Lange*, in: Lange, Wörterbuch zur Inneren Sicherheit, S. 24.

371 *Frisch*, Aufgaben, Zweck, Arbeitsweise und Organisation des Verfassungsschutzes, in: Schreckensberger (Hrsg.), Polizei und Nachrichtendienste unter veränderten Sicherheitsbedingungen. Vorträge und Abhandlungen über die Aufgaben der Sicherheitsbehörden des Bundes der Bundesrepublik Deutschland, S. 59 (65); *Lange*, in: Lange, Wörterbuch zur Inneren Sicherheit, S. 24.

372 *Droste*, Handbuch des Verfassungsschutzrechts, S. 36.

373 *Lange*, in: Lange, Wörterbuch zur Inneren Sicherheit, S. 24.

Dem BfV stehen jedoch keine polizeilichen Befugnisse oder Weisungsbefugnisse zu (§ 8 Abs. 3 Hs. 1 BVerfSchG); es darf die Polizei auch nicht im Wege der Amtshilfe um Maßnahmen ersuchen, zu denen es selbst nicht befugt ist (§ 8 Abs. 3 Hs. 2 BVerfSchG).

Schließlich wurde dem BfV durch Art. 2 GDG in §22a BVerfSchG die Befugnis eingeräumt, für die Dauer einer befristeten projektbezogenen Zusammenarbeit mit anderen polizeilichen und nachrichtendienstlichen Sicherheitsbehörden Projektdateien zum Austausch und zur gemeinsamen Auswertung von Erkenntnissen im Hinblick auf die abschließend genannten Aufgabenbereiche nach § 3 Abs. 1 Nr. 1 bis 4 BVerfSchG[374] einzurichten.[375]

b. Verfassungsschutzbehörden der Länder

Gemäß § 2 Abs. 2 BVerfSchG unterhält jedes der 16 Bundesländer eine Behörde zur Bearbeitung von Angelegenheiten des Verfassungsschutzes, die verpflichtet ist, mit dem BfV entsprechend § 1 Abs. 2 BVerfSchG zusammenzuarbeiten. Dabei üben Bund und Länder die Verfassungsschutzaufgabe in paralleler Verwaltung aus.[376] In einigen Ländern sind die Verfassungsschutzbehörden als Teil des Innenministeriums organisiert, in anderen Ländern gibt es eigenständige Landesämter für Verfassungsschutz, die der Aufsicht des jeweiligen Landesinnenministers unterstehen.[377]

Die Aufgaben der Landesverfassungsschutzbehörden sind ebenso wie die der Verfassungsschutzbehörden des Bundes in § 3 BVerfSchG beschrieben.[378] Teilweise haben die Landesgesetzgeber – insoweit rechtlich zulässig aufgrund des bestehenden Sachzusammenhangs – den Aufgabenbereich der Landesbehörden erweitert: So wirken in Bayern und Baden-Württemberg die Verfassungsschutzämter bei der Einstellung von Mitarbeitern in den öffentlichen Dienst mit, indem sie deren Verfassungstreue beurteilen.[379]

---

374 § 3 Abs. 1 BVerfSchG hat den folgenden Wortlaut: „Aufgabe der Verfassungsschutzbehörden des Bundes und der Länder ist die Sammlung und Auswertung von Informationen, insbesondere von sach- und personenbezogenen Auskünften, Nachrichten und Unterlagen, über Bestrebungen, die gegen die freiheitliche demokratische Grundordnung, den Bestand oder die Sicherheit des Bundes oder eines Landes gerichtet sind oder eine ungesetzliche Beeinträchtigung der Amtsführung der Verfassungsorgane des Bundes oder eines Landes oder ihrer Mitglieder zum Ziele haben (Nr. 1), sicherheitsgefährdende oder geheimdienstliche Tätigkeiten im Geltungsbereich dieses Gesetzes für eine fremde Macht (Nr. 2), Bestrebungen im Geltungsbereich dieses Gesetzes, die durch Anwendung von Gewalt oder darauf gerichtete Vorbereitungshandlungen auswärtige Belange der Bundesrepublik Deutschland gefährden (Nr. 3), Bestrebungen im Geltungsbereich dieses Gesetzes, die gegen den Gedanken der Völkerverständigung (Artikel 9 Abs. 2 des Grundgesetzes), insbesondere gegen das friedliche Zusammenleben der Völker (Artikel 26 Abs. 1 des Grundgesetzes) gerichtet sind" (Nr. 4).

375 Vgl. die amtliche Begründung zu Art. 2 GDG: BT-Drucks. 16/2950, S. 23.

376 *Droste*, Handbuch des Verfassungsschutzrechts, S. 34.

377 *Droste*, Handbuch des Verfassungsschutzrechts, S. 46.

378 Siehe die entsprechenden Ausführungen zu den Aufgaben des Bundesamtes für Verfassungsschutz in Kapitel 2 - B.III.3.a.

379 *Droste*, Handbuch des Verfassungsschutzrechts, S. 53.

c. Der Bundesnachrichtendienst

Der Bundesnachrichtendienst (BND) ist eine Bundesoberbehörde im Geschäftsbereich des Bundeskanzleramts und verfügt unter anderem[380] über Standorte in Pullach bei München[381] und in Berlin. Als Auslandsnachrichtendienst obliegt ihm die Hauptaufgabe, als „politisches Frühwarnsystem“ zu fungieren und zu diesem Zweck außen- und sicherheitspolitisch erhebliche Erkenntnisse aus dem Ausland bzw. über das Ausland zu sammeln und auszuwerten (§ 1 Abs. 2 BNDG) sowie die Bundesregierung mit diesen Erkenntnissen zu versorgen.[382] Das Gesetz beschreibt dabei nur vage, was genau vom Aufgabengebiet des BND umfasst wird.[383] Etwa 80 Prozent der gewonnen Informationen stammen aus frei zugänglichen Quellen und nur 20 Prozent aus auf geheimen Wegen beschafften Materialien.[384]

Nach der Regelung des § 1 Abs. 1 Satz 1 BNDG darf der BND einer polizeilichen Dienststelle nicht angegliedert werden.

Befugnisse

Zur Erfüllung der dem BND übertragenen Aufgaben sind ihm in den §§ 2 ff. BNDG eine Reihe von Befugnissen übertragen worden, die an bestimmte Tatbestandsvoraussetzungen geknüpft sind. So darf der BND nach näherer Maßgabe des § 2 Abs. 1 BNDG die erforderlichen Informationen, einschließlich personenbezogener Daten erheben, verarbeiten und nutzen, soweit nicht die anzuwendenden Bestimmungen des Bundesdatenschutzgesetzes oder besondere Regelungen im BNDG entgegenstehen und zwar zum Schutz seiner Mitarbeiter, Einrichtungen, Gegenstände und Quellen gegen sicherheitsgefährdende oder geheimdienstliche Tätigkeiten (Ziffer 1), für die Sicherheitsüberprüfung von Personen, die für ihn tätig sind oder tätig werden sollen (Ziffer 2), für die Überprüfung der für die Aufgabenerfüllung notwendigen Nachrichtenzugänge (Ziffer 3) und über Vorgänge im Ausland, die von außen- und sicherheitspolitischer Bedeutung für die Bundesrepublik Deutschland sind, wenn sie nur auf diese Weise zu erlangen sind und für ihre Erhebung keine andere Behörde zuständig ist (Ziffer 4). Entsprechend der Verweisung in § 3 BVerfSchG, die die Regelung des § 8 Abs. 2 BVerfSchG für anwendbar erklärt, darf der BND auch nachrichtendienstliche Mittel einsetzen, wenn Tatsachen die Annahme rechtfertigen, dass dies zur Erfüllung seiner Aufgaben erforderlich ist. Der BND ist weiter befugt, personenbezogene Daten zu speichern, zu ändern oder zu nutzen, soweit dies zur Aufgabenerfüllung erforder-

---

380 Es existieren weitere geheime Außenstellen in der Bundesrepublik und in Auslandsresidenturen.

381 Bis zum Jahr 2012 sollen die beiden deutschen Standorte, Pullach und Berlin, in Berlin zusammengefasst sein.

382 *Hanning*, Ziele und Schwerpunkte des Bundesnachrichtendienstes, in: Schreckensberger (Hrsg.), Polizei und Nachrichtendienste unter veränderten Sicherheitsbedingungen. Vorträge und Abhandlungen über die Aufgaben der Sicherheitsbehörden des Bundes der Bundesrepublik Deutschland, S. 85 (90); *Lange*, in: Lange, Wörterbuch zur Inneren Sicherheit, S. 30 f.

383 *Lange*, in: Lange, Wörterbuch zur Inneren Sicherheit, S. 35.

384 *Lange*, in: Lange, Wörterbuch zur Inneren Sicherheit, S. 31 f.

lich ist (§ 4 BNDG). Ferner hat der BND die Befugnis, Informationen einschließlich personenbezogener Daten an inländische öffentliche Stellen zu übermitteln, wenn dies zur Erfüllung seiner Aufgaben erforderlich ist oder wenn der Empfänger die Daten für Zwecke der öffentlichen Sicherheit benötigt (§ 9 BNDG).

Zur Aufgabenerfüllung darf der BND zwar nachrichtendienstliche Mittel einsetzen, allerdings stehen ihm entsprechend § 2 Abs. 3 Satz 1 BNDG grundsätzlich keine polizeilichen Exekutivbefugnisse zu. Ebenso wenig darf er gemäß § 2 Abs. 3 Satz 2 BNDG die Polizei im Wege der Amtshilfe um Maßnahmen ersuchen, zu denen er selbst nicht befugt ist.

Der BND hat schließlich nach § 9a BNDG, eingefügt durch Art. 3 GDG, die Befugnis, für die Dauer einer befristeten projektbezogenen Zusammenarbeit mit anderen polizeilichen und nachrichtendienstlichen Sicherheitsbehörden Projektdateien zum Austausch und zur gemeinsamen Auswertung von Erkenntnissen im Hinblick auf die in § 5 Abs. 1 S. 3 Nr. 1 bis 3 Artikel-10-Gesetz genannten Gefahrenbereiche und die in § 5 Abs. 1 Satz 3 Nr. 4 bis 6 des Artikel 10-Gesetzes genannten Gefahrenbereiche, soweit deren Aufklärung Bezüge zum internationalen Terrorismus aufweist, einzurichten.[385]

d. Der Militärische Abschirmdienst

Der Militärische Abschirmdienst (MAD) ist neben dem BfV und dem BND der kleinste Nachrichtendienst des Bundes.[386] Als Verfassungsschutzbehörde ist der MAD im Geschäftsbereich des Bundesministeriums der Verteidigung angesiedelt und untersteht dem Stellvertreter des Generalinspekteurs der Bundeswehr.[387] Damit ist er Teil der Streitkräfte.[388] Die Zentrale befindet sich in Köln, daneben existieren 14 weitere nachgeordnete Stellen in der Bundesrepublik.[389] Der MAD darf einer polizeilichen Dienststelle nicht angegliedert werden (§ 1 Abs. 4 MADG).

Der MAD ist ein Inlandsnachrichtendienst. Als solcher obliegen ihm die Aufgaben, die im zivilen Bereich das BfV sowie die Landesverfassungsschutzbehörden wahrnehmen.[390] Seine Hauptaufgaben ergeben sich dabei aus dem „Gesetz über den Militärischen Abschirmdienst" (MADG) vom 20.12.1990[391]. Danach hat er die Aufgabe, Informationen zu sammeln und auszuwerten, insbesondere von sach- und personenbezogenen Auskünften, Nachrichten und Unterlagen, über Bestrebungen, die gegen die freiheitliche demokratische Grundordnung, den Bestand oder die Sicherheit des Bundes oder eines Landes gerichtet sind (Ziffer 1), sowie über sicherheitsgefährdende oder

---

385 Vgl. die amtliche Begründung zu Art. 3 GDG: BT-Drucks. 16/2950, S. 24 f.

386 *Lange*, in: Lange, Wörterbuch zur Inneren Sicherheit, S. 202.

387 *Schenke*, Polizei- und Ordnungsrecht, § 9, Rn. 445d.

388 Vgl. zum MAD auch näher den Aufsatz von *Gusy*, Der Militärische Abschirmdienst, DÖV 1983, S. 60 ff.

389 *Lange*, in: Lange, Wörterbuch zur Inneren Sicherheit, S. 203; siehe auch *Zöller*, Informationssysteme und Vorfeldmaßnahmen von Polizei, Staatsanwaltschaft und Nachrichtendiensten, S. 302.

390 *Lange*, in: Lange, Wörterbuch zur Inneren Sicherheit, S. 203.

391 BGBl. I S. 2954.

geheimdienstliche Tätigkeiten im Geltungsbereich dieses Gesetzes für eine fremde Macht (Ziffer 2), wenn sich diese Bestrebungen oder Tätigkeiten gegen Personen, Dienststellen oder Einrichtungen im Geschäftsbereich des Bundesministeriums der Verteidigung richten und von Personen ausgehen oder ausgehen sollen, die diesem Geschäftsbereich angehören oder in ihm tätig sind (§ 1 Abs. 1 Satz 1 MADG). Darüber hinaus obliegt dem MAD die Sammlung und Auswertung von Informationen über Bestrebungen, die sich gegen den Gedanken der Völkerverständigung, insbesondere das friedliche Zusammenleben der Völker, richten (§ 1 Abs. 1 Satz 2 MADG). Ferner hat der MAD diese Informationen auszuwerten, wenn sie zur Beurteilung der Sicherheit von den in § 1 Abs. 2 MADG aufgeführten verschiedenen Dienststellen und Einrichtungen maßgeblich sind.[392] Überdies wirkt der MAD mit bei Sicherheitsüberprüfungen von Personen und bei technischen Sicherheitsmaßnahmen zum Schutz von im öffentlichen Interesse liegenden Geheimnissen (Geheimnisschutz).[393]

Auch der MAD beschafft die zur Aufgabenerfüllung erforderlichen Informationen primär aus allgemein zugänglichen Quellen wie Zeitungen, Fernsehen und Internet. Ebenso geht er Mitteilungen aus dem Bereich der Bundeswehr nach. Zudem regelt § 3 Abs. 1 MADG eine enge Zusammenarbeit zwischen dem MAD und den Verfassungsschutzbehörden des Bundes und der Länder, eine Informationsgewinnung kann also auch auf diesem Weg erfolgen.[394]

Befugnisse

Der MAD darf die zur Erfüllung seiner Aufgaben erforderlichen Informationen einschließlich personenbezogener Daten erheben, verarbeiten und nutzen nach § 8 Abs. 2, 4 und 5 des BVerfSchG, soweit nicht die anzuwendenden Bestimmungen des Bundesdatenschutzgesetzes oder besondere Regelungen im MADG entgegenstehen (§ 4 Abs. 1 Satz 1 MADG).

Der Militärische Abschirmdienst darf zur Erlangung von Informationen also nachrichtendienstliche Mittel einsetzen[395], gemäß § 4 Abs. 2 MADG stehen ihm polizeiliche Befugnisse oder Weisungsbefugnisse jedoch nicht zu; er darf die Polizei auch nicht im Wege der Amtshilfe um Maßnahmen ersuchen, zu denen er selbst nicht befugt ist.

IV. Polizei und Nachrichtendienste im Vergleich

Im Anschluss an die Darstellung der Aufgaben und Zuständigkeiten der polizeilichen und nachrichtendienstlichen Sicherheitsbehörden sowie die Vorstellung der einzelnen Institutionen sollen die Gemeinsamkeiten und Unterschiede der beiden Behörden herausgearbeitet werden.

---

392 Vgl. § 1 Abs. 2 MADG.

393 Vgl. § 1 Abs. 3 MADG.

394 *Lange*, in: Lange, Wörterbuch zur Inneren Sicherheit, S. 203.

395 § 4 Abs. 1 MADG i.V.m. § 8 Abs. 2 BVerfSchG.

1. Gemeinsamkeiten zwischen Polizei und Nachrichtendiensten

Die Arbeit von Polizeibehörden und Nachrichtendiensten ist im Wesentlichen auf den Schutz derselben Rechtsgüter gerichtet. So ist der Schutz der freiheitlich demokratischen Grundordnung, des Bestands und der Sicherheit des Bundes sowie der Länder eine der zentralen Staatsaufgaben des Grundgesetzes. Mit diesen Aufgaben sind nicht nur die Nachrichtendienste entsprechend der Legaldefinition des Art. 73 Nr. 10 b) GG („Verfassungsschutz") betraut, sondern auch die Polizei und die Staatsanwaltschaft als Strafverfolgungsbehörden.[396]

Den Polizeibehörden als auch den Nachrichtendiensten ist zwar jeweils ein Aufgabenbereich zur eigenständigen Wahrnehmung übertragen worden. Nichtsdestotrotz kommt es bei der Ausübung der jeweiligen Kernbereiche zu Überschneidungen der Aufgabenfelder. So ist im Vorfeld einer Straftat nicht nur der Verfassungsschutz tätig, auch die Polizeibehörden und Staatsanwaltschaften werden in bestimmten Fällen im Bereich der präventiven Gefahrenabwehr tätig. Zahlreiche der in den §§ 81 ff. StGB aufgeführten Straftatbestände sind als bloße Tätigkeits- oder abstrakte Gefährdungsdelikte ausgestaltet. Ebenso überschneiden sich die Aufgabenbereiche, wenn es während der Beobachtung durch die Nachrichtendienste zur Begehung einer Straftat und damit zum Tätigwerden der Polizei bzw. der Staatsanwaltschaften kommt. In diesem Fall müssen die Nachrichtendienste ihre Beobachtungen nicht von Rechts wegen einstellen[397], im Gegenteil üben die nachrichtendienstlichen und polizeilichen Institutionen im Bereich von Vorfeldbeobachtung und „Strafverfolgung im Vorfeld" die ihnen obliegenden Aufgaben parallel aus. Eine solche Überschneidung ist auch zwingend geboten, denn nur durch die gemeinsame Verfolgung der Staatsaufgabe „Verfassungsschutz" kann eine ausreichende Sicherstellung der inneren Ordnung im demokratischen Rechtsstaat erreicht werden.

2. Unterschiede zwischen Polizei und Nachrichtendiensten

Während sowohl die Polizei als auch die Nachrichtendienste die Beobachtung von (Straf-)Taten zu ihrem Aufgabengebiet zählen, ist die Arbeit der Nachrichtendienste primär auf Taten mit politischem Bezug gerichtet.[398] Dabei sind – insbesondere vor dem Hintergrund ihrer hochrangigen Schutzgüter und der Funktion als „Frühwarnsysteme" – die gesetzlichen Eingriffsschwellen für ein Tätigwerden der Nachrichtendienste im Unterschied zu den Polizeibehörden gering: Notwendig ist nur, dass die Gewinnung der Informationen zur Aufgabenerfüllung erforderlich ist. Dabei ist weder ein Anfangsverdacht nach § 152 Abs. 2 StPO erforderlich, noch muss eine konkrete

---

396 *Evers*, Verfassungsschutz und Polizei, in: Bundesministerium des Innern (Hrsg.), Verfassungsschutz und Rechtsstaat: Beiträge aus Wissenschaft und Praxis, S. 65 (66).

397 *Baumann, F.-A.*, Verfassungsschutz und Polizei – Trennungsgebot und Pflicht zur Zusammenarbeit, in: Düwell (Hrsg.), Anwalt des Rechtsstaats, Festschrift für Diether Posser zum 75. Geburtstag, S. 301; *Borgs-Maciejewski/Ebert*, Das Recht der Geheimdienste, § 3 BVerfSchG, Rn. 122; *Gröpl*, Die Nachrichtendienste im Regelwerk der deutschen Sicherheitsverwaltung. Legitimation, Organisation und Abgrenzungsfragen, S. 308.

398 *Droste*, Handbuch des Verfassungsschutzrechts, S. 299.

Gefahr für die öffentliche Sicherheit vorliegen.[399] Zwar können auch die Polizeibehörden im Bereich der Gefahrenvorsorge tätig werden, jedoch bedarf zum Beispiel der Einsatz verdeckter Ermittler zwingend des Vorliegens eines Anfangsverdachts.[400]

Allerdings dürfen die Nachrichtendienste nicht nur früher tätig werden, das heißt straftatenunabhängig und möglicherweise noch im Legalbereich, als die Polizeibehörden, sie sind auch in diesem Stadium bereits befugt, nachrichtendienstliche Mittel einzusetzen, um ihre Aufgaben zu erfüllen.[401] Letztlich müssen sie aber ebenso wie die Polizeibehörden bei Vorliegen eines Anfangsverdachts oder einer konkreten Gefahr den Verhältnismäßigkeitsgrundsatz berücksichtigen, wenn es zum Einsatz dieser Mittel kommt.[402]

Im Unterschied zu den Polizeibehörden, die einem Strafverfolgungszwang unterliegen, ist es primäres Ziel der Nachrichtendienste, kriminelle Bereiche und Umfelder zu beobachten, um auf diesem Weg kriminelle Zusammenhänge und Strukturen zu erfassen. Ihre Arbeit ist dabei nicht auf die Verfolgung von Straftaten gerichtet[403]; ferner beenden sie auch nicht ihre Beobachtungstätigkeit, wenn es zur Begehung einer Straftat kommt.[404]

Im Gegensatz zur Polizei verfügen die Nachrichtendienste nicht über imperativvollzugspolizeiliche Befugnisse.[405] Das ist ein grundlegender Unterschied zwischen der Arbeit der Polizeibehörden und der Nachrichtendienste: Den Nachrichtendiensten obliegen zwar materiell polizeiliche Aufgaben, sie sind aber keine polizeilichen Dienststellen[406] und dürfen solchen auch nicht angegliedert werden.[407] In der Konsequenz verfügen sie auch nicht über die den Polizeistellen vorbehaltenen Exekutivbefugnisse.

Ein bedeutender Unterschied zwischen der Arbeit der Nachrichtendienste und der Polizeibehörden liegt auch darin, dass jedenfalls die Verfassungsschutzbehörden von Bund und Ländern entsprechend § 1 Abs. 2 BVerfSchG zur Zusammenarbeit verpflichtet sind. Die Verfolgung und Verhütung von Straftaten sowie die Aufgaben der sonstigen Gefahrenabwehr obliegen hingegen den Ländern, soweit gesetzlich nichts anderes bestimmt ist.[408] Dies bedeutet, dass die Polizeibehörden der Länder primär tätig werden, das Bundeskriminalamt nur in den gesetzlich normierten Fällen. Eine

---

399 *Schafranek*, Die Kompetenzverteilung zwischen Polizei und Verfassungsschutzbehörden in der Bundesrepublik Deutschland, S. 76; *Droste*, Handbuch des Verfassungsschutzrechts, S. 299.

400 *Droste*, Handbuch des Verfassungsschutzrechts, S. 298 f.

401 *Schafranek*, Die Kompetenzverteilung zwischen Polizei und Verfassungsschutzbehörden in der Bundesrepublik Deutschland, S. 76.

402 *Droste*, Handbuch des Verfassungsschutzrechts, S. 300.

403 *Hellenbroich*, Abgrenzung der Zuständigkeit zwischen Polizei und Verfassungsschutz auf dem Gebiet des präventiven Verfassungsschutzes, Kriminalistik 1975, S. 394.

404 *Droste*, Handbuch des Verfassungsschutzrechts, S. 299 f.

405 *Schenke*, Polizei- und Ordnungsrecht, § 9, Rn. 444.

406 *Schenke*, Polizei- und Ordnungsrecht, § 9, Rn. 444.

407 Vgl. § 2 Abs. 1 Satz 3 BVerfSchG für das Bundesamt für Verfassungsschutz, § 1 Abs. 1 Satz 1 BNDG für den Bundesnachrichtendienst, § 1 Abs. 4 MADG für den Militärischen Abschirmdienst.

408 Vgl. § 1 Abs. 3 BKAG.

Zusammenarbeitspflicht wie dies bei den Verfassungsschutzbehörden der Fall ist, existiert nicht.[409]

3. Zusammenarbeit von Polizei und Nachrichtendiensten

Nach dem Grundsatz der „Einheit der Staatsgewalt" soll die Effizienz staatlicher Tätigkeit nicht beschränkt werden durch die den verschiedenen Behörden zugewiesenen Kompetenzen, vielmehr sollen die Ressourcen, über die eine Behörde verfügt, mit den anderen geteilt werden.[410]

a. Amtshilfe

Eine Möglichkeit, diese Ressourcen auch für die anderen Behörden zu mobilisieren, bietet die so genannte Amtshilfe: Nach Art. 35 Abs. 1 GG leisten sich alle Behörden des Bundes und der Länder gegenseitig Amts- und Rechtshilfe. In den §§ 4 ff. VwVfG finden sich detaillierte Bestimmungen zur Amtshilfeverpflichtung der Behörden. Auch in den einschlägigen Fachgesetzen sind entsprechende Regelungen vorgesehen, die die bereits im Grundgesetz niedergelegte gegenseitige Beistandspflicht der Behörden wiederholen.[411]

Unter Amtshilfe im herkömmlichen Rechtssinne versteht etwa *Denninger „eine ausnahmsweise, wenngleich hin und wieder einmal vorkommende Notwendigkeit einer ergänzenden Hilfeleistung."*[412] *Simitis* sieht in der Amtshilfe *„eine organisatorische Vorkehrung, die zwar die innerhalb der öffentlichen Verwaltung bestehende Arbeitsteilung durchaus respektiert, es aber zugleich erlaubt, von ihr zu profitieren, indem sie die Beteiligung am je spezifischen Wissen der verschiedenen Behörden und die kooperative Nutzung der je typischen Betätigungsmittel sichert."*[413]

b. Von der Amtshilfe zur Informationshilfe

Dabei besteht in der heutigen Zeit ein wesentlicher Teil der Zusammenarbeit in Amtshilfeleistungen durch Informationsaustausch, nämlich der so genannten Informationshilfe.[414] Amtshilfe bedeutet dabei eine Ermittlungshilfe in Form eines schlichthoheitlichen Tuns für die andere Behörde, auch als „einfache Amtshilfe" bezeichnet[415], wäh-

---

409 *Droste*, Handbuch des Verfassungsschutzrechts, S. 299.

410 *Simitis*, Von der Amtshilfe zur Informationshilfe – Informationsaustausch und Datenschutzanforderungen in der öffentlichen Verwaltung, NJW 1986, S. 2795.

411 Vgl. etwa § 1 Abs. 3 BVerfSchG.

412 *Denninger*, Die Trennung von Verfassungsschutz und Polizei und das Grundrecht auf informationelle Selbstbestimmung, ZRP 1981, S. 231 (234).

413 *Simitis*, Von der Amtshilfe zur Informationshilfe – Informationsaustausch und Datenschutzanforderungen in der öffentlichen Verwaltung, NJW 1986, S. 2795.

414 *Schmidt*, Amtshilfe durch Informationshilfe, ZRP 1979, S. 185 ff.

415 *Lisken*, Polizei und Verfassungsschutz – Aspekte der gesetzlichen Zusammenarbeit, NJW 1982, S. 1481 (1486).

rend die Informationshilfe das Übermitteln von Daten betrifft[416] und auch unter dem Begriff „gesteigerte Amtshilfe" bekannt ist.[417] Übertragen auf die vorliegende Thematik einer Verbunddatei bedeutet dabei Übermitteln von Daten auch ein Bereithalten von Daten zum Abruf bzw. das Einstellen von Daten in die Datei zum Zwecke des späteren Abrufes.

c. Grenzen zulässiger Amtshilfe

Fraglich ist, wo die Grenzen zulässiger Informationshilfe zu ziehen sind. Nach dem so genannten Erforderlichkeitsprinzip sind Daten in zulässiger Weise zu übermitteln, wenn sie für die Aufgabenerfüllung der Absender- oder der Empfängerbehörde nicht nur zweckmäßig und nützlich sind, sondern nur dann, wenn sie für diese tatsächlich unbedingt erforderlich sind.[418] Danach muss sich die Amtshilfe den aus der staatlichen Struktur folgenden Anforderungen anpassen und ist immer nur dann bzw. so lange gerechtfertigt, wenn bzw. wie sie dazu dient, die Funktionsfähigkeit dieser Struktur sicherzustellen.[419] Sobald sie diese Grenzen überschreitet, verliert sie ihre Existenzberechtigung. Mit anderen Worten kann die in Art. 35 Abs. 1 GG geregelte Amtshilfeverpflichtung nicht dazu führen, dass unter Berufung auf den Grundsatz der „Einheit der Verwaltung" sich jede Behörde, wenn sie dies zur Erfüllung ihrer Aufgaben *für erforderlich hält*, einer anderen Institution und damit auch deren Kompetenzen im Wege der Amtshilfe bedienen kann.[420] Maßgeblich ist vielmehr, ob dies auch rein *tatsächlich erforderlich ist*. Mit den Worten *Denningers* würde andernfalls das *„gesetzlich wohldosierte System der Koppelung bestimmter Aufgabenbereiche mit bestimmten Befugnissen und ihrer bestimmten Zuordnung zu bestimmten Organwaltern (...) völlig aus den Angeln gehoben."*[421]

Auf den Fall der Informationshilfe übertragen bedeutet dies, dass eine solche immer nur dann zulässig sein kann, wenn die Informationshilfe ersuchende Behörde die Informationen, die sie erlangen möchte, auch tatsächlich innerhalb des ihr zugewiesenen Aufgaben- und Befugnisbereiches erhalten darf, ob die Übermittlung der Daten also im Sinne von zwingend erforderlich erlaubt ist.[422] Hilfreich ist bei der Beantwortung dieser Frage ein Blick auf das Trennungsgebot, das in Kapitel 3 näher dargestellt wird

---

416 *Denninger*, Die Trennung von Verfassungsschutz und Polizei und das Grundrecht auf informationelle Selbstbestimmung, ZRP 1981, S. 231 (235).

417 *Lisken*, Polizei und Verfassungsschutz – Aspekte der gesetzlichen Zusammenarbeit, NJW 1982, S. 1481 (1486).

418 *Denninger*, Die Trennung von Verfassungsschutz und Polizei und das Grundrecht auf informationelle Selbstbestimmung, ZRP 1981, S. 231 (233).

419 *Simitis*, Von der Amtshilfe zur Informationshilfe – Informationsaustausch und Datenschutzanforderungen in der öffentlichen Verwaltung, NJW 1986, S. 2795.

420 *Lisken*, Polizei und Verfassungsschutz – Aspekte der gesetzlichen Zusammenarbeit, NJW 1982, S. 1481.

421 *Denninger*, Die Trennung von Verfassungsschutz und Polizei und das Grundrecht auf informationelle Selbstbestimmung, ZRP 1981, S. 231 (235).

422 *Simitis*, Von der Amtshilfe zur Informationshilfe – Informationsaustausch und Datenschutzanforderungen in der öffentlichen Verwaltung, NJW 1986, S. 2795 (2798).

und materielle Maßstäbe für das Verhältnis Polizei und Nachrichtendienste an die Hand gibt.[423] Entgegen seines Wortlautes will es gerade nicht bezwecken, dass Polizei und Nachrichtendienste in keinem Fall zusammenarbeiten dürfen. Aus ihm lassen sich vielmehr Aussagen gewinnen, wie die (insbesondere informationelle) Zusammenarbeit von Nachrichtendiensten und Polizeien zu gestalten ist und innerhalb welcher Grenzen diese behördliche Kooperation zulässig ist.

Vorweggeschickt sei in diesem Zusammenhang dennoch die für den Begriff der Amtshilfe im Jahr 1982 entwickelte Definition von *Lisken*, die die elementaren Voraussetzungen einer zulässigen Amtshilfe beschreibt: *„Amtshilfe (...) ist also jede Verwaltungstätigkeit auf Ersuchen einer anderen Verwaltungseinrichtung, die dazu geeignet und bestimmt ist, der rechtmäßigen Erfüllung der gesetzlich zugewiesenen Aufgaben der ersuchenden Behörde zu dienen; sie muß außerdem im Rahmen der Kompetenzen und Befugnisse der ersuchten Behörde im Hinblick auf den von der ersuchenden Behörde verfolgten Zweck liegen. Die Amtshilfe kann also nicht als Ausgleich für eigene Benutzungsdefizite dienen. Umgekehrt vermag die „Amtshilfe" nicht die Befugnisse der ersuchten Behörde zu erweitern."*[424]

Inwiefern sich die polizeilichen und nachrichtendienstlichen Sicherheitsbehörden angesichts der zunehmenden terroristischen Bedrohungen in der Bundesrepublik Deutschland auf Basis einer Verbunddatei wie der Antiterrordatei Informationshilfe gewähren dürfen, wird im weiteren Verlauf der vorliegenden Bearbeitung zu beurteilen sein.

C. Staatsschutz und Verfassungsschutz

Weiter gilt es, die Begriffe Staatsschutz und Verfassungsschutz näher zu beleuchten, da sie im Zusammenhang mit den polizeilichen und nachrichtendienstlichen Institutionen bereits mehrfach genannt wurden.

In der Geschichte definierte man Staatsschutz als *„Sicherung des Staates gegen Feinde von außen"* und Verfassungsschutz als *„nach innen gerichtete Staatsschutzfunktion"*, also die Sicherung der von den Bürgern erkämpften Freiheitsrechte.[425] Dieser Abgrenzung wird aber entgegengehalten, sie sei nicht mehr gültig und die Begriffe angesichts der in Art. 73 Nr. 10 GG vorgenommenen Kompetenzverteilung gleichbedeutend.[426] Das heutige Verständnis von Staatsschutz und Verfassungsschutz und die vorherrschenden Definitionen zeigen jedoch, dass die beiden Begriffe trotz der teilweise synonymen Verwendung nicht die gleiche Bedeutung haben können.

---

423 Nach *Schmidt* ist Art. 35 Abs. 1 GG nur ein normativer Rahmen; zur Präzisierung der Amtshilfe bedarf es jeweils bereichsspezifisch einschränkender Vorschriften über Inhalt und Umfang derselben, vgl. *Schmidt*, Amtshilfe durch Informationshilfe, ZRP 1979, S. 185 m.w.N.

424 *Lisken*, Polizei und Verfassungsschutz – Aspekte der gesetzlichen Zusammenarbeit, NJW 1982, S. 1481 (1482).

425 *Droste*, Handbuch des Verfassungsschutzrechts, S. 302.

426 So jedenfalls *Droste*, Handbuch des Verfassungsschutzrechts, S. 302.

Nach heute überwiegender Ansicht erfasst der Begriff des *Staatsschutzes* nämlich alle staatlichen Abwehraktivitäten gegen Angriffe von außen oder innen, die den rechtlichen oder tatsächlichen Bestand des Staates – mit seinen drei Elementen Staatsvolk, Staatsgebiet und Staatsgewalt – bedrohen.[427] Ebenso fallen alle daran beteiligten Institutionen unter den Begriff des Staatsschutzes.[428]

Der Begriff des *Verfassungsschutzes* ist hingegen enger gefasst als der Begriff des Staatsschutzes.[429] Der Verfassungsschutz soll nach dem heutigen Verständnis dem Schutz der konstituierten Ordnung dienen.[430] Primäres Ziel ist – im Unterschied zum Staatsschutz – nicht der Schutz von Organisationen, sondern von Inhalten.[431] Dabei stellen die von der Gesellschaft festgeschriebenen Grundentscheidungen in der Regel die Schutzobjekte des Verfassungsschutzes dar.[432]

Nach der autoritativen Legaldefinition des Grundgesetzes (Art. 73 Nr. 10 b))[433] versteht man unter dem Begriff des Verfassungsschutzes den *„Schutz der freiheitlichen demokratischen Grundordnung, des Bestandes und der Sicherheit des Bundes oder eines Landes.“* Eine identische Formulierung findet sich in § 1 Abs. 1 BVerfSchG.[434] Damit fällt unter den speziellen Verfassungsschutzbegriff des Grundgesetzes nicht jede beliebige staatliche Ordnung, sondern nur die freiheitlich demokratische Grundordnung wie sie im bzw. durch das Grundgesetz begründet wird.

Zusammenfassend bezieht sich der Staatsschutz auf die Abwehr jedweder Gefahr für den Staat, ungeachtet der Legitimität der jeweiligen staatlichen Ordnung. Der Verfassungsschutz hingegen soll die staatliche Ordnung als solche schützen, nach der Definition des Grundgesetzes die freiheitliche demokratische Grundordnung.[435]

Die Begriffe des Staatsschutzes und des Verfassungsschutzes sind damit nicht wesensgleich, eine synonyme Verwendung, für die teilweise plädiert wird[436], ist abzulehnen.[437]

---

427 *Schafranek*, Die Kompetenzverteilung zwischen Polizei und Verfassungsschutzbehörden in der Bundesrepublik Deutschland, S. 15.

428 *Brenner*, Bundesnachrichtendienst im Rechtsstaat, S. 18.

429 *Brenner*, Bundesnachrichtendienst im Rechtsstaat, S. 18.

430 Siehe *Singer*, Die rechtlichen Vorgaben für die Beobachtung der Organisierten Kriminalität durch die Nachrichtendienste der Bundesrepublik Deutschland, S. 25.

431 *Singer*, Die rechtlichen Vorgaben für die Beobachtung der Organisierten Kriminalität durch die Nachrichtendienste der Bundesrepublik Deutschland, S. 25.

432 Siehe *Singer*, Die rechtlichen Vorgaben für die Beobachtung der Organisierten Kriminalität durch die Nachrichtendienste der Bundesrepublik Deutschland, S. 25.

433 Nur der Verfassungsschutz wurde im Grundgesetz legaldefiniert, der Begriff des Staatsschutzes findet sich in der Verfassung nicht.

434 *König*, Trennung und Zusammenarbeit von Polizei und Nachrichtendiensten, S. 30.

435 *Singer*, Die rechtlichen Vorgaben für die Beobachtung der Organisierten Kriminalität durch die Nachrichtendienste der Bundesrepublik Deutschland, S. 24 f.

436 Nach der Ansicht *Haedges* beziehen sich beide im Wesentlichen auf den Schutz derselben Rechtsgüter. Vgl. *Haedge*, Das neue Nachrichtendienstrecht für die Bundesrepublik Deutschland. Ein Leitfaden mit Erläuterungen, S. 21.

437 Ursprünglich war in institutioneller Hinsicht der Begriff des Staatsschutzes auf die polizeilichen Funktionen bezogen, der Begriff des Verfassungsschutzes betraf die nachrichtendienstliche Funktionsbezeichnung. Auch heute noch existieren die Konzepte des polizeilichen Staatsschutzes und des nachrichtendienstlichen Verfassungsschutzes, vgl.

D. Terrorismus - Eine Bedrohung für die Innere Sicherheit

Ziel dieser Arbeit ist die Überprüfung des Antiterrordateigesetzes (ATDG) auf seine Vereinbarkeit mit den Vorgaben des Trennungsgebotes zwischen Polizeien und Nachrichtendiensten. Ein Blick auf dieses Gesetz zeigt, dass die Führung der Antiterrordatei zur Erfüllung der gesetzlichen Aufgaben der Sicherheitsbehörden zur Aufklärung oder Bekämpfung des internationalen Terrorismus mit Bezug zur Bundesrepublik Deutschland dienen soll (§ 1 Abs. 1 ATDG). Aus der Verwendung des Begriffes „Terrorismus“ im ATDG selbst ergibt sich nun die Notwendigkeit einer Untersuchung dieses Phänomens. Was verbirgt sich hinter diesem Begriff, welche Erscheinungsformen des Terrorismus gibt es und welche Bekämpfungsstrategien sind bislang (vom Gesetzgeber) entwickelt und zum Einsatz gebracht worden?

Bevor jedoch versucht wird, die Bedeutung des Begriffes „Terrorismus“ näher zu beleuchten, soll zunächst die Entwicklungsgeschichte des Terrorismus dargestellt werden, um dann in einem nächsten Schritt vor dem dargelegten historischen Hintergrund Terrorismus, seine Erscheinungsformen und Kernelemente zu erläutern. Abschließend werden die Schwierigkeiten bei der Bekämpfung des Terrorismus und verschiedene allgemeine Bekämpfungsstrategien sowie Maßnahmen zur Bekämpfung des Terrorismus in der Bundesrepublik erörtert. Die den Ausführungen vorangestellte historische Darstellung erhebt dabei keinen Anspruch auf Vollständigkeit. Das vielschichtige Phänomen Terrorismus umfassend darlegen zu wollen, hätte ein Werk enzyklopädischen Ausmaßes zur Folge. Die Ausführungen konzentrieren sich deshalb auf die wichtigsten Akteure und Begebenheiten in der Geschichte mit dem besonderen Fokus auf die Geschehnisse in der Bundesrepublik Deutschland.

I. Entwicklungsgeschichte des Terrorismus

1. Terrorismus in der Antike

Die Spuren terroristischer Betätigungen reichen bis weit in die Vergangenheit zurück: Frühe Ausprägungen des Terrorismus gab es bereits im ersten Jahrhundert nach Christus, als sich die *Sicarier*[438], eine straff organisierte jüdisch-fundamentalistische Sekte und Untergruppe der jüdischen Zeloten, an den Zeloten-Kämpfen in Palästina (66-73 n. Chr.) beteiligten.[439] Es wird überliefert, dass die *Sicarier*, benannt nach ihrem unter dem Gewand verborgenen Dolch (sica), jüdischen Kollaborateuren, die sie als römerfreundlich einstuften, die Kehle aufschlitzten und sodann unerkannt in der Menge verschwanden. Zudem sind sie für ihre Plünderungen und Brandlegungen bekannt. Ihren eigenen Tod nahmen sie bei den von ihnen oft in großen Menschenmengen verübten Anschlägen bewusst in Kauf, so dass sie als Ahnherren des Selbstmordterrorismus

---

Singer, Die rechtlichen Vorgaben für die Beobachtung der Organisierten Kriminalität durch die Nachrichtendienste der Bundesrepublik Deutschland, S. 24, Fn. 76.

438 Über die Sicarier wurde von den römischen Geschichtsschreibern *Flavius Josephus* und *Tacitus* berichtet, vgl. hierzu *Laqueur*, Terrorismus, S. 9.

439 *Laqueur*, Terrorismus, S. 9.

angesehen werden können. Damit existiert Terrorismus nachweislich seit annähernd 2000 Jahren.

2. Terrorismus im Mittelalter

Zwischen dem 11. und 13. Jahrhundert wüteten die *Assassinen*[440], eine radikale, streng hierarchisch strukturierte muslimische Sekte aus Persien, bis in den Osten hinein.[441] Ihre Betätigungen waren darauf gerichtet, das politische und gesellschaftliche System des islamischen Großreichs zu stürzen und eine neue, ihrer Auffassung nach gerechte Ordnung zu schaffen.[442] Ein erklärtes Ziel der *Assassinen* war dabei die Ermordung prominenter muslimischer Amts- und Würdenträger. Als Belohnung für ihre Taten versprachen die assassinischen Führer ein Leben im Paradies, weshalb die Ausführenden bei den von ihnen verübten Mordanschlägen keine Rücksicht auf ihr eigenes Leben nahmen.[443] Im Gegenteil bekannten sich die Attentäter freimütig zu ihren Taten.[444]

3. Terrorismus in der Neuzeit

a. Russland

Die ersten terroristischen Betätigungen der Neuzeit gingen von dem Russen *Michail Alexandrowitsch Bakunin* (1814-1876) aus, als dieser in der zweiten Hälfte des 19. Jahrhunderts eine anarchistische Bewegung gründete.[445] Wenig später fielen der Generalgouverneur von Petersburg und der Chef der zaristischen Polizei anarchistischen Gewalttätern zum Opfer. Im Jahr 1881 schließlich wurde *Zar Alexander II.* durch ein Sprengstoffattentat in St. Petersburg ermordet.[446] Es folgten etwa 220 Attentate, bei denen mehrere Minister, Angehörige des Hauses Romanow sowie unzählige hohe Beamte und Offiziere ermordet wurden.[447]

---

440 Der Terminus „Assassin“, der heute in vielen europäischen Sprachen als Bezeichnung für einen (politischen) Mörder verwendet wird, stammt von dem arabischen Wort „hashishin“ ab, das „Haschischesser“ bedeutet. Hintergrund ist, dass diese Droge den Selbstmordattentätern zur „Stärkung der Entschlossenheit“ verabreicht worden sein soll, vgl. *Dietl/Hirschmann/Tophoven*, Das Terrorismus-Lexikon. Täter, Opfer, Hintergründe, S. 246 mit weiteren Anmerkungen.

441 *Dietl/Hirschmann/Tophoven*, Das Terrorismus-Lexikon. Täter, Opfer, Hintergründe, S. 246; *Bader*, Terrorismus – Eine Herausforderung unserer Zeit, S. 78.

442 *Droste*, Handbuch des Verfassungsschutzrechts, S. 102.

443 *Bader*, Terrorismus – Eine Herausforderung unserer Zeit, S. 78.

444 *Ende/Steinbach*, Der Islam in der Gegenwart. Entwicklung, Ausbreitung, Kultur und Religion. Staat, Politik und Recht., S. 509 f.

445 *Gerngroß*, Anarchismus im Zarenreich: Michail Bakunin und Pjotr Kropotkin, in: Sozialrevolutionärer Terrorismus: Theorie, Ideologie, Fallbeispiele, Zukunftsszenarien, S. 57.

446 *Droste*, Handbuch des Verfassungsschutzrechts, S. 102.

447 *Droste*, Handbuch des Verfassungsschutzrechts, S. 102.

b. Irland und Frankreich

Auch in anderen Teilen der Welt ereigneten sich ähnliche Gewaltverbrechen: So existierte in Irland bereits seit dem Jahr 1791 eine terroristische Vereinigung („*Society of United Irishmen*"), während sich der „anarchistisch inspirierte" Terrorismus in Frankreich insbesondere in den Jahren zwischen 1892 und 1894 ereignete, als etwa der bekennende Anarchist *Ravachol*[448] (1859-1892) im Jahr 1892 mehrere Bombenanschläge in Paris verübte und der französische Anarchist *August Vaillant* (1861-1894) im darauf folgenden Jahr eine Nagelbombe in die Französische Nationalversammlung warf.[449] Im Jahr 1894 wurde schließlich der französische Staatspräsident *Marie Francois Sadi Carnot* nach einer Rede in Lyon von dem italienischen Anarchisten *Jeronimo Caserio* ermordet.[450]

c. Spanien

In Spanien orientierte sich der Terrorismus des 19. Jahrhunderts an den von *Bakunin* vertretenen Revolutionstheorien.[451] Im Jahr 1897 wurde der Premierminister *Antonio Cánovas de Castillo* von dem italienischen Anarchisten *Michele Angiolillo* ermordet und auch in den Jahren 1904 bis 1908 ereigneten sich vermehrt terroristische Anschläge.[452] Im Anschluss an den spanischen Bürgerkrieg (1936-1939) und während der Herrschaft von *General Francisco Franco* fand eine Verlagerung des terroristischen Zentrums in das Baskenland statt.[453] Nach Gründung der „*Euskadi Ta Askatasuna*" (baskisch für Baskenland und Freiheit) (ETA) im Jahr 1959 als baskische Untergrundorganisation, die sich gegen die Diktatur *Francos* wendete, ereigneten sich terroristische Anschläge.[454] Die erste gewaltsame Aktion mit Todesfolge, die der ETA zugeordnet wird, erfolgte am 28. Juni des Jahres 1960. Bei einem Bombenattentat in San Sebastián wurden mehrere Menschen verletzt und ein Kind getötet. Die so genannten „*Etaras*" (Mitglieder der ETA) pflegten schon früh Kontakte zur „*Irish Republican Army*" (IRA) in Nordirland, einer vergleichbaren ethnisch-nationalistischen und doch linken Bewegung.[455]

---

448 Der bürgerliche Name des bekannten französischen Anarchisten lautete Francois Claudius Koenigstein.

449 *Droste*, Handbuch des Verfassungsschutzrechts, S. 102.

450 *Droste*, Handbuch des Verfassungsschutzrechts, S. 102.

451 So *Droste*, Handbuch des Verfassungsschutzrechts, S. 102.

452 *Droste*, Handbuch des Verfassungsschutzrechts, S. 102 f.

453 Siehe *Droste*, Handbuch des Verfassungsschutzrechts, S. 103.

454 *Dietl/Hirschmann/Tophoven*, Das Terrorismus-Lexikon. Täter, Opfer, Hintergründe, S. 57; *Droste*, Handbuch des Verfassungsschutzrechts, S. 103.

455 *Dietl/Hirschmann/Tophoven*, Das Terrorismus-Lexikon. Täter, Opfer, Hintergründe, S. 58.

d. IRA in Irland

Die IRA stellte den militärischen Teil der irischen Unabhängigkeitsbewegung dar und ist aus einem Zusammenschluss von Anhängern der *„Irish Volunteers"* mit der Gewerkschaftsmiliz *„Irish Citizens Army"* im Jahr 1916 hervorgegangen.[456] In den Folgejahren schlossen sich mehrere Tausend Separatisten an.[457] Mit der Teilung Irlands im Jahr 1921 begann die paramilitärische Organisation mit Bombenanschlägen, Attentaten, Geiselnahmen und Erpressungen für die Unabhängigkeit Nordirlands zu kämpfen. Erst im Jahr 1949 wurde die Republik Irland für unabhängig erklärt, doch nur 20 Jahre später brachen Unruhen zwischen Katholiken und Protestanten aus.[458] Die katholische Minderheit setzte sich gegen Diskriminierungen durch die protestantische Mehrheit zur Wehr. An den Häuserkämpfen war insbesondere die *„Provisional IRA"* (PIRA), eine Abspaltung von der *„Official IRA"*, beteiligt. Nach dem so genannten „Bloody Sunday", dem 30. Januar 1972, an dem 13 Katholiken von britischen Truppen getötet worden waren, wurden die Anschläge der IRA immer brutaler und insbesondere gegen englische Militärangehörige, Polizisten, Justizmitarbeiter und politische Sympathisanten des Königshauses gerichtet.[459] Bislang wurden etwa 3700 Menschen getötet und etwa 15 000 Personen verletzt.[460] Mehrere Male wurde ein Waffenstillstand verkündet oder sogar durch die IRA selbst ein Verzicht auf ihre *„bewaffnete Kampagne"* erklärt, zuletzt im Jahr 2005. Dennoch setzen sich Anschläge von Splittergruppen der ehemaligen IRA bis heute fort.[461]

e. Italien

In Italien starb *König Umberto I.* im Jahr 1900 an den Folgen eines von dem Anarchisten *Gaetano Bresci* verübten Attentates, das einen Racheakt gegen das vorherige Verhalten des Regenten darstellte: *Umberto I.* hatte einem General einen Verdienstorden verliehen, der zuvor auf wehrlose Demonstranten hatte schießen lassen.[462]

---

456 *Dietl/Hirschmann/Tophoven*, Das Terrorismus-Lexikon. Täter, Opfer, Hintergründe, S. 61.

457 *Wördemann*, Terrorismus. Motive, Täter, Strategien, S. 192; *Dietl/Hirschmann/Tophoven*, Das Terrorismus-Lexikon. Täter, Opfer, Hintergründe, S. 62.

458 *Wördemann*, Terrorismus. Motive, Täter, Strategien, S. 182; *Dietl/Hirschmann/Tophoven*, Das Terrorismus-Lexikon. Täter, Opfer, Hintergründe, S. 62.

459 *Dietl/Hirschmann/Tophoven*, Das Terrorismus-Lexikon. Täter, Opfer, Hintergründe, S. 62.

460 Siehe *Dietl/Hirschmann/Tophoven*, Das Terrorismus-Lexikon. Täter, Opfer, Hintergründe, S. 63.

461 So wurde am 09.03.2009 ein Polizist in der Ortschaft Craigavon, südlich von Belfast, durch einen Kopfschuss von einer Splittergruppe der IRA (Continuity IRA) getötet. "So lange sich Großbritannien in Irland einmischt, werden diese Attacken weitergehen", hieß es in der codierten Botschaft der Gruppe, die sich zu diesem Mord bekannt hat. Nur 48 Stunden zuvor waren zwei Soldaten ermordet worden.

462 *Droste*, Handbuch des Verfassungsschutzrechts, S. 103.

f. USA

Der amerikanische Terrorismus des 19. Jahrhunderts war eng verknüpft mit der Gründung des Ku-Klux-Klans im Jahr 1867 und dem Bombenanschlag auf dem Haymarket Square in Chicago während eines Gewerkschaftsstreiks im Jahr 1886, der elf Menschen das Leben kostete.[463] Auch von den Gewerkschaften *„Mollies"* und *„Wobblies"* gingen um die Jahrhundertwende terroristische Bedrohungen aus, die man als den *„Terror der Arbeiterklasse"* bezeichnet.[464]

4. Terrorismus nach dem Ersten Weltkrieg

Die Zeit nach dem Ersten Weltkrieg war nicht durch eine besonders hohe terroristische Energie gekennzeichnet. Dies wird zurückgeführt auf den ruhiger werdenden Anarchismus, der *„seine terroristischen Auswüchse"* hinter sich ließ, und die sich abzeichnende Organisation der politischen Extreme in Massenparteien.[465] Doch ereigneten sich insbesondere in Europa verschiedene Attentate, wie der Mord an *Rosa Luxemburg* und *Karl Liebknecht* im Jahr 1919 durch Freikorps-Soldaten in Berlin oder die Ermordung des deutschen Reichsaußenministers *Walther Rathenau*, der im Jahr 1922 Opfer eines politisch motivierten Attentats der *„Organisation Consul"* wurde.[466] Es schlossen sich die Kämpfe um Palästina in den Jahren 1924 bis 1939 an sowie nationalistische Bewegungen gegen die britische Besetzung von Ägypten, die terroristisch eingefärbt waren.[467]

5. Terrorismus nach dem Zweiten Weltkrieg

Der algerische Befreiungskampf gegen die französische Kolonialmacht, der seit dem Jahr 1954 geführt wurde, wird als eine der größten terroristischen Aktivitäten nach Ende des Zweiten Weltkrieges bezeichnet.[468] Außerdem sind erwähnenswert die seit 1948 agierende *„Mau-Mau-Bewegung"*, ein terroristischer Geheimbund in Kenia, der sich gegen die britische Kolonialherrschaft wandte, der *„Vietcong"* (Viet Nam Cong, vietnamesisch für Vietnamesische Kommunisten), eine Guerillabewegung unter kommunistischer Vorherrschaft, die während des Vietnamkrieges (1946-1975) in Südvietnam den bewaffneten Widerstand gegen die Regierung und das sie unterstützende

---

463 Vgl. *Sommer*, Die Blutspur des Terrors, Die Zeit vom 02.08.1996, 32/96, zu finden im Internet unter: http://www.zeit.de/1996/32/Die_Blutspur_des_Terrors?page=2 (zuletzt aufgerufen am 18.08.2009).

464 *Sommer*, Die Blutspur des Terrors, Die Zeit vom 02.08.1996, 32/96, zu finden im Internet unter: http://www.zeit.de/1996/32/Die_Blutspur_des_Terrors?page=2 (zuletzt aufgerufen am 18.08.2009).

465 *Droste*, Handbuch des Verfassungsschutzrechts, S. 103.

466 Vgl. im Einzelnen: *Sabrow*, Die verdrängte Verschwörung. Der Rathenaumord und die deutsche Gegenrevolution.

467 *Dietl/Hirschmann/Tophoven*, Das Terrorismus-Lexikon. Täter, Opfer, Hintergründe, S. 32 ff.; *Droste*, Handbuch des Verfassungsschutzrechts, S. 103.

468 *Droste*, Handbuch des Verfassungsschutzrechts, S. 103.

amerikanische Militär führte und die *„EOKA“* (Ethniki Organosis Kiprion Agoniston, griechisch für Nationale Organisation Zypriotischer Kämpfer), eine griechisch-zypriotische militärische Widerstandsorganisation, die seit 1955 gegen die britischen Besetzer für die Selbstbestimmung und den Anschluss an Griechenland kämpfte.[469]

Die 1960er und 1970er Jahre waren in Europa schließlich geprägt „durch gesellschaftliche und geistige Umbrüche“, die den idealen Nährboden für die Entwicklung des westeuropäischen Linksterrorismus bildeten.[470]

a. Sozialistischer Deutscher Studentenbund und Außerparlamentarische Opposition

Die Anfänge des Linksterrorismus in Deutschland sind eng verknüpft mit dem *„Sozialistischen Deutschen Studentenbund“* (SDS), einem politischen Studentenverband in der früheren Bundesrepublik und West-Berlin, der anfangs der Sozialdemokratischen Partei Deutschlands (SPD) nahe stand.[471] Die SDS-Mitglieder und ihre Sympathisanten wurden allerdings durch einen Unvereinbarkeitsbeschluss der SPD-Führung im Jahr 1961 aus der Partei ausgeschlossen.[472] Nach dieser unfreiwilligen Trennung von der Mutterpartei wurde die SDS in den 1960er Jahren zunehmend zum *„Sammelbecken einer politischen Protestbewegung“*.[473] Die SDS wandelte sich zu einer antiautoritären, linken Organisation mit teilweise anarchistischen Zügen. Nachdem der SDS verschiedene linke und linksextremistische Gruppen beigetreten waren, bildete sich aus ihr in der zweiten Hälfte der 1960er Jahre die so genannte *„Außerparlamentarische Opposition“* (APO).[474] Die APO war unter anderem an der Organisation der Anti-Schah-Demonstration beteiligt, bei der am 2. Juni 1967 der Student Benno Ohnesorg von einem Polizisten[475] erschossen wurde, was in der Folge bundesweite Studentenproteste ausgelöst hat.[476] Ein weiterer Zwischenfall, das Attentat auf den Studentenführer der SDS *Rudi Dutschke* begangen durch *Josef Erwin Bachmann* im Jahr 1968, führte zu gewalttätigen Demonstrationen in der ganzen Bundesrepublik.[477]

---

469 Vgl. *Droste*, Handbuch des Verfassungsschutzrechts, S. 103, Fn. 256.

470 *Droste*, Handbuch des Verfassungsschutzrechts, S. 103.

471 *Dietl/Hirschmann/Tophoven*, Das Terrorismus-Lexikon. Täter, Opfer, Hintergründe, S. 70 f.

472 *Langguth*, Die Protestbewegung in der Bundesrepublik Deutschland 1968-1976, S. 39 f.

473 *Droste*, Handbuch des Verfassungsschutzrechts, S. 103.

474 *Dietl/Hirschmann/Tophoven*, Das Terrorismus-Lexikon. Täter, Opfer, Hintergründe, S. 70; *Droste*, Handbuch des Verfassungsschutzrechts, S. 103 f.

475 Im Mai 2009 wurde bekannt, dass der westdeutsche Polizist Angehöriger der Staatssicherheit war.

476 *Dietl/Hirschmann/Tophoven*, Das Terrorismus-Lexikon. Täter, Opfer, Hintergründe, S. 71; *Droste*, Handbuch des Verfassungsschutzrechts, S. 104.

477 *Droste*, Handbuch des Verfassungsschutzrechts, S. 104.

b. Die Rote Armee Fraktion

Die zweite Organisation in der Frühphase des Linksterrorismus in Deutschland war die *„Rote Armee Fraktion“* (RAF).[478] Schon 1968 verübten die Gründungsmitglieder *Andreas Baader* (1943-1977) und *Gudrun Ensslin* (1940-1977) gemeinsam mit *Thorwald Proll* und *Horst Söhnlein* Brandstiftungen in zwei Kaufhäusern in Frankfurt am Main, wobei ein Sachschaden in Höhe von knapp 675.000 DM entstanden war.[479] Nach Auflösung der SDS im Jahr 1970 wegen ideologischer Konflikte sah es die RAF als ihre Aufgabe an, die studentischen Protestbewegungen weiterzuführen.[480] Dies tat sie jedoch in einem Ausmaß, das auch Jahrzehnte nach den Taten kaum begreifbar ist: In der Zeit zwischen 1970 und 1972 reihte sich ein Anschlag an den anderen, insbesondere im Mai des Jahres 1972 findet die Anschlagsserie einen Höhepunkt.[481] Nach den Festnahmen der wesentlichen Protagonisten der Ersten RAF-Generation im Juni 1972 wurde es zeitweise ruhiger.[482] Doch im Jahr 1975 erlebten die terroristischen Aktionen der so genannten Zweiten Generation der RAF bei der Geiselnahme von Stockholm einen neuen Höhepunkt: Sechs RAF-Terroristen besetzten Teile der westdeutschen Botschaft in Stockholm und forderten die Freilassung der in Haft befindlichen Spitze der RAF und weiterer Häftlinge aus den eigenen Kreisen.[483] Die Geiselnahme endete blutig, nachdem ein Sprengsatz, den die Terroristen im Gebäude anbringen wollten, detonierte und das Gebäude in Brand setzte.[484] Im Jahr 1977 schlossen sich weitere schwere Gewalttaten an, darunter die Ermordung des Generalbundesanwalts *Siegfried Buback* und des Dresdner-Bank-Chefs *Jürgen Ponto*, ein versuchter Raketenwerferanschlag auf das Gelände der Bundesanwaltschaft in Karlsruhe und die Entführung und Ermordung des Arbeitgeberpräsidenten *Hanns-Martin Schleyer* sowie der Mord an seinen Begleitern in Köln.[485] Diese Zeit wird auch als *„Deutscher Herbst*

---

478 *Dietl/Hirschmann/Tophoven*, Das Terrorismus-Lexikon. Täter, Opfer, Hintergründe, S. 69.

479 *Dietl/Hirschmann/Tophoven*, Das Terrorismus-Lexikon. Täter, Opfer, Hintergründe, S. 72; *Droste*, Handbuch des Verfassungsschutzrechts, S. 104.

480 *Droste*, Handbuch des Verfassungsschutzrechts, S. 104, Fn. 259.

481 In diesem Monat ereigneten sich die folgenden Aktionen bzw. Anschläge: Befreiung von *Andreas Baader* in Berlin (14.05.1970), Sprengstoffanschlag auf das Hauptquartier des 5. US-Armee-Corps in Frankfurt am Main (11.05.1972), Sprengstoffanschlag auf das Polizeipräsidium Augsburg und das Landeskriminalamt München (12.05.1972), Sprengstoffanschlag auf das Auto des Richters am BGH *Buddenberg* (15.05.1972), Sprengstoffanschlag auf das Springerhochhaus in Hamburg (19.05.1972) und ein Sprengstoffanschlag auf das Hauptquartier der US-Landstreitkräfte Europa in Heidelberg (24.05.1972), vgl. die Auflistung bei *Droste*, Handbuch des Verfassungsschutzrechts, S. 104 f., Fn. 260.

482 *Dietl/Hirschmann/Tophoven*, Das Terrorismus-Lexikon. Täter, Opfer, Hintergründe, S. 73.

483 *Straßner*, Perzipierter Weltbürgerkrieg: Rote Armee Fraktion in Deutschland, in: Straßner, (Hrsg.), Sozialrevolutionärer Terrorismus, Theorie, Ideologie, Fallbeispiele, Zukunftsszenarien, S. 209 (219).

484 *Droste*, Handbuch des Verfassungsschutzrechts, S. 105.

485 *Straßner*, Perzipierter Weltbürgerkrieg: Rote Armee Fraktion in Deutschland, in: Straßner, (Hrsg.), Sozialrevolutionärer Terrorismus, Theorie, Ideologie, Fallbeispiele, Zukunftsszenarien, S. 209 (219); *Dietl/Hirschmann/Tophoven*, Das Terrorismus-Lexikon. Täter, Opfer, Hintergründe, S. 76; *Droste*, Handbuch des Verfassungsschutzrechts, S. 105, Fn. 262.

1977" bezeichnet.[486] Die RAF wollte durch diese massive Häufung von Gewaltexzessen eine Freilassung einsitzender Mitglieder erreichen, was ihr jedoch nicht gelang. So entführte eine palästinensische Gruppe im Auftrag der RAF am 13. Oktober 1977 ein Flugzeug der Lufthansa, das sich auf dem Weg von der spanischen Insel Mallorca nach Frankfurt am Main befand und tötete drei Tage später den Flugkapitän.[487] Am 18. Oktober stürmte die GSG 9 des früheren Bundesgrenzschutzes (heute Bundespolizei) auf dem Flughafen von Mogadischu in Somalia das Flugzeug; drei der Terroristen kamen dabei ums Leben.[488] Infolge der gescheiterten Freipressungs-Aktion töteten sich die in Haft befindlichen RAF-Mitglieder *Andreas Baader*, *Gudrun Ensslin* und *Jan-Carl Raspe* in ihren Zellen in der Justizvollzugsanstalt Stuttgart-Stammheim.[489] Die Selbstmorde dieser trotz ihrer Inhaftierung weiterhin sehr einflussreich gewesenen Mitglieder führten dazu, dass die RAF sich neu gliedern und organisieren musste, um die weiteren Aktionen durchführen zu können.[490] In der Zeit zwischen Juni 1979 und September 1981 waren Ziele einer Anschlagsserie vor allem das amerikanische Militär und der so genannte militärisch-industrielle Komplex.[491] In einer im Mai 1982 aufgetauchten Grundsatzschrift der RAF mit dem Titel *„Guerilla, Widerstand und antiimperialistische Front"* entwarfen die Autoren das Bild einer noch zu organisierenden *„antiimperialistischen Front"* in Westeuropa, die eng bei *„koordinierten militanten Projekten"* zusammenarbeiten sollte.[492] In der Folge kam es dann auch zu einer Kooperation mit der französischen *„Action Directe"* (AD)[493] und der italienischen *„Brigate Rosse"* (BR)[494]. Zudem wurde eine neue terroristische Organisation aufgebaut, die als *„illegaler militanter Bereich"* bezeichnet wurde und für mindestens 19 Anschläge in

---

486 *Dietl/Hirschmann/Tophoven*, Das Terrorismus-Lexikon. Täter, Opfer, Hintergründe, S. 75 ff; *Droste*, Handbuch des Verfassungsschutzrechts, S. 105.

487 *Pluchinsky*, in: Yonah/Pluchinsky, European Terrorism – Today & Tomorrow, S.44; *Droste*, Handbuch des Verfassungsschutzrechts, S. 105, Fn. 263.

488 *Droste*, Handbuch des Verfassungsschutzrechts, S. 105, Fn. 263.

489 *Dietl/Hirschmann/Tophoven*, Das Terrorismus-Lexikon. Täter, Opfer, Hintergründe, S. 77; *Droste*, Handbuch des Verfassungsschutzrechts, S. 105, Fn. 263.

490 *Droste*, Handbuch des Verfassungsschutzrechts, S. 105.

491 Ein Sprengstoffanschlag wurde auf den SACEUR, *General Haig*, in Obourge (Belgien) am 25. Juni 1979, ein weiterer auf das Hauptquartier der US-Luftstreitkräfte Europa am 31. August 1981 in Ramstein, sowie ein Raketenanschlag auf den Oberbefehlshaber der US-Landstreitkräfte Europa, *General Kroesen* in Heidelberg am 15. September 1981 verübt, vgl. dazu *Dietl/Hirschmann/Tophoven*, Das Terrorismus-Lexikon. Täter, Opfer, Hintergründe, S. 77; *Droste*, Handbuch des Verfassungsschutzrechts, S. 105 sowie Fn. 263.

492 *Droste*, Handbuch des Verfassungsschutzrechts, S. 105.

493 Dabei handelte es sich um eine im Jahr 1979 gegründete linksradikale Terrororganisation in Frankreich, die unter anderem für die Ermordung des französischen Generals *René Audran* und des Renault-Chefs *Georges Besse* verantwortlich war. Ihre Selbstbezeichnung sollte sich von der Praxis der direkten Aktion ableiten. Im Jahr 1987 wurde sie zerschlagen. Vgl. *Dietl/Hirschmann/Tophoven*, Das Terrorismus-Lexikon. Täter, Opfer, Hintergründe, S. 87 f.

494 Die *Brigate Rosse* war eine italienische Terrororganisation, die 1970 gegründet wurde. Bis zum Jahr 1987 verübte die Gruppe 73 Mordanschläge und organisierte zahlreiche Entführungen und Banküberfälle, vgl. die Ausführungen von *Dietl/Hirschmann/Tophoven*, Das Terrorismus-Lexikon. Täter, Opfer, Hintergründe, S. 84 ff.

der Zeit zwischen Januar 1985 und Februar 1990 verantwortlich gemacht wird.[495] Obwohl in der Folgezeit bis 1986 auch bedeutende Mitglieder der RAF[496] festgenommen werden konnten, verübte die zwischenzeitlich Dritte Generation der RAF weitere schwere Anschläge in der Bundesrepublik.[497] Nach dem Zerfall des Kommunismus in Mittel- und Osteuropa im Jahr 1989 versuchte die RAF jedoch vergeblich, sich anders zu orientieren.[498] In einer im April 1992 bei der Nachrichtenagentur Agence France Press (AFP) eingegangenen Zäsurerklärung verkündete die RAF, dass es ihr Ziel sei, eine politische Diskussion zu führen und sie die Eskalation zurücknehme. Angriffe auf führende Vertreter von Staat und Wirtschaft sollten vorerst nicht mehr erfolgen. Mit diesem Schreiben leitete die RAF einen Deeskalations- und schließlich Auflösungsprozess ein.[499]

c. Weitere linksterroristische Organisationen

Neben der RAF hatten sich in den 1970er Jahren weitere linksterroristische Organisationen gebildet, die für verschiedene Anschläge in Deutschland verantwortlich zeichneten.[500] Zu nennen sind die *„Bewegung 2. Juni"*, eine so genannte Stadtguerillagruppe, die sich nach ihrer Selbstauflösung der RAF anschloss, das *„Sozialistische Patientenkollektiv Heidelberg"* (SPK), dessen Mitglieder nach seiner Auflösung teilweise zur RAF wechselten, sowie die *„Revolutionären Zellen"* (RZ), ein linksextremistisches Terrornetzwerk aus autonomen Gruppen und deren Frauengruppe *„Rote Zora"*.[501] Nach der Zäsurerklärung der RAF im Jahr 1992 entstand darüber hinaus die *„Antiimperialistische Zelle"* (AIZ), die sich selbst als deren Nachfolgerin ansah und eine Reihe von Brand- und Sprengstoffanschlägen verübte.[502]

---

495 *Droste*, Handbuch des Verfassungsschutzrechts, S. 105 sowie Fn. 265.

496 Etwa Brigitte Mohnhaupt und Christian Klar im November 1982.

497 Beispielhaft sind hier anzuführen der versuchte Sprengstoffanschlag auf die NATO-Schule Oberammergau am 18.12.1984, der Mordanschlag auf den Vorstandsvorsitzenden der Motoren- und Turbinenunion (MTU) *Ernst Zimmermann* am 01.02.1985, der Sprengstoffanschlag auf die Rhein-Main-Airbase in Frankfurt am Main am 08.08.1985, die Ermordung des Abteilungsleiters im Auswärtigen Amt *Gerold von Braunmühl* am 10.10.1986, der Sprengstoffanschlag auf den Staatssekretär im Bundesinnenministerium *Hans Neusel* am 27.07.1990 sowie die Gewehrschüsse auf die US-Botschaft in Bonn am 13.02.1991, vgl. *Dietl/Hirschmann/Tophoven*, Das Terrorismus-Lexikon. Täter, Opfer, Hintergründe, S. 78 f.

498 *Droste*, Handbuch des Verfassungsschutzrechts, S. 105 f.

499 Politischer Auslöser der Deeskalationsbemühungen soll die so genannte Kinkel-Initiative gewesen sein, aber auch gewisse biographische Diskontinuitäten zwischen der 2. und 3. Generation der RAF. *Kinkel* hatte beim Dreikönigstreffen der FDP im gleichen Jahr gefordert, der Staat müsse dort, wo es angebracht sei, zur Versöhnung bereit sein und über eine vorzeitige Haftentlassung von RAF-Mitgliedern nachdenken.

500 *Droste*, Handbuch des Verfassungsschutzrechts, S. 106.

501 *Dietl/Hirschmann/Tophoven*, Das Terrorismus-Lexikon. Täter, Opfer, Hintergründe, S. 80 f.; *Droste*, Handbuch des Verfassungsschutzrechts, S. 106.

502 *Droste*, Handbuch des Verfassungsschutzrechts, S. 106.

d. Rechtsterrorismus

Im Unterschied zum Linksterrorismus gab es im Deutschland der 1970er und 1980er Jahre kaum Rechtsterrorismus, der in ähnlichen Einheiten wie der Linksterrorismus organisiert gewesen wäre.[503] Zwar gab es immer wieder vereinzelt gewaltbereite Gruppierungen von größerem Umfang, etwa die *„Nationalsozialistische Kampfgruppe Großdeutschland"* (NSKG), die der rechtsterroristischen Szene zugeordnet werden und auch eine Reihe von Anschlägen in Deutschland verübten[504], allerdings nicht in einem Ausmaß wie dies vom Linksterrorismus bekannt war. Ansätze terroristischer Bedrohungen durch die Rechtsextremen werden erst seit Ende der 1990er verstärkt wahrgenommen.[505] So wurden seit dem Jahr 2000 auch vermehrt Waffen und Sprengstoff bei Rechtsextremisten aufgefunden.[506]

e. Internationaler Terrorismus

Der internationale Terrorismus geriet insbesondere durch die von Islamisten verursachte Explosion in der Tiefgarage des World Trade Centers in New York im Jahr 1993 in den Fokus der Beobachter. Während bei diesem Anschlag, bei dem verschiedene Umstände wie die Statik des Gebäudes und eine Deplatzierung der Bombe eine Katastrophe größeren Ausmaßes verhinderten, sechs Menschen starben und 1000 Personen verletzt wurden, gelang es den Terroristen am 11. September 2001 in den USA vier Passagierflugzeuge in ihre Gewalt zu bringen und als „fliegende Bomben" zu missbrauchen.[507] Zwei der Maschinen steuerten die Angehörigen von *Al-Qaida* in das World Trade Center in New York und brachten so dessen Türme zum Einstürzen. Eines der Flugzeuge lenkten sie in das Pentagon, das vierte zerschellte auf einem Feld bei Shanksville/Pennsylvania. An diesem Tag fanden mehr als 3000 Menschen den Tod und das Phänomen Terrorismus eine neue Prägung.

Seit dem Jahr 2003 ereigneten sich zunehmend Anschläge in europäischen Großstädten, wie die Beispiele in Madrid[508], London[509] und auch die versuchten Bombenanschläge auf Regionalzüge in Nordrhein-Westfalen und Rheinland-Pfalz im Jahr 2006 eindringlich zu Bewusstsein führten.

Der international agierende Terrorismus der heutigen Zeit ist sehr unterschiedlich verbreitet[510] und lässt sich aufgrund der Vielschichtigkeit des Phänomens Terrorismus

---

503 *Droste*, Handbuch des Verfassungsschutzrechts, S. 107.

504 *Droste*, Handbuch des Verfassungsschutzrechts, S. 107.

505 Siehe *Droste*, Handbuch des Verfassungsschutzrechts, S. 107 f.

506 *Droste*, Handbuch des Verfassungsschutzrechts, S. 108.

507 *Dietl/Hirschmann/Tophoven*, Das Terrorismus-Lexikon. Täter, Opfer, Hintergründe, S. 168 f.

508 Am 11. März 2004 wurden in neun Nahverkehrszügen in der spanischen Hauptstadt Madrid gleichzeitig Bomben gezündet. 191 Menschen wurden getötet.

509 Am 07. Juli verübten Terroristen vier Bombenanschläge auf öffentliche Verkehrsmittel in London. 57 Menschen starben.

510 So dient insbesondere das Internet als Plattform für die Terroristen, auf der sie sich beliebig ausbreiten und ihre Vorgehensweisen abstimmen und entwickeln können, vgl. dazu die

auch nicht vereinheitlichend erfassen und umschreiben. Unbestritten mag sein, dass der Nahostkonflikt ein Nährboden des Terrorismus ist und auch andere (welt-) politische Krisen die Entstehung von Terrorismus begünstigen.

6. Terrorismus im Wandel

Die dargestellte Entwicklungsgeschichte des Terrorismus macht die *„Eskalation der Angriffsdimension“*[511] deutlich. So haben sich im Laufe der Geschichte sowohl die Personen des Angreifers und des Angegriffenen als auch das dabei verwendete Angriffsmittel erheblich verändert. Anfangs wurden Attentate auf Volksvertreter oder andere symbolische Figuren, die mit der zu bekämpfenden politischen Ordnung in Verbindung gebracht wurden, verübt, wobei der in der Regel unverletzt bleibende Angreifer[512] Dolche oder ähnliche Waffen einsetzte. Später wurden bei den Angriffen auch unbeteiligte dritte Personen verletzt oder getötet, dies oftmals verursacht durch den Einsatz von Sprengstoff. Heute assoziiert man mit dem Begriff des Terroristen regelmäßig das Bild des Selbstmordattentäters, der sein eigenes Leben „opfert“ und dem für seine Anschläge hoch entwickelte Technologien zur Verfügung stehen. Das wohl symbolträchtigste Beispiel ist die Vorgehensweise der Selbstmordattentäter am 11. September 2001 in den USA.[513] Noch am Anfang seines Entwicklungspotentials steht dabei eine neue „Betätigungsmöglichkeit“ der Terroristen, die sich aufgrund der weltweiten elektronischen Vernetzung geradezu aufgedrängt hat: Angriffe mit Hilfe von Internettechnologien auf Computersysteme, so genannter Cyberterrorismus.[514] Diese neue Form des Terrorismus ist deshalb so gefährlich, weil viele „kritische Infrastrukturen“ von der Informationstechnologie abhängig sind und Störungen im System beträchtliche Auswirkungen haben können. Zu nennen sind hier die Sicherheits- und Rettungsdienste und die Energieversorgung ebenso wie die Verkehrssysteme oder das Banken- und Finanzwesen.[515] Dabei geht es den Terroristen in erster Linie weniger darum, möglichst vielen Menschen Schaden zuzufügen, ihre Ziele sehen sie vielmehr auch in der wirtschaftlichen Schädigung des politischen Gegners.[516]

Schon im Jahr 1998, als das Internet über gerade einmal etwa 100 Millionen Nutzer verfügte[517], stellte der damalige Präsident der Vereinigten Staaten von Amerika, *Bill Clinton*, bei seiner Rede zur Eröffnungssitzung der 53. Vollversammlung der Vereinten Nationen in New York fest: *„Terrorismus hat in den 1990er Jahren ein neues Gesicht erhalten. Die heutigen Terroristen machen sich die größere Offenheit und die*

Ausführungen bei *Dietl/Hirschmann/Tophoven*, Das Terrorismus-Lexikon. Täter, Opfer, Hintergründe, S. 229 ff.

511 Vgl. zum Begriff: *Jaschke*, Politischer Extremismus, S. 107.

512 Eine Ausnahme bildeten insoweit die Sicarier, die bei den Anschlägen ihren eigenen Tod in Kauf nahmen.

513 Siehe zu dem Ganzen: *Jaschke*, Politischer Extremismus, S. 107.

514 Vgl. dazu *Hutter*, Risiken im Informationszeitalter, in: Bundesakademie für Sicherheitspolitik (Hrsg.), Sicherheitspolitik in neuen Dimensionen, S. 483-500.

515 *Dietl/Hirschmann/Tophoven*, Das Terrorismus-Lexikon. Täter, Opfer, Hintergründe, S. 287.

516 *Dietl/Hirschmann/Tophoven*, Das Terrorismus-Lexikon. Täter, Opfer, Hintergründe, S. 287.

517 Im Jahr 2009 ist die Zahl der weltweiten Internetnutzer auf über 1 Milliarde angestiegen.

explosionsartigen Entwicklungen in der Informations- und Waffentechnik zunutze. Die neuen Technologien des Terrors und ihre steigende Verfügbarkeit, gepaart mit einer steigenden Mobilität der Terroristen, schaffen beunruhigende Aussichten in Bezug auf die Verletzbarkeit gegenüber chemischen, biologischen und anderen Anschlägen und bringen so jeden von uns in die Rolle eines möglichen Opfers. Dies ist eine Bedrohung für die gesamte Menschheit."[518]

Zusammenfassend lässt sich feststellen, dass wir zum jetzigen Zeitpunkt nicht abschätzen können, in welche Richtung sich der Terrorismus und seine verschiedenen Ausprägungen entwickeln werden. Die Gesellschaft muss also wachsam bleiben, beobachten und sich den „terroristischen Herausforderungen" der Zukunft stellen.

II. Bedeutung des Terminus Terrorismus

Im Anschluss an die historische Herleitung des Phänomens Terrorismus stellt sich die Frage: Was ist demnach Terrorismus? Was verbirgt sich hinter diesem Terminus, wie lässt er sich definieren? Oder gibt es überhaupt eine Definition, die dieses vielschichtige Phänomen zutreffend zu erfassen vermag?

Man könnte Terrorismus umschreiben als eine Form der Schreckensverbreitung durch unrechtmäßige Androhung oder Anwendung von Gewalt, mit dem Ziel, politische oder religiöse Ziele zu erreichen. *Osama bin Ladens* „Auseinandersetzung" mit dem Phänomen Terrorismus, die sich einer Tonbandaufzeichnung, die am 12. November 2002 vom arabischen Fernsehsender Al-Dschasira veröffentlicht wurde, entnehmen lässt, lautet dagegen: *"Warum sollten Angst, Tod, Zerstörung, Vertreibung, Verwaisung und Verwitwung weiterhin unser Schicksal bleiben, während Sicherheit, Stabilität und Glück euer Schicksal sind? Das ist ungerecht. Es ist Zeit abzurechnen. Ihr werdet getötet werden, so wie ihr tötet, und ihr werdet bombardiert werden, so wie ihr bombardiert.*"[519]

Diese Gegenüberstellung einer üblichen Kurzdefinition mit der Sichtweise eines Terroristen zeigt, dass beide Seiten die Aktivitäten des Gegners für „nicht gerecht" halten; in der Folge werden die eigenen Vorgehensweisen mit den gegnerischen Verstößen gerechtfertigt. Die Definitionsversuche sind also abhängig vom jeweiligen Blickwinkel des am Terrorismus Beteiligten oder davon Betroffenen und lässt erahnen, wie schwierig es ist, eine allgemeingültige Definition für Terrorismus zu finden.

1. Sprachliche Herkunft

Ein Blick auf die sprachliche Herkunft zeigt, dass das Wort „Terrorismus" von dem lateinischen Begriff „Terror" abstammt, was so viel bedeutet wie „Schreck(en),

---

518 Zitiert nach *Dietl/Hirschmann/Tophoven*, Das Terrorismus-Lexikon. Täter, Opfer, Hintergründe, S. 245.

519 Zitiert nach *Dietl/Hirschmann/Tophoven*, Das Terrorismuslexikon, S. 16 f.

Schrecknis oder auch Schreckensnachricht“.[520] Im deutschen Sprachgebrauch wurde ursprünglich (und wird vereinzelt noch heute) zwischen den Begriffen „Terror“ und „Terrorismus“ unterschieden. Unter „Terror“ verstand man die Arten „staatlicher Schreckensherrschaft“, die vom Staat gegenüber der eigenen Bevölkerung oder einzelnen Bürgergruppen ausgeübt wurden.[521] Terrorismus hingegen bezeichnete die von bürgerlichen Gemeinschaften gegen den Staat und seine Repräsentanten angewendete Gewalt.[522] Heutzutage werden die Begriffe im täglichen Sprachgebrauch, aber auch in Literatur und Wissenschaft wie Synonyme verwendet.

2. Kernelemente des Terrorismus

Bereits vor über 25 Jahren unternahm *Alex P. Schmid*[523] den Versuch, alle zum damaligen Zeitpunkt (1983) existierenden Definitionen von Terrorismus zusammenzutragen, um mit Hilfe dieser von ihm schließlich gefundenen 109 Vorschläge eine verbindliche Definition zu formulieren.[524] Auch in der übrigen Literatur war die Bedeutung des Terminus „Terrorismus“ Gegenstand von wissenschaftlichen Untersuchungen. Die dabei vorgenommenen Analysen haben gezeigt, dass es eine allgemeingültige Definition des Terrorismusbegriffes nicht geben kann.[525] Dennoch lassen sich Kernelemente ermitteln, die – im Falle ihres kumulativen Vorliegens – das Phänomen Terrorismus in zutreffender Weise charakterisieren:

(1) Nach einer Definition des bekannten Terrorismusspezialisten *Laqueur* lässt sich Terrorismus zunächst *„als Anwendung von Gewalt durch eine Gruppe bezeichnen, die zu politischen oder religiösen Zwecken gewöhnlich gegen eine Regierung, zuweilen auch gegen andere ethnische Gruppen, Klassen, Religionen oder politische Bewegungen vorgeht.“*[526]
Unter Terrorismus fällt also die Anwendung von Gewalt aus **politischen Gründen**. Hinter einer terroristischen Betätigung muss mithin eine politische Motivation im weiteren Sinne wie etwa eine Abneigung gegen das bestehende Regime und dessen Vertreter stehen.[527] Dies ist erforderlich, um eine Unterscheidung zur allgemeinen Kriminalität wie etwa der Beschaffungskriminalität zu schaffen. Aber auch **religiöse Gesichtspunkte** können Antriebsgrund der Terrorgruppen sein, wenn diese versuchen, mittels Gewalt ihre religiösen Welt-

---

520 Siehe *Bader*, Terrorismus – Eine Herausforderung unserer Zeit, S. 17.
521 *Dietl/Hirschmann/Tophoven*, Das Terrorismus-Lexikon. Täter, Opfer, Hintergründe, S. 17.
522 *Dietl/Hirschmann/Tophoven*, Das Terrorismus-Lexikon. Täter, Opfer, Hintergründe, S. 17.
523 *Schmid*, Political Terrorism: A Research Guide to Concepts, Theories, Data Bases and Literature, S. 70-111.
524 Vgl. *Lutz*, Was ist Terrorismus? Definitionen ,Wandel, Perspektiven, in: Koch (Hrsg.), Terrorismus – Rechtsfragen der äußeren und inneren Sicherheit. Symposium für Hans Peter Bull und Helmut Rittstieg am 31. Mai 2002, S. 10.
525 *Laqueur*, Die globale Bedrohung. Neue Gefahren des Terrorismus, S. 10.
526 *Laqueur*, Die globale Bedrohung. Neue Gefahren des Terrorismus, S. 44.
527 *Jaschke*, Politischer Extremismus, S. 104.

anschauungen um- bzw. durchzusetzen.[528] Allerdings stellt nicht jede Gewaltanwendung, die politisch oder religiös motiviert ist, einen Fall von Terrorismus dar.[529]

(2) Hinzukommen muss, dass es sich zweitens um eine *„über einen bestimmten Zeitraum* ***andauernde bzw. fortgesetzte Gewaltanwendung****"* handelt, so dass Erscheinungsformen wie der Tyrannenmord[530] nicht mit Terrorismus verbunden werden.[531] Um darüber hinaus spontane Gewaltanwendungen aus dem Bereich des Terrorismus ausklammern zu können, zum Beispiel im Rahmen von Straßendemonstrationen, wird gefordert, dass von Terrorismus nur **von langer Hand geplante bzw. gut organisierte Gewalteinsätze** erfasst werden.[532]

(3) Die **eingesetzte Gewalt muss terroristischer Natur** sein. In der Literatur wird eine *„Nadelstichtaktik der Gewalt mit Bomben, Schusswaffen oder anderen Waffensystemen"* gefordert, die in der Bevölkerung als abstoßend und außerordentlich grausam angesehen wird.[533] Ziel dieses Abgrenzungskriteriums ist es, *„klassische Befreiungs- und Guerillabewegungen*[534] *sowie Aufstände gegen herrschende (diktatorische) Regime"* nicht mit Terrorismus gleichzusetzen.[535] Denn eine Besonderheit des Guerillakampfes wird darin gesehen, dass die Kämpfer noch militärische Grundregeln einhalten, während der Terrorist auf „systematischen Tabu- und Regelbruch" setzt.[536]

(4) Nach einer Definition des US Department of State kennzeichnet Terrorismus *„vorsätzliche politische Gewaltakte gegen Nicht-Kämpfer („non-combatant")..."*[537]
Damit ist ein weiterer wichtiger Aspekt bei der Suche nach den Kernelementen des Terrorismus gefunden: Adressat der terroristischen Aktivitäten ist nicht der

528 *Dietl/Hirschmann/Tophoven*, Das Terrorismus-Lexikon. Täter, Opfer, Hintergründe, S. 18.

529 Vgl. *Lutz*, Was ist Terrorismus? Definitionen, Wandel, Perspektiven, in: Koch (Hrsg.), Terrorismus, Rechtsfragen der äußeren und inneren Sicherheit. Symposium für Hans Peter Bull und Helmut Rittstieg am 31. Mai 2002, S. 11.

530 Der Begriff Tyrannenmord bezeichnet die Tötung eines Herrschers (Tyranns), der das Volk bzw. die Bürger gewaltsam unterdrückt.

531 *Dietl/Hirschmann/Tophoven*, Das Terrorismus-Lexikon. Täter, Opfer, Hintergründe, S. 17.

532 Vgl. *Dietl/Hirschmann/Tophoven*, Das Terrorismus-Lexikon. Täter, Opfer, Hintergründe, S. 18.

533 *Dietl/Hirschmann/Tophoven*, Das Terrorismus-Lexikon. Täter, Opfer, Hintergründe, S. 18; vgl. auch *Hirschmann*, Terrorismus in neuen Dimensionen. Hintergründe und Schlussfolgerungen, ApuZ B/51/2001, S. 7 (9).

534 Zu der Abgrenzung Terrorismus – Guerilla- bzw. Freiheitskampf siehe unter (6).

535 *Dietl/Hirschmann/Tophoven*, Das Terrorismus-Lexikon. Täter, Opfer, Hintergründe, S. 18.

536 *Waldmann*, Neuer Terrorismus?, in: Graulich/Simon (Hrsg.), Terrorismus und Rechtsstaatlichkeit, Analysen, Handlungsoptionen, Perspektiven, S. 47 (49).

537 US Department of State, Patterns of Global Terrorisms 2000 (zitiert nach *Hippler*, Die Quellen des Terrorismus – Ursachen, Rekrutierungsbedingungen und Wirksamkeit politischer Gewalt, in: Schoch/Hauswedell/Weller, Friedensgutachten 2002, S. 52).

bewaffnete Krieger, sondern ein **„Nicht-Kombattant“**, also eine Person, die nicht aktiv an einem bewaffneten Konflikt beteiligt ist. Die Definition des US-Außenministeriums wirft jedoch eine weitere Frage auf: Wer sind die Täter, die so genannten Terroristen? Dabei handelt es sich um die wohl umstrittenste Frage auf der Suche nach Merkmalen des Terrorismus. Es wird diskutiert, ob Täter nur nicht-staatliche Institutionen sein können oder ob auch von einem Staat selbst terroristische Bedrohungen ausgehen können.[538] Letztlich kann es jedoch keinen Unterschied machen, ob terroristische Aktivitäten von nicht-staatlichen Institutionen oder von einem Staat selbst begangen werden. Dies gilt insbesondere deshalb, weil die konkrete Anwendung von Gewalt und der Einsatz terroristischer Mittel die gleichen Wirkungsweisen bei den davon Betroffenen zeigen, nämlich Einschüchterung und Schreckenszustände. Dem kann auch nicht entgegengehalten werden, dass durch diese Subsumtion das Gewaltmonopol des Staates gefährdet werde und alle Grenzen zum legalen staatlichen Verhalten verwischt werden: Bestimmte Modalitäten der Ausübung staatlicher Gewalt, die terroristische Züge aufweisen, verstoßen gegen völkerrechtliche Regelungen und müssen ebenfalls unter den allgemeinen Terrorismusbegriff subsumiert werden.[539] Zusammenfassend lässt sich daher festhalten, dass Terrorismus sowohl von **nicht-staatlichen Akteuren** als auch von einem **Staat selbst** oder einer seiner Institutionen ausgeführt werden kann.

(5) Das fünfte Kernelement lässt sich einer Definition des Federal Bureau of Investigation (FBI) entnehmen, wonach Terrorismus *„...der ungesetzliche Gebrauch von Zwang oder Gewalt gegen Personen oder Eigentum“* ist, *„um eine Regierung, die Zivilbevölkerung oder irgendeinen Teil davon einzuschüchtern...“*[540] Bei dem Element der **Einschüchterung** handelt es sich um ein entscheidendes Merkmal des Terrorismus[541]: Dieses ist darauf gerichtet, einen Zustand von Angst und Schrecken bei den Betroffenen zu schaffen, um so die eigentlichen Adressaten des Terroraktes, hohe Repräsentanten des Staates etwa, zur Umset-

---

538 *Lutz*, Was ist Terrorismus? Definitionen, Wandel, Perspektiven, in: Koch (Hrsg.), Terrorismus, Rechtsfragen der äußeren und inneren Sicherheit. Symposium für Hans-Peter Bull und Helmut Rittstieg am 31. Mai 2002, S. 11, 13.

539 Siehe dazu *Oeter*, Terrorismus – ein völkerrechtliches Verbrechen?, in: Koch (Hrsg.), Terrorismus – Rechtsfragen der äußeren und inneren Sicherheit. Symposium für Hans Peter Bull und Helmut Rittstieg am 31. Mai 2002, S. 46.

540 Zitiert nach: Terrorism: Background and Issues for Congress, in: Congressional Research Service. The Library of Congress, CRS Issue Brief December 5, 1995, Summary.

541 *Lutz*, Was ist Terrorismus? Definitionen, Wandel, Perspektiven, in: Koch (Hrsg.), Terrorismus, Rechtsfragen der äußeren und inneren Sicherheit. Symposium für Hans Peter Bull und Helmut Rittstieg am 31. Mai 2002, S. 12.

zung der Ziele zu zwingen.[542] Dies gelingt, indem die vorhandene physische Stärke des überlegenen Staates in psychische Schwäche umgewandelt wird.[543]

(6) Zuletzt zeichnet sich Terrorismus aus durch das besondere Ziel, dass die Terroristen mit ihren Aktionen erreichen wollen: Eine oftmals grundlegende Veränderung der politischen Verhältnisse.[544] Dabei streben sie jedoch regelmäßig nicht an, die Rolle des Gegners einzunehmen und sich an dessen Stelle zu setzen.[545] Ihre Absicht ist es vielmehr, ihre Ideologien zu etablieren, in dem sie *„die Handlungen und Strukturen des Gegners im Sinne eigener Vorstellungen"* zu beherrschen versuchen.[546] Dabei liefert dieses Ziel ein wichtiges Abgrenzungskriterium zu den Guerilla- bzw. Freiheitskämpfern, da – mit den Worten des Terrorismusforschers *Franz Wördemann* – *„die Guerillos (...) den Raum, Terroristen das Denken besetzen"* wollen.[547] Der Guerillakampf ist eine militärische Strategie, der Terrorismus hingegen primär eine **Kommunikationsstrategie.**[548] Terroristen streben zwar nach Veränderungen der bestehenden Ordnung, doch greifen sie nicht mit militärischen Mitteln nach Raum.[549]

Abschließend lässt sich festhalten, dass im Falle des kumulativen Vorliegens dieser sechs Kernelemente von dem Phänomen Terrorismus gesprochen werden kann.

III. Erscheinungsformen des Terrorismus

Das vielschichtige Phänomen Terrorismus lässt sich im Wesentlichen in zwei Bereiche untergliedern: Zum einen in den säkularen *„ethno-nationalen Terrorismus"*, der separatistische Bestrebungen zum Gegenstand hat, zum anderen in den *„ideologisch-weltanschaulichen Terrorismus"* mit den Richtungen des *„sozialrevolutionären Terrorismus"* und des *„ideologisch-religiösen Terrorismus"*.[550]

---

542 *Denninger*, Freiheit durch Sicherheit, in: Koch (Hrsg.), Terrorismus – Rechtsfragen der äußeren und inneren Sicherheit, Symposium für Hans Peter Bull und Helmut Rittstieg am 31. Mai 2002, S. 83 (85 f.).

543 *Gujer*, Assymetrische Kriege – Die Möglichkeiten einer aufgeklärten Gesellschaft, in: Foertsch/Lange, Islamistischer Terrorismus. Bestandsaufnahme und Bekämpfungsmöglichkeiten, S. 53 (54).

544 Vgl. *Lutz*, Was ist Terrorismus? Definitionen, Wandel, Perspektiven, in: Koch (Hrsg.), Terrorismus, Rechtsfragen der äußeren und inneren Sicherheit, Symposium für Hans Peter Bull und Helmut Rittstieg am 31. Mai 2002, S. 13.

545 In Ausnahmefällen kann dies jedoch der Fall sein, wie es der Fall von Jassir Arafat und der PLO deutlich zeigt, vgl. *Dietl/Hirschmann/Tophoven*, Das Terrorismus-Lexikon. Täter, Opfer, Hintergründe, S. 18.

546 *Dietl/Hirschmann/Tophoven*, Das Terrorismus-Lexikon. Täter, Opfer, Hintergründe, S. 18.

547 Zitiert nach *Dietl/Hirschmann/Tophoven*, Das Terrorismus-Lexikon. Täter, Opfer, Hintergründe, S. 20.

548 Vgl. *Middl*, Innere Sicherheit und präventive Terrorismusbekämpfung, S. 46 ff.

549 *Waldmann*, Neuer Terrorismus?, in: Graulich/Simon (Hrsg.), Terrorismus und Rechtsstaatlichkeit, Analysen, Handlungsoptionen, Perspektiven, S. 47 (49).

550 *Dietl/Hirschmann/Tophoven*, Das Terrorismus-Lexikon. Täter, Opfer, Hintergründe, S. 22.

1. Der säkulare „ethno-nationale Terrorismus"

Beispiele für die erste große Erscheinungsform, den säkularen *„ethno-nationalen Terrorismus"*, sind etwa die IRA in Nordirland, die ETA in Spanien oder die *„Palästinensische Befreiungsorganisation"* (PLO) in Palästina.[551] Ihren Ursprung hat diese terroristische Erscheinungsform in den 1960er Jahren.[552] Sie verfolgte separatistische Ziele wie die staatliche Unabhängigkeit von Regionen oder deren Anschluss an einen anderen Staat.[553] Dabei beriefen sich die Akteure oftmals auf marxistisch-leninistische Weltanschauungen, hatten mit ihren links-ideologischen Vorstellungen in der Gesellschaft der 1970er Jahre aber wenig Sympathisanten.[554] Der gewünschte Erfolg, der Separatismus, blieb aus und so wurde eine Integration auf politischer Ebene von einigen der separatistischen Bewegungen angestrebt und auch verwirklicht, wie das Beispiel der PLO deutlich zeigt.[555] Neben der Verlagerung der Aktivitäten in den politischen Bereich, nahmen die Kampfeshandlungen zunehmend ab. Trotz teilweise erklärter Waffenruhen treten die Terrorgruppen jedoch auch heute noch mit Anschlägen in Erscheinung.

2. Der „ideologisch-weltanschauliche Terrorismus"

Die Erscheinungsform des *„ideologisch-weltanschaulichen Terrorismus"* kam in den 1970er Jahren auf. Dabei war insbesondere der *„sozialrevolutionäre Terrorismus"* in diesem Jahrzehnt sehr ausgeprägt, während der *„ideologisch-religiöse Terrorismus"* sich erst im darauf folgenden Jahrzehnt besonders entwickelte. Bei Letzterem war dies vor allem durch den aufkeimenden Islamismus und Dschihadismus sowie das Aufkommen anderer religiöser und ideologischer Gemeinschaften bedingt.[556]

a. „Sozialrevolutionärer Terrorismus"

Am Anfang des *„sozialrevolutionären Terrorismus"*[557] stand der Wunsch nach einer neuen Weltanschauung und Politik in den europäischen Gesellschaften. Seine ersten Vertreter entstammen dem linksextremen Bereich der *„68er Bewegungen"*[558] und be-

---

551 *Dietl/Hirschmann/Tophoven*, Das Terrorismuslexikon. Täter, Opfer, Hintergründe, S. 22.

552 *Dietl/Hirschmann/Tophoven*, Das Terrorismuslexikon. Täter, Opfer, Hintergründe, S. 32.

553 Im Unterschied zu den Guerillakämpfen werden dabei i.d.R. aber keine militärischen Mittel eingesetzt, vgl. *Waldmann*, Neuer Terrorismus?, in: Graulich/Simon (Hrsg.), Terrorismus und Rechtsstaatlichkeit, Analysen, Handlungsoptionen, Perspektiven, S. 47 (49).

554 *Dietl/Hirschmann/Tophoven*, Das Terrorismuslexikon, S. 22 f.

555 So betätigte sich die PLO seit dem Jahr 1993 politisch bei den Friedensverhandlungen mit Israel in Oslo und Kairo, vgl. *Dietl/Hirschmann/Tophoven*, Das Terrorismuslexikon, S. 23.

556 *Dietl/Hirschmann/Tophoven*, Das Terrorismuslexikon, S. 23.

557 Vgl. zum sozialrevolutionären Terrorismus *Straßner*, Sozialrevolutionärer Terrorismus, Typologien und Erklärungsansätze, in: Straßner (Hrsg.), Sozialrevolutionärer Terrorismus, Theorie, Ideologie, Fallbeispiele, Zukunftsszenarien, S. 9-36.

558 Als *„68er Bewegungen"* werden verschiedene, meist linksgerichtete Studenten- und Bürgerrechtsbewegungen bezeichnet.

absichtigten die revolutionäre Umwälzung bestehender Herrschaftsstrukturen in ihren Ländern. So richteten sich die Anschläge der linksterroristischen RAF primär gegen hochrangige Repräsentanten der Politik und Wirtschaft, aber auch gegen bedeutende Gebäude.[559] Nach dem Zerfall des Kommunismus lösten sich viele der sozialrevolutionären Terrorgruppen auf oder wurden zerschlagen. Auch aufgrund mangelnder gesellschaftlicher Integration und Unterstützung hatten sie sich zu keinem Zeitpunkt in Deutschland oder einem seiner Nachbarländer durchsetzen können.[560]

b. „Ideologisch-religiöser Terrorismus"

Der *„ideologisch-religiöse Terrorismus"* hingegen, der (pseudo-) religiöse Lehren zur Legitimation von Gewalt nutzt, spielt noch heute eine große Rolle und breitet sich kontinuierlich weiter aus.[561] Seine Terrorgruppen entnehmen zu diesem Zweck bekannten religiösen Werken bestimmte Passagen, deuten sie für ihre Zwecke und „vermarkten" sie entsprechend ihrer politischen und ideologischen Vorstellungen als Rechtfertigung der Gewalt.[562] Den Einsatz von Gewalt sehen sie gleichsam als eine von Gott gebotene Pflicht an; für diese Art des Terrorismus ist der Selbstmordattentäter typisch.

Die bekannteste Richtung des *„ideologisch-religiösen"* Terrorismus ist der *„islamistische"* bzw. *„dschihadistische Terrorismus"*, welcher die Lehren des Islam, des Korans und der Sunna nutzt, um seine gewaltreichen Aktivitäten zu legitimieren.[563] In seiner terroristischen Ausprägung berufen sich die Anhänger auf die im Koran enthaltene Aufforderung zum Dschihad (*„Jihad"*), dem *„heiligen Krieg"*[564], um den Einsatz von Gewalt zur Erreichung ihrer „islamischen Ordnung" zu rechtfertigen. Die wohl bekannteste Terrorgruppe dieser Erscheinungsform ist Al-Qaida.[565]

Aber auch andere Buchreligionen wie das Christen- und Judentum mussten im Laufe der Geschichte Auseinandersetzungen mit Terroristen ertragen, die ihre Lehren zur Verfolgung politischer Ziele pervertierten und zur Gewalt-Legitimation missbrauchten. Daneben gibt es auch andere Vereinigungen, die unter dem Deckmantel der angeblichen Religiosität Anschläge begehen und dabei auf ihre eigenen Heilslehren verweisen.[566]

---

559 *Dietl/Hirschmann/Tophoven*, Das Terrorismuslexikon, S. 23.

560 *Dietl/Hirschmann/Tophoven*, Das Terrorismuslexikon, S. 23 f.

561 Siehe *Dietl/Hirschmann/Tophoven*, Das Terrorismuslexikon, S. 22, 24.

562 *Dietl/Hirschmann/Tophoven*, Das Terrorismuslexikon, S. 24.

563 Vgl. dazu *Hirschmann*, Der Jihadismus: Ideologie, Organisation und Bekämpfungsmöglichkeiten, in: Graulich/Simon (Hrsg.), Terrorismus und Rechtsstaatlichkeit, Analysen, Handlungsoptionen, Perspektiven, S. 99 ff.

564 Übersetzt heißt „Jihad" eigentlich „Anstrengung, innerer Kampf".

565 *Dietl/Hirschmann/Tophoven*, Das Terrorismuslexikon, S. 25.

566 Vgl. *Dietl/Hirschmann/Tophoven*, Das Terrorismuslexikon, S. 25.

IV. Bekämpfung des Terrorismus

In der Diskussion über die Möglichkeiten einer erfolgreichen Bekämpfung des Terrorismus taucht regelmäßig der Begriff der asymmetrischen Kriegsführung auf.[567] Es werden die starken Industriestaaten beschrieben, die sich gegen die Angriffe der schwachen und mittellosen Terrorgruppen zur Wehr setzen müssen.[568] Doch schon das Buch Samuel hat gezeigt, dass der (vermeintlich) Schwache nicht zwangsläufig gegen den (scheinbar) Starken verlieren muss. Die Geschichte von David und Goliath wird als das jüngste Beispiel asymmetrischer Kriegsführung angesehen[569]: Der Ursprung dieses Gleichnisses findet sich in der Bibel, im Ersten Buch Samuel, Kapitel 17. Der eigentlich chancenlose David, ein junger Schafhirte, für den Schwert und Rüstung zu schwer und zu groß waren und der deshalb nur mit seiner Steinschleuder bewaffnet gegen den übermächtigen sechs Ellen und eine Spanne messenden, mit Speer, Lanze und Schwert bewaffneten und einen Schuppenpanzer tragenden Gegner Goliath antrat und – gewann. Der Inhalt der bekannten Worte Davids, die er äußerte, nachdem Goliath ihn vor Beginn des Kampfes verspottet hatte: *„Du kommst zu mir mit Schwert, Lanze und Krummschwert. Ich aber komme zu dir mit dem Namen des Herrn der Heerscharen, des Gottes der Schlachtreihen Israels, den du verhöhnt hast."* (1 Samuel 17,45) können auf die heutige Zeit übertragen werden: Der scheinbar schwache Terrorist, der nicht über komplexe Waffensysteme und große Truppen verfügt, nutzt andere Mittel und auch den Überraschungseffekt und weiß genau, wie er den Gegner besonders hart treffen kann.

Auch wenn das Beispiel von David und Goliath lehrt, dass der Starke den Schwachen niemals unterschätzen darf und auch der vermeintlich schwache Terrorist ein erhebliches Gefahrenpotential mit sich bringt, so kann der Kampf gegen den Terrorismus dennoch erfolgreich geführt werden. Voraussetzung hierfür ist, dass der Staat strategisch vorgeht und erkennt, wie er den Terrorgruppen Einhalt gebieten kann. Zu diesem Zweck muss der Staat die richtige Bekämpfungsstrategie wählen.

Die Erfahrungen in der Geschichte haben nun gezeigt, dass nicht jede Strategie zur Bekämpfung des Terrorismus von Erfolg gezeichnet ist. Beispielhaft sei hier der Mord an *August von Kotzebue* durch den Burschenschafter *Karl Ludwig Sand* genannt. In dessen Folge wurden die Karlsbader Beschlüsse (1819) ausgerufen, die etwa mit dem Verbot der Burschenschaften und den Demagogenverfolgungen missliebiger Hochschullehrer und Journalisten erhebliche Repressionen zur Folge hatten.[570]

---

567 So etwa bei *Daase*, Terrorismus als asymmetrische Gewaltstrategie, in: Graulich/Simon (Hrsg.), Terrorismus und Rechtsstaatlichkeit, Analysen, Handlungsoptionen, Perspektiven, S. 91-98.

568 Vgl. *Gujer*, Asymmetrische Kriege – Die Möglichkeiten einer aufgeklärten Gesellschaft, in: Foertsch/Lange (Hrsg.), Islamistischer Terrorismus. Bestandsaufnahme und Bekämpfungsmöglichkeiten, S. 53.

569 *Gujer*, Asymmetrische Kriege – Die Möglichkeiten einer aufgeklärten Gesellschaft, in: Foertsch/Lange (Hrsg.), Islamistischer Terrorismus. Bestandsaufnahme und Bekämpfungsmöglichkeiten, S. 53.

570 *Jaschke*, Politischer Extremismus, S. 117.

Im Grundsatz handelte es sich dabei um eine gewöhnliche Reaktion des Staates auf terroristische Betätigungen, der damit die öffentliche Sicherheit und Ordnung wiederherstellen wollte.[571] Auf den ersten Blick erscheint eine solche Vorgehensweise auch sinnvoll, stellt sie doch die Entschlossenheit des Staates zur Abwehr terroristischer Gefahren unter Beweis. Ob eine solche Strategie aber auch unter politischen Gesichtspunkten zweckmäßig ist, ist zweifelhaft: So führte das Gesetz von 1922 zum Schutz der Republik[572] als Reaktion auf die Ermordung von *Walther Rathenau* und *Matthias Erzberger* nicht zu einer deutlichen Einschränkung der politisch motivierten Gewalt, wie dies in der Endphase der Weimarer Republik deutlich geworden ist.[573] Auch die im Deutschen Herbst 1977 erlassenen Anti-Terror-Gesetze, die eine staatliche Repression darstellten, haben sicherlich ebenso wenig zur Selbstauflösung der RAF beigetragen und damit nicht den gewünschten Erfolg erzielt. Zwar stand die Gruppierung aufgrund dieser Gesetze unter ständiger Beobachtung und Verfolgung, was zugegebenermaßen zu einer gewissen Schwächung der terroristischen Struktur geführt hat.[574] Entscheidend waren aber die nicht vorhandene gesellschaftliche Integration und die zunehmende Ablehnung in der Gesellschaft, die die RAF zu ihrer Selbstauflösung im Jahr 1998 bewegt haben.[575] Diese Beispiele, die sich beliebig ergänzen lassen, zeigen, dass „staatliche Repression die politisch motivierte Gewalt nicht" zwingend *„einschränken oder gar verhindern kann."*[576] Es ist eine vernünftige Strategie zu entwickeln, um dem Terrorismus Einhalt zu gebieten und die Terroristen nicht davon zu überzeugen, dass sie Recht hatten mit ihrer Annahme, dass die „Gegner" ungerecht sind und ebenfalls Gewalt zur Erreichung ihrer Ziele einsetzen.[577]

1. Schwierigkeiten bei der Bekämpfung

Dass Gleiches nicht mit Gleichem bekämpft werden sollte, lässt sich bereits dem Zitat eines unbekannten Autors der Antike entnehmen, das sich bei Immanuel Kant findet: *„Der Krieg ist darin schlimm, dass er mehr böse Leute macht, als er deren wegnimmt."*[578] Auf die hier zu erörternde Problematik – die Bekämpfung des Terrorismus – übertragen, gibt die Formulierung zu verstehen, dass ein kriegerisches, das heißt ge-

---

571 *Jaschke*, Politischer Extremismus, S. 117 f.

572 Ziel dieses Republikschutzgesetzes war es, alle republikfeindlichen monarchistischen Organisationen zu verbieten oder handlungsunfähig zu machen, in dem etwa Parteiverbote oder die Todesstrafe für die Zugehörigkeit zu militanten Organisationen geregelt wurden, vgl. *Jaschke*, Politischer Extremismus, S. 118.

573 *Jaschke*, Politischer Extremismus, S. 118.

574 Siehe *Jaschke*, Politischer Extremismus, S. 118.

575 Siehe dazu auch *Straßner*, Perzipierter Weltbürgerkrieg: Rote Armee Fraktion in Deutschland, in: Straßner, (Hrsg.), Sozialrevolutionärer Terrorismus, Theorie, Ideologie, Fallbeispiele, Zukunftsszenarien, S. 209 (223); *Jaschke*, Politischer Extremismus, S. 118 f.

576 *Jaschke*, Politischer Extremismus, S. 118.

577 Siehe dazu *Bader*, Terrorismus – Eine Herausforderung unserer Zeit, S. 30 und das Zitat von Osama bin Laden oben unter Kapitel 2 - D.II.

578 Zitiert nach *Kant*, Zum ewigen Frieden. Ein philosophischer Entwurf, S. 45.

waltvolles Vorgehen gegen den Terrorismus sinnlos ist und nur mehr Terroristen erzeugt.[579]

Den Industriestaaten stehen andere Mittel als Gegengewalt zur Verfügung, um auf „terroristische Nadelstiche" zu reagieren.[580] So gibt es eine Reihe von Möglichkeiten, politisch, wirtschaftlich oder sogar kulturell aktiv zu werden und dadurch die Ausbreitungsansätze der Terroristen einzudämmen.[581]

a. Fehlende hierarchische Struktur

Schwierig gestaltet sich die Bekämpfung des Terrorismus aber dann, wenn die zu bekämpfende Terrorgruppe keine hierarchische Struktur[582] aufweist, bei der man Anführer aus dem Verkehr ziehen könnte und damit schon zumindest einen vorübergehenden (Teil-) Erfolg erzielen würde. Der in der Regel linear strukturierte *„ideologisch-weltanschauliche Terrorismus"*, wie er etwa von Al-Qaida ausgeht, ernennt in einem solchen Fall schlicht neue Führer und setzt seine terroristische Betätigung ohne nennenswerte Unterbrechung fort.[583] Probleme bei der Terrorismusbekämpfung ergeben sich also bereits deshalb, weil die verschiedenen Terrorgruppen unterschiedlich strukturiert sind. Es kann schon aus diesem Grund keine einheitliche Bekämpfungsstrategie geben, die gegen jede Terrorgruppe eingesetzt werden kann. Vielmehr ist für jede Gruppierung ein individuelles Konzept aufzustellen, um den terroristischen Entwicklungen effektiv begegnen zu können.

b. Person des Terroristen

Eine wirksame und durchbrechende Vorgehensweise gegen den Terrorismus wird weiter erschwert durch den Umstand, dass die Gegner des Terrorismus nicht mehr einordnen können, woher die Gefahr kommt. Es ist nicht bekannt, wer der Terrorist ist, was er genau plant und welche Instrumente er zur Umsetzung seiner Vorhaben einsetzen wird. Hinzu kommt, dass eine Bekämpfung des einzelnen Täters daran scheitert, dass es sich bei ihm möglicherweise um einen Selbstmordattentäter handelt, der vor nichts

---

579 *Bader*, Terrorismus – Eine Herausforderung unserer Zeit, S. 30.

580 Vgl. zu dem Begriff der Nadelstichtaktik: *Dietl/Hirschmann/Tophoven*, Das Terrorismus-Lexikon. Täter, Opfer, Hintergründe, S. 18.

581 Beispielhaft sind hier die Bemühungen der USA auf regionalpolitischer Ebene zu nennen, durch die etwa Landebasen in Zentralasien geschaffen wurden oder jordanische Geheimdienstinformationen über den Terroristen Zarkawi beschafft werden konnten, vgl. *Gujer*, Asymmetrische Kriege – Die Möglichkeiten einer aufgeklärten Gesellschaft, in: Foertsch/Lange, Islamistischer Terrorismus. Bestandsaufnahme und Bekämpfungsmöglichkeiten, S. 53 (57).

582 „Ethno-nationale" Terrorgruppen sind in der Regel hierarchisch strukturiert, vgl. *Dietl/Hirschmann/Tophoven*, Das Terrorismus-Lexikon. Täter, Opfer, Hintergründe, S. 30.

583 Siehe dazu *Eisvogel*, Terroristische Bedrohungspotentiale und die Schwierigkeiten, ihnen wirksam zu begegnen, in: Graulich/Simon (Hrsg.), Terrorismus und Rechtsstaatlichkeit, Analysen, Handlungsoptionen, Perspektiven, S. 57 (58); *Dietl/Hirschmann/Tophoven*, Das Terrorismus-Lexikon. Täter, Opfer, Hintergründe, S. 30.

zurückschreckt, was ihm die staatliche Gewalt entgegensetzen könnte: Ist er doch bereit und fest entschlossen, sein Leben zu opfern und den Märtyrertod zu sterben.[584]

Aber selbst wenn es einen einzelnen Menschen gibt, den die Nationen wegen seines terroristischen Hintergrundes verfolgen, dann ist diese personenbezogene Bekämpfung zu einseitig und allein reaktiv und kann das Auftreten weiterer, bislang unbekannter Terroristen nicht verhindern.[585]

c. „Symptom-Bekämpfung"

In diesem Zusammenhang wird weiter auch die Vorgehensweise der zuständigen Behörden kritisiert, die sich mehr auf die „Symptom-Bekämpfung" als auf die Ursachenergründung und -bekämpfung konzentriert: So würden bestimmte Personen verfolgt, die sich bereits strafbar gemacht haben und ein Großteil der vorhandenen Kapazitäten verwendet, um diese Personen zu fassen, ohne sich dabei bewusst zu machen, dass die Gesuchten nur ein verhältnismäßig „kleines Rädchen im großen Gefüge" darstellten und besonders im Bereich des *„ideologisch-weltanschaulichen Terrorismus"* leicht durch jede beliebige andere Person ausgetauscht werden könnten. Dem Rechtsstaat wird in diesem Kontext vorgeworfen, er solle besser Ideen entwickeln, wie man die hinter der jeweiligen Terrorgruppe stehende Ideologie, die sie zu ihrem Handeln antreibt, bekämpfen kann.[586]

d. Keine stringente Vorgehensweise

Rückschläge im Bereich der Terrorismusbekämpfung entstehen überdies, wenn politisch instabile Staaten ohne Beobachtung bleiben und die an einer Terrorismusbekämpfung beteiligten Staaten nicht kontinuierlich, stringent und vor allem gemeinsam vorgehen. Dies zeigt das Beispiel Afghanistan: Nachdem sich die Sowjets in den Jahren 1988/1989 zurückgezogen hatten, war das Land militärisch und politisch ohne Ordnung. Die teils gleichgültige und unüberlegte Vorgehensweise der ursprünglich am Krieg beteiligten Staaten, leistete dem Wachstum und der Ausbreitung der fundamentalistischen *Taliban* Vorschub.[587]

---

584 *Roellecke*, Der Rechtstaat im Kampf gegen den Terror, JZ 2006, S. 265 (267 ff.); *Dietl/Hirschmann/Tophoven*, Das Terrorismuslexikon, S. 11; *Eisvogel*, Terroristische Bedrohungspotentiale und die Schwierigkeiten, ihnen wirksam zu begegnen, in: Graulich/Simon (Hrsg.), Terrorismus und Rechtsstaatlichkeit, Analysen, Handlungsoptionen, Perspektiven, S. 57 (58).

585 *Dietl/Hirschmann/Tophoven*, Das Terrorismus-Lexikon. Täter, Opfer, Hintergründe, S. 296.

586 Vgl. dazu *Dietl/Hirschmann/Tophoven*, Das Terrorismus-Lexikon. Täter, Opfer, Hintergründe, S. 30 f.

587 *Gujer*, Asymmetrische Kriege – Die Möglichkeiten einer aufgeklärten Gesellschaft, in: Foertsch/Lange (Hrsg.), Islamistischer Terrorismus. Bestandsaufnahme und Bekämpfungsmöglichkeiten, S. 53 (57).

e. Freiheitsrechte

Schwierigkeiten bei der Bekämpfung des Terrorismus bereiten auch die damit zwingend einhergehenden Einschränkungen von bürgerlichen Freiheiten und die Suche nach einer verhältnismäßig geringen Belastung Unbeteiligter.

Als zusätzliches Hemmnis werden oftmals die existierenden gesetzlichen Regelungen eingestuft, da sie ein Eingreifen des Staates regelmäßig erst dann erlauben, wenn bereits etwas passiert ist. Die Maßnahmen des Staates sind also überwiegend reaktiver und nicht präventiver Natur.[588]

Diese Umstände zeigen, dass es eine durchgreifende Terrorismusbekämpfung nicht geben kann. Es wird immer wieder Terrorgruppen geben, die sich trotz ausgezeichneter und gut überlegter Strategien zur Bekämpfung des Terrorismus nicht eindämmen lassen und von denen weiter Gefahren ausgehen. Es kann nur versucht werden, mit Hilfe von durchgreifenden Maßnahmen das Netz im Kampf gegen den Terrorismus enger zu stricken, damit weniger der Zielpersonen unbemerkt „hindurchrutschen" können.

2. Bekämpfungsstrategien

Die Erfahrungen mit der Terrorismusbekämpfung in der Vergangenheit haben gezeigt, dass es nur zwei sinnvolle Strategien gibt, die zur Eindämmung des Terrorismus mit Erfolg eingesetzt werden können: Mit *operativen Maßnahmen* lassen sich die terroristischen Strukturen zerstören, Anschlägen entgegenwirken, aber auch Aufklärungsarbeit leisten.[589] *Strukturelle Strategien* werden eingesetzt, um den Terrorismus zurückzudrängen etwa durch eine politische Unterstützung bei Regionalkonflikten oder durch eine Stärkung der Gesellschaft, um eine soziale Integration der Terroristen zu verhindern.[590]

Diese Strategien können sowohl *präventiv* als auch *repressiv* im Kampf gegen den Terrorismus eingesetzt werden. Während eine *repressive* Bekämpfung des Terrorismus regelmäßig durch eine entsprechend strenge Anwendung der vorhandenen (straf-) gesetzlichen Regelungen erfolgt[591], können *präventive* Maßnahmen etwa in dem physischen Schutz von gefährdeten Personen oder Institutionen bestehen. Auch das Verfügen über entsprechende Sicherheitskräfte und deren gute Ausbildung im Bereich der Gefahrenvorbeugung stellen eine präventive Bekämpfungsstrategie dar, ebenso die

---

588 Siehe dazu *Dietl/Hirschmann/Tophoven*, Das Terrorismus-Lexikon. Täter, Opfer, Hintergründe, S. 31.

589 *Eisvogel*, Terroristische Bedrohungspotentiale und die Schwierigkeiten, ihnen wirksam zu begegnen, in: Graulich/Simon (Hrsg.), Terrorismus und Rechtsstaatlichkeit, Analysen, Handlungsoptionen, Perspektiven, S. 57; *Jaschke*, Politischer Extremismus, S. 119.

590 *Jaschke*, Politischer Extremismus, S. 119. *Eisvogel* spricht in diesem Zusammenhang von einer gesellschaftlichen Prävention, vgl. *Eisvogel*, Terroristische Bedrohungspotentiale und die Schwierigkeiten, ihnen wirksam zu begegnen, in: Graulich/Simon (Hrsg.), Terrorismus und Rechtsstaatlichkeit, Analysen, Handlungsoptionen, Perspektiven, S. 57.

591 *Bader*, Terrorismus – Eine Herausforderung unserer Zeit, S. 30.

Informationsgewinnung durch die Geheimdienste.[592] Hinzu kommt im Bereich der *präventiven* Bekämpfung aber auch eine entsprechende gesetzliche Regelung, die beispielsweise eine Beobachtung durch Polizei und Geheimdienste ermöglicht und zugleich ein Eingreifen vor der eigentlichen terroristischen Betätigung – selbstverständlich innerhalb der rechtlich zulässigen Grenzen – gestattet.

Maßgeblich muss im *präventiven* Bereich aber auch eine Aufklärung der Öffentlichkeit sein. Dies gilt sowohl für die eigene Nation, die dadurch in die Lage versetzt wird, die Strategien der politischen Spitze nachzuvollziehen und gemeinsam an einem Strang im Kampf gegen terroristische Bedrohungen zu ziehen. Aber auch für das Volk, aus dessen Reihen diese Terrorgefahren ausgehen, muss im Wege der Kommunikation Aufklärungsarbeit geleistet werden.[593] Die USA haben einen Schritt in diese Richtung getan, in dem sie mit Hilfe eines TV-Satellitensenders und eines Radioprogramms für den gesamten Mittleren Osten sowie mit Radio- und Fernsehkanälen im Irak versucht haben, die öffentliche Meinung zu beeinflussen und zugleich Aufklärungsarbeit zu leisten.[594] Dass die dabei verbreiteten politischen Programme einseitig gefärbt sind, muss und kann dahinstehen, so lange das damit verfolgte Projekt – die Eindämmung des Terrorismus – gefördert wird.[595]

Der grundsätzlich überlegene Goliath sollte daher immer wieder innehalten und sich auf seine Stärken konzentrieren und diese reflektieren. Nur so wird er in die Lage versetzt, die Vielzahl an möglichen Bekämpfungsstrategien auszuschöpfen und überlegt einzusetzen.[596]

Mit den Worten des ehemaligen Präsidenten des Bundeskriminalamtes, *Horst Herold*, die er im Jahr 1977 in Bezug auf die RAF äußerte, denen aber auch im Hinblick auf den heute vorherrschenden globalen Terrorismus noch Bedeutung zukommt, lässt sich festhalten, dass Terrorismus *„der Vorbote für das Herannahen gesellschaftlicher Veränderungen vom Ausmaß eines Bebens"* ist und *„dass das Signal des Terrorismus*

---

592 *Eisvogel*, Terroristische Bedrohungspotentiale und die Schwierigkeiten, ihnen wirksam zu begegnen, in: Graulich/Simon (Hrsg.), Terrorismus und Rechtsstaatlichkeit, Analysen, Handlungsoptionen, Perspektiven, S. 57; *Bader*, Terrorismus – Eine Herausforderung unserer Zeit, S. 29.

593 *Gujer*, Asymmetrische Kriege – Die Möglichkeiten einer aufgeklärten Gesellschaft, in: Foertsch/Lange (Hrsg.), Islamistischer Terrorismus. Bestandsaufnahme und Bekämpfungsmöglichkeiten, S. 53 (58).

594 *Gujer*, Asymmetrische Kriege – Die Möglichkeiten einer aufgeklärten Gesellschaft, in: Foertsch/Lange (Hrsg.), Islamistischer Terrorismus. Bestandsaufnahme und Bekämpfungsmöglichkeiten, S. 53 (58).

595 *Gujer*, Asymmetrische Kriege – Die Möglichkeiten einer aufgeklärten Gesellschaft, in: Foertsch/Lange (Hrsg.), Islamistischer Terrorismus. Bestandsaufnahme und Bekämpfungsmöglichkeiten, S. 53 (58).

596 *Gujer*, Asymmetrische Kriege – Die Möglichkeiten einer aufgeklärten Gesellschaft, in: Foertsch/Lange (Hrsg.), Islamistischer Terrorismus. Bestandsaufnahme und Bekämpfungsmöglichkeiten, S. 53 (60).

auch eine Chance enthält: alle Kraft dranzusetzen, jene ökonomischen und gesellschaftlichen Bedingungen aufzuheben, die den terroristischen Anreiz begründen.“[597]

3. Maßnahmen zur Bekämpfung des Terrorismus

Bereits in den 1970er Jahren wurden erste Instrumente zur Bekämpfung des Terrorismus geschaffen. Während es damals jedoch primär um die Auseinandersetzung mit dem Linksterrorismus der RAF ging, ist es spätestens seit Ende der 1990er Jahre der militante islamistische Terrorismus, dessen vermehrtes Auftreten ein Tätigwerden der Bundesrepublik Deutschland erforderlich werden lässt.[598] Im Folgenden soll ein kurzer Überblick über die bisherigen (gesetzlichen) Maßnahmen im Bereich der Terrorismusbekämpfung gegeben werden.

a. Bekämpfung des Terrorismus von den 1970er bis 1990er Jahren

Der sozialrevolutionäre Terrorismus der RAF führte zu einer Vielzahl von Reformen bei den Strafverfolgungsbehörden und auch legislativen Bemühungen zur Verbesserung der Strafverfolgungsmöglichkeiten.[599] Auch der Angriff einer palästinensischen Terrorgruppe auf das Mannschaftsquartier der israelischen Sportler während der Olympischen Sommerspiele 1972 in München, der als die Geburtsstunde des globalen Terrorismus angesehen wird[600], mündete in einer weitreichenden Umstrukturierung der Sicherheitsbehörden.[601] So wurde das Bundeskriminalamt „*zu einer der modernsten Fahndungsinstitutionen in Europa*“ umgebaut; auch die so genannte Rasterfahndung wurde erstmals praktiziert.[602] Auf der Exekutivebene des Bundes wurde die Antiterroreinheit des damaligen Bundesgrenzschutzes (heute der Bundespolizei) gebildet, die so genannte GSG 9, die auf die Bekämpfung von Terror und Schwerstkriminalität ebenso wie auf die Befreiung von Geiseln spezialisiert ist.[603] Auch auf Länderebene

---

597 Zitiert nach *Gujer*, Asymmetrische Kriege – Die Möglichkeiten einer aufgeklärten Gesellschaft, in: Foertsch/Lange (Hrsg.), Islamistischer Terrorismus. Bestandsaufnahme und Bekämpfungsmöglichkeiten, S. 53 (58).

598 *Dietl/Hirschmann/Tophoven*, Das Terrorismus-Lexikon. Täter, Opfer, Hintergründe, S. 304.

599 *Dietl/Hirschmann/Tophoven*, Das Terrorismus-Lexikon. Täter, Opfer, Hintergründe, S. 305.

600 Vgl. Online Focus, 04.09.2007, Olympia-Attentat. Das Massaker von München, abrufbar im Internet unter http://www.focus.de/politik/deutschland/tid-7310/olympia-attentat_aid_131646.html, zuletzt aufgerufen am 18.08.2009.

601 *Dietl/Hirschmann/Tophoven*, Das Terrorismus-Lexikon. Täter, Opfer, Hintergründe, S. 305.

602 Bei der Rasterfahndung werden zwei oder mehr Datenbestände mit Hilfe eines Täterprofils abgeglichen, um dabei bestimmte Personen anhand eines sich immer weiter verengenden Profils herauszufiltern, vgl. dazu die ausführliche Darstellung von *Gusy*, Geheimdienstliche Aufklärung und Verfassungsschutz, in: Koch (Hrsg.), Terrorismus – Rechtsfragen der äußeren und inneren Sicherheit, Symposium für Hans Peter Bull und Helmut Rittstieg am 31. Mai 2002, S. 93 (98 ff).

603 Ihren ersten Einsatz hatte die GSG 9 bei der Befreiung der Geiseln aus der entführten Lufthansa-Maschine Landshut in Mogadischu, Somalia im Jahr 1977, vgl. *Dietl/Hirschmann/Tophoven*, Das Terrorismus-Lexikon. Täter, Opfer, Hintergründe, S. 306.

wurden Spezial-Einsatz-Kommandos (SEKs) zur Bekämpfung des Terrors und von schwerster Kriminalität gebildet.[604]

Ab dem Jahr 1975 wurden eine Reihe neuer Gesetzesvorhaben verabschiedet, die auch unter der Bezeichnung „Anti-Terror-Gesetze" bekannt geworden sind. Neben der Einfügung des § 129a in das Strafgesetzbuch, der eine Strafbarkeit wegen Bildung einer terroristischen Vereinigung vorsieht, wurde auch das so genannte Kontaktsperregesetz[605] verabschiedet.[606] Danach kann der Kontakt eines Straf- oder Untersuchungsgefangenen mit anderen Gefangenen, seinem Strafverteidiger und der Außenwelt für einen Zeitraum von bis zu 30 Tagen unterbunden werden, wenn eine gegenwärtige Gefahr für Leben, Leib oder Freiheit einer Person besteht und bestimmte Tatsachen den Verdacht begründen, dass die Gefahr von einer terroristischen Vereinigung ausgeht. Der Häftling muss jedoch wegen einer Straftat nach §129a des Strafgesetzbuches oder wegen einer der in dieser Vorschrift bezeichneten Straftaten rechtskräftig verurteilt sein oder ein Haftbefehl wegen des Verdachts einer solchen Straftat bestehen; das gleiche gilt für solche Gefangene, die wegen einer anderen Straftat verurteilt oder die wegen des Verdachts einer anderen Straftat in Haft sind und gegen die der dringende Verdacht besteht, dass sie diese Tat im Zusammenhang mit einer Tat nach §129a des Strafgesetzbuches begangen haben.[607]

b. Reaktionen auf die Geschehnisse am 11. September 2001

Auf die Geschehnisse am 11. September 2001 in den USA reagierte die Bundesregierung mit Sofortmaßnahmen wie verstärkten Kontrollen und Überwachungen an den Grenzen durch den Bundesgrenzschutz (heute Bundespolizei) und einen erhöhten Schutz von Einrichtungen des Bundes, aber auch von amerikanischen, britischen, israelischen und jüdischen Institutionen in Deutschland.[608] Weiter wurden die Passagier- und Gepäckkontrollen an den deutschen Flughäfen verschärft, verschiedene Ermittlungsverfahren gegen Islamisten eingeleitet und eine *„Besondere Aufbauorganisation USA"* in der Staatsschutzabteilung des Bundeskriminalamtes in Meckenheim eingerichtet.[609] Ziel dieser mit bis zu 600 Beamten ausgestatteten Sonderkommission war die rasche Aufklärung der Anschläge vom 11. September.

Im Weiteren wurden verschiedene Gesetzesänderungen beschlossen: Mit dem so genannten Antiterrorpaket I[610] wurde das Vereinsgesetz geändert, in dem das Religionsprivileg gestrichen worden ist. Auch Religionsgemeinschaften können fortan verboten werden, *„wenn ihre Tätigkeit den Strafgesetzen zuwider läuft oder wenn sie sich*

---

604 *Dietl/Hirschmann/Tophoven*, Das Terrorismus-Lexikon. Täter, Opfer, Hintergründe, S. 306.

605 Gesetz zur Änderung des Einführungsgesetzes zum Gerichtsverfassungsgesetz vom 30. September 1977 (BGBl. I S. 1877).

606 *Dietl/Hirschmann/Tophoven*, Das Terrorismus-Lexikon. Täter, Opfer, Hintergründe, S. 306 f.

607 Vgl. § 31 Kontaktsperregesetz.

608 *Dietl/Hirschmann/Tophoven*, Das Terrorismus-Lexikon. Täter, Opfer, Hintergründe, S. 308.

609 *Dietl/Hirschmann/Tophoven*, Das Terrorismus-Lexikon. Täter, Opfer, Hintergründe, S. 308.

610 Dieses wurde am 9. November 2001, mithin knapp zwei Monate nach den verheerenden Anschlägen, vom Bundestag beschlossen.

gegen die verfassungsmäßige Ordnung oder den Gedanken der Völkerverständigung richten."[611] Das Antiterrorpaket I beinhaltete weiter die Ergänzung des Strafgesetzbuches um den § 129b, gemäß welchem eine Verfolgung der Mitgliedschaft und Unterstützung terroristischer Gruppierungen auch dann möglich ist, wenn diese nicht in Deutschland ansässig sind.[612]

Im Rahmen eines weiteren Sicherheitspaketes wurden durch das „Gesetz zur Bekämpfung des internationalen Terrorismus (Terrorismusbekämpfungsgesetz)" (TBG), das am 01. Januar 2001 in Kraft getreten ist, 14 Gesetze geändert bzw. ergänzt.[613] Dazu zählen das BVerfSchG, das MADG, das BNDG, das Artikel-10-Gesetz, das Sicherheitsüberprüfungsgesetz, das Bundesgrenzschutz-, nunmehr Bundespolizeigesetz, das Pass- und Personalausweisgesetz, das BKAG, einige ausländerrechtliche Gesetze und das Bundeszentralregistergesetz.[614] Dabei führte das TBG in erster Linie zu einer Erweiterung der Befugnisse der deutschen Sicherheitsbehörden und zu einer Vereinfachung des Datenaustauschs zwischen diesen.[615] So erhielten diese neben Zugriffsmöglichkeiten auf Daten im Bereich des Bankwesens und der Telekommunikation[616] auch die Option der finanziellen Rasterfahndung.[617] Weiter wurde die Eintragung von biometrischen Daten in Ausweispapieren gesetzlich geregelt.[618] Überdies wurden das Ausländer- und Asylverfahrensrecht sowie das Ausländerzentralregistergesetz geändert[619] und das Vereinsrecht weiter verschärft.[620] Durch das „Gesetz zur Ergänzung des Terrorismusbekämpfungsgesetz (Terrorismusbekämpfungsergänzungsgesetz)"

---

611 Vgl. den Wortlaut von Art. 9 Abs. 2 GG.

612 *Gusy*, Präventionsstaat zwischen Rechtsgüterschutz und Abbau von Freiheitsrechten in Deutschland, in: Graulich/Simon (Hrsg.), Terrorismus und Rechtsstaatlichkeit, Analysen, Handlungsoptionen, Perspektiven, S. 273 (276).

613 Vgl. die Auflistung bei *Gusy*, Präventionsstaat zwischen Rechtsgüterschutz und Abbau von Freiheitsrechten in Deutschland, in: Graulich/Simon (Hrsg.), Terrorismus und Rechtsstaatlichkeit, Analysen, Handlungsoptionen, Perspektiven, S. 273 (275); *Dietl/Hirschmann/Tophoven*, Das Terrorismus-Lexikon. Täter, Opfer, Hintergründe, S. 308 f.

614 Vgl. *Ronellenfitsch*, Das Recht auf informationelle Selbstbestimmung im Krieg gegen den Terrorismus, in: Nettesheim/Oppermann (Hrsg.), Ehrensymposium Edward Kossoy, S. 115 (130 ff).

615 Betroffene Behörden sind das Bundesamt für Verfassungsschutz, der Bundesnachrichtendienst, der Militärische Abschirmdienst, der damalige Bundesgrenzschutz und das Bundeskriminalamt, vgl. *Dietl/Hirschmann/Tophoven*, Das Terrorismus-Lexikon. Täter, Opfer, Hintergründe, S. 309.

616 *Eisvogel*, Terroristische Bedrohungspotentiale und die Schwierigkeiten, ihnen wirksam zu begegnen, in: Graulich/Simon (Hrsg.), Terrorismus und Rechtsstaatlichkeit, Analysen, Handlungsoptionen, Perspektiven, S. 57 (62).

617 Es handelt sich dabei um die gesetzlich geregelte Möglichkeit, Kontoguthaben von Mitgliedern terroristischer Vereinigungen sperren zu lassen.

618 *Dietl/Hirschmann/Tophoven*, Das Terrorismus-Lexikon. Täter, Opfer, Hintergründe, S. 309.

619 Vgl. dazu auch die Ausführungen von *Saurer*, Die Ausweitung sicherheitsrechtlicher Regelungsansprüche im Kontext der Terrorismusbekämpfung, NVwZ 2005, S. 275 (279 f.).

620 *Dietl/Hirschmann/Tophoven*, Das Terrorismus-Lexikon. Täter, Opfer, Hintergründe, S. 309.

(TEBG) vom 05. Januar 2007 wurde das Terrorismusbekämpfungsgesetz um weitere fünf Jahre verlängert und die darin enthaltenen Regelungen weiter verschärft.[621]

Im Jahr 2002 erweiterte man schließlich die Strafprozessordnung um eine Regelung betreffend die so genannten IMSI-Catcher (International Mobile Subscriber Identity = Kartennummer), die die zulässige Ortung von Mobiltelefonen ermöglicht.[622]

Auch wurde im Anschluss an die Geschehnisse des 11. Septembers 2001 die Rasterfahndung wieder aufgenommen, jedoch nur mit mäßigem Erfolg[623] und unter großer Kritik.[624] Das Bundesverfassungsgericht entschied schließlich am 04. April 2006[625], dass die Rasterfahndung nur bei konkreter Gefahr für hochrangige Rechtsgüter zulässig ist.[626]

Des Weiteren ist am 01. Januar 2005 das „Gesetz zur Steuerung und Begrenzung der Zuwanderung und zur Regelung des Aufenthalts und der Integration von Unionsbürgern und Ausländern (Zuwanderungsgesetz)" (ZuWG) in Kraft getreten; durch dieses wurden die Sicherheitsbestimmungen bezüglich des Aufenthaltsrechtes verschärft.[627]

Ebenfalls im Januar 2005 in Kraft getreten ist das „Luftsicherheitsgesetz" (LuftSiG), das die Sicherheit des Luftverkehrs erhöhen soll. Am 15. Februar 2006 wurde die in § 14 Abs. 3 dieses Gesetzes vorgesehene Abschussermächtigung vom Bundesverfassungsgericht jedoch für nichtig erklärt.[628]

---

621 *Roggan/Bergemann*, Die „neue Sicherheitsarchitektur der Bundesrepublik Deutschland" – Anti-Terror-Datei, gemeinsame Projektdateien und Terrorismusbekämpfungsergänzungsgesetz, NJW 2007, S. 876 (879 ff.).

622 Eine entsprechende gesetzliche Grundlage findet sich in § 100i StPO, eingefügt durch das Gesetz zur Änderung der StPO v. 6. 8. 2002 (BGBl I 3018). Danach können sowohl IMSI (International Mobile Subscriber Identity = Kartennummer) als auch IMEI (International Mobile Equipment Identity = Gerätenummer) eines aktiv geschalteten Mobilfunkanschlusses ermittelt werden. Ein Anfangsverdacht ist nicht erforderlich, um die IMSI-Catcher nutzen zu können. Vgl. *Meyer-Goßner*, Strafprozessordnung: mit Gerichtsverfassungsgesetz und Nebengesetzen und ergänzende Bestimmungen, § 100i, Rn. 1 ff.

623 Im Rahmen der Rasterfahndung als Reaktion auf den 11. September 2001 wurden in Deutschland ca. 8,3 Millionen Datensätze ausgewertet. In der Folge wurde ein einziges Ermittlungsverfahren eingeleitet, das aber wieder eingestellt worden ist, vgl. *Dietl/Hirschmann/Tophoven*, Das Terrorismus-Lexikon. Täter, Opfer, Hintergründe, S. 310.

624 *Dietl/Hirschmann/Tophoven*, Das Terrorismus-Lexikon. Täter, Opfer, Hintergründe, S. 309. Vgl. weiter *Saurer*, Die Ausweitung sicherheitsrechtlicher Regelungsansprüche im Kontext der Terrorismusbekämpfung, NVwZ 2005, S. 275 (277 f.).

625 Beschluss vom 4. April 2006 , 1 BvR 518/02.

626 Vgl. die Pressemitteilung des Bundesverfassungsgerichts vom 23. Mai 2006, Nr. 40/2006, abrufbar im Internet unter http://www.bundesverfassungsgericht.de/pressemitteilungen/bvg06-040.html, zuletzt aufgerufen am 18.08.2009.

627 Insbesondere können nun Personen, von denen terroristische Gefahren ausgehen, zeitnäher abgeschoben werden. Auch der Instanzenzug bei Rechtsmitteln gegen Abschiebungsentscheidungen wurde verkürzt, vgl. *Dietl/Hirschmann/Tophoven*, Das Terrorismus-Lexikon. Täter, Opfer, Hintergründe, S. 310.

628 BVerfGE 115, 118 = NJW 2006, 751. § 14 Abs. 3 LuftSiG erlaubte den Abschuss eines Flugzeuges, das das Leben außerhalb des Flugzeuges befindlicher Menschen bedroht, selbst wenn es mit unbeteiligten Dritten besetzt ist.

Zum 01.01.2009 ist schließlich das neue „Gesetz über das Bundeskriminalamt und die Zusammenarbeit des Bundes und der Länder in kriminalpolizeilichen Angelegenheiten (BKA-Gesetz)“ (BKAG) in Kraft getreten.[629] In diesem wurden dem BKA weitreichende Befugnisse zur Abwehr von Gefahren durch den internationalen Terrorismus eingeräumt, die bislang nur Landespolizeien und den Nachrichtendiensten vorbehalten waren.[630] So darf das BKA nun zur Abwehr terroristischer Gefahren auch vorbeugend ermitteln[631]: Neben der umstrittenen Online-Durchsuchung (§ 20k BKAG) wurden unter anderem die Rasterfahndung (§ 20j BKAG), so genannte Lausch- und Spähangriffe (§ 20h BKAG) und die (Quellen-) Telekommunikationsüberwachungen (§ 20l BKAG) neu geregelt.[632]

Gegen das Gesetz wurde zwischenzeitlich Verfassungsbeschwerde eingelegt; eine Entscheidung des Bundesverfassungsgerichts steht noch aus.[633]

c. Verstärkte Zusammenarbeit von Polizei und Nachrichtendiensten nach dem 11. September

Nach dem 11. September 2001 wurde eine verstärkte Zusammenarbeit von Polizei und Nachrichtendiensten, insbesondere ein Zusammenführen der bei den verschiedenen Sicherheitsbehörden vorhandenen Informationen, von Sicherheitsexperten dringend angeraten. Es wurde argumentiert, dass aufgrund der föderalen Struktur und den zahlreichen Behörden auf Bundes- und Landesebene die Bundesrepublik nicht der bestehenden Gefährdungslage gewachsen sei.[634] So wurden in der Folgezeit verschiedene neue Instrumentarien zur Bekämpfung des Terrorismus geschaffen, die eine intensive-

---

629 BGBl. I S. 3083.

630 Vgl. NJW-Spezial 2008, Heft 10, S. 314. Durch den Entwurf des BKAG rückten damit auch die Diskussionen um das Trennungsgebot zwischen Polizeien und Nachrichtendiensten wiederholt in den rechtspolitischen Blickpunkt, vgl. nur *Baum/Schantz,* Die Novelle des BKA-Gesetzes- Eine rechtspolitische und verfassungsrechtliche Kritik, ZRP 2008, S. 137 ff.

631 Die Neufassung des BKAG wurde vom Bundestag am 12. November 2008 mit der Mehrheit der Stimmen von CDU und SPD verabschiedet. Nachdem der Bundesrat am 28. November 2008 aber die erforderliche Zustimmung nicht gegeben hatte, wurde ein Vermittlungsausschuss einberufen, den das Gesetz nach einigen Änderungen passieren konnte. Am 19. Dezember 2008 wurde es in der geänderten Fassung vom Bundestag und Bundesrat gebilligt und konnte zum 1. Januar 2009 in Kraft treten. In dem infolge der Beratungen des Vermittlungsausschusses neugefassten Entwurf des BKAG wurde die umstrittene Eilfallregelung bei Onlinedurchsuchungen gestrichen. Nach dem gefundenen Kompromiss muss ausnahmslos eine vorherige richterliche Anordnung eingeholt werden. Eine nachträgliche Einholung der Anordnung ist unzulässig.

632 Vgl. zu den neuen Eingriffsbefugnissen des BKA die Ausführungen von Roggan, Das neue BKA-Gesetz – Zur weiteren Zentralisierung der deutschen Sicherheitsarchitektur, NJW 2009, S. 257 ff.

633 Vgl. eine entsprechende Ankündigung im Internet, abrufbar unter http://www.djv.de/SingleNews.20+M571c23c2ffa.0.html (zuletzt aufgerufen am 18.08.2009).

634 *Dietl/Hirschmann/Tophoven*, Das Terrorismus-Lexikon. Täter, Opfer, Hintergründe, S. 311.

re Zusammenarbeit der verschiedenen Sicherheitsbehörden vorsehen. Im Folgenden soll ein Überblick über diese neuen „Bekämpfungsmethoden“ gegeben werden.

(1) Informationboards und Analyseboards

Im Rahmen der Tagung *„Nachrichtendienste und Sicherheitsdienste im Zeitalter der Globalisierung“* der Friedrich-Ebert-Stiftung am 21. und 22. Mai 2001 in Berlin wurde vom damaligen Präsidenten des Bundeskriminalamtes, *Dr. Klaus Ulrich Kersten*, das Modell eines institutionalisierten „Informationboards“ vorgestellt.[635] Dabei handelt es sich um eine strukturierte, jedoch in der näheren Ausgestaltung und Umsetzung offene Zusammenarbeit zwischen den unterschiedlichen Sicherheitsbehörden BfV, BND und BKA. Nachdem in der Vergangenheit ein derartiger Informationsaustausch in Form der informationellen Amtshilfe auf Einzelfälle bzw. sogar einzelne Personen beschränkt war, zeichnet sich das Modell der Informationboards und Analyseboards durch „Permanenz und Institutionalisierung“ aus.[636]

Informationboards

In der Konsequenz beschlossen die damaligen Präsidenten von BKA und BND, dass alle deutschen Sicherheitsbehörden ihre Arbeitsergebnisse themenbezogen und kontinuierlich in so genannten Informationboards zusammentragen sollten. Unter den Informationboards verstehen sie dabei eine Art Runder Tische[637], an denen die sachkundigen Fachleute zusammensitzen und jedwede Erkenntnisse und Anfragen austauschen können sollen.[638]

Ziel dieses Instruments der Informationboards[639] ist es daher, die Zusammenarbeit der verschiedenen Sicherheitsbehörden zu fördern, um eine Fragmentierung der bereits gefundenen, aber noch nicht verbreiteten Informationen zu verhindern und damit der

---

635 *Droste*, Handbuch des Verfassungsschutzrechts, S. 577, Fn. 1825.

636 Hintergrund dieser neuen Form der Kooperation ist ein Fahndungserfolg, den die Sicherheitsbehörden gegen Ende des Jahres 2000 erzielt haben, als infolge der intensiven Zusammenarbeit zwischen verschiedenen Behörden eine islamistische Terrorzelle in Frankfurt am Main („Meliani“) enttarnt werden konnte. Diese hatte zuvor einen Anschlag im elsässischen Straßburg geplant, vgl. *Droste*, Handbuch des Verfassungsschutzrechts, S. 577.

637 *Soria* bezeichnet diese Informationboards auch als „Gesprächskreise“, vgl. *Soria*, Nachrichtendienste und Polizei, Die Zusammenarbeit in Deutschland und in der EU im Lichte des Trennungsgebotes, in: Hendler/Ibler/Soria (Hrsg.), „Für Sicherheit, für Europa“, Festschrift für Prof. Dr. Volkmar Götz zum 70. Geburtstag, S. 359 (367).

638 *Droste*, Handbuch des Verfassungsschutzrechts, S. 577, Fn. 1825.

639 Die folgenden Informationboards, an denen neben dem BfV und dem BND noch andere Bundes- oder Landesdienststellen beteiligt sind, wurden beim BKA eingerichtet: *Netzwerke arabische Mudjahedin* (BND, BfV, BKA), *Narcoterrorismus – IBNT* (BND, BfV, Zentrum für Nachrichtenwesen der Bundeswehr (ZNBw), ZKA, BKA), *Finanzermittlungen – IBFE* (BND, BfV, ZKA, Bundesaufsichtsamt für den Wertpapierhandel, Bundesaufsichtsamt für das Kreditwesen, BKA, LKÄ NRW und HE), *Schleusungskriminalität über die Tschechische Republik* (BKA, LKÄ BY und SN, Bundespolizeidirektion, ZKA, BND, BfV, LfV BY und BAFl), *„LOGIS“* (BfV, BKA und BND). Auch in einigen Ländern werden zwischenzeitlich Informationboards betrieben.

Gefahr bedeutender Informationsverluste vorzubeugen. Es soll dabei zum einen Doppelarbeit vermieden und zum anderen die vorhandenen Synergieeffekte genutzt werden können. Aber auch die Ausschöpfung vorhandener Kenntnisstände, die Etablierung kürzerer Informations- und Entscheidungswege und die Schaffung gesicherter Entscheidungsgrundlagen ist erklärtes Ziel der Entwickler der Informationboards.[640] Es sollen „Abschottungsreflexe“ vermindert und „kooperationshemmende Partikularinteressen“ überwunden werden.[641]

Analyseboards
Das Informationboard hat sich als Arbeitsgemeinschaft etabliert und ist in der Praxis primär auf den Austausch personenbezogener Daten und Informationen im Hinblick auf strafrechtliche Ermittlungen gerichtet. Da derartige Kommissionen jedoch oftmals durch tagesaktuelle Vorgänge überlastet sind und die besonders wichtige analytische Arbeit deshalb in den Hintergrund zu treten droht, wurden so genannte Analyseboards eingerichtet.[642] Diese dienen der Koordinierung von Gemeinschaftsprojekten der jeweils beteiligten Sicherheitsbehörden.[643] Ihr Aufgabenbereich umfasst die Herausarbeitung von genauen Fragestellungen und Bearbeitungsrahmen in bestimmten Phänomenbereichen, um im Anschluss daran zum Beispiel Strukturanalysen zu entwickeln.[644]

Als Beispiel kann etwa das beim BfV angesiedelte Analyseboard „Arabische Mudjahedin/Islamistischer Terrorismus“ genannt werden, ein Arbeitsgremium, das analytische Gemeinschaftsprojekte von BfV, BKA und BND in diesem Themenkomplex bearbeitet und dadurch die thematisch korrespondierenden Informationboards ergänzt.[645]

(a) Ausgestaltung der Zusammenarbeit innerhalb der Informationboards

Innerhalb der Informationboards werden neben der Übermittlung von bloßen Sachverhalten auch zahlreiche (personenbezogene) Daten ausgetauscht. Hierunter fallen primär sämtliche Informationen zu Beschuldigten, Verdächtigten und Gefährdeten, jedoch auch Institutions- und Organisationsdaten, Ereignisdaten, Objekt-, Adress-, Telekommunikationsdaten, Beziehungsdaten, Dokumente, Spuren und andere Hinweise.[646]

Der Austausch dieser Informationen erfolgt über die Einstellung bzw. Einbringung der Daten in die beim BKA eingerichteten Informationboards durch die an der Opera-

---

640 *Droste*, Handbuch des Verfassungsschutzrechts, S. 577 f.

641 *Droste*, Handbuch des Verfassungsschutzrechts, S. 578

642 *Eisvogel*, Terroristische Bedrohungspotentiale und die Schwierigkeiten, ihnen wirksam zu begegnen, in: Graulich/Simon (Hrsg.), Terrorismus und Rechtsstaatlichkeit, Analysen, Handlungsoptionen, Perspektiven, S. 57 (63).

643 *Droste*, Handbuch des Verfassungsschutzrechts, S. 578.

644 *Droste*, Handbuch des Verfassungsschutzrechts, S. 578.

645 Beispiele sind Untersuchungen des Bereiches „Ausbildungslager arabischer Mudjahedin“ und Projekte wie „Reisebewegungen arabischer Mudjahedin“ oder „Radikalisierung/Jihad-Rekrutierung in Moscheen“.

646 *Droste*, Handbuch des Verfassungsschutzrechts, S. 578.

tion beteiligten Sicherheitsbehörden. Zu diesem Zweck werden Erkenntnisfragen regelmäßig schriftlich oder per CD-ROM der jeweiligen Behörde übergeben. In der Folge werden sie mit den Systemen der einzelnen Behörden in zeitintensiver Bearbeitung abgeglichen.[647] Kritisiert wird an dieser Vorgehensweise, dass durch die zeitliche Verzögerung beim Abgleich der Informationen die Gefahr einer Beeinträchtigung „operativer Interessen und Maßnahmen" besteht.[648]

(b) Ausgestaltung der Zusammenarbeit innerhalb der Analyseboards

Auch im Rahmen projektbezogener Analyseboards ist es erklärtes Ziel, angesichts verschiedener „Informationsinseln" in den beteiligten Behörden, durch Austausch vorhandener Informationen ein übergreifendes Denken und Handeln zuzulassen. Im Wesentlichen werden auch hier personenbezogene Informationen wie Identifikationsdaten ausgetauscht. Aber auch Informationen zu Aufenthalten in Trainingscamps, Ausbildungen, Reisebewegungen oder ähnlichem gehören zum Kreis der übermittelten Datenbestände. Der Austausch vollzieht sich, indem die jeweilige Behörde in einer eigenen Datenbank Informationen sammelt und diese im Anschluss auf die bislang konventionelle Art (nämlich in Papierform) an das BfV weitergibt. Dort erfolgt ein Abgleich der Daten und die Weitergabe der Daten in Form von Datenträgern an die anderen beteiligten Behörden. Da der Informationsaustausch nur durch die Übergabe von Datenträgern erfolgt, findet ein Zugriff einer Behörde auf die Datenbank einer anderen Behörde nicht statt.[649]

Kritisiert wurde an dieser Vorgehensweise zunächst, dass die verschiedenen beteiligten Behörden anfangs über unterschiedliche Analysesoftware verfügten. Dies erschwerte die Zusammenführung der Datenbestände und einen Abgleich derselben nicht unbedeutend. In der Konsequenz haben das BKA, das BfV und der BND inhaltlich identische (Spiegel-) Datenbanken auf der Grundlage eines konventionell übermittelten, durch das jeweilige Projekt thematisch eingegrenzten und miteinander abgeglichenen Datenbestandes eingerichtet.[650]

(2) Gemeinsames Terrorismusabwehrzentrum (GTAZ)

Nachdem die drei Sicherheitsbehörden BKA, BfV und BND mit den Informationboards und Analyseboards eine neue, bislang nicht gekannte Form der Kooperation entwickelt hatten, deren Ziel es ist, dass alle beteiligten Behörden von den zu einer Person oder einem Sachverhalt bekannten Informationen innerhalb kurzer Zeit Kenntnis erlangen können, wurde den beteiligten Behörden jedoch schnell bewusst, dass auch diese neue Form der Zusammenarbeit an ihre Grenzen stößt.[651] Denn die

---

647 Vgl. *Droste*, Handbuch des Verfassungsschutzrechts, S. 578.
648 *Droste*, Handbuch des Verfassungsschutzrechts, S. 578.
649 *Droste*, Handbuch des Verfassungsschutzrechts, S. 579.
650 Siehe *Droste*, Handbuch des Verfassungsschutzrechts, S. 579, Fn. 1828.
651 *Droste*, Handbuch des Verfassungsschutzrechts, S. 580.

Zusammenarbeit gestaltete sich nur punktuell, war von anlassbezogener Natur und das Informationsaufkommen nicht umfangreich genug.[652] Aus diesem Grund hat das „Gemeinsame Terrorismusabwehrzentrum“ (GTAZ) im Dezember 2004 seine Arbeit am BKA-Standort Berlin aufgenommen.[653]

(a) Ziel des GTAZ

Ziel der Analysezentren, in denen rund 40 Sicherheitsbehörden[654] zusammenarbeiten, ist es, durch die Zusammenführung und den Abgleich polizeilicher und nachrichtendienstlicher Erkenntnisse, *„einen nach Einzelkategorien differenzierten Überblick über das den Sicherheitsbehörden insgesamt bekannte islamistisch-terroristische Gefährdungspotential in Deutschland oder mit Bezug nach Deutschland zu geben.“*[655]

Als eine Maßnahme zur Bekämpfung des Terrorismus soll das GTAZ dabei durch eine neue institutionalisierte Form der Zusammenarbeit zur verbesserten Ausschöpfung aller verfügbaren Informationsquellen beitragen, indem die Analysekompetenzen der beteiligten Sicherheitsbehörden gestärkt werden.[656] Auch soll mit Hilfe des GTAZ das islamistisch-terroristische Personenpotential näher aufgeklärt werden.[657] In der Folge kann eine mögliche Bedrohung früher erkannt und dieser durch abgestimmte operative Maßnahmen effektiver begegnet werden.[658]

(b) Ausgestaltung der Zusammenarbeit in den Analysezentren

Tägliche Lagebesprechungen, Gefährdungsbewertungen, operativer Informationsaustausch, Absprachen über Ressourcenbündelung sowie Strukturanalysen und Fallauswertungen stellen die wesentlichen Formen der Zusammenarbeit innerhalb der Analysezentren dar.[659]

Mithilfe des GTAZ wird damit der Austausch von Informationen beschleunigt, operative Maßnahmen können leichter abgestimmt und damit auch die vorhandenen Ressourcen sinnvoller genutzt werden. Insbesondere durch den Austausch der Erkenntnisse „in Echtzeit“ wird sichergestellt, dass sämtliche Sicherheitsinstitutionen

---

652 Dies wurde auf die nur mittelbare Beteiligung der Verfassungsschutz- und Polizeibehörden der Länder zurückgeführt, vgl. *Droste*, Handbuch des Verfassungsschutzrechts, S. 580.

653 *Stock*, in : Wiedmaier (Hrsg.), Münchener Anwaltshandbuch Strafverteidigung, § 83, Rn. 61.

654 Zu dem Verbund gehören das Bundeskriminalamt, das Bundesamt für Verfassungsschutz, der Bundesnachrichtendienst, das Bundesamt für Migration und Flüchtlinge, der Militärische Abschirmdienst; von der Länderebene die Landeskriminalämter sowie die Landesämter für Verfassungsschutz. Auch wirken Vertreter des Generalbundesanwalts im GTAZ mit. Vgl. *Stock*, in : Wiedmaier (Hrsg.), Münchener Anwaltshandbuch Strafverteidigung, § 83, Rn. 61.

655 *Droste*, Handbuch des Verfassungsschutzrechts, S. 580.

656 *Dietl/Hirschmann/Tophoven*, Das Terrorismus-Lexikon. Täter, Opfer, Hintergründe, S. 312.

657 *Dietl/Hirschmann/Tophoven*, Das Terrorismus-Lexikon. Täter, Opfer, Hintergründe, S. 312.

658 Vgl. dazu *Dietl/Hirschmann/Tophoven*, Das Terrorismus-Lexikon. Täter, Opfer, Hintergründe, S. 312.

659 *Dietl/Hirschmann/Tophoven*, Das Terrorismus-Lexikon. Täter, Opfer, Hintergründe, S. 312.

von Bund und Ländern über den jeweils aktuellen Stand verfügen.[660] Hervorzuheben ist, dass die am GTAZ beteiligten Behörden dabei aber nicht auf gemeinsame Dateien zugreifen können.

Im Kern teilt sich das GTAZ auf in die Polizeiliche Informations- und Analysestelle (PIAS) und die Nachrichtendienstliche Informations- und Analysestelle (NIAS). PIAS wird aus den für den islamistischen Terrorismus im Rahmen seiner Zentralstellenfunktion zuständigen Staatsschutzreferaten des BKA gebildet, während NIAS aus der für die entsprechende Form des Terrorismus zuständigen Referatsgruppe des BfV besteht.[661]

E. Zusammenfassung

Die einführende Darstellung der dieser Arbeit zugrunde liegenden Begrifflichkeiten war erforderlich, um die im Rahmen der weiteren Bearbeitung entwickelten Grund- und Lösungsansätze besser nachvollziehen zu können. Der Überblick hat gezeigt, dass an der Erhaltung und Gewährleistung der Inneren Sicherheit der Bundesrepublik Deutschland eine Vielzahl von nachrichtendienstlichen und polizeilichen Akteuren beteiligt ist, deren Aufgabenbereich sich auf die Bekämpfung des (internationalen) Terrorismus erstreckt. Es schließt sich nun die Frage an, inwieweit die Sicherheitsbehörden *gemeinsam* die ihnen übertragene Aufgabe erfüllen dürfen und welche rechtlichen Grenzen dabei zu beachten sind. Zur Beantwortung dieser Frage, wie die Zusammenarbeit gestaltet sein muss, ist der Fokus auf das Trennungsgebot zwischen Polizeien und Nachrichtendiensten zu richten.

---

660 *Stock*, in: Wiedmaier (Hrsg.), Münchener Anwaltshandbuch Strafverteidigung, § 83, Rn. 62.

661 Bei NIAS findet eine Zusammenarbeit von Verbindungsbeamten der LfV, des BND und des MAD statt; während für PIAS auch Beamte der LKÄ, des BfV, des BND, der GBA, der BPol, des ZKA und des BAMF kooperieren, vgl. *Droste*, Handbuch des Verfassungsschutzrechts, S. 580 und *Eisvogel*, Terroristische Bedrohungspotentiale und die Schwierigkeiten, ihnen wirksam zu begegnen, in: Graulich/Simon (Hrsg.), Terrorismus und Rechtsstaatlichkeit, Analysen, Handlungsoptionen, Perspektiven, S. 57 (63 f.).

Kapitel 3 - Das Trennungsgebot

A. Einleitung

Zunächst sollen die rechtshistorischen und -politischen Hintergründe des Trennungsgebotes zwischen Polizeien und Nachrichtendiensten näher erläutert werden, um die (normative) Bedeutung und den Umfang des Trennungsgebotes auch für die Gegenwart besser erfassen zu können. Im Mittelpunkt der Darstellung steht dabei der so genannte „Polizeibrief", der dem Parlamentarischen Rat von den Westalliierten vor der Verabschiedung des Grundgesetzes übergeben wurde und der als historische Wurzel des Trennungsgebotes angesehen wird. An diese Ausführungen anknüpfend werden die gesetzlichen Vorschriften erläutert, die aufgrund der Vorgaben des „Polizeibriefes" geschaffen worden sind, sowie die möglichen Beweggründe der Besatzungsmächte für die Dekretierung des Trennungsgebotes diskutiert. Im weiteren Verlauf der Bearbeitung wird sodann die Frage nach den inhaltlichen Vorgaben dieses Prinzips aufgeworfen und dabei die unterschiedlichen Ausprägungen herausgearbeitet. In diesem Zusammenhang wird insbesondere die bislang nicht abgeschlossene Diskussion um eine mögliche Trennung von Polizeien und Nachrichtendiensten auch auf informationeller Ebene aufgegriffen und die Problematik ausführlich untersucht.

Dieser Darstellung schließt sich eine eingehende Untersuchung der Rechtsqualität des Trennungsgebotes an. Es wird die umstrittene Frage diskutiert, ob es sich dabei nur um eine rein besatzungsrechtliche Vorgabe der Westalliierten handelt, die nach Wiedererlangung der vollen Souveränität der Bundesrepublik Deutschland keinerlei Rechtswirkung mehr entfaltet oder ob es sich dabei um eine ausschließlich einfachgesetzliche Regelung oder sogar um eine solche von Verfassungsrang handelt. Die Darstellung orientiert sich an den Vorgaben des Grundgesetzes, wobei im Wesentlichen neben Staatsstrukturprinzipien auch einzelne Artikel desselben zur Begründung des normativen Ranges herangezogen werden. Den Abschluss der Untersuchung des rechtlichen Standortes des Trennungsgebotes bildet die Erläuterung der bestehenden einfachgesetzlichen Ausformungen dieses Prinzips.

B. Historische Entwicklung

Die Geburtsstunde des Trennungsgebotes liegt in vorkonstitutioneller Zeit zwischen Ende des Zweiten Weltkrieges und der Gründung der Bundesrepublik Deutschland.[662] Nachdem am 08. Mai 1945 die Deutsche Wehrmacht die bedingungslose Kapitulation erklärt hatte, galt in Deutschland zunächst Besatzungsrecht.

In der Folge führten die Siegermächte umfangreiche Beratungen über die Reorganisation des deutschen Polizeiwesens durch. Man war sich dahingehend einig, dass die Polizei personell entnazifiziert und ihre Struktur derart neu gestaltet werden musste,

---

662 *Singer*, Das Trennungsgebot – Teil 1 – Politisches Schlagwort oder verfassungsrechtliche Vorgabe? Die Kriminalpolizei 9/2006, S. 85.

dass das Ergebnis eine demokratische, entmilitarisierte und dezentralisierte Polizei sein würde.[663]

Der in Berlin eingerichtete Kontrollrat, das oberste Regierungsorgan der Besatzungsmächte, schuf daher im Kontrollratsgesetz Nr. 31 vom 01. Juli 1946[664] das Verbot aller mit politisch-polizeilichen Aufgaben betrauten Polizeibüros.[665] Es wurde *„jede Tätigkeit von Polizeibüros oder -agenturen, die die Überwachung oder Kontrolle der politischen Betätigung von Personen zum Zweck haben"*, ausdrücklich untersagt.[666] Überdies wurde jede ungenehmigte Neueinrichtung verboten und der Versuch oder die Vollendung einer Neugründung unter Strafe gestellt.[667] Abschließend wurde jede Bestimmung der deutschen Gesetzgebung, die im Widerspruch zu diesen Regelungen stand, für aufgehoben erklärt.[668]

Nach überwiegender Ansicht beabsichtigten die Westalliierten damit das Entstehen einer politischen Polizei zu verhindern.[669] Der Aufgabenbereich der Polizei sollte auf „rein" polizeiliche Tätigkeiten begrenzt werden.[670]

Der nationalsozialistische Staat war in vier Besatzungszonen aufgeteilt worden und in den jeweiligen Zonen verlief der Aufbau eines Polizeiwesens sehr unterschiedlich.[671] Nach der Außenministerkonferenz in London im Winter 1947, in der keine gemeinsame Lösung für das „Deutschlandproblem" gefunden wurde, verhandelte man in der Sechsmächtekonferenz im Frühjahr 1948 die Frage einer westdeutschen Verfas-

---

663 *Dorn*, Das Trennungsgebot aus verfassungshistorischer Perspektive. Zur Aufnahme inlandsnachrichtendienstlicher Bundeskompetenzen in das Grundgesetz vom 23. Mai 1949, S. 60.

664 ABl., Kontrollrat, S. 163.

665 v. *Denkowski*, Trennungsgebot Polizei – Verfassungsschutz. Grenze für die Gestaltung der Sicherheitsarchitektur?, Kriminalistik 2008, S. 176.

666 *Kutscha*, Die Aktualität des Trennungsgebots für Polizei und Verfassungsschutz, ZRP 1986, S. 194 (195). In diesem Zusammenhang ist auch das im Polizeibrief in Bezug genommene Aide Mémoire vom 22. November 1948 (abgedruckt in Bonner Kommentar zum Grundgesetz, Einleitung S. 98 f., dort Nr. c), das die Errichtung von eigenen Polizeidienststellen des Bundes nur mit Genehmigung der Militärgouverneure vorsah, insofern von Belang, als dieses durch den Polizeibrief – hinsichtlich der Errichtung einer Stelle zur Abwehr von gegen die Bundesregierung gerichteten Tätigkeiten – konkretisiert wurde.

667 *v. Denkowski*, Trennungsgebot Polizei – Verfassungsschutz. Grenze für die Gestaltung der Sicherheitsarchitektur?, Kriminalistik 2008, S. 176.

668 *Dorn*, Das Trennungsgebot aus verfassungshistorischer Perspektive. Zur Aufnahme inlandsnachrichtendienstlicher Bundeskompetenzen in das Grundgesetz vom 23. Mai 1949, S. 62.

669 *Dorn*, Das Trennungsgebot aus verfassungshistorischer Perspektive. Zur Aufnahme inlandsnachrichtendienstlicher Bundeskompetenzen in das Grundgesetz vom 23. Mai 1949, S. 62.

670 *Dorn*, Das Trennungsgebot aus verfassungshistorischer Perspektive. Zur Aufnahme inlandsnachrichtendienstlicher Bundeskompetenzen in das Grundgesetz vom 23. Mai 1949, S. 62.

671 Dies wurde auf die unterschiedliche Handhabung in den einzelnen Staaten der Besatzungsmächte selbst zurückgeführt, vgl. *Dorn*, Das Trennungsgebot aus verfassungshistorischer Perspektive. Zur Aufnahme inlandsnachrichtendienstlicher Bundeskompetenzen in das Grundgesetz vom 23. Mai 1949, S. 63, 68.

sung.[672] In den so genannten „Frankfurter Dokumenten“, die die drei Westalliierten Militärgouverneure am 01. Juli 1948 den Regierungsvertretern der deutschen Länder überreichten, waren die wesentlichen Ergebnisse dieser Sechsmächtekonferenz in London noch einmal zusammengefasst worden.[673]

Im Dokument mit der römischen Ziffer I wurden die Landesvertreter aufgefordert, eine Verfassungsgebende Versammlung einzuberufen.[674] Es heißt darin wörtlich: *„Die Verfassungsgebende Versammlung wird eine demokratische Verfassung ausarbeiten, die für die beteiligten Länder eine Regierungsform des föderalistischen Typs schafft, die am besten geeignet ist, die gegenwärtig zerrissene deutsche Einheit schließlich wiederherzustellen, und die Rechte der beteiligten Länder schützt, eine angemessene Zentralinstanz schafft und die Garantie der individuellen Rechte und Freiheiten enthält.“*[675]

Im Anschluss an die Übergabe der Frankfurter Dokumente hatten sich die Ministerpräsidenten der drei westdeutschen Besatzungszonen auf ein Verfassungskonvent, das der Vorbereitung der Arbeit des sich später konstituierenden Parlamentarischen Rates dienen sollte, verständigt.[676] Dieses Sachverständigengremium, in das jedes Land einen Bevollmächtigten entsendete, tagte im August 1948 auf Herrenchiemsee.[677] Gegenstand der Verhandlungen war auch die Frage von Polizeikompetenzen des Bundes.[678]

Der Parlamentarische Rat, der als Verfassungsgebende Versammlung ab dem 01. September 1948 auf der Grundlage der Vorarbeiten des Herrenchiemsee-Konvents tagte, wurde eng von Vertretern der Siegermächte überwacht.[679] Zu diesem Zweck wurden Sicherheitsdirektoren aus den Reihen der Westalliierten ernannt, die auf die Einhaltung der Vorgaben zur zukünftigen Sicherheitsarchitektur Deutschlands Einfluss

---

672 *Dorn*, Das Trennungsgebot aus verfassungshistorischer Perspektive. Zur Aufnahme inlandsnachrichtendienstlicher Bundeskompetenzen in das Grundgesetz vom 23. Mai 1949, S. 69 ff.

673 *Dorn*, Das Trennungsgebot aus verfassungshistorischer Perspektive. Zur Aufnahme inlandsnachrichtendienstlicher Bundeskompetenzen in das Grundgesetz vom 23. Mai 1949, S. 72.

674 *v. Denkowski*, Trennungsgebot Polizei – Verfassungsschutz. Grenze für die Gestaltung der Sicherheitsarchitektur?, Kriminalistik 2008, S. 176 (177).

675 Zitiert nach *Dorn*, Das Trennungsgebot aus verfassungshistorischer Perspektive. Zur Aufnahme inlandsnachrichtendienstlicher Bundeskompetenzen in das Grundgesetz vom 23. Mai 1949, S. 72.

676 Zur Aufnahme inlandsnachrichtendienstlicher Bundeskompetenzen in das Grundgesetz vom 23. Mai 1949, Das Trennungsgebot aus verfassungshistorischer Perspektive, S. 84.

677 *Dorn*, Das Trennungsgebot aus verfassungshistorischer Perspektive. Zur Aufnahme inlandsnachrichtendienstlicher Bundeskompetenzen in das Grundgesetz vom 23. Mai 1949, S. 84.

678 Lesenswert dazu die Ausführungen von *Dorn*, Das Trennungsgebot aus verfassungshistorischer Perspektive. Zur Aufnahme inlandsnachrichtendienstlicher Bundeskompetenzen in das Grundgesetz vom 23. Mai 1949, S. 85 ff.

679 *Dorn*, Das Trennungsgebot aus verfassungshistorischer Perspektive. Zur Aufnahme inlandsnachrichtendienstlicher Bundeskompetenzen in das Grundgesetz vom 23. Mai 1949, S. 91 f.

nehmen sollten.[680] Auch wurden Drucksachen und Sitzungsprotokolle von den alliierten Verbindungsstäben überprüft.[681]

Nachdem im Parlamentarischen Rat erörtert worden war, ob dem Bund Befugnisse auf dem Gebiet der öffentlichen Sicherheit zukommen dürften, übergaben die Militärgouverneure am 22. November 1948 eine Aide Mémoire Nr. 3, die Erläuterungen zum bereits bekannten Frankfurter Dokument I enthielten: Danach sollten die Befugnisse der noch zu formenden Bundesregierung im Bereich der Polizei auf die von den Westalliierten während der Besatzungszeit explizit genehmigten und danach auf die durch internationale Vereinbarungen bestimmten Befugnisse beschränkt sein.[682] In einem weiteren Aide Mémoire vom 02. März 1949 äußerten die Besatzungsmächte erneut insgesamt sieben Änderungswünsche, die neben der Finanzverfassung auch die Gesetzgebungszuständigkeit von Bund und Ländern betrafen.[683] Insbesondere wurde dabei die Zuständigkeit der Alliierten für den Bereich der Sicherheit betont.[684]

Am 14. April 1949 schließlich, während der Schlussberatungen des Grundgesetzes, übergaben die alliierten Gouverneure den Vertretern des Parlamentarischen Rates ein Schreiben. Dieser Brief, der den Titel *„Letter to the Parlamentary Council defining the powers of the Federal Government in the police field“*, trug – kurz *„Polizeibrief“* genannt – konkretisierte die Ausführungen im Aide-Mémoire vom 22. November 1948.

Die deutsche Übersetzung[685] des „Polizeibriefes“ hat den folgenden Wortlaut:

---

680 *v. Denkowski*, Trennungsgebot Polizei – Verfassungsschutz. Grenze für die Gestaltung der Sicherheitsarchitektur?, Kriminalistik 2008, S. 176 (177).

681 *v. Denkowski*, Trennungsgebot Polizei – Verfassungsschutz. Grenze für die Gestaltung der Sicherheitsarchitektur?, Kriminalistik 2008, S. 176 (177).

682 *Roewer*, Nachrichtendienstrecht der Bundesrepublik Deutschland, § 3 BVerfSchG, Rn. 189; *v. Denkowski*, Trennungsgebot Polizei – Verfassungsschutz. Grenze für die Gestaltung der Sicherheitsarchitektur?, Kriminalistik 2008, S. 176 (177).

683 *v. Denkowski*, Trennungsgebot Polizei – Verfassungsschutz. Grenze für die Gestaltung der Sicherheitsarchitektur?, Kriminalistik 2008, S. 176 (177).

684 Zur Aufnahme inlandsnachrichtendienstlicher Bundeskompetenzen in das Grundgesetz vom 23. Mai 1949, Das Trennungsgebot aus verfassungshistorischer Perspektive, S. 121.

685 Ein teilweiser oder vollständiger Abdruck des Schreibens (zumeist in deutscher Übersetzung) findet sich u.a. bei: *Brenner*, Bundesnachrichtendienst im Rechtsstaat, S. 45, Fn. 183; *Gusy*, Das verfassungsrechtliche Gebot der Trennung von Polizei und Nachrichtendiensten, ZRP 1987, S. 45, Fn. 6; *Roewer*, Nachrichtendienstrecht der Bundesrepublik Deutschland, § 3 BVerfSchG, Rn. 189. Die vollständige Fassung hat den folgenden Wortlaut (zitiert nach: Der Parlamentarische Rat, 1948-1949, Bd. 8, S. 231):
„As we informed you in the aide-mémoire of 22 November 1948, the powers of the government in the police field would be limited to those expressly approved by the Military Governors during the occupation period and thereafter as defined by international agreement. The Military Governors have agreed the following:
The Federal government will be permitted to establish without delay federal law enforcement and police agencies in the fields of:
Control over movement of persons and goods across the frontiers of the federal state;
The collection and dissemination of police information and statistics;

"Wie wir Ihnen in unserem „Aide Mémoire" vom 22. November 1948 mitgeteilt haben, sollen die Befugnisse der Bundesregierung auf dem Gebiet der Polizei auf die von den Militärgouverneuren während der Zeit der Besetzung ausdrücklich genehmigten und nach diesem Zeitpunkt auf die durch internationale Vereinbarungen bestimmten Befugnisse beschränkt sein.
Die Militärgouverneure sind wie folgt übereingekommen:

1. Der Bundesregierung ist es gestattet, unverzüglich Bundesorgane zur Verfolgung von Gesetzesübertretungen und Bundespolizeibehörden auf folgenden Gebieten zu errichten: Überwachung des Personen- und Güterverkehrs bei der Überschreitung der Bundesgrenzen; Sammlung und Verbreitung von polizeilichen Auskünften und Statistiken; Koordinierung bei der Untersuchung von Verletzungen der Bundesgesetze und die Erfüllung internationaler Verpflichtungen hinsichtlich der Rauschgiftkontrolle, des internationalen Reiseverkehrs und von Staatsverträgen über Verbrechensverfolgung.

2. Der Bundesregierung wird es ebenfalls gestattet, eine Stelle zur Sammlung und Verbreitung von Auskünften über umstürzlerische, gegen die Bundesregierung gerichtete Tätigkeiten einzurichten. Diese Stelle soll keine Polizeibefugnisse haben.

3. Die Befugnisse, Zuständigkeiten und Aufgaben des Bundesorgans zur Verfolgung von Gesetzesübertretungen oder jeder Polizeibehörde sind durch ein der Ablehnung durch die Militärgouverneure unterliegendes Bundesgesetz zu bestimmen. Keine Bundespolizeibehörde darf Befehlsgewalt über Landes- oder Ortspolizeibehörden besitzen.

4. Jede Bundespolizeibehörde unterliegt, insbesondere hinsichtlich ihrer Kopfstärke, einschlägigen Bestimmungen, die die Militärgouverneure aufgrund der den Besatzungsbehörden nach dem Besatzungsstatut vorbehaltenen Befugnisse erlassen.

5. Falls der Parlamentarische Rat oder die Bundesregierung Bundesorgane zur Verfolgung von Gesetzesübertretungen oder Bundespolizeibehörden auf anderen Gebieten in Vorschlag bringen sollte, so sind, vorbehaltlich der Bestimmungen in den Ab-

---

The coordination of the investigation of violations of federal laws and the implementation of international responsibilities in such fields as narcotics, international travel and crime compacts.
The federal government will also be permitted to establish an agency to collect and disseminate information concerning subversive activities directed against the federal government. This agency shall have no police authority.
The powers, jurisdiction, and functions of each federal law enforcement or police agency to be established shall be defined by federal law which shall be subject to the dissaproval of the Military Governors; provided that no federal police agency shall have command authority over any Land or local police agency.
Each federal police agency shall be subject, so long as they are applicable, to such provisions, particularly in respect of effectives, as the Military Governors may prescribe pursuant to the powers reserved to the occupation authorities under the occupation statute.
If the Parliamentary Council or the federal government should propose other federal law enforcement or police agencies, such proposals shall be submitted to the Military Governors for their approval, subject to the provisions of paragraphs 3 and 4 hereof."

sätzen 3 und 4, Vorschläge dieser Art den Militärgouverneuren zur Genehmigung vorzulegen.“

Für den hier besonders interessierenden Zusammenhang ist der Wortlaut von Ziffer 2 des „Polizeibriefes“ maßgeblich:

The federal government will also be permitted to establish an agency to collect and disseminate information concerning subversive activities directed against the federal government. This agency shall have no police authority.

Wenn ihr auch kein englisches Äquivalent für den Begriff Trennungsgebot zu entnehmen ist, gilt diese Passage als der historische Ursprung des Trennungsgebotes.[686] Die Alliierten Militärgouverneure erteilten der Bundesregierung in diesem Abschnitt des „Polizeibriefes“ die Ermächtigung, eine Stelle zur Sammlung und Verbreitung von Informationen über umstürzlerische, gegen die Bundesregierung gerichtete Tätigkeiten einzurichten. Nach Satz 2 dieses Absatzes sollte die Stelle keine „police authority“ besitzen, mithin nicht über „polizeiliche Befugnisse“ verfügen.

Der „Polizeibrief“ regelte daneben unter Ziffer 1 die Möglichkeit des Bundes zur Errichtung von Bundesorganen und Bundespolizeibehörden für gesondert aufgeführte Materien, etwa für den Bereich des Grenzschutzes und „zur Sammlung und Verbreitung von polizeilichen Auskünften und Statistiken“.[687]

Bei den Vertretern des Parlamentarischen Rates sorgte der Inhalt des „Polizeibriefes“ für Verunsicherung. So erkundigte sich der Präsident des Rates, *Konrad Adenauer*, ob Ziffer 2 des Briefes eng auszulegen sei.[688] Eine konkrete Antwort erhielt er auf seine Frage nicht.[689]

In ihrem Genehmigungsschreiben zum Grundgesetz vom 12. Mai 1949 bezogen sich die Militärgouverneure noch einmal auf den „Polizeibrief“.[690] In diesem so genannten „Letter of Approval“ wird die Schaffung eines Polizeiwesens genehmigt, das sich innerhalb der in Ziffer 2 des „Polizeibriefes“ statuierten Kompetenzabgrenzungen hält.[691] Die Militärgouverneure kündigten zugleich an, dass die Einhaltung dieser Vor-

---

686 *Singer*, Das Trennungsgebot – Teil 1 – Politisches Schlagwort oder verfassungsrechtliche Vorgabe? Die Kriminalpolizei 9/2006, S. 85 (86).

687 Nr. 1 b des Schreibens, zitiert nach: Der Parlamentarische Rat 1948-1949, Bd. 8, S. 230.

688 Lesenswert sind in diesem Zusammenhang die Ausführungen von *Dorn*, Das Trennungsgebot aus verfassungshistorischer Perspektive. Zur Aufnahme inlandsnachrichtendienstlicher Bundeskompetenzen in das Grundgesetz vom 23. Mai 1949, S. 123 ff.

689 Der Parlamentarische Rat 1948-1949, Bd. 4, Dokument 9, S. 120.

690 *Albert*, Das „Trennungsgebot“ – ein für Polizei und Verfassungsschutz überholtes Entwicklungskonzept?, ZRP 1995, S. 105 (106); *Paeffgen/Gärditz*, Die föderale Seite des „Trennungsgebotes“ oder: Art. 87 III, 73 GG und das G-10-Urteil, KritV 2000, S. 65 (66).

691 *Dorn*, Das Trennungsgebot aus verfassungshistorischer Perspektive. Zur Aufnahme inlandsnachrichtendienstlicher Bundeskompetenzen in das Grundgesetz vom 23. Mai 1949, S. 137.

gaben bei einer zukünftigen Wahrnehmung von Gesetzgebungskompetenzen durch den Bund von der Alliierten Hohen Kommission überwacht werde.[692]

C. Gesetzliche Implementierung der Regelungen des Polizeibriefes

I. Grundgesetz

Mit Art. 73 Nr. 10 i.d.F. von 1950 und Art. 87 Abs. 1 Satz 2 GG nahm der Parlamentarische Rat schließlich die Ermächtigung zur Errichtung einer Stelle auf[693], wie sie im „Polizeibrief" sowie im Aide Mémoire vom November 1948 in Verbindung mit jenem vom März 1949 vorgesehen worden war.[694]

1. Art. 73 Nr. 10 GG

Art. 73 Nr. 10 GG, der sich im VII. Abschnitt des Grundgesetzes befindet, räumt dem Bund die ausschließliche Gesetzgebung für seine Zusammenarbeit mit den Ländern in kriminalpolizeilichen und verfassungsschutzrechtlichen Angelegenheiten ein. Dabei zählt diese in Art. 73 Nr. 10 GG niedergelegte Gesetzgebungskompetenz die Funktionen der durch den Bund festzulegenden Arten von Zentralstellen abschließend auf.[695]

2. Art. 87 Abs. 1 Satz 2 GG

Art. 87 Abs. 1 Satz 2 GG hingegen, der im VIII. Abschnitt des Grundgesetzes zu finden ist, weist dem Bund eine Verwaltungskompetenz zur Einrichtung von Zentralstel-

---

692 *v. Denkowski*, Trennungsgebot Polizei – Verfassungsschutz. Grenze für die Gestaltung der Sicherheitsarchitektur?, Kriminalistik 2008, S. 176 (177).

693 In der Gesetzesbegründung wurde die Neuordnung der Polizei als ein bedeutendes Mittel auf dem Weg zu einer demokratischen Grundordnung angesehen, vgl. dazu die Ausführungen von *Imle*, Zwischen Vorbehalt und Erfordernis. Eine historische Studie zur Entstehung des nachrichtendienstlichen Verfassungsschutzes nach 1945, S. 38.

694 *Kutscha*, Die Aktualität des Trennungsgebots für Polizei und Verfassungsschutz, ZRP 1986, S. 194 (195). Glaubt man den Berichten von Zeitzeugen, erfolgte die Einfügung der Bundeskompetenz in die Verfassung nahezu „sang- und klanglos", da es bei den Diskussionen zwischen Westalliierten und Deutschen vordergründig eher um Fragen der Wirtschaftsverfassung gegangen ist als um grundsätzliche Kompetenzverteilungen. vgl. *Adenauer*, Erinnerungen 1945-1953, S. 170 ff.

695 Sachs, in: *Sachs*, Grundgesetz, Kommentar, Art. 87, Rn. 40. Die Grundgesetzänderung im Jahr 1972 führte zur Aufnahme einer Legaldefinition des Verfassungsschutzes in Art. 73 Nr. 10 b) sowie zur Erweiterung des Schutzauftrages gegen Bestrebungen, die im Bundesgebiet durch Anwendung von Gewalt oder darauf gerichtete Vorbereitungsahndlungen auswärtige Belange der Bundesrepublik gefährden, vgl. *Haedge*, Das neue Nachrichtendienstrecht für die Bundesrepublik Deutschland. Ein Leitfaden mit Erläuterungen, S. 70 f.

len für polizeiliche Aufgaben, für Zwecke des Verfassungsschutzes und zum Schutz des Bundesgebietes vor sicherheitsgefährdenden Bestrebungen zu.

Das Bundesamt für Verfassungsschutz (BfV) hat als einziger deutscher Nachrichtendienst über diese Kompetenznormen Eingang in die Verfassung gefunden.[696] Die Grundlagen für den Militärischen Abschirmdienst (MAD) als Teil der Bundeswehr ergeben sich nur mittelbar aus Art. 87a GG und der Bundesnachrichtendienst (BND) ist den weit gefassten Kompetenzen des Bundes in auswärtigen Angelegenheiten zuzuordnen.

II. Bundesverfassungsschutzgesetz

Auch vor dem Entwurf des Bundesverfassungsschutzgesetzes führten die Westalliierten verschiedene Gespräche mit Repräsentanten des Bundesministeriums des Innern und erreichten auch in diesem Gesetzesvorhaben eine entsprechende Berücksichtigung ihrer Vorgaben aus dem „Polizeibrief“: So wurden diese auf einfachgesetzlicher Ebene konkretisiert, indem im Bundesverfassungsschutzgesetz vom 27. September 1950[697] Kontrollbefugnisse der Verfassungsschutzbehörden ausgeschlossen und eine Angliederung an polizeiliche Dienststellen verboten wurden (§ 3 Abs. 2 Satz 2 a.F. BVerfSchG[698]).[699] Darüber hinaus wurde in § 3 Abs. 2 Satz 1 a.F. BVerfSchG jeglicher Einsatz polizeilicher Mittel untersagt.[700] Auch in dem geänderten Zusammenarbeitsgesetz vom 07. August 1972[701] findet sich eine entsprechende Regelung. Zuletzt wurde das Zusammenarbeitsgesetz im Zusammenhang mit dem Volkszählungsurteil des Bundesverfassungsgerichts[702] im Jahr 1990 novelliert.[703] Nach § 2 Abs. 1 Satz 3 dieses neuen BVerfSchG darf das Bundesamt für Verfassungsschutz einer polizeilichen Dienststelle nicht angegliedert werden; über polizeiliche Befugnisse oder Weisungsbefugnisse verfügt das Bundesamt nicht (§ 8 Abs. 3 BVerfSchG). Neu aufgenommen wurde die Regelung, wonach das Bundesamt für Verfassungsschutz die Poli-

696 Zu bemerken ist, dass das Grundgesetz als einzige Verfassung weltweit Normen enthält, die einen Nachrichtendienst betreffen.

697 BGBl. I S. 682.

698 Heute ist dies in § 2 Abs. 1 S. 3 BVerfSchG geregelt.

699 *Kutscha*, Die Aktualität des Trennungsgebots für Polizei und Verfassungsschutz, ZRP 1986, S. 194 (195).

700 In § 8 Abs. 3 BVerfSchG n.F. findet sich eine dieser Vorschrift entsprechende Regelung, wonach das BfV nicht über polizeiliche Befugnisse oder Weisungsbefugnisse verfügt.

701 Eine entsprechende Regelung fand sich nunmehr in § 3 Abs. 3. Zum „Gesetz zur Änderung des Gesetzes über die Zusammenarbeit des Bundes und der Länder in Angelegenheiten des Verfassungsschutzes“ (VerfSchutzÄndG): BGBl. I S. 1382.

702 BVerfGE 65, 1 ff.

703 *Dorn*, Das Trennungsgebot in verfassungshistorischer Perspektive. Zur Aufnahme inlandsnachrichtendienstlicher Bundeskompetenzen in das Grundgesetz vom 23. Mai 1949, S. 17 f.

zei auch nicht im Wege der Amtshilfe um Maßnahmen ersuchen darf, zu denen es selbst nicht befugt ist (§ 8 Abs. 3, 2. Hs. BVerfSchG).[704]

III. MADG und BNDG

Über entsprechende Verweise in § 1 Abs. 1 Satz 2 und § 2 Abs. 3 BNDG sowie in § 1 Abs. 4 und § 4 Abs. 1 MADG gelten die in § 8 Abs. 3 BVerfSchG getroffenen Bestimmungen auch für den Bundesnachrichtendienst und den Militärischen Abschirmdienst.[705]

IV. Verfassungsschutzgesetze der Länder

In den Verfassungsschutzgesetzen der Länder existieren gleichlautende oder ähnliche Vorschriften für die Landesämter für Verfassungsschutz.[706] Die aus dem Polizeibrief folgende organisatorische (keine Angliederung an polizeiliche Dienststellen) und befugnisrechtliche Trennung (keine polizeilichen Exekutivbefugnisse oder Weisungsbefugnisse) wurde damit bundesweit von den Verfassungsschutzgesetzen rezipiert.[707]

D. Gründe für die Dekretierung des Trennungsgebotes

Welche Gründe der Dekretierung des Trennungsgebotes zugrunde gelegen haben, konnte bis heute nicht geklärt werden.[708] Ihrer Rolle als Besatzungsmächte gerecht werdend, erläuterten die Westalliierten ihre Beweggründe nicht.[709]

---

704 *Dorn*, Das Trennungsgebot in verfassungshistorischer Perspektive. Zur Aufnahme inlandsnachrichtendienstlicher Bundeskompetenzen in das Grundgesetz vom 23. Mai 1949, S. 18.

705 *Dorn*, Das Trennungsgebot in verfassungshistorischer Perspektive. Zur Aufnahme inlandsnachrichtendienstlicher Bundeskompetenzen in das Grundgesetz vom 23. Mai 1949, S. 18.

706 Vgl. § 2 Abs. 3, § 5 Abs. 3 LVSG (Baden-Württemberg); Art. 1 Abs. 4, S. 2 u. 3 BayVerfSchG (Bayern); § 2 Abs. 1 S. 2, § 8 Abs. 7 LVerfSG (Berlin); § 2 Abs. 2, § 6 Abs. 4 BdgVerfSchG (Brandenburg); § 2 Abs. 3, § 4 Abs. 3 BremVSG (Bremen); § 2 Abs. 2 HHVSG (Hamburg); § 1 Abs. 1 S. 2, § 3 Abs. 5 LVSchG (Hessen); § 5 Abs. 4, § 2 Abs. 2 NVerfSCHG (Niedersachsen); § 2 Abs. 1 S. 2, § 5 Abs. 5 S. 2 u. 3 VSG NRW (Nordrhein-Westfalen); § 2 Abs. 2, § 8 LVerfSchG (Mecklenburg-Vorpommern); § 2 Abs. 2, § 8 Abs. 3 RPVSG (Rheinland-Pfalz); § 2 Abs. 2 u. 3 LVerfSG (Saarland); § 1 Abs. 4, § 4 Abs. 3 SächsVSG (Sachsen); § 2 Abs. 2, § 7 Abs. 5 LVerfSG (Sachen-Anhalt); § 3 Abs. 1 Satz 3 SHVSG (Schleswig-Holstein); § 1 Abs. 1 S. 3, § 5 Abs. 3 ThürVerfSG (Thüringen).

707 *Baumann*, Vernetzte Terrorismusbekämpfung oder Trennungsgebot?, - Möglichkeiten und Grenzen der Zusammenarbeit von Polizei und Nachrichtendiensten -, DVBl. 2005, S. 798 (804).

708 *Nehm*, Das nachrichtendienstrechtliche Trennungsgebot und die neue Sicherheitsarchitektur, NJW 2004, S. 3289 (3290).

709 *Singer*, Das Trennungsgebot – Teil 1 – Politisches Schlagwort oder verfassungsrechtliche Vorgabe? Die Kriminalpolizei 9/2006, S. 85 (86).

Vor dem Hintergrund eines sich zuspitzenden Ost-West-Konfliktes wird vermutet, dass es primäres Ziel der Westalliierten gewesen ist, dem Bund weitreichende Befugnisse auf dem Gebiet der Inneren Sicherheit einzuräumen: Es sollte ihm damit ermöglicht werden, *„umstürzlerischen Bewegungen"* wirksam entgegentreten zu können.[710] Durchaus plausibel ist aber auch die Ansicht, dass Grund für die Dekretierung des Trennungsgebotes die damit verfolgte Besänftigung der Föderalismusbefürworter unter den Alliierten war.[711] Diese äußerten große Bedenken im Hinblick auf eine Zentralisierung der gesamten Besatzungszonen und eine damit einhergehende zentral ausgeübte Staatsgewalt ohne jegliche Kontrollmöglichkeiten.[712]

Möglich ist auch, dass die Westalliierten – auf Drängen der britischen Besatzer – ihre Vorgaben am britischen *Security Service*[713] bzw. dem Nachrichtendienst *MI 5* ausrichteten, die ebenfalls nicht über Polizei- oder sonstige Kontrollbefugnisse verfügten.[714] Auch in den Vereinigten Staaten wurde zum Zeitpunkt des Verfassens des „Polizeibriefes" eine Trennung von polizeilichen und nachrichtendienstlichen Aufgaben aus rechtsstaatlichen Gründen gefordert. Zwar verfügte das *Federal Bureau of Investigation* (FBI) bereits zum damaligen Zeitpunkt über umfassende Befugnisse auf beiden Gebieten, jedoch wurde von Befürwortern einer Trennung der Sicherheitsbehörden die im Jahr 1947 eingeleitete Reform der Nachrichtendienste zum Anlass genommen, eine mögliche Trennung auch in den Vereinigten Staaten in die Überlegungen mit einzubeziehen. Das zeitliche Zusammenfallen der politischen Debatte in den USA mit dem Entwurf des Polizeibriefes spricht jedenfalls nicht dagegen, dass auch die US-amerikanischen Besatzer an einer weitgehenden Trennung der polizeilichen von den nachrichtendienstlichen Kompetenzen interessiert waren.[715]

Nach der wohl überwiegenden Auffassung jedoch beabsichtigten die Alliierten Militärgouverneure durch die Abfassung des „Polizeibriefes" sowie dessen Umsetzung

710 *Nehm*, Das nachrichtendienstrechtliche Trennungsgebot und die neue Sicherheitsarchitektur, NJW 2004, S. 3289 (3290).

711 *Roewer*, Nachrichtendienstrecht der Bundesrepublik Deutschland, § 3 BVerfSchG, Rn. 191; *ders.*, Trennung von Polizei und Verfassungsschutz, DVBl. 1986, S. 205 (206 f.); *ders.*, Geschichtlicher Nachtrag zur Kontroverse um die Trennung von Polizei und Verfassungsschutzbehörde, DVBl. 1988, S. 666 (669 f.).

712 *Kutscha*, Die Aktualität des Trennungsgebotes für Polizei und Verfassungsschutz, ZRP 1986, S. 194; *Roewer*, Geschichtlicher Nachtrag zur Kontroverse um die Trennung von Polizei und Verfassungsschutzbehörde DVBl. 1988, S. 666 (667).

713 Der Security Service wurde als Inlandsabteilung des Secret Service Bureaus bereits im Jahr 1909 gegründet und verfügte nicht über Exekutivbefugnisse, vgl. *Soria*, Nachrichtendienste und Polizei, Die Zusammenarbeit in Deutschland und in der EU im Lichte des Trennungsgebotes, in: Hendler/Ibler/Soria (Hrsg.), „Für Sicherheit, für Europa", Festschrift für Prof. Dr. Volkmar Götz zum 70. Geburtstag, S. 359 (363).

714 Entsprechend ihrer eigenen Programmatik hatte die damalige Labour-Regierung unter Clement R. Attlee ein starkes Interesse an der Entwicklung demokratischer und rechtsstaatlicher Strukturen in den Westzonen, vgl. *Singer*, Das Trennungsgebot – Teil 1 – Politisches Schlagwort oder verfassungsrechtliche Vorgabe? Die Kriminalpolizei 9/2006, S. 85 (86).

715 Siehe dazu *Soria*, Nachrichtendienste und Polizei, Die Zusammenarbeit in Deutschland und in der EU im Lichte des Trennungsgebotes, in: Hendler/Ibler/Soria (Hrsg.), „Für Sicherheit, für Europa", Festschrift für Prof. Dr. Volkmar Götz zum 70. Geburtstag, S. 359 (363 f.).

ein Wiederaufleben der Geheimen Staatspolizei unter der Geltung des Grundgesetzes zu verhindern.[716]

Ziel war es, die Errichtung einer politischen Polizei wie man sie aus Zeiten des Dritten Reiches kannte, unmöglich zu machen.[717] Nachdem diese eine unbeschränkte und willkürliche Herrschaft ausgeübt und dabei sowohl über nachrichtendienstliche als auch polizeiliche Befugnisse verfügt hatte, sollte in der jungen Bundesrepublik Deutschland eine Wiederholung dieses nationalsozialistischen Staatsterrors verhindert werden.[718] Der „Polizeibrief" sollte die Verfassungsgeber dazu anleiten, im Grundgesetz zwar eine Regelung zu schaffen, nach der es ausdrücklich erlaubt war, eine Stelle zur Sammlung und Verbreitung von Auskünften über umstürzlerische, gegen die Bundesregierung gerichtete Tätigkeiten zu errichten, allerdings sollte diese Stelle keine Polizeibefugnisse haben und dem Bürger gegenüber keine Gebots-, Verbots- und Duldungsverfügungen erlassen oder unmittelbaren Zwang anwenden können.[719] Durch diese neue Form der Polizeikonzeption sollte mithin verhindert werden, dass das Wissen der Nachrichtendienste – das erheblich über das für eine erfolgreiche Gefahrenbekämpfung und Strafverfolgung erforderliche Maß hinausging – mit den der Polizei zukommenden Zwangsbefugnissen kombiniert werden und dadurch eine neue politische Polizei entstehen konnte.[720] Es sollte also das Zusammenkommen weitgehender Ermittlungsspielräume und weitgehender Exekutivbefugnisse in einer Hand unmöglich gemacht werden.[721]

Diese Ansicht überzeugt. Es ist nahe liegend anzunehmen, dass die Alliierten durch die auf diese Weise erreichte Trennung von Polizei- und Verfassungsschutzbehörden

---

716 *Albert*, Das „Trennungsgebot" – ein für Polizei und Verfassungsschutz überholtes Entwicklungskonzept?, ZRP 1995, S. 105 (106); *Gusy*, Das verfassungsrechtliche Gebot der Trennung von Polizei und Nachrichtendiensten, ZRP 1987, S. 45 (46); *Kutscha*, Die Aktualität des Trennungsgebots für Polizei und Verfassungsschutz, ZRP 1986, S. 194 (197). Teilweise wird dieser Interpretation der Intention der Militärgouverneure entgegengetreten mit dem Hinweis auf die Materialien zum GG sowie zum BVerfSchG. Ein derartiger Hinweis muss allerdings bereits deshalb fehlschlagen, weil der Polizeibrief eine Vorgabe der Alliierten darstellte und gerade nicht von den Vätern des GG oder des BVerfSchG initiiert worden ist. So insbesondere auch: *Brenner*, Bundesnachrichtendienst im Rechtsstaat, S. 46 f.; *Denninger*, Die Trennung von Verfassungsschutz und Polizei und das Grundrecht auf informationelle Selbstbestimmung, ZRP 1981, S. 231.

717 *Denninger*, Die Trennung von Verfassungsschutz und Polizei und das Grundrecht auf informationelle Selbstbestimmung, ZRP 1981, S. 231; *v. Denkowski*, Trennungsgebot Polizei – Verfassungsschutz. Grenze für die Gestaltung der Sicherheitsarchitektur?, Kriminalistik 2008, S. 176 (178 f.).

718 *Singer*, Das Trennungsgebot – Teil 1 – Politisches Schlagwort oder verfassungsrechtliche Vorgabe? Die Kriminalpolizei 9/2006, S. 85 (86 f.).

719 *Gusy*, Das verfassungsrechtliche Gebot der Trennung von Polizei und Nachrichtendiensten ZRP 1987, S. 45 (49).

720 *Gusy*, Das verfassungsrechtliche Gebot der Trennung von Polizei und Nachrichtendiensten ZRP 1987, S. 45 (49.)

721 *Möstl*, Die staatliche Garantie für die öffentliche Sicherheit und Ordnung, S. 406 f.

„die Polizeikonzeption des nationalsozialistischen Terrorregimes“[722] zerschlagen und damit den Weg zu einer rechtsstaatlich ausgerichteten Polizei ebnen wollten.[723]

E. Rechtlicher Inhalt des Trennungsgebotes

Der rechtliche Inhalt des Trennungsgebotes wird unterschiedlich beurteilt. So ist bereits umstritten, ob das Trennungsgebot eine Kumulation von verschiedenen Geboten darstellt oder ob es sich dabei um ein Gebot mit verschiedenen Ausprägungen handelt. Auch wenn für Letzteres der Wortlaut des „Polizeibriefes“ spricht, kann eine Entscheidung mangels Relevanz für die Praxis dahinstehen.[724]

Im Streit über die vom Trennungsgebot ausgehenden rechtlichen Vorgaben herrscht jedenfalls weitgehend Einigkeit dahingehend, dass es eine *befugnisrechtliche* Form der Trennung zwischen den beiden Sicherheitsbehörden Polizei und Nachrichtendienste gibt. Auch eine *organisatorische* und *funktionale* Komponente werden dem Trennungsgebot zugestanden. Äußerst umstritten ist jedoch, ob das Trennungsgebot auch auf *informationeller* Ebene anerkannt werden kann.

Im Folgenden sollen zunächst die unterschiedlichen Arten des Trennungsgebotes näher beleuchtet und sodann in einem nächsten Schritt der normative Rang des Trennungsgebotes untersucht werden.

I. Trennungsgebot als Befugnisabgrenzung

1. Zwangsbefugnisse für die Nachrichtendienste?

Die erste Stufe des Trennungsgebotes ist befugnisbezogen ausgestaltet: Bereits aus Ziffer 2 des Polizeibriefes ließ sich entnehmen, dass Nachrichtendienste keine polizeilichen Befugnisse („no policy authority“) besitzen dürfen. Darunter sind aber nicht alle der Polizei normativ zugestandenen Befugnisse zu verstehen; den Nachrichtendiensten verwehrt sein sollen vielmehr nur solche polizeilichen Befugnisse oder Weisungsbefugnisse, die zu traditionellen Zwangsmaßnahmen führen.[725] Sie dürfen damit weder Vernehmungen, Verhaftungen, Durchsuchungen oder Beschlagnahmen durchführen, noch andere Formen von Zwang ausüben.[726] Diese im „Brief über die Polizeiangele-

---

722 *Nehm*, Das nachrichtendienstrechtliche Trennungsgebot und die neue Sicherheitsarchitektur NJW 2004, S. 3289 (3290).

723 *Denninger*, Die Trennung von Verfassungsschutz und Polizei und das Grundrecht auf informationelle Selbstbestimmung , ZRP, 1981, S. 231.

724 *Singer*, Das Trennungsgebot – Teil 1 – Politisches Schlagwort oder verfassungsrechtliche Vorgabe? Die Kriminalpolizei 9/2006, S. 85 (88).

725 *Borgs* begründet dies damit, dass von dem Begriff „Befugnis“ nur Tätigkeiten mit Eingriffscharakter erfasst werden, vgl. *Borgs*, in: Borgs-Maciejewski/Ebert, Das Recht der Geheimdienste, § 3 BVerfSchG, Rn. 137.

726 *Ruhmannseder*, Informationelle Zusammenarbeit von Polizeibehörden und Nachrichtendiensten auf Grund des „Gemeinsame-Dateien-Gesetzes“, StraFo 2007, S. 184;

genheiten“ getroffene Regelung wird auch als die „Essentiale des Trennungsprinzips“[727] bezeichnet.

Die Nachrichtendienste dürfen zum Zwecke der Informationsgewinnung mithin keine exekutiv-polizeilichen Befugnisse einsetzen; aus diesem Grund sind sie zur Aufgabenerfüllung grundsätzlich auf die Nutzung allgemein zugänglicher Quellen oder den Einsatz der ihnen zustehenden nachrichtendienstlichen Befugnisse beschränkt.[728] Auf der anderen Seite dürfen die Nachrichtendienste auch keine Weisungen an die polizeilichen Sicherheitsbehörden erteilen oder diese auf andere Weise – zum Beispiel im Wege des Amtshilfeersuchens – zur „gezielten Erlangung von Funden“ für nicht-nachrichtendienstliche Zwecke einsetzen.[729]

Als ein Verstoß gegen die befugnisrechtliche Komponente des Trennungsgebots wäre es also anzusehen, wenn die Nachrichtendienste zur Informationsgewinnung polizeiliche Befugnisse einsetzen oder die Polizei gezielt zur Gewinnung bestimmter Informationen unter Einsatz von polizeilichen Zwangsbefugnissen „beauftragen“ würden.

Ausformungen dieser befugnisbezogenen Komponente des Trennungsgebotes finden sich etwa in den Landesverfassungen von Brandenburg und Sachsen. § 11 Abs. 3 der brandenburgischen Verfassung hat den folgenden Wortlaut: *“Der auf Grund bundesrechtlicher Vorschriften einzurichtende Verfassungsschutz des Landes unterliegt einer besonderen parlamentarischen Kontrolle. Ihm stehen keine polizeilichen Befugnisse zu. Er darf die Polizei auch nicht im Wege der Amtshilfe um Maßnahmen ersuchen, zu denen er selbst nicht befugt ist.“*[730] Auch in den Gesetzen der Nachrichtendienste finden sich einfachgesetzliche Regelungen mit ähnlichem Wortlaut.[731]

2. Informationsbefugnisse für die Polizei?

Aus der befugnisrechtlichen Trennung zwischen Polizei und Nachrichtendiensten folgt aber ebenfalls, dass sich die Polizei umgekehrt auch keiner nachrichtendienstlichen Mittel bedienen darf, denn nur im Falle einer beidseitigen Befugnisbeschränkung wird den Vorgaben des *Trennungs*gebotes umfassend Rechnung getragen.[732]

Gusy, Das gesetzliche Trennungsgebot zwischen Polizei und Verfassungsschutz, DV 24 (1991), S. 467 (486).

727 *Ganßer*, Zusammenarbeit von Verfassungsschutz und Polizei, BayVBl. 1983, S. 711 (712).

728 Darunter fallen neben Observation und Ermittlung unter Legende, der Einsatz von V-Leuten sowie die Anwendung optischer und akustischer Hilfsmittel wie Photographie oder Abhöranlagen, vgl. *Evers*, Verfassungsschutz und Polizei, in: Bundesministerium des Innern (Hrsg.), Verfassungsschutz und Rechtsstaat: Beiträge aus Wissenschaft und Praxis, S. 65 (69).

729 *Ruhmannseder*, Informationelle Zusammenarbeit von Polizeibehörden und Nachrichtendiensten auf Grund des „Gemeinsame-Dateien-Gesetzes“, StraFo 2007, S. 184.

730 Vgl. auch die Regelung in Art. 83 S. 1 SächsVerf.

731 Vgl. § 8 Abs. 3, 1.Hs. BVerfSchG, § 2 Abs. 3 S. 1 BNDG, § 4 Abs. 2, 1. Hs. MADG.

732 So auch *Baumann*, Vernetzte Terrorismusbekämpfung oder Trennungsgebot? - Möglichkeiten und Grenzen der Zusammenarbeit von Polizei und Nachrichtendiensten - , DVBl. 2005, S. 798 (800).

Mit Blick auf die tatsächlichen rechtlichen Verhältnisse lässt sich nun aber feststellen, dass insbesondere im Zuge der Bekämpfung der Organisierten Kriminalität in den 1990er Jahren die Befugnisse der Polizeibehörden erheblich erweitert worden sind.[733] So wurden durch das „Gesetz zur Bekämpfung des illegalen Rauschgifthandels und anderer Erscheinungsformen der Organisierten Kriminalität (OrgKG)" aus dem Jahr 1992 verdeckte Ermittlungsmethoden auch in die Strafprozessordnung aufgenommen.[734] Zu nennen sind beispielhaft die Befugnis, im Rahmen der Strafverfolgung akustische Überwachungsgeräte einzusetzen (§§ 100c, d StPO), die Möglichkeit des Einsatzes Verdeckter Ermittler (§ 110a StPO) sowie die polizeiliche Beobachtung nach § 163e StPO. Aufgrund der Zuweisung dieser originär den Nachrichtendiensten zukommenden Informationsbefugnisse auch an die polizeilichen Sicherheitsbehörden erscheint das befugnisrechtliche Trennungsgebot bereits als verletzt.[735] Es stellt sich die Frage, ob diese Erweiterung des polizeilichen Handlungsinstrumentariums Auswirkungen auf die Ausgestaltung des Trennungsgebotes gehabt hat bzw. überhaupt haben konnte. Zur Beantwortung dieser Frage wäre zunächst die Rechtsnatur des Trennungsgebotes zu klären, denn eine verfassungsrechtliche Qualität desselben könnte bereits einer Änderung des rechtlichen Inhaltes dieses Prinzips aufgrund einfachgesetzlicher Regelungen in der Strafprozessordnung entgegenstehen. Wenn hingegen dem Trennungsgebot nur einfachgesetzlicher Charakter zukommt, dann steht die Einschränkung oder sogar Aufhebung der Trennung von Polizei und Nachrichtendiensten zur freien Disposition des Gesetzgebers.[736] Ist das Trennungsgebot dagegen von verfassungsrechtlicher Natur, so ist dafür eine Änderung des Grundgesetzes nach Art. 79 GG erforderlich.

Doch auch unabhängig von der Frage der Rechtsqualität des Trennungsgebotes, die im weiteren Verlauf der Bearbeitung zu klären sein wird, muss richtigerweise – trotz der gesetzlichen Befugnisausdehnung durch das OrgKG – gelten, dass den Polizeibehörden grundsätzlich keine besonderen Informationsbefugnisse, die originär den Nachrichtendiensten vorbehalten sind, zugestanden werden dürfen.[737]

---

733 Der Prozess der Ausdehnung polizeilicher Befugnisse wird auch als „Vernachrichtendienstlichung der Polizei" umschrieben, vgl. etwa *Albert*, Das „Trennungsgebot" – ein für Polizei und Verfassungsschutz überholtes Entwicklungskonzept?, ZRP 1995, S. 105 (106). Bereits im Jahr 1968 wurde die Befugnis zur Überwachung des Fernmeldeverkehrs (§ 100a StPO) auf der Grundlage des Art. 2 des „Gesetzes zur Beschränkung des Brief-, Post- und Fernmeldegeheimnisses (Artikel 10-Gesetz - G 10)" eingeführt.

734 BGBl. I S. 1302.

735 *Baumann*, Vernetzte Terrorismusbekämpfung oder Trennungsgebot? - Möglichkeiten und Grenzen der Zusammenarbeit von Polizei und Nachrichtendiensten - , DVBl. 2005, S. 798 (800).

736 *Weßlau*, Vorfeldermittlungen – Probleme der Legalisierung „vorbeugender Verbrechensbekämpfung" aus strafprozessrechtlicher Sicht, S. 221 f.

737 *Evers*, Verfassungsschutz und Polizei, in: Bundesministerium des Innern (Hrsg.), Verfassungsschutz und Rechtsstaat: Beiträge aus Wissenschaft und Praxis, S. 65.

Dies folgt aus dem Grundsatz vom Vorbehalt des Gesetzes und dem Gebot der Offenheit staatlichen Handelns[738] und kann auch nicht durch eine Erweiterung der Strafprozessordnung um verdeckte Ermittlungsmethoden ausgehebelt werden. Mit den Worten *Singers* soll *„die Polizei (...) dem Bürger grundsätzlich offen gegenübertreten, da es eine aus dem Demokratieprinzip und dem Rechtsstaatsgedanken abzuleitende und als subjektives Individualrecht auszugestaltende Möglichkeit wirksamer Kontrolle ihrer Maßnahmen geben muss."*[739] Denn auch nur im Falle von beidseitiger Beachtung ergibt eine befugnisrechtliche Trennung Sinn. Anderenfalls bestünde die Möglichkeit, die Polizeibehörden, denen der Einsatz von polizeilichen Exekutivbefugnissen gestattet ist, durch die Übertragung sämtlicher nachrichtendienstlicher Befugnisse, zu Institutionen zu entwickeln, bei denen wie einst bei der Gestapo alle Voraussetzungen einer politischen Staatspolizei gegeben sind.

In der Folge kann die Erweiterung der polizeilichen Befugnisse um originär den Nachrichtendiensten zustehende Informationsbefugnisse keinen Einfluss auf die Existenz des befugnisrechtlichen Trennungsgebotes gehabt haben. Dieses besitzt nach wie vor Gültigkeit.

Zusammenfassend ist festzuhalten, dass Gegenstand der befugnisrechtlichen Komponente des Trennungsgebotes ist, dass die Nachrichtendienste grundsätzlich nicht über polizeiliche Zwangsbefugnisse oder Weisungsbefugnisse verfügen und sich auch nicht im Wege des Amtshilfeersuchens polizeiliche Exekutivbefugnisse gezielt zunutze machen dürfen. Umgekehrt sollen die Polizeien auch nicht die den Nachrichtendiensten originär zukommenden Informationsbefugnisse ausüben können. Für die Praxis bedeutet dies, dass die Nachrichtendienste in großem Umfang beobachtend tätig werden dürfen, aus ihren Beobachtungen aber kaum selbst Konsequenzen ziehen können. Die Polizeien hingegen dürfen weniger beobachtend tätig werden, aber können die ihnen vorliegenden Erkenntnisse auch „verwerten".[740] Sinn und Zweck der befugnisrechtlichen Trennung ist also, dass der, der (fast) alles weiß, nicht alles dürfen soll und der, der (fast) alles darf, nicht alles wissen soll.[741]

II. Trennungsgebot als Organisationsrechtssatz

Die zweite Stufe des Trennungsgebotes ist organisationsrechtlicher Natur: Die polizeilichen und nachrichtendienstlichen Sicherheitsbehörden sollen organisatorisch getrennt

---

738 *Weßlau*, Vorfeldermittlungen – Probleme der Legalisierung „vorbeugender Verbrechensbekämpfung" aus strafprozessrechtlicher Sicht, S. 221.

739 *Singer*, Das Trennungsgebot – Teil 1 – Politisches Schlagwort oder verfassungsrechtliche Vorgabe? Die Kriminalpolizei 9/2006, S. 85 (87) in Anlehnung an *Hetzer*, "Strafrechtspflege durch Geheimdienste?", StV 1999, S. 165 (168).

740 *Gusy*, Polizei und Nachrichtendienste im Kampf gegen die Organisierte Kriminalität, KritV 1994, S. 242 (243).

741 *Gusy*, Trennungsgebot - Tatsächliches oder vermeintliches Hindernis für effektive Maßnahmen zur Bekämpfung des internationalen Terrorismus? in: Möllers/v. Ooyen, Jahrbuch Öffentliche Sicherheit 2008/2009, 2008, S. 177 (179). Nach *Gusy* darf diese Floskel aber nicht als Maßstab genommen werden, da die Gefahr besteht, dass sie *„falsche Vorstellungen über Inhalt und Reichweite des Trennungsgebotes"* auslöst. Vielmehr beschreibt sie nur den Sinn, nicht aber die inhaltliche Reichweite des Trennungsgebotes.

sein, das heißt nicht in ein und derselben Behörde zusammengelegt werden. Wie auch schon im „Polizeibrief" unter Ziffer 2 geregelt, sollen die Nachrichtendienste nämlich keine polizeilichen Befugnisse haben: In der Konsequenz dürfen die Nachrichtendienste und Polizeien nicht in einer staatlichen Organisationseinheit zusammengefasst sein.[742] Dem liegt der Gedanke zugrunde, dass zwei Stellen zwingend verschieden sein müssen, wenn eine über bestimmte Befugnisse verfügen soll, die der anderen aber gesetzlich nicht zustehen.[743]

1. Organisatorische Konsequenz für die Nachrichtendienste?

Einfachgesetzlich geregelt ist diese organisationsrechtliche Trennung etwa in § 1 Abs. 1 S. 2 BNDG: *"Der Bundesnachrichtendienst ist eine Oberbehörde im Geschäftsbereich des Bundeskanzleramts. Einer polizeilichen Dienststelle darf er nicht angegliedert werden."*[744] Auch aus § 2 Abs. 1 Satz 3 BVerfSchG folgt, dass das Bundesamt für Verfassungsschutz einer polizeilichen Dienststelle nicht angegliedert werden darf. Das Gleiche gilt für den Militärischen Abschirmdienst (vgl. § 1 Abs. 4 MADG). Das Verbot einer Angliederung soll dabei eine Vermischung der Polizei mit den Nachrichtendiensten verhindern, wobei aber nicht jede Form der Zusammenarbeit untersagt ist. Hinzukommen muss ein Element der personellen Verflechtung, das beispielsweise im Falle des gemeinschaftlichen Tätigwerdens von Mitarbeitern der beiden Institutionen gegeben ist.[745]

Das Trennungsgebot bezieht sich schließlich im Grundsatz auf alle Ausführungsebenen, allerdings bedeutet dies nicht, dass die dienst- und fachaufsichtsführenden Stellen nicht zusammengefasst werden dürfen.[746] Nicht problematisch ist mithin, dass die nachrichtendienstlichen und polizeilichen Institutionen auf Landesebene regelmäßig beide im Geschäftsbereich des Innenministers angesiedelt sind.[747] Ebenso wenig verstoßen sonstige Kooperationen der verschiedenen Sicherheitsbehörden gegen das Trennungsgebot, wenn sie sich *„unterhalb einer Vollintegration"*, *„unter Wahrung der jeweiligen Zuständigkeiten"* sowie *„punktuell"* ereignen.[748] So gilt auch für perso-

---

742 *Baumann*, Vernetzte Terrorismusbekämpfung oder Trennungsgebot? - Möglichkeiten und Grenzen der Zusammenarbeit von Polizei und Nachrichtendiensten -, DVBl. 2005, S. 798 (800).

743 *Gusy*, Das verfassungsrechtliche Gebot der Trennung von Polizei und Nachrichtendiensten, ZRP 1987, S. 45 (46).

744 Siehe auch die inhaltlich vergleichbaren Regelungen in § 2 Abs. 1 BVerfSchG, § 1 Abs. 4 MADG, § 2 Abs. 2 BbgVerfSchG, § 2 Abs. 2 NVerfSchG und § 2 Abs. 1 VSG NRW.

745 *Roewer*, Nachrichtendienstrecht der Bundesrepublik Deutschland, § 3 BVerfSchG, Rn. 196.

746 *Borgs-Maciejewski/Ebert*, Das Recht der Geheimdienste, § 3 BVerfSchG, Rn. 130.

747 So ist in Berlin, Brandenburg, Mecklenburg-Vorpommern, Nordrhein-Westfalen, Rheinland-Pfalz, Sachsen-Anhalt und Schleswig-Holstein der Verfassungsschutz organisatorisch in die Innenministerien eingegliedert.

748 *Baumann*, Vernetzte Terrorismusbekämpfung oder Trennungsgebot?, - Möglichkeiten und Grenzen der Zusammenarbeit von Polizei und Nachrichtendiensten -, DVBl. 2005, S. 798 (804).

nelle Abordnungen, dass diese insoweit zulässig sind, als ihr Umfang nicht gegen das Trennungsgebot verstößt.[749]

Eine unzulässige Angliederung läge dagegen vor, wenn im Rahmen der Zusammenarbeit auf die Zuständigkeits- und Aufgabenbereiche der jeweils anderen Sicherheitsbehörde Einfluss genommen würde.[750]

2. Auswirkung auf die Organisation der Polizei?

Umgekehrt soll aber auch keine Polizeidienststelle einer nachrichtendienstlichen Behörde unter- oder nachgeordnet sein.[751] Dies lässt sich § 8 Abs. 3 BVerfSchG entnehmen, wonach dem Bundesamt für Verfassungsschutz Weisungsbefugnisse nicht zustehen. Denn einer Behörde, die nicht über Weisungsbefugnisse verfügt, kann auch keine andere Behörde nachgeordnet sein.[752] Gleiches gilt für den BND, für den sich aus § 2 Abs. 3 S. 1 BNDG ergibt, dass auch er nicht über Weisungsbefugnisse verfügt. Zuletzt findet sich eine entsprechende Regelung für den MAD in § 4 Abs. 2 MADG.

3. Zusammenfassung

Zusammenfassend lässt sich festhalten, dass auf organisationsrechtlicher Ebene gemeinsame Einsätze von Mitarbeitern der Nachrichtendienste und der Polizei in Personalunion gegen das Trennungsgebot verstoßen, auch dürfen die beiden Sicherheitsbehörden nicht zusammengefasst oder „personell verflochten" werden. Das heißt, auch die gemeinsame Betreuung von Aufträgen durch Personal von beiden Behörden verstößt gegen das Trennungsgebot.[753]

---

749 *Singer,* Das Trennungsgebot – Teil 1 – Politisches Schlagwort oder verfassungsrechtliche Vorgabe? Die Kriminalpolizei 9/2006, S. 85 (87).

750 *Baumann,* Vernetzte Terrorismusbekämpfung oder Trennungsgebot?, - Möglichkeiten und Grenzen der Zusammenarbeit von Polizei und Nachrichtendiensten -, DVBl. 2005, S. 798 (804 f).

751 *Albert,* Das „Trennungsgebot" – ein für Polizei und Verfassungsschutz überholtes Entwicklungskonzept?, ZRP 1995, S. 105; *Gröpl,* Die Nachrichtendienste im Regelwerk der deutschen Sicherheitsverwaltung. Legitimation, Organisation und Abgrenzungsfragen, S. 301; *Gusy,* Das gesetzliche Trennungsgebot zwischen Polizei und Verfassungsschutz, DV 24 (1991), S. 467 (483).

752 *Gusy,* Das gesetzliche Trennungsgebot zwischen Polizei und Verfassungsschutz, DV 24 (1991), S. 467 (483 f.).

753 *Gusy,* Das gesetzliche Trennungsgebot zwischen Polizei und Verfassungsschutz, DV 24 (1991), S. 467 (484).

III. Funktionale Trennung

Eine Trennung von Polizei und Nachrichtendiensten wird des Weiteren auf funktionaler Ebene gefordert.[754] Damit soll die gebotene Trennung sich auch auf die Aufgabengebiete der Sicherheitsbehörden auswirken.

Gestützt wird diese Ansicht auf die grundsätzlich unterschiedlich ausgestalteten Aufgabenbereiche von Polizei und Nachrichtendiensten: Aufgabe der Polizeibehörden ist die Abwehr konkreter Gefahren für die öffentliche Sicherheit oder Ordnung und die Strafverfolgung.[755] Die Verfassungsschutzämter sind für die Sammlung von Informationen über politische Bestrebungen gegen die freiheitlich-demokratische Grundordnung bereits im Vorfeld konkreter Gefahren zuständig.[756] Im Bereich der Streitkräfte hat der Militärische Abschirmdienst die entsprechende Aufgabe.[757] Der Bundesnachrichtendienst ist zuständig für die Sammlung von Informationen mit außen- und sicherheitspolitischem Bezug – ebenfalls schon im Vorfeld der Entstehung einer konkreten Gefahr.[758]

Zusammengefasst ist also die Aufklärung von Straftaten, bezüglich derer ein so genannter Anfangsverdacht oder das Vorliegen einer konkreten Gefahr bejaht werden kann, das Aufgabengebiet der Polizei. Die Nachrichtendienste werden hingegen im Bereich des Gefahrenvorfeldes mit Bezug zum Staats- und Verfassungsschutz tätig.[759] Die Nachrichtendienste klären mithin auf, die Polizeien wehren ab bzw. werden strafverfolgend tätig.

Der Annahme einer solchen funktionalen Trennung könnte entgegengehalten werden, dass sich in den gesetzlichen Bestimmungen, die sich mit dem Trennungsgebot befassen, keine ausdrücklichen Hinweise auch auf eine funktionenbezogene Trennung finden lassen.[760] Diese beschäftigen sich vielmehr mit der Trennung von Befugnissen[761] oder der organisatorischen Trennung der Sicherheitsbehörden.[762]

Das Bestehen einer funktionalen Trennung von Polizei und Nachrichtendiensten ist allerdings schon deshalb anzuerkennen, weil anderenfalls eine Trennung dieser staatlichen Sicherheitsinstitutionen völlig künstlich und unbegründet erschiene.[763] Hätten

---

754 *Forster*, Beobachtungsauftrag für Verfassungsschutzbehörden?, in: Daneke/Hetzer (Hrsg.), Aktuelle Rechtsprobleme im Zusammenhang mit der Bekämpfung organisierter Kriminalität, Schlussbericht über das gleichnamige Seminar vom 02.02. bis zum 04.02.2000, Polizei-Führungsakademie Münster, S. 325 (327); *Gusy*, Polizei und Nachrichtendienste im Kampf gegen die Organisierte Kriminalität, KritV 1994, S. 242 (243).

755 Vgl. dazu die Ausführungen unter Kapitel 2 - B.II.1.

756 Vgl. hierzu die Ausführungen unter Kapitel 2 - B.III.2.

757 Näheres unter Kapitel 2 - B.III.3.d.

758 Vgl. die Ausführungen unter Kapitel 2 - B.III.3.c.

759 *Gusy*, Polizei und Nachrichtendienste im Kampf gegen die Organisierte Kriminalität, KritV 1994, S. 242 (243).

760 *Singer*, Das Trennungsgebot – Teil 1 – Politisches Schlagwort oder verfassungsrechtliche Vorgabe? Die Kriminalpolizei 9/2006, S. 85 (88).

761 So etwa § 8 Abs. 3 BVerfSchG.

762 Vgl. z.B. § 2 Abs. 1 Satz 3 BVerfSchG.

763 *Singer*, Das Trennungsgebot – Teil 1 – Politisches Schlagwort oder verfassungsrechtliche Vorgabe? Die Kriminalpolizei 9/2006, S. 85 (88).

Polizei und Nachrichtendienste identische Aufgabenbereiche, ließe sich nämlich nicht überzeugend erklären, warum diese dann nicht institutionell zusammengefasst werden sollten.[764]

Dem Trennungsgebot ist daher auch eine aufgabenbezogene Komponente zuzugestehen. Aus dieser funktionenbezogenen Trennung folgt, dass die Zuständigkeiten der Sicherheitsbehörden möglichst trennscharf voneinander abzugrenzen sind. Die von den Nachrichtendiensten wahrgenommenen Aufgaben sollen grundsätzlich nicht von der Polizei ausgeübt werden, umgekehrt sollen die Nachrichtendienste nicht in einem originär der Polizei zustehenden Aufgabengebiet tätig werden.

1. Problem Aufgabenerweiterung

Seit den 1970er Jahren wurde der Polizei jedoch zunehmend – durch gesetzliche Neuregelungen – auch der Einsatz bereits im Gefahrenvorfeld gestattet.[765] Auch den Nachrichtendiensten wurden über ihren herkömmlichen Aufgabenbereich – nämlich den Staats- und Verfassungsschutz – hinaus Aufgaben im Bereich der Aufklärung der organisierten[766] und internationalen Kriminalität übertragen und diese damit auch an der allgemeinen Verbrechensbekämpfung (so etwa bei der Bekämpfung der organisierten Kriminalität) funktional beteiligt.[767] Dies hat zu einer Überschneidung der Aufgabengebiete von Polizei und Nachrichtendiensten geführt, insbesondere im Bereich der Kriminalitätsbekämpfung und des politischen Extremismus.[768]

Fraglich ist, ob diese Aufgabenerweiterung den funktionalen Vorgaben des Trennungsgebotes entspricht und ob das funktionenbezogene Trennungsgebot überhaupt noch Gültigkeit besitzt.[769]

---

764 *Singer*, Die rechtlichen Vorgaben für die Beobachtung der Organisierten Kriminalität durch die Nachrichtendienste der Bundesrepublik Deutschland, S. 90.

765 So wurde etwa im Jahr 1976 aufgrund der terroristischen Bedrohungen durch die RAF § 129a, der die Gründung, die Beteiligung an, die Werbung für und die Unterstützung von terroristischen Vereinigungen unter Strafe stellt, neu in das Strafgesetzbuch eingefügt. Mit dieser Vorverlegung der Strafbarkeit in eine bislang straflose Vorbereitungsphase wurde auch die Zuständigkeit der Polizei als Strafverfolgungsbehörde in einen Bereich hinein erweitert, der bislang allein der Beobachtung durch die Nachrichtendienste unterlegen hatte, vgl. *Albert*, Gedanken zum Verhältnis von Polizei und Verfassungsschutz, in: Bundesamt für Verfassungsschutz (Hrsg.), Bundesamt für Verfassungsschutz. 50 Jahre im Dienst der inneren Sicherheit, S. 85 (90). Zuletzt wurden dem BKA durch das neue BKAG, das am 01.01.2009 in Kraft getreten ist, erstmals auch Befugnisse zur vorbeugenden Gefahrenabwehr zugewiesen.

766 Das Bayerische Landesamt für Verfassungsschutz wurde durch Gesetz vom 08. Juli 1994 (GVBl. S. 551) mit der Beobachtung der organisierten Kriminalität betraut.

767 Dieses Phänomen wird auch als „Verpolizeilichung“ der Nachrichtendienste bezeichnet, vgl. *Kniesel*, „Innere Sicherheit“ und Grundgesetz, ZRP 1996, S. 482 (483).

768 *Singer*, Das Trennungsgebot – Teil 1 – Politisches Schlagwort oder verfassungsrechtliche Vorgabe? Die Kriminalpolizei 9/2006, S. 85 (88).

769 Nach *Singer* ist die „funktionelle Trennung“ partiell verschwunden, vgl. *Singer*, Das Trennungsgebot – Teil 1 – Politisches Schlagwort oder verfassungsrechtliche Vorgabe? Die Kriminalpolizei 9/2006, S. 85 (88). Nach *Albert* hat das Trennungsgebot niemals eine Trennung der Aufgabenfelder beinhaltet, vgl. *Albert*, Gedanken zum Verhältnis von Polizei

Zur Beantwortung dieser Fragen ist zunächst klarzustellen, dass es kein neuartiges Phänomen darstellt, wenn sich der Zuständigkeitsbereich von Nachrichtendiensten und Polizeien überschneidet. Dieser wies nämlich bereits vor den gesetzlichen Neuerungen teilweise Überschneidungen auf: So endet etwa die Zuständigkeit der Nachrichtendienste nicht in dem Moment, in dem eine Straftat begangen wird und der Aufgabenbereich der Polizei, nämlich die Strafverfolgung, eröffnet wird. Vielmehr sind in diesem Bereich sowohl die Nachrichtendienste als auch die Polizei zuständig. Auch können beispielhaft die im Strafgesetzbuch normierten Staatsschutzdelikte[770] angeführt werden, bei denen der Zuständigkeitsbereich der Strafverfolgungsbehörden bereits im Versuchs- bzw. Vorbereitungsstadium eröffnet ist und sich damit – im Bereich des Gefahrenvorfeldes – mit dem Zuständigkeitsbereich der Nachrichtendienste überschneidet.

a. „Verpolizeilichung“ der Nachrichtendienste

Zur Klärung der Frage, ob die Aufgabenerweiterung der Nachrichtendienste, die auch mit dem Begriff der „Verpolizeilichung“ umschrieben wird[771], mit der funktionalen Ausprägung des Trennungsgebotes vereinbar ist, kann eine Entscheidung des Bundesverfassungsgerichts zu § 3 des „Gesetzes zur Beschränkung des Brief-, Post- und Fernmeldegeheimnisses“ (Artikel 10-Gesetz – G 10) in der Fassung des Verbrechensbekämpfungsgesetzes[772] herangezogen werden.[773] Im Hinblick auf die Erweiterung des Aufgabengebietes der Nachrichtendienste und die Einbeziehung derselben in den Bereich der organisierten und internationalen Kriminalität hat das oberste Gericht diesen Einbezug nachrichtendienstlicher Tätigkeit in den originär polizeilichen Aufgabenbereich dergestalt beschränkt, dass ein hinreichender Bezug zu den spezifischen Aufgabenspektren der Nachrichtendienste zwingend zu wahren ist und die primäre Funktion derselben nicht in den Hintergrund geraten darf.[774] Die vom Bundesverfassungsgericht getroffenen Feststellungen konkretisieren dabei die funktionale Komponente des Trennungsgebotes, wenn das Gericht formuliert: *„(...) Art. 73 Nr. 1 GG* [berechtigt] *den Bundesgesetzgeber nicht dazu, dem Bundesnachrichtendienst Befugnisse einzuräumen, die auf die Verhütung, Verhinderung oder Verfolgung von Straftaten als solche gerichtet sind. Das schließt Parallelen und Überschneidungen in den verschiedenen Beobachtungs- und Informationsbereichen nicht aus, solange sich die durch die Kompetenzverteilung abgegrenzten Aufgaben- und Tätigkeitsfelder der verschiedenen Stellen nicht vermischen.“;* und weiter heißt es: *„Zur Wahrung der kompetenziellen Grenzen muss der Gesetzgeber, soweit seine Regelungen auf Art. 73 Nr. 1 GG gründen, allerdings durch eine hinreichende Bestimmung des Verwendungszwecks, ange-*

---

und Verfassungsschutz, in: Bundesamt für Verfassungsschutz (Hrsg.), Bundesamt für Verfassungsschutz. 50 Jahre im Dienst der inneren Sicherheit, S. 85 (96).

770 Vgl. §§ 80 ff. StGB.

771 *Möstl*, Die staatliche Garantie für die öffentliche Sicherheit und Ordnung, S. 408.

772 BGBl. 1994/I S. 3186.

773 Siehe BVerfGE 100, 313 (370) = NJW 2000, 55 ff.

774 BVerfGE 100, 313 (370) = NJW 2000, 55 (60).

messene Zweckbindungen, eine darauf abgestimmte Ausgestaltung der Befugnisse und sachgerechte Schutzvorkehrungen dafür Sorge tragen, dass die Ermächtigungen und die auf ihnen beruhenden Maßnahmen auf die Aufgaben des Bundesnachrichtendienstes bezogen bleiben und anderweitige Verwendungsmöglichkeiten die Primärfunktion nicht überlagern."[775]

Aus dieser Entscheidung, in der das Bundesverfassungsgericht die inhaltliche Gestaltung des Trennungsgebotes näher konkretisiert hat[776], ergibt sich für die hier interessierende Frage nach einer Vereinbarkeit der Aufgabenerweiterung der Nachrichtendienste mit dem Trennungsgebot das Folgende: Das Trennungsgebot steht dem Einbezug nachrichtendienstlicher Tätigkeit in einen originär polizeilichen Aufgabenbereich solange nicht entgegen, wie ein spezifischer Bezug zu der Primäraufgabe des Staats- und Verfassungsschutzes durch Aufklärungsarbeit gewahrt bleibt. Diese Vorgabe überzeugt: Einerseits wird dem Gebot der Trennung Rechnung getragen, in dem ein gewisser Bezug zur Primäraufgabe der Dienste gefordert wird, zugleich aber der verfassungsrechtliche Rahmen nicht so eng gezogen, dass eine effektive Handlungsfähigkeit erschwert würde.

Zwar hat das oberste Gericht nicht geklärt, was die Folge des Fehlens eines solchen Bezuges zum spezifischen und primären Aufgabenbereich der Nachrichtendienste wäre.[777] Richtigerweise ist in einem solchen Fall aber ein Verstoß gegen das Trennungsgebot anzunehmen. Denn bereits den in Art. 73 Abs. 1 Nr. 10 und Art. 87 Abs. 1 S. 2 GG niedergelegten Aufgaben der Verbrechensbekämpfung und des Staats- und Verfassungsschutzes lässt sich entnehmen, dass es primäre Aufgabe der Nachrichtendienste ist, die freiheitliche demokratische Grundordnung zu sichern und deren Bedrohungen aufzuklären.[778] Maßnahmen der Nachrichtendienste, die sich nicht innerhalb dieses gesetzlich angeordneten Aufgabenbereiches bewegen und noch nicht einmal einen Bezug zu der primären Funktion aufweisen, gehen daher nicht mit dem funktionalen Element des Trennungsgebotes konform.

Zusammenfassend kann also festgehalten werden, dass trotz des Phänomens der „Verpolizeilichung" der Nachrichtendienste die funktionenbezogene Ausformung des Trennungsgebotes nach wie vor Gültigkeit besitzt. Sie wird immer dann verletzt, wenn sich die Nachrichtendienste im Rahmen ihres Tätigwerdens außerhalb ihres originären Aufgabenbereiches bewegen und kein Bezug zu ihrer primären Aufgabe des Staats- und Verfassungsschutzes vorhanden ist.

---

775 BVerfGE 100, 313 (370) = NJW 2000, 55 (60).

776 Ebenso *Möstl*, Die staatliche Garantie für die öffentliche Sicherheit und Ordnung, S. 412.

777 Ausdrücklich offen gelassen wurde auch die Frage nach dem normativen Rang des Trennungsgebotes. In der Entscheidung heißt es: *„Auf die Frage, ob sich aus den Gesetzgebungskompetenzen ein Trennungsgebot zwischen Polizei und Nachrichtendiensten entnehmen lässt, kommt es daher hier nicht an (vgl. auch BVerfGE 97, 198 (217) = NJW 1998, 495)."*

778 Vgl. *Werthebach/Droste-Lehnen,* Organisierte Kriminalität, ZRP 1994, S. 57 (63); *Gusy,* Organisierte Kriminalität zwischen Polizei und Verfassungsschutz, GA 1999, S. 319 (324).

b. „Vernachrichtendienstlichung" der Polizei

Fraglich ist aber nun, ob bzw. wenn ja, wie sich umgekehrt die „Vernachrichtendienstlichung" der Polizei auf die funktionenbezogene Trennung zwischen Polizei und Nachrichtendiensten ausgewirkt hat. In diesem Zusammenhang existiert – soweit ersichtlich – kein der Entscheidung des Bundesverfassungsgerichts zu § 3 Artikel 10-Gesetz in der Fassung des Verbrechensbekämpfungsgesetzes[779] vergleichbares Urteil[780], aus dem entsprechende Rückschlüsse und Vorgaben für eine Einbeziehung polizeilicher Tätigkeit in den originär nachrichtendienstlichen Verwendungsbereich gezogen werden könnten. Möglicherweise sind aber die in dieser Entscheidung entwickelten Leitlinien des Bundesverfassungsgerichts analog auf die Ausweitung des polizeilichen Aufgabenbereiches anzuwenden.

Zur Beantwortung dieser Frage sind die Hintergründe der Erweiterung des polizeilichen Aufgabengebietes näher zu untersuchen: Die Polizei wird in Ergänzung ihrer herkömmlichen Tätigkeit im Bereich der Gefahrenabwehr und der Strafverfolgung nun auch auf dem Gebiet der „vorbeugenden Verbrechensbekämpfung", welche die Verhütung von Straftaten und die Vorsorge für die Verfolgung von Straftaten zusammenfasst, tätig.[781] Dies ergibt sich aus der seit 1986 entwickelten neuen Gesetzgebung zum Polizeirecht.[782] Anlass war das Volkszählungsurteil des Bundesverfassungsgerichts und die Anerkennung des Grundrechts auf informationelle Selbstbestimmung, als dessen Konsequenz die gesetzliche Einführung polizeirechtlicher Befugnisnormen für die Erhebung und Verarbeitung von personenbezogenen Daten gefordert worden ist.[783]

Aufgrund dieses erweiterten Aufgabenbereiches in den Polizeigesetzen darf die Polizei nun also im Gefahrenvorfeld und damit in einem originär den Nachrichtendiensten zustehenden Aufgabenbereich tätig werden. Sie darf dabei Maßnahmen der Informationsbeschaffung und Beobachtung unter Einsatz nachrichtendienstlicher Mittel ergreifen.[784] Folge dieser „vorbeugenden Verbrechensbekämpfung" ist, dass die Polizei zur Erfüllung dieser Aufgabe schon vor dem Eintritt einer konkreten Gefahr und vor der konkreten zu verfolgenden Straftat im Vorfeldbereich tätig werden darf.

---

779 BGBl. 1994/I S. 3186.

780 Vgl. die Ausführungen unter Kapitel 3 - E.III.1.a.

781 *Götz*, Die Entwicklung des allgemeinen Polizei- und Ordnungsrechts (1994-1997), NVwZ 1998, S. 679; *Schulze-Fielitz*, Nach dem 11. September: An den Leistungsgrenzen eines verfassungsstaatlichen Polizeirechts?, in: Horn (Hrsg.), Recht im Pluralismus: Festschrift für Walter Schmitt Glaeser zum 70. Geburtstag, S. 411.

782 § 1 Abs. 1 S. 2 des Vorentwurfs zur Änderung des Musterentwurfs eines Polizeigesetzes (VEMEPolG) der Innenministerkonferenz vom 12. März 1986 erweiterte die Aufgaben der Polizei um die „vorbeugende Bekämpfung von Straftaten" und die „Vorbereitung auf die Gefahrenabwehr".

783 *Götz*, Die Entwicklung des allgemeinen Polizei- und Ordnungsrechts (1994-1997), NVwZ 1998, S. 679.

784 Die Polizeibehörden sind zum Beispiel ermächtigt worden zur vorsorgenden Überwachung der Telekommunikation (vgl. z.B. § 31 POG Rh.-Pf.) und privater Wohnräume (vgl. z.B. § 29 POG Rh.-Pf.) oder zur präventiven Videoüberwachung öffentlich zugänglicher Räume (vgl. z.B. § 27 POG Rh.-Pf.).

Fraglich ist nun, ob diese Aufgabenerweiterung der funktionenbezogenen Ausgestaltung des Trennungsgebotes zuwiderläuft. Dies wäre zu verneinen, wenn dieser „neue" Aufgabenbereich sich nicht als wirklich andersartig „entpuppt", sondern sich lediglich als eine besondere Ausgestaltung der bislang bereits vorhandenen Aufgabenzuweisungen herausstellt. Gemeint ist damit, ob sich die „vorbeugende Verbrechensbekämpfung" dem Bereich der Gefahrenabwehr oder der Strafverfolgung zuordnen lässt.

Einer solchen Zuordnung entgegenstehen könnte, dass die polizeilichen Maßnahmen der „vorbeugenden Verbrechensbekämpfung" teilweise auch als die „dritte Aufgabenkategorie" neben den klassischen Aufgabengebieten der Gefahrenabwehr und Strafverfolgung bezeichnet wird.[785] Es handele sich bei der „vorbeugenden Verbrechensbekämpfung" um eine „Aufgabe eigener Art", die nicht auf die Aufklärung eines bestehenden Tatverdachts für eine Straftat gerichtet sei. Auch der nur mittelbar präventive Charakter der Eingriffsnormen genüge nicht für eine Zuordnung zur Aufgabe der Gefahrenabwehr.[786]

Richtigerweise lässt sich aber auch der Bereich der „vorbeugenden Verbrechensbekämpfung" unter das bereits anerkannte polizeiliche Aufgabengebiet „Gefahrenabwehr" subsumieren.[787] Diese dogmatische Verortung lässt sich zunächst dem Vorentwurf zur Änderung des Musterentwurfs eines einheitlichen Polizeigesetzes (VEMEPolG) aus dem Jahr 1986 entnehmen. Dort heißt es wörtlich in § 1 Abs. 1 S. 2: „*Sie* [nämlich die Polizei, Anm. d. Verf.] *hat im Rahmen dieser Aufgabe* [gemeint ist die Gefahrenabwehr, Anm. d. Verf.] *auch für die Verfolgung von Straftaten vorzusorgen und Straftaten zu verhüten (vorbeugende Bekämpfung von Straftaten) sowie Vorbereitungen zu treffen, um künftige Gefahren abwehren zu können (Vorbereitung auf die Gefahrenabwehr).* Weiter deutet auch die Einzelbegründung zu § 1 VEMEPolG darauf hin: Danach soll durch den neuen Satz 2 *keine* Aufgabenerweiterung erfolgt sein; vielmehr habe die Ergänzung lediglich klarstellende Funktion.[788] Auch die Tatsache, dass in den einschlägigen Ermächtigungsgrundlagen betreffend die „vorbeugende Verbrechensbekämpfung" ein gewisser Gefahrenbezug gefordert wird, deutet darauf hin, dass es bei dieser „proaktiven" Tätigkeit der Polizei inhaltlich um die Abwehr von Gefahren geht, auch wenn sich die bestehenden Anhaltspunkte noch nicht zu einer konkreten Gefahr verdichtet haben. Das Polizeihandeln bleibt also auch in diesem Bereich auf die Begegnung einer Gefahr gerichtet.

Beispielhaft angeführt werden kann zur Verdeutlichung etwa § 10 POG Rh.-Pf., der für die so genannte Schleierfahndung zwar einerseits fordert, dass die Identitätsfeststellung zur Abwehr einer Gefahr oder zum Schutz privater Rechte erforderlich sein muss (Abs. 1 S. 1), andererseits aber z.B. auch eine Überprüfung der Identität einer

---

785 *Knemeyer*, Polizei- und Ordnungsrecht, S. 11.

786 *Zimmermann*, Sicherheitsvorsorge vor Ort - Eine verschiedenen Trägern zustehende, vernetzt wahrzunehmende Aufgabe auch in Bereichen *„Innerer Sicherheit"* und öffentlicher *Un-Ordnung* in der Kommune - , S. 73 f.

787 So *Götz*, Allgemeines Polizei- und Ordnungsrecht, Rn. 88.

788 Begründung zu § 1 MEPolG in *Kniesel/Vahle*, VEMEPolG, Musterentwurf eines einheitlichen Polizeigesetzes in der Fassung des Vorentwurfs zur Änderung des ME PolG – Text und amtliche Begründung, S. 50.

Person gestattet, wenn diese sich an einem Ort aufhält, von dem aufgrund tatsächlicher Anhaltspunkte erfahrungsgemäß anzunehmen ist, dass dort Personen Straftaten verabreden, vorbereiten oder verüben (Abs. 1 S. 2 Nr. 1 a) aa). Damit wird auch von dieser „vorbeugenden Gefahrenabwehr" nicht ohne weiteres jedes legale Verhalten erfasst, sondern ein vorsorgendes Tätigwerden der Polizei im Vorfeld einer konkreten Gefahr steht unter der Prämisse, dass Anhaltspunkte für einen Gefahrenmoment vorhanden sind.

So ist das polizeiliche Tätigwerden im Bereich des Gefahrenvorfeldes nicht etwa als „erster Schritt auf dem Weg zur voraussetzungslosen Jedermannkontrolle"[789] anzusehen und damit in eine eigenständige Aufgabenkategorie zu gliedern; vielmehr verfügen auch die einschlägigen gesetzlichen Grundlagen für die „vorbeugende Gefahrenabwehr" über anwendungslimitierende Voraussetzungen, die einen engen Bezug zur Aufgabe der Gefahrenabwehr aufweisen. Und damit wird in der Konsequenz auch dem Gebot der Trennung von Polizei und Nachrichtendiensten im Hinblick auf ihre Aufgabenbereiche Rechnung getragen: Das Erfordernis eines Gefahrenbezuges wirkt der Verletzung des Trennungsgebotes entgegen. Ein solcher Verstoß gegen die funktionenbezogene Ausgestaltung des Trennungsgebotes kommt nämlich nur in Betracht, wenn das Einschreiten der Polizei im Vorfeld einer konkreten Gefahr gänzlich ohne Gefahrenbezug gestattet würde und damit polizeiliche Zwangsbefugnisse in einem Bereich eingesetzt werden könnten, der den Nachrichtendiensten vorbehalten ist. Auf diese Weise käme es faktisch zu einer „Verschmelzung" der Aufgabenbereiche der polizeilichen und nachrichtendienstlichen Sicherheitsbehörden.

Vor dem Hintergrund der Entscheidung des Bundesverfassungsgerichts zu § 3 Artikel 10-Gesetz in der Fassung des Verbrechensbekämpfungsgesetzes[790] kann nun für die Frage einer Vereinbarkeit dieses Phänomens der so genannten „Vernachrichtendienstlichung" der Polizei[791] analog gefolgert werden, dass dieses dann und soweit mit dem Trennungsgebot vereinbar ist, wie das Tätigwerden der Polizei im Gefahrenvorfeld noch einen Bezug zu der ihr primär zugewiesenen Aufgabe der allgemeinen Gefahrenabwehr aufweist. Wenn sich die Polizeibehörden also im Rahmen ihrer Aufgabenwahrnehmung innerhalb des ihnen gesetzlich zugewiesenen Bereiches bewegen und diesen nicht überschreiten, so liegt aufgrund des dann auch rein tatsächlich gegebenen Gefahren(abwehr)bezuges kein Verstoß gegen die funktionale Ausformung des Trennungsgebotes vor.

Unter Berücksichtigung dieser Maßgabe wird auch vor dem Hintergrund einer Aufgabenerweiterung der polizeilichen Sicherheitsbehörden an der herkömmlichen Aufgabentrennung zwischen Polizei und Nachrichtendiensten – wie sie auch durch das Trennungsgebot vorgegeben wird – festgehalten. Die neu entstandenen Parallelen und Überschneidungen in den Aufgabenbereichen von Polizei und Nachrichtendiensten sind unschädlich, solange sich die durch die ursprüngliche Kompetenzverteilung abge-

---

789 Vgl. zu dem Begriff *Lisken*, Zur polizeilichen Rasterfahndung, NVwZ 2002, S. 513 (515).

790 BGBl. 1994/I S. 3186.

791 *Kniesel*, „Innere Sicherheit" und Grundgesetz, ZRP 1996, S. 482 (483).

grenzten Aufgaben- und Tätigkeitsfelder der verschiedenen Sicherheitsbehörden nicht (gänzlich) vermischen.[792]

Zusammenfassend ist eine Vereinbarkeit des polizeilichen Tätigwerdens im Vorfeld einer Gefahr mit dem funktionenbezogenen Trennungsgebot immer (nur) dann zu bejahen, wenn ein gewisser Gefahrenbezug etwa in Form von tatsächlichen Anhaltspunkten für das Vorliegen einer Straftat gegeben ist und die Polizei aufgrund dieses Bezuges im Gefahrenvorfeld tätig wird. Anderenfalls bestünde das begründete Risiko, dass das primäre Aufgabenspektrum der Polizei überlagert wird und sich vollständig mit dem Aufgabengebiet der Nachrichtendienste vermischt.

c. Konsequenzen

Wenn also vertreten wird, das Trennungsgebot sei infolge der Aufgabenerweiterungen von Polizei und Nachrichtendiensten in seiner funktionellen Ausprägung, die mangels ausdrücklicher gesetzlicher Regelung bereits ohnehin schwach gewesen sei, verletzt und in der Folge partiell verschwunden,[793] dann ist dem entgegenzutreten. Das Trennungsgebot besitzt trotz der gegebenen „Verpolizeilichung" der Nachrichtendienste und „Vernachrichtendienstlichung" der Polizeien nach wie vor Gültigkeit.

Weder die bereits bestehenden Überschneidungsbereiche der Funktionen von Polizei und Nachrichtendiensten noch die Erweiterung der Zuständigkeitsbereiche der Sicherheitsbehörden, hat dazu geführt, dass die im Trennungsgebot verankerte funktionale Trennung (vollständig) ihre Berechtigung hätte einbüßen müssen. Auch wenn eine solche Argumentation natürlich auch maßgeblich davon abhängt, welcher normative Rang dem Trennungsgebot eingeräumt wird, kann hier – ohne das Ergebnis dieser rangbezogenen Fragestellung bereits vorwegnehmen zu wollen – bereits festgehalten werden, dass Änderungen auf rein einfachgesetzlicher Ebene eine verfassungsrechtliche Ausprägung des Trennungsgebotes auf funktionaler Ebene jedenfalls nicht auszuhebeln vermögen. Die gebotene Trennung lässt sich nicht rechtstechnisch dadurch aufheben, dass man z.B. den Aufgabenbereich der Nachrichtendienste auch auf die Aufklärung der Organisierten Kriminalität erstreckt. Denn die den Nachrichtendiensten exklusiv übertragenen Kompetenzen sollten und sollen – wie es auch im so genannten Abhörurteil[794] vom Bundesverfassungsgericht und in der Entscheidung über die strategische Postkontrolle[795] hervorgehoben worden ist – ausschließlich für die Zwecke des Staats- und Verfassungsschutzes genutzt werden dürfen.[796] Gleiches gilt auch für die Erweiterung des Aufgabenbereichs der Polizei, die ebenso wenig zu einer Auflösung des Trennungsgebotes führen kann.

---

792 Vgl. dazu das Urteil des Bundesverfassungsgerichts zu § 3 Artikel-10-Gesetz, BVerfGE 100, 313 (370) = NJW 2000, 55 (60).

793 So etwa *Singer*, Das Trennungsgebot – Teil 1 – Politisches Schlagwort oder verfassungsrechtliche Vorgabe? Die Kriminalpolizei 9/2006, S. 85 (88).

794 BVerfGE 30, 1.

795 BVerfGE 67, 157.

796 Siehe dazu *Lisken*, Nachrichtendienste und „organisierte Kriminalität"; in: Grundrechte-Report 1997, S. 192 ff.

2. Ergebnis

Zusammenfassend lässt sich festhalten, dass sich dem Trennungsgebot auch eine funktionale Komponente entnehmen lässt, die immer dann verletzt wird, wenn Polizei und Nachrichtendienste außerhalb ihres primären Aufgabengebietes in dem Aufgabenbereich der jeweils anderen Sicherheitsbehörde tätig werden. Eine Ausnahme von dieser Regel bildet dabei ein Tätigwerden innerhalb des originär der jeweils anderen Sicherheitsinstitution zukommenden Aufgabengebietes, wenn dieses gesetzlich legitimierte Tätigwerden einen Bezug zu der spezifischen, primär zugewiesenen Aufgabe der jeweiligen Sicherheitsbehörde aufweist. Im Fall der Nachrichtendienste ist dies ein Bezug zum Staats- und Verfassungsschutz; für die Polizeibehörden gilt, dass ein gewisser Gefahrenbezug gegeben sein muss, das heißt zumindest Anhaltspunkte für das Vorliegen einer (erheblichen) Straftat. Im Ergebnis ist damit also auch von einer durch das Trennungsgebot vorgegebenen Trennung auf funktionaler Ebene auszugehen.

IV. Trennung auch auf informationeller Ebene?

Der Blick auf den „Polizeibrief" der Westalliierten hat gezeigt: Hier war sowohl eine organisatorische als auch eine befugnisrechtliche Trennung der Sicherheitsbehörden beabsichtigt worden. Der Bundesregierung wurde in Erwartung der Konzeption des Grundgesetzes die Einrichtung einer Grenzschutzbehörde, einer Kriminalpolizeibehörde auf Bundesebene sowie einer nachrichtendienstlichen Staatsschutzstelle gestattet. Letztere sollte jedoch ohne die Gewährung der klassischen polizeilichen Gefahrabwehrinstrumentarien geführt werden. Ebenso ist eine funktionale Ausprägung – wie soeben gezeigt – dem Trennungsgebot nicht abzusprechen.

Fraglich ist nun, inwiefern eine weitere Stufe des Trennungsgebotes – dieses Mal auf informationeller Ebene – anerkannt werden kann.

Diese Frage nach einer Trennung von Polizei und Nachrichtendiensten auch auf informationeller Ebene ist äußerst umstritten. Eine derartige Ausprägung des Trennungsgebotes ist nicht einfachgesetzlich normiert. Sie lässt sich vielmehr nur aus grundsätzlichen Überlegungen und im Zusammenhang mit den anderen Stufen des Trennungsgebotes zwischen der Polizei und den Nachrichtendiensten herleiten.

Es ist deshalb zunächst zu klären, was genau unter dem Begriff der informationellen Trennung zu verstehen ist, um dann in einem nächsten Schritt die in der Literatur bisher vertretenen Ansichten besser nachvollziehen und bewerten zu können.

1. Was bedeutet informationelle Trennung?

Der Begriff „Information" stammt von dem lateinischen Verb „informare" ab, das eigentlich mit „formen, gestalten, in Form bringen" übersetzt wird. In der übertragenen Bedeutung „durch Unterweisung bilden, unterrichten" wurde es im 15. Jahrhundert in den deutschen Sprachgebrauch entlehnt. Heute verstehen wir unter Information „die

Mitteilung, Nachricht, Auskunft“ und dementsprechend unter dem Verb „informieren“ „mitteilen, Auskunft geben, belehren“.[797]

Ein Trennungsgebot auf informationeller Ebene bedeutet demnach ein solches, das die Zusammenarbeit in Form eines gegenseitigen Benachrichtigens, also des Austauschens von Informationen zwischen den verschiedenen Sicherheitsbehörden untersagt.

Folge einer informationellen Trennung ist also streng genommen, dass die nachrichtendienstlichen und polizeilichen Behörden keine ihnen vorliegenden Informationen der jeweils anderen Institution mitteilen dürfen und die Nachrichtendienste und Polizeibehörden jeweils selbständig Daten erheben müssen, ohne dabei – etwa aus Gründen einer effizienteren Vorgehensweise – auf bereits bei einer anderen Sicherheitsbehörde bekannte Informationen zurückgreifen zu dürfen.

2. Reichweite der informationellen Trennung

Ausgehend von der Wortbedeutung meint Trennung auf informationeller Ebene also, dass keine Informationen zwischen den Sicherheitsinstitutionen ausgetauscht werden dürfen. Die Anerkennung eines derart strengen Verständnisses des informationellen Trennungsgebotes, das auch als informationelles Trennungsgebot im engeren Sinne bezeichnet wird, stößt in der Literatur jedoch auf heftige Kritik: Gegen das Verbot einer Zusammenarbeit durch Informationsaustausch wird von der wohl überwiegenden Ansicht vorgetragen, dass das Grundgesetz selbst im Rahmen der Gesetzgebungskompetenz von einer Zusammenarbeit des Bundes und der Länder ausgehe. Dabei wird auf Art. 73 Abs. 1 Nr. 10 des Grundgesetzes und dort insbesondere auf Nr. 10 c) GG verwiesen, der die Zusammenarbeit bei Bestrebungen, die auswärtige Belange der Bundesrepublik gefährden, regelt.[798] Eine absolute Trennung zwischen Polizei und Nachrichtendiensten, die selbst den Informationsaustausch verbietet, könne dabei nicht dem Willen des Gesetzgebers entsprechen.

Von Verfechtern der strikten Trennung auch auf informationeller Ebene wird gegen diesen Hinweis auf Art. 73 GG hingegen vorgebracht, man könne von dieser grundgesetzlichen Anordnung des Rahmens, innerhalb dessen der Bund auf einem originär den Ländern zukommenden Rechtsgebiet tätig werden kann, nicht auf die Zulässigkeit des Austausches von Informationen zwischen den beiden Sicherheitsbehörden schließen; dies überdehne die Funktion des Grundgesetz-Artikels.[799] Weiter erscheine es nicht sachgerecht, Art. 73 Abs. 1 Nr. 10 c) GG allein als eine Grundlage für den informationellen Austausch zwischen Polizei und Nachrichtendiensten sehen zu wollen, auf der anderen Seite jedoch die sonstige Trennung – auch bei Bestrebungen, die auswärtige Belange der Bundesrepublik betreffen und gefährden – anzuerkennen.[800]

797 Brockhaus - Die Enzyklopädie, Band 10, S. 496.

798 So etwa *Wolff/Scheffcyk*, Verfassungsrechtliche Fragen der gemeinsamen Antiterrordatei von Polizei und Nachrichtendiensten, JA 2008, S. 81 (84).

799 *Roewer*, Nachrichtendienstrecht der Bundesrepublik Deutschland, § 3 BVerfSchG, Rn. 188; *Werthebach/Droste*, in: Dolzer/Vogel/Grashof (Hrsg.), Bonner Kommentar zum Grundgesetz, Art. 73 Nr. 10, Rn. 234.

800 *Roewer*, Nachrichtendienstrecht der Bundesrepublik Deutschland, § 3 BVerfSchG, Rn. 188.

Richtigerweise bezieht sich die in Art. 73 Nr. 10 GG enthaltene Pflicht zur Zusammenarbeit von Bund und Ländern nur auf das Verhältnis Bund und Länder, gerade nicht auf die Beziehung zwischen Nachrichtendiensten und Polizei.[801] Es handelt sich bei Art. 73 Nr. 10 GG nur um eine „Kompetenzvorschrift für die Gesetzgebung" und nicht um eine „Ermächtigungsgrundlage für informationelle Eingriffe in Grundrechte der Bürger."[802] Eine solche Auslegung des Grundgesetzartikels kann mithin nicht zur Entscheidung der Frage, inwieweit eine informationelle Trennung anzuerkennen ist, herangezogen werden.

Der strengen informationellen Ausprägung des Trennungsgebots, die jeglichen Informationsaustausch zwischen den nachrichtendienstlichen und polizeilichen Sicherheitsbehörden verbieten will, ist jedoch entgegen zu halten, dass die normativen Anknüpfungspunkte für ein organisatorisches, ein befugnisbezogenes und ein funktionales Trennungsgebot im Grundgesetz schon sehr gering sind. Um nun auch noch eine Trennung auf informationeller Ebene begründen zu wollen, gibt der grundgesetzliche *Wortlaut* nichts her.[803] Auch in einfachgesetzlichen Regelungen ist – soweit ersichtlich – ein informationelles Trennungsgebot nicht genannt.[804]

Nach *Droste* ist ein Zusammenwirken auf informationeller Ebene sogar „das notwendige Korrektiv für die gewollte Trennung" im Übrigen. Dies werde auch bestätigt durch einfachgesetzliche, detaillierte Regelungen für den konkreten Informationsaustausch wie in den §§ 17 ff. BVerfSchG.[805]

So lässt sich festhalten, dass eine Trennung auf informationeller Ebene nicht bedeuten kann, dass keinerlei Informationen zwischen Sicherheitsbehörden ausgetauscht werden dürfen. Dies zeigt auch ein Blick auf den klassischen Aufgabenbereich der Nachrichtendienste, die im Vorfeld einer konkreten Gefahr, im so genannten kriminogenen Milieu[806], tätig werden. Wenn die dabei gewonnenen Ergebnisse nicht an die Polizeibehörden zur Strafverfolgung weitergegeben werden könnten, hätte dies zur Folge, dass eine Institution Nachrichtendienst völlig überflüssig, weil nicht handlungsfähig ist.

Zutreffenderweise und mit der wohl überwiegenden Ansicht ist daher die Anerkennung eines informationellen Trennungsgebotes im engeren Sinne abzulehnen. Ein genereller Austausch von Informationen zwischen der Polizei und den Nachrichtendiensten ist nach der informationellen Ausformung des Trennungsgebotes nicht verboten.

Wenn nun aber ein Informationsaustausch nicht gänzlich verboten sein soll, stellt sich die Frage, in welchem Umfang Daten zwischen den verschiedenen Sicherheitsbe-

---

801 *Kutscha*, Die Aktualität des Trennungsgebots für Polizei und Nachrichtendienste, ZRP 1986, S. 194 (197).

802 *Kutscha*, Die Aktualität des Trennungsgebots für Polizei und Nachrichtendienste, ZRP 1986, S. 194 (197).

803 *Wolff/Scheffcyk*, Verfassungsrechtliche Fragen der gemeinsamen Antiterrordatei von Polizei und Nachrichtendiensten, JA 2008, S. 81 (84).

804 *Wolff/Scheffcyk*, Verfassungsrechtliche Fragen der gemeinsamen Antiterrordatei von Polizei und Nachrichtendiensten, JA 2008, S. 81 (83).

805 *Droste*, Handbuch des Verfassungsschutzrechts, S. 296.

806 Vgl. zum Begriff *Lisken*, Nachrichtendienste und „organisierte Kriminalität", Grundrechte-Report 1997, S. 192.

hörden ausgetauscht werden dürfen. Die in der Literatur zu findenden Ausführungen verweisen zur Beantwortung dieser Frage primär auf die befugnisrechtliche Komponente des Trennungsgebotes.[807] In einem unbegrenzten Informationsaustausch zwischen den Sicherheitsbehörden wird eine Umgehung der befugnisrechtlichen Ausprägung des Trennungsprinzips gesehen. In diesem Zusammenhang darf allerdings nicht außer Acht gelassen werden, dass das Trennungsgebot auch auf funktionaler Ebene ausgeprägt ist und ein Informationsaustausch ebenso eine Umgehung dieser Ebene bedeuten kann. Im Folgenden soll nun untersucht werden, inwiefern das informationelle Trennungsgebot als ein Reflex auf seine bereits erarbeitete befugnisrechtliche bzw. auf die funktionenbezogene Ausprägung anzusehen ist und welche Auswirkungen bzw. welche Reichweite diese beiden Formen der informationellen Trennung haben. Zur besseren Übersicht soll dabei unterschieden werden zwischen einer *informationell-befugnisrechtlichen* und einer *informationell-funktionalen* Trennung. Anzumerken ist, dass eine derartige sprachliche Differenzierung in den bisherigen Veröffentlichungen zur Thematik „Trennungsgebot" nicht vorgenommen worden ist, sie aber aus Gründen der Verschiedenheit der beiden Ausprägungen und zur besseren Nachvollziehbarkeit zwingend geboten erscheint.

a. Informationell-befugnisrechtliche Trennung

Es wird vertreten, dass es vor dem Hintergrund einer – durchweg anerkannten – befugnisrechtlichen Ausprägung des Trennungsprinzips wenig konsequent erscheine, wenn einerseits eine solche befugnisrechtliche Trennung bejaht werde, auf der anderen Seite jedwede Form des Informationsaustausches zwischen den sicherheitsrechtlichen Behörden gestattet werde. Dies würde nämlich dazu führen (und auch verleiten), auch solche Daten auszutauschen, die eine Behörde im Rahmen der ihr zugestandenen Befugnisse gewonnen hat, die die Daten empfangende Behörde, die nicht über derartige Befugnisse zur Erhebung eben dieser Daten verfügt, aber gar nicht hätte erlangen dürfen.[808]

Diese Argumentation überzeugt. In einer solchen Vorgehensweise ist ein deutlicher Verstoß in Form der Umgehung der befugnisbezogenen Ausprägung des Trennungsgebotes zu sehen.

Um die Reichweite dieser Ausprägung des Trennungsgebotes aber nun näher beurteilen zu können, ist zunächst einerseits zwischen einem Informationsfluss von den

---

807 Dazu etwa *Singer*, Die rechtlichen Vorgaben für die Beobachtung der Organisierten Kriminalität durch die Nachrichtendienste der Bundesrepublik Deutschland, S. 91; *Baumann*, Vernetzte Terrorismusbekämpfung oder Trennungsgebot? - Möglichkeiten und Grenzen der Zusammenarbeit von Polizei und Nachrichtendiensten - , DVBl. 2005, S. 798 (800 f.);*Gusy*, Das gesetzliche Trennungsgebot zwischen Polizei und Verfassungsschutz, DV 24 (1991), S. 467 (489).

808 *Gusy*, Das gesetzliche Trennungsgebot zwischen Polizei und Verfassungsschutz, DV 24 (1991), S. 467 (489); *Singer*, Die rechtlichen Vorgaben für die Beobachtung der Organisierten Kriminalität durch die Nachrichtendienste der Bundesrepublik Deutschland, S. 91.

Polizeien an die Nachrichtendienste und andererseits einer Datenübermittlung von den Nachrichtendiensten an die Polizeien zu unterscheiden.

(1) Datenübermittlung von der Polizei an die Nachrichtendienste

Eine befugnisbezogene Trennung, die darauf gerichtet ist, dass die Nachrichtendienste nicht über polizeiliche Zwangsbefugnisse verfügen dürfen, läuft weitestgehend leer, wenn man den Austausch von Informationen zwischen den beiden Sicherheitsbehörden zulässt, die auf Seiten der Polizei durch den Einsatz dieser imperativ-vollzugspolizeilichen Befugnisse erlangt worden sind.[809] Die Nachrichtendienste könnten so jedenfalls immer dann, wenn sie auf bestimmte Informationen nicht zugreifen können, weil ihnen zur Erlangung die entsprechenden Befugnisse vom Gesetzgeber nicht gewährt werden, den „Umweg“ über die Polizeidienststellen gehen und sich die dort vorhandenen und gewünschten Informationen beschaffen, ungeachtet der Tatsache, dass diese im Wege des Zwangsmitteleinsatzes erlangt worden sind. Dies erscheint wenig konsequent und eine Gestattung dieser Vorgehensweise in rechtlicher Hinsicht sehr bedenklich. Dies lässt sich unterstreichen mit dem etwa in § 8 Abs. 3, 2. Hs. BVerfSchG zu findenden Verbot einer so genannten „Befugnisleihe“: Danach ist es dem Bundesamt für Verfassungsschutz verwehrt, die Polizei im Wege der Amtshilfe um einen Grundrechtseingriff zu ersuchen, zu dem nur die Polizei, jedoch nicht die Nachrichtendienste selbst befugt sind. Vergleichbare Formulierungen finden sich im BNDG für den Bundesnachrichtendienst[810] und im MADG für den Militärischen Abschirmdienst.[811] Es ist der eigentliche Sinn des Trennungsgebotes, dass jede Behörde sich an den ihr von Gesetzes wegen zugestandenen Befugnissen orientiert und sich nicht solcher Rechte bedienen darf, die ihr nicht zugewiesen worden sind.

(a) Auswirkungen und Reichweite der informationell-befugnisrechtlichen Trennung

Fraglich ist in diesem Zusammenhang nun die Reichweite der informationell-befugnisrechtlichen Ausprägung des Trennungsgebotes.

Es wird vertreten, ein Verstoß gegen das Trennungsgebot könne nur bejaht werden, wenn die Befugnisse einer anderen Behörde von vornherein und allein für die Zwecke einer Stelle instrumentalisiert werden, die über diese Kompetenzen nicht verfügt.[812] Anders sei jedoch der Fall zu beurteilen, wenn eine Behörde im Rahmen ihrer eigenen regulären Arbeit und für ihre eigenen Zwecke Daten erhebt und diese Daten – gleich-

---

809 *Baumann*, Vernetzte Terrorismusbekämpfung oder Trennungsgebot? - Möglichkeiten und Grenzen der Zusammenarbeit von Polizei und Nachrichtendiensten - , DVBl. 2005, S. 798 (800 f.).

810 Vgl. § 2 Abs. 3 , S. 2 BNDG

811 Vgl. § 4 Abs. 2, 2. Hs. MADG.

812 *Möstl*, Stellungnahme zum GDG und TBEG, A-Drs. 16 (4)131 A, S. 5.

sam unvorhersehbar – dann auch der anderen Behörde für deren Zwecke zugänglich gemacht werden.[813]

Beispielhaft ist hier der Fall einer Verkehrskontrolle anzuführen, im Rahmen derer der angehaltene PKW durchsucht wird und dabei Hinweise auf verfassungsfeindliche Absichten (etwa in Form eines Manuskripts) des Fahrzeugführers gefunden werden. Diese Informationen werden nun von der Polizei an die Nachrichtendienste weitergegeben.

Es stellt sich die Frage, ob auch dieser Fall der Übermittlung von Informationen über einen so genannten Zufallsfund von der informationell-befugnisrechtlichen Ausformung des Trennungsgebotes erfasst wird.

Nach einer in der Literatur vertretenen Ansicht[814] mangelt es in dieser Konstellation an rechtsmissbräuchlichem Verhalten, das einer bewussten „Befugnisleihe" gleichkommt und der Behörde zum Vorwurf gemacht werden kann[815]; ein solcher Datenaustausch stelle daher keine Umgehung der befugnisrechtlichen Ausprägung des Trennungsgebotes dar.[816]

(b) Stellungnahme

Zunächst einmal erscheint es fragwürdig, die Zulässigkeit einer datenbezogenen Kooperation zwischen Behörden von einer subjektiven Komponente des bewussten Einsetzens der anderen Behörde zum Zwecke der Datenerlangung abhängig zu machen. Im Hinblick auf die Bestimmungen des Trennungsgebotes kann es – jedenfalls auf den ersten Blick – keinen Unterschied machen, ob eine Stelle die andere „beauftragt", bestimmte Daten für sie zu gewinnen oder ob eine Behörde die andere direkt nach den bei ihr bereits vorhandenen Daten befragt und sie um Übermittlung bittet bzw. ob diese Daten – wie im Beispielsfall – unaufgefordert an die Nachrichtendienste weitergegeben werden. Das Ergebnis ist dasselbe: Beiden Konstellationen haftet das Monitum an, dass Daten ausgetauscht werden, die die Daten empfangende Behörde nach den ihr kraft Gesetzes zugewiesenen Befugnissen nicht selbst hätte erheben dürfen. Und nur hierauf scheint es anzukommen: Das Trennungsgebot will – angesichts der histori-

---

813 So etwa *Nehm*, Das nachrichtendienstrechtliche Trennungsgebot und die neue Sicherheitsarchitektur, NJW 2004, S. 3289 (3295).

814 So etwa *Gusy*, Das gesetzliche Trennungsgebot zwischen Polizei und Verfassungsschutz, DV 24 (1991), S. 467 (488 f.); *ders.*, Das verfassungsrechtliche Gebot der Trennung von Polizei und Nachrichtendiensten, ZRP 1987, S. 45 (51); *Schafranek*, Die Kompetenzverteilung zwischen Polizei und Verfassungsschutzbehörden in der Bundesrepublik Deutschland, S. 175.

815 So *Nehm*, Das nachrichtendienstrechtliche Trennungsgebot und die neue Sicherheitsarchitektur, NJW 2004, S. 3289 (3295); *Gusy*, Das gesetzliche Trennungsgebot zwischen Polizei und Verfassungsschutz, DV 24 (1991), S. 467 (488 f.). Anderer Ansicht war etwa *Lisken*, der für die Weitergabe befugt erhobener personenbezogener Daten forderte, dass die Daten empfangende Behörde *„mit einer zumindest teilidentischen Aufgabe betraut ist und die erbetenen Daten mit gleichen oder sogar identischen Befugnissen erheben könnte"*, vgl. *Lisken*, Nachrichtendienste und „organisierte Kriminalität", Grundrechte-Report 1997, S. 192 (194).

816 *Möstl*, Stellungnahme zum GDG und TBEG, A-Drs. 16 (4)131 A, S. 5.

schen Erfahrungen mit Geheimpolizeien wie der Gestapo – eine Kumulation von nachrichtendienstlichen Informationsbefugnissen und polizeilichen Zwangsbefugnissen verhindern.

Eine solche Anschauungsweise, die dazu führen würde, dass generell von den Polizeien keinerlei Informationen an die Nachrichtendienste übermittelt werden dürfen, die mittels polizeilicher Zwangsbefugnisse erlangt worden sind, verkennt jedoch den eigentlichen Sinn des Trennungsgebotes: Es soll verhindert werden, dass die Nachrichtendienste über den *gezielten* Informationsaustausch mit der Polizei die Herrschaft über die polizeilichen Zwangsbefugnisse erlangen. Wenn nun aber die Polizei zu eigenen Zwecken tätig wird und im Rahmen ihrer Aufgabenwahrnehmung rein zufällig an für die Nachrichtendienste relevante Informationen kommt, verbietet es das Trennungsgebot nicht, dass diese – wenn auch durch den Einsatz von imperativ-vollzugspolizeilichen Befugnissen – erlangten Informationen an die Nachrichtendienste weitergegeben werden. Voraussetzung ist nur, dass die Datengewinnung auf rechtlich zulässige Weise erfolgt ist. Diese auch in der Literatur vertretene Argumentation wird dort im Wesentlichen auf zwei Argumente gestützt:

(1) Da der Einsatz von imperativ-vollzugspolizeilichen Befugnissen im Zeitpunkt der Übermittlung der Daten bereits abgeschlossen sei und nicht mehr fortwirke, dürften die im Wege des rechtmäßigen Zwangsmitteleinsatzes von den polizeilichen Sicherheitsbehörden erlangten Daten auch an solche Behörden weitergegeben werden, die selbst nicht zu einem derartigen Zwangsmitteleinsatz berechtigt sind.[817]

Dieser Begründung ist insoweit zuzustimmen, als der Zwangsmitteleinsatz tatsächlich in der Vergangenheit liegt in dem Moment, in dem die Daten an eine andere Behörde weitergegeben werden.

Für den von dem Einsatz unmittelbar Betroffenen wirkt der Zwangsmitteleinsatz in der Regel aber sehr wohl fort, mag er auch abgeschlossen sein. Denn schließlich wurden im Rahmen dieses Zwangsmitteleinsatzes – wenn auch zufällig – personenbezogene Informationen gewonnen, die infolge der Weitergabe an die Nachrichtendienste nun zu Observationszwecken verwendet werden und damit die Basis für ein späteres Vorgehen gegen den Betroffenen bilden. Das erste Argument vermag daher nicht zu überzeugen.

(2) Die oben dargelegte Ansicht, wonach die Übermittlung von Informationen über Zufallsfunde an die Nachrichtendienste zulässig ist, wird aber auch mit dem rechtshistorischen Hintergrund des Trennungsgebotes erklärt: Mit der Schaffung des Trennungsgebotes sollte verhindert werden, dass sich die Nachrichtendienste *gezielt* der Befugnisse der Polizei bedienen können, um an gewünschte Informationen zu gelan-

---

817 *Gusy*, Das gesetzliche Trennungsgebot zwischen Polizei und Verfassungsschutz, DV 24 (1991), S. 467 (489); *Roewer*, Geschichtlicher Nachtrag zur Kontroverse um die Trennung von Polizei und Verfassungsschutzbehörde, DVBl. 1988, S. 666 (669).

gen.[818] Auf informationeller Ebene bedeutet dies, dass die Nachrichtendienste nicht die Polizeibehörden beauftragen – im Sinne von für eigene Zwecke instrumentalisieren – dürfen, damit diese im Auftrag der Nachrichtendienste aber unter Einsatz polizeilicher Zwangsbefugnisse Daten erheben und an die Nachrichtendienste übermitteln.

Wenn nun aber die Polizei zufällig an für die Nachrichtendienste interessante Informationen gelangt, spricht gerade nicht das Trennungsgebot gegen eine Übermittlung dieser Daten, sofern die Daten in rechtlich zulässiger Weise erlangt worden sind. Durch diesen Vorgang erhalten die Nachrichtendienste faktisch keine polizeilichen Zwangsbefugnisse.

Diese Begründung überzeugt. In dem gebildeten Fall der PKW-Durchsuchung handelte die Polizei aus eigenem Recht und zu eigenen Zwecken. Wenn sie dabei zufällig an verfassungsfeindliche Informationen gelangt, ist es im Interesse eines umfassenden Staats- und Verfassungsschutzes geboten, wenn diese Informationen an die zuständigen Behörden, nämlich die Nachrichtendienste, übermittelt werden. Darin ist keine Umgehung der befugnisrechtlichen Ausprägung des Trennungsgebotes zu sehen, da es hier an einer subjektiven Komponente des *gezielten Einsetzens* zu Ausforschungszwecken fehlt. Die Nachrichtendienste erlangen durch die Informationsweitergabe keine eigenen Kontrollrechte gegenüber den Bürgern[819], da kein Zusammenhang zwischen dem Tätigwerden der Polizei und der Informationsübermittlung aufgrund eines zufälligen Fundes besteht. Sie verfügen damit gerade nicht faktisch (mittelbar) über die Eingriffsbefugnisse, die ihnen von Verfassungs wegen verwehrt sind.[820]

Festzuhalten bleibt, dass eine Weitergabe von Daten, die die Polizei gleichsam als Zufallsfund beim rechtmäßigen Einsatz polizeilicher Imperativbefugnisse gewonnen hat, mit Blick auf das Trennungsgebot gestattet ist. Hervorzuheben ist, dass auch der Gesetzgeber entsprechende Übermittlungsvorschriften in die Nachrichtendienstgesetze aufgenommen hat[821] für solche Fälle, in denen der Informationsaustausch aus sicherheitspolitischen Gründen für erforderlich gehalten wird.[822]

Klarstellend bleibt überdies anzumerken, dass eine Zusammenarbeit auf informationeller Ebene nicht grundsätzlich untersagt ist. Eine solche muss sich allerdings im Verhältnis Polizei zu den Nachrichtendiensten grundsätzlich beschränken auf Informationen, die die Nachrichtendienste auch selbst mit den ihnen vom Gesetzgeber zuge-

---

818 *Schafranek*, Die Kompetenzverteilung zwischen Polizei und Verfassungsschutzbehörden in der Bundesrepublik Deutschland, S. 175; *Gusy*, Das verfassungsrechtliche Gebot der Trennung von Polizei und Nachrichtendiensten, ZRP 1987, S. 45 (51); *Zöller*, Der Rechtsrahmen der Nachrichtendienste bei der „Bekämpfung" des internationalen Terrorismus, JZ 2007, S. 763 (767).

819 *Gusy*, Das gesetzliche Trennungsgebot zwischen Polizei und Verfassungsschutz, DV 24 (1991), S. 467 (489).

820 *Schafranek*, Die Kompetenzverteilung zwischen Polizei und Verfassungsschutzbehörden in der Bundesrepublik Deutschland, S. 175.

821 Vgl. §§ 17 ff. BVerfSchG.

822 *Singer*, Das Trennungsgebot – Teil 1 – Politisches Schlagwort oder verfassungsrechtliche Vorgabe? Die Kriminalpolizei 9/2006, S. 85 (89).

standenen Befugnissen hätten erheben dürfen.[823] Das heißt, dass Daten, die im Wege des Zwangsmitteleinsatzes erlangt worden sind, grundsätzlich nicht an die Nachrichtendienste weitergegeben werden dürfen. Eine Ausnahme gilt jedoch für den Fall, dass die Polizei aus eigenem Recht und zu eigenen Zwecken tätig wird und innerhalb ihres Aufgabenbereiches und durch den Einsatz von Zwangsmitteln *zufällig* an Informationen gelangt, die für die Nachrichtendienste erheblich sind. Diese Daten dürfen ausnahmsweise übermittelt werden.

(2) Datenübermittlung von den Nachrichtendiensten an die Polizei

Theoretisch denkbar ist auch ein Verstoß gegen das Trennungsgebot, wenn Polizeibehörden Daten von Nachrichtendiensten erhalten, die diese unter Einsatz von nachrichtendienstlichen Mitteln erhoben haben. Dem wird jedoch entgegengesetzt, dass auch die polizeilichen Sicherheitsbehörden zwischenzeitlich selbst über eine ganze Reihe von nachrichtendienstlichen Ermittlungsbefugnissen verfügen.[824]

Dieser Argumentation ist insoweit zuzustimmen, als aus diesem Grund eine Informationsübertragung im Verhältnis Nachrichtendienste an die Polizeien in der Praxis weniger Schwierigkeiten bereiten wird, da die Polizeibehörden regelmäßig die von den Nachrichtendiensten unter Verwendung nachrichtendienstlicher Methoden erhobenen Daten sich selbst durch den Einsatz nachrichtendienstlicher Mittel hätten beschaffen dürfen.[825]

Dennoch muss die informationell-befugnisrechtliche Trennung sowohl die Einhaltung der originär der Polizei zukommenden als auch der originär den Nachrichtendiensten zukommenden Befugnisse gewährleisten. Nur so kann der dem Trennungsgebot anhaftende grundrechtssichernde Charakter gewährleistet werden.[826] Denn nur im Falle von beidseitiger Beachtung ergibt eine informationell-befugnisrechtliche Trennung auch Sinn. Eine unter dem Begriff der „Semipermeabilität der Trennwand zwischen Polizei und Nachrichtendienste“[827] diskutierte Ausformung des informationell-

---

823 *Baumann*, Vernetzte Terrorismusbekämpfung oder Trennungsgebot? - Möglichkeiten und Grenzen der Zusammenarbeit von Polizei und Nachrichtendiensten - , DVBl. 2005, S. 798 (800 f.).

824 So etwa *Baumann*, Vernetzte Terrorismusbekämpfung oder Trennungsgebot?; - Möglichkeiten und Grenzen der Zusammenarbeit von Polizei und Nachrichtendiensten, DVBl. 2005, S. 798 (805). Im rheinland-pfälzischen POG sind z.B. die folgenden Befugnisse eingefügt worden: § 29 POG Rh.-Pf. (Datenerhebung durch den verdeckten Einsatz technischer Mittel in oder aus Wohnungen) oder § 31 POG Rh.-Pf. (Datenerhebung durch den Einsatz technischer Mittel zur Überwachung und Aufzeichnung der Telekommunikation, Auskunft über die Telekommunikation).

825 Vgl. dazu *Baumann*, Vernetzte Terrorismusbekämpfung oder Trennungsgebot?; - Möglichkeiten und Grenzen der Zusammenarbeit von Polizei und Nachrichtendiensten, DVBl. 2005, S. 798 (805).

826 *Albert*, Das „Trennungsgebot“ – ein für Polizei und Verfassungsschutz überholtes Entwicklungskonzept?, ZRP 1995, S. 105 (106).

827 So *Paeffgen/Gärditz*, Die föderale Seite des „Trennungsgebotes“ oder: Art. 87 III, 73 GG und das G-10-Urteil, KritV 2000, S. 65 (66).

befugnisrechtlichen Trennungsgebotes birgt die Gefahr, dass Polizeibehörden, denen der Einsatz von Zwangsbefugnissen gestattet ist, durch die Übermittlung sämtlicher von den Nachrichtendiensten erhobener Informationen sich zu Institutionen entwickeln, bei denen wie einst bei der Gestapo alle Voraussetzungen einer politischen Staatspolizei gegeben sind. Eine Ausnahme muss freilich für den Fall gelten, dass die Polizeien die Informationen kraft der ihnen zustehenden Informationsbefugnisse auch selbst hätten erheben dürfen, da andernfalls ein nicht zu rechtfertigender doppelter und damit überflüssiger Erhebungsaufwand betrieben werden müsste.

Es lässt sich demnach festhalten, dass die informationell-befugnisrechtliche Ausformung des Trennungsgebotes für den Informationsaustausch im Verhältnis Nachrichtendienste an Polizei vorgibt, dass eine solche nur dann zulässig ist, wenn die zu übermittelnden Daten auch selbst von den Polizeien kraft der ihnen zustehenden (Informations-)Befugnisse hätten erhoben werden dürfen.

(3) Ergebnis

Bei der Beurteilung der Zulässigkeit eines Informationsaustausches zwischen Polizei und Nachrichtendiensten ist im Hinblick auf die informationell-befugnisrechtliche Ausgestaltung des Trennungsgebotes zu unterscheiden zwischen einem Informationsfluss von den Polizeien an die Nachrichtendienste und einem solchen in umgekehrter Informationsrichtung.

Die Zusammenarbeit muss sich im *Verhältnis Polizei zu den Nachrichtendiensten* grundsätzlich beschränken auf Informationen, die die Nachrichtendienste auch selbst mit den ihnen vom Gesetzgeber zugestandenen Befugnissen hätten erheben dürfen.[828] Das heißt, dass Daten, die im Wege des Zwangsmitteleinsatzes erlangt worden sind, grundsätzlich nicht an die Nachrichtendienste weitergegeben werden dürfen. Eine Ausnahme ist jedoch für den Fall anzuerkennen, dass die Polizei auf eigene Initiative tätig wird und innerhalb ihres Aufgabenbereiches und durch den Einsatz von Zwangsmitteln *zufällig* an Informationen gelangt, die für die Nachrichtendienste erheblich sind. Diese Daten dürfen ausnahmsweise ausgetauscht werden.

Hinsichtlich einer *Informationsübermittlung von den Nachrichtendiensten an die Polizei* muss gelten, dass diese im Falle des Einsatzes von nachrichtendienstlichen Mitteln durch die Dienste nur dann zulässig ist, wenn die Polizeien über entsprechende, bei der ursprünglichen Datenerhebung eingesetzte Befugnisse verfügen. Anderenfalls ist eine Datenübermittlung nicht mit der informationell-befugnisrechtlichen Ausformung des Trennungsgebotes vereinbar.

---

828 *Baumann*, Vernetzte Terrorismusbekämpfung oder Trennungsgebot? - Möglichkeiten und Grenzen der Zusammenarbeit von Polizei und Nachrichtendiensten -, DVBl. 2005, S. 798 (800 f.).

b. Informationell-funktionale Trennung

Während in der Literatur – soweit ersichtlich – primär auf die informationelle Trennung als Reflex auf die gebotene befugnisrechtliche Trennung zwischen Polizei und Nachrichtendiensten eingegangen wird[829], darf aber nicht eine mögliche Umgehung der rein funktionalen Trennung der Sicherheitsbehörden durch einen Informationsaustausch zwischen diesen Stellen außer Betracht gelassen werden.

Keiner der existierenden Abhandlungen lässt sich eine saubere Differenzierung nach einer rein funktionalen Trennung und einer solchen in Bezug auf den Informationsaustausch zwischen den Behörden entnehmen. Dabei muss es einen Unterschied machen, ob eine Behörde sich im originär einer anderen Behörde zustehenden Aufgabenbereich betätigt im Sinne von „ermittelnd tätig wird" oder ob einer Stelle von einer anderen Behörde Daten übermittelt werden, die diese Daten übertragende Behörde innerhalb ihres Aufgabenbereiches gewonnen hat, dieser Aufgabenbereich aber nicht für die Daten empfangende Behörde gleichsam eröffnet gewesen wäre im Rahmen dieser ursprünglichen Datenerhebung.

Aus Art. 20 Abs. 3 GG, wonach neben der Rechtsprechung auch die vollziehende Gewalt an Gesetz und Recht gebunden ist, ergibt sich, dass eine Behörde, wenn ihr Aufgabenbereich gesetzlich vorgegeben ist, an diese Vorgabe gebunden ist. Sie darf diesen Bereich nicht ohne gesetzliche Anordnung verlassen, diesbezüglich kommt der Behörde auch kein Ermessen zu.[830] Bewegt sich diese Behörde nun innerhalb des ihr zugewiesenen Aufgabenbereiches, wenn sie diesen zwar nicht „räumlich" verlässt, aber ihr Daten zur Nutzung übermittelt werden, die außerhalb des ihr zustehenden Aufgabenbereiches gewonnen worden sind?

Richtigerweise muss der gesetzlichen Aufgabenzuweisung zugleich auch eine informationslimitierende Funktion zukommen. Mit anderen Worten heißt dies: Der Aufgabenbereich begrenzt die Informationszuständigkeit.[831] Denn welchen Sinn hätte ansonsten die grundsätzliche Trennung der Aufgabenbereiche von Polizei und Nachrichtendiensten, wenn diese mittels Informationsaustausches zwischen den Behörden leicht zu umgehen wäre? So könnte etwa die Polizei an solche Daten gelangen, die im Vorfeld konkreter Gefahren gewonnen wurden, mithin im strafrechtlich neutralen Bereich, in dem sie selbst aufgrund ihrer Aufgabenzuweisung mangels konkreter Gefahr oder einer Verdachtslage regelmäßig[832] noch gar nicht hätte tätig werden dürfen. Um-

---

829 Dazu etwa *Singer*, Die rechtlichen Vorgaben für die Beobachtung der Organisierten Kriminalität durch die Nachrichtendienste der Bundesrepublik Deutschland, S. 91; *Baumann*, Vernetzte Terrorismusbekämpfung oder Trennungsgebot? - Möglichkeiten und Grenzen der Zusammenarbeit von Polizei und Nachrichtendiensten -, DVBl. 2005, S. 798 (800 f.);*Gusy*, Das gesetzliche Trennungsgebot zwischen Polizei und Verfassungsschutz, DV 24 (1991), S. 467 (489).

830 *Gusy*, Informationelle Zusammenarbeit zwischen Sicherheitsbehörden. Auftrag und Grenzen am Beispiel der Verfassungsschutzbehörden, CR 1989, S. 628 (630).

831 *Schafranek*, Die Kompetenzverteilung zwischen Polizei und Verfassungsschutzbehörden in der Bundesrepublik Deutschland, S. 174.

832 Eine Ausnahme bildet selbstverständlich ein Tätigwerden nach den gesetzlich vorgesehenen Fällen zur vorbeugenden Verbrechensbekämpfung, vgl. dazu die Ausführungen unter Kapitel 3 - E.III.1.b.

gekehrt könnten den Nachrichtendiensten solche Informationen übermittelt werden, die im Rahmen der allgemeinen Gefahrenabwehr erhoben wurden, die aber keinerlei Bezug zu der Primäraufgabe der Nachrichtendienste, nämlich dem Staats- und Verfassungsschutz, aufweisen.

In diesen Fällen liefe die funktionale Ausprägung des Trennungsgebotes, wonach die Aufgaben von Polizei und Nachrichtendiensten zu trennen sind, ebenfalls weitestgehend leer.

Ausnahmen

Von dem Grundsatz der informationell-funktionalen Trennung von Nachrichtendiensten und Polizeien sind jedoch Ausnahmen zuzulassen. Dies gebietet der Grundsatz der „Einheit der Verwaltung", wonach die Effizienz staatlicher Tätigkeit nicht beschränkt werden soll durch die den verschiedenen Behörden zugewiesenen Kompetenzen, sondern vielmehr die Ressourcen, über die eine Behörde verfügt, mit den anderen geteilt werden sollen.[833]

Eine Ausnahme ist immer dann anzuerkennen, wenn die auszutauschenden Informationen innerhalb eines beiden Sicherheitsbehörden zukommenden Aufgabengebietes gewonnen wurden.

Beispielhaft ist in diesem Zusammenhang der internationale Terrorismus mit Bezug zur Bundesrepublik Deutschland anzuführen: So verlaufen die Aufgabenbereiche der Sicherheitsbehörden bei der Abwehr desselben parallel: Während die Polizeibehörden Straftaten verfolgen und Gefahren abwehren sollen, werden die Verfassungsschutzbehörden und der Militärische Abschirmdienst bereits im Vorfeld der oftmals politisch motivierten Anschläge von Terroristen tätig, der Bundesnachrichtendienst konzentriert sich dabei auf die Beobachtung der von außen kommenden Gefahr.

Da also die Aufklärung und Bekämpfung der Erscheinungsformen des internationalen Terrorismus damit in den Zuständigkeitsbereich aller Sicherheitsbehörden fällt, dürfen Daten, die zur Erfüllung dieser Aufgaben gewonnen wurden, grundsätzlich auch an andere Sicherheitsbehörden weitergegeben werden. Anders wird jedoch der Fall zu beurteilen sein, wenn diese Daten durch die Nachrichtendienste bereits im Vorfeld konkreter Gefahren gewonnen wurden. In diesem Aufgabenbereich darf eine Polizeibehörde nämlich regelmäßig[834] noch nicht ermittelnd tätig werden, ihr originärer Aufgabenbereich wäre mithin nicht eröffnet. Umgekehrt muss dies für die Nachrichtendienste genauso gelten: Werden von der Polizei im Rahmen der Gefahrenabwehr Daten gewonnen, die keinen Bezug zur Primäraufgabe der Nachrichtendienste aufweisen, dürfen diese – angesichts des informationell-funktionalen Trennungsgebotes – nicht an die Nachrichtendienste übermittelt werden. Denn diese Daten sind für die Arbeit der jeweils anderen Sicherheitsbehörde auch nicht erforderlich, weil sie außerhalb

---

833 *Simitis*, Von der Amtshilfe zur Informationshilfe – Informationsaustausch und Datenschutzanforderungen in der öffentlichen Verwaltung, NJW 1986, S. 2795.

834 Eine Ausnahme bildet selbstverständlich ein Tätigwerden nach den gesetzlich vorgesehenen Fällen zur vorbeugenden Verbrechensbekämpfung, vgl. dazu die Ausführungen unter Kapitel 3 - E.III.1.b.

ihres eigenen Aufgabenbereiches gewonnen worden sind. Diese Ressourcen müssen den anderen Sicherheitsbehörden angesichts des informationell-funktionalen Trennungsprinzips vorenthalten werden.

Es lässt sich demnach festhalten, dass die informationell-funktionale Ausgestaltung des Trennungsgebotes für den Informationsaustausch vorgibt, dass ein solcher nur dann zulässig ist, wenn die zu übermittelnden Daten auch selbst von der Daten empfangenden Sicherheitsbehörde innerhalb des ihr übertragenen Aufgabenbereiches hätten erhoben werden dürfen.

V. Zusammenfassung

Im Ergebnis lässt sich damit feststellen, dass das Trennungsgebot verschiedene Ausgestaltungen erfährt, von denen sich eine – weitgehend unbestritten, weil insoweit auch einfachgesetzlich belegbar – auf die *befugnisrechtliche* Ebene und die andere auf die *organisatorische* Ebene bezieht. Aus diesen beiden Arten des Trennungsgebotes lassen sich noch weitere Ausformungen ableiten, die – wenn auch teilweise nicht durch Gesetzestext belegbar – zwingend beachtet werden müssen, um nicht eine Aushöhlung der beiden unbestrittenen Ebenen zu bewirken. Darunter fällt neben der Trennung auf *funktionaler* Ebene auch eine Trennung im Hinblick auf den ungefilterten Austausch von Informationen zwischen den beiden im Grundsatz zu trennenden Behörden. Dabei ist der Datenaustausch nicht gänzlich verboten, sondern steht unter einem „doppelten Vorbehalt“: Der Empfänger der Informationen muss diese auch selbst innerhalb seines Aufgabenbereiches erheben dürfen (funktionales Element) und es müssen bei der Datenerhebung Methoden eingesetzt worden sein, die auch die empfangende Behörde hätte einsetzen dürfen (befugnisrechtliches Element). Das *informationelle* Trennungsgebot lässt sich also noch weiter in eine informationell-funktionale und in eine informationell-befugnisrechtliche Ausprägung unterteilen.

F. Rechtlicher Standort des Trennungsgebotes

Die Diskussion um den normativen Rang des Trennungsgebotes ist nachweislich seit dem Jahr 1981 in der juristischen Literatur zu finden.[835] Auch annähernd 30 Jahre später ist noch weitgehend ungeklärt, ob dem Trennungsgebot Verfassungsrang zukommt oder ob es sich dabei lediglich um eine einfachgesetzliche Regelung handelt.[836]

---

835 *Gusy* verweist in diesem Zusammenhang auf *Denninger*, Die Trennung von Verfassungsschutz und Polizei und das Grundrecht auf informationelle Selbstbestimmung, ZRP 1981, S. 231 ff. und *Bull*, Datenschutz und Ämter für Verfassungsschutz, in: Bundesministerium des Innern (Hrsg.), Verfassungsschutz und Rechtsstaat: Beiträge aus Wissenschaft und Praxis, S. 150, vgl. *Gusy*, Trennungsgebot - Tatsächliches oder vermeintliches Hindernis für effektive Maßnahmen zur Bekämpfung des internationalen Terrorismus?, in: Möllers/v. Ooyen, Jahrbuch Öffentliche Sicherheit 2008/2009, 2008, S. 177 ff.

836 Die verfassungsrechtliche Qualität des Trennungsgebotes **bejahen**: *Denninger*, Die Trennung von Verfassungsschutz und Polizei und das Grundrecht auf informationelle

Die Rechtsprechung befasste sich bislang nur eher beiläufig mit der Thematik. Das Kölner Verwaltungsgericht etwa äußerte sich in einer Entscheidung aus dem Jahr 1984, in der es um die Klage gegen den Widerruf einer Verschlusssachenermächtigung ging, dahingehend, dass der Verfassungsgeber die Trennung von Informations- und Exekutivfunktion bewusst und ausdrücklich wahrgenommen habe.[837] Ebenso hat das Bundesverfassungsgericht in zwei Entscheidungen das Trennungsgebot angesprochen, aber nur in der ersten seine Rechtsansicht – zumindest ansatzweise – ausgeführt. So heißt es dort:

„Das Rechtsstaatsprinzip, das Bundesstaatsprinzip und der Schutz der Grundrechte können es verbieten, bestimmte Behörden zu verschmelzen oder sie mit Aufgaben zu befassen, die mit ihrer verfassungsrechtlichen Aufgabenstellung nicht vereinbar sind. So werden die Zentralstellen für Zwecke des Verfassungsschutzes oder des Nachrichtendienstes – angesichts deren andersartiger Aufgaben und Befugnisse – nicht mit einer Vollzugspolizeibehörde zusammengelegt werden dürfen.“[838]

Während das Bundesverfassungsgericht in dieser Entscheidung also das Rechtsstaatsprinzip, das Bundesstaatsprinzip und die Grundrechte als Rechtsgrundlage des Trennungsgebotes heranzieht, führt der Verfassungsgerichtshof Sachsen im Rahmen

---

Selbstbestimmung, ZRP 1981, S. 231 ff; *Lisken*, Polizei und Verfassungsschutz – Aspekte der gesetzlichen Zusammenarbeit, NJW 1982, S. 1481 ff; *ders.*, „Nachrichtendienste extra legem“?, ZRP 1994, S. 144 (146); *Kutscha*, Die Aktualität des Trennungsgebotes für Polizei und Verfassungsschutz, ZRP 1986, S. 194 ff; *Gusy*, Das verfassungsrechtliche Gebot der Trennung von Polizei und Nachrichtendiensten, ZRP 1987, S. 45 ff.; *Götz*, in: Isensee/Kirchhof, Handbuch des Staatsrechts, Bd. IV: Aufgaben des Staates, § 85, Rn. 39; *Schaefer*, Strafverfolgung und Verfassungsschutz, NJW 1999, S. 2572 ff; *Zöller*, Informationssysteme und Vorfeldmaßnahmen von Polizei, Staatsanwaltschaft und Nachrichtendiensten, S. 318; *ders.*, Der Rechtsrahmen der Nachrichtendienste bei der „Bekämpfung“ des internationalen Terrorismus, JZ 2007, S. 763 (767); *Sachs*, in: Sachs, Grundgesetz, Kommentar, Art. 87, Rn. 45; *Möstl*, Die staatliche Garantie für die öffentliche Sicherheit und Ordnung, S. 408 ff; *v. Denkowski*, Trennungsgebot Polizei – Verfassungsschutz. Grenze für die Gestaltung der Sicherheitsarchitektur?, Kriminalistik 2008, S. 176 ff.

Die verfassungsrechtliche Qualität des Trennungsgebots **verneinen** dagegen: *Roewer*, Trennung von Polizei und Verfassungsschutz, DVBl. 1986, S. 205 ff; ders., Geschichtlicher Nachtrag zur Kontroverse um die Trennung von Polizei und Verfassungsschutzbehörde, DVBl. 1988, S. 666 ff; *Brenner*, Bundesnachrichtendienst im Rechtsstaat. Zwischen geheimdienstlicher Effizienz und rechtsstaatlicher Kontrolle, S. 53; *Werthebach/Droste-Lehnen*, Organisierte Kriminalität, ZRP 1994, S. 57 (63); *Albert*, Das „Trennungsgebot“ – ein für Polizei und Verfassungsschutz überholtes Entwicklungskonzept?, ZRP 1995, S. 105 ff; *Baumann, F.-A.*, Verfassungsschutz und Polizei – Trennungsgebot und Pflicht zur Zusammenarbeit, in: Düwell (Hrsg.), Anwalt des Rechtsstaats, Festschrift für Diether Posser zum 75. Geburtstag, S. 299 ff.; *Pieroth*, in: Jarass/Pieroth, Grundgesetz für die Bundesrepublik Deutschland, Art. 87, Rn. 7; *Nehm*, Das nachrichtendienstrechtliche Trennungsgebot und die neue Sicherheitsarchitektur NJW 2004, S. 3289; *Baumann*, Vernetzte Terrorismusbekämpfung oder Trennungsgebot? – Möglichkeiten und Grenzen der Zusammenarbeit von Polizei und Nachrichtendiensten - DVBl. 2005, S. 798; *König*, Trennung und Zusammenarbeit von Polizei und Nachrichtendiensten, S. 151 ff.

837 VG Köln v. 06.09.1984, Az. 1 K 4143/82 = GewArch 1985, S. 330 (331).

838 BVerfGE 97, 198 (217) = NVwZ 1998, 495.

der verfassungsrechtlichen Überprüfung des Sächsischen Polizeigesetzes im Jahr 1996 aus:

"Es kann dahinstehen, ob dem Trennungsgebot auf Bundesebene Verfassungsrang zukommt. Denn es war – angesichts entsprechender historischer Erfahrungen mit dem Staatssicherheitsdienst – zentrales Regelungsziel der Beratungen im Verfassungs- und Rechtsausschuss, die Trennung von Geheimdiensten und Polizei jedenfalls auf Landesverfassungsebene festzuschreiben."[839]

Auch in einer weiteren Entscheidung aus dem Jahr 2005 betont der Sächsische Verfassungsgerichtshof die verfassungsrechtliche Qualität des sogar ausdrücklich in Art. 83 Abs. 3 Satz 1 der sächsischen Landesverfassung enthaltenen Trennungsgebotes und bezieht sich dabei insbesondere auf die erforderliche Trennung zwischen Nachrichtendiensten und Polizei gerade auf informationeller Ebene.[840]

Konsequenzen des normativen Ranges
Die Rechtsqualität des Trennungsgebotes hat erhebliche Auswirkungen für die Tätigkeiten der Sicherheitsbehörden und ihre Befugnisse. Wenn nämlich dem Trennungsgebot nur einfachgesetzlicher Charakter zukommt, dann steht die Einschränkung oder sogar Aufhebung der Trennung von Polizei und Nachrichtendiensten zur freien Disposition des Gesetzgebers.[841] Ist das Trennungsgebot hingegen von verfassungsrechtlicher Natur, so ist dafür eine Änderung des Grundgesetzes nach Art. 79 GG erforderlich.

Der Streit um die Rechtsnatur des Trennungsgebotes ist in der jüngsten Vergangenheit angesichts der aktuellen Entwicklungen im Bereich der Terrorismusbekämpfung zum Zwecke der Erhaltung der Inneren Sicherheit wiederholt in den Fokus rechtspolitischer Diskussionen geraten. Dabei werden in der Literatur unterschiedliche Ansätze zur Begründung der nur einfachgesetzlichen oder sogar verfassungsrechtlichen Qualität des Trennungsprinzips vertreten. Diese sollen im Folgenden näher erörtert und beurteilt werden. Die Darstellung orientiert sich dabei im Wesentlichen an den Vorgaben des Grundgesetzes: Zunächst wird der Wortlaut desselben bzw. eine Wortlautinterpretation auf nähere Anhaltspunkte für eine verfassungsrechtliche Qualität untersucht. Daran anknüpfend werden das Bundesstaats- und das Demokratieprinzip als mögliche Rechtsgrundlagen diskutiert. Im Anschluss erfolgt eine eingehende Auseinandersetzung mit der in der Literatur vertretenen Ansicht, der Verfassungsrang des Trennungsgebotes lasse sich aus Art. 87 Abs. 1 S. 2 GG i.V.m. Art. 73 Nr. 10 GG herleiten. Dabei wird der Fokus der Untersuchung auf den Wortlaut dieser Vorschriften sowie auf die entstehungsgeschichtliche Auslegung und die Systematik des Art. 87 Abs. 1 S. 2 GG gerichtet. Daran anschließend wird die Frage aufgegriffen, ob es sich bei dem Trennungsprinzip um eine Konkretisierung des Rechtsstaatsprinzips handelt und deshalb seine verfassungsrechtliche Qualität bejaht werden muss. Den Abschluss der Un-

---

839 SächsVerfGH LKV 1996, S. 273 (289).
840 SächsVerfGH NJW 2005, 1310 (1311).
841 *Weßlau*, Vorfeldermittlungen – Probleme der Legalisierung „vorbeugender Verbrechensbekämpfung“ aus strafprozessrechtlicher Sicht, S. 221 f.

tersuchung bildet die Erläuterung der bestehenden einfachgesetzlichen Regelungen, die sich mit dem Trennungsprinzip befassen.

I. Das Trennungsgebot als besatzungsrechtliche Vorgabe?

Da das Trennungsgebot im so genannten „*Brief über die Polizeiangelegenheiten*" enthalten war, galt es als Besatzungsrecht unmittelbar und zwar über die Verabschiedung des Grundgesetzes im Jahr 1949 hinaus.[842]

Dies deshalb, weil unter Ziffer 3 des Genehmigungsschreibens zum Grundgesetz geregelt wurde, dass Polizeifunktionen des Bundes nur in Übereinstimmung mit den Vorgaben des Polizeibriefes ausgeübt werden sollten.[843] Die einschlägige Passage hat den folgenden Wortlaut:

„Zweitens versteht es sich, dass die Polizeibefugnisse, die in Art. 91 Abs. 2 enthalten sind, nicht ausgeübt werden dürfen, bis sie von den Besatzungsbehörden ausdrücklich gebilligt sind. In gleicher Weise sollen die übrigen Polizeifunktionen des Bundes im Einklang mit dem in dieser Frage an Sie gerichteten Schreiben vom 14.04.1949 ausgeübt werden."[844]

Die Militärgouverneure bezogen sich in ihrem Genehmigungsschreiben also noch einmal explizit auf die bereits im Polizeibrief gemachten Vorgaben und erhoben sie zur Bedingung für die Genehmigung des Grundgesetzes.[845]

Zwar ging das Recht der Besatzungsmächte zumindest bis zum Inkrafttreten des Deutschlandvertrages am 05. Mai 1955 bzw. bis zur Drei-Mächte-Erklärung vom 27. Mai 1968 allen deutschen Rechtsvorschriften (auch solchen verfassungsrechtlicher Natur) vor.[846] Spätestens im Zuge der Wiedervereinigung Deutschlands 1990 jedenfalls, als die Alliierten den Vertrag über die abschließende Regelung in Bezug auf Deutschland vom 12. September 1990, in Kraft getreten am 15. März 1991, unterzeichneten, wurde das Besatzungsregime im Wesentlichen beendet[847] und die Bundes-

---

842 *Singer*, Das Trennungsgebot – Teil 1 – Politisches Schlagwort oder verfassungsrechtliche Vorgabe? Die Kriminalpolizei 9/2006, S. 85 (89).

843 *Brenner*, Bundesnachrichtendienst im Rechtsstaat, S. 49.

844 Der exakte Wortlaut des Genehmigungsschreibens vom 12.05.1949 ist im Verordnungsblatt für die Britische Besatzungszone 1949, S. 416 in der Übersetzung für den Parlamentarischen Rat enthalten.

845 *Roewer*, Trennung von Polizei und Verfassungsschutz, DVBl. 1986, S. 205 (206).

846 *Hesse*, Grundzüge des Verfassungsrechts der Bundesrepublik Deutschland, Rn. 93 ff.

847 *Mehde*, Terrorismusbekämpfung durch Organisationsrecht, JZ 2005, S. 815 (818); *König*, Trennung und Zusammenarbeit von Polizei und Nachrichtendiensten, S. 156; *Brenner*, Bundesnachrichtendienst im Rechtsstaat, S. 49. In diesem Zusammenhang wird auch vertreten, dass die Regelungen des Polizeibriefes, denen durch das Genehmigungsschreiben zum Grundgesetz Geltung zuteil kamen, bereits 1955 außer Kraft getreten seien. Die in Art. 5 Abs. 2 des Deutschland-Vertrages vorbehaltenen Rechte der Alliierten, die 1968 außer Kraft traten, beträfen zwar einen Bereich geheimdienstlicher Tätigkeit, berührten jedoch die Frage einer Trennung von Informationsbefugnissen und Exekutivbefugnissen nicht. Insofern sei es irreführend, wenn ein mögliches Erlöschen der Beschränkungen des Polizeibriefes den Jahren 1955 **und** 1968 zugeordnet wird. Einzig entscheidend für die Frage des Zeitpunkts des Erlöschens der durch den Polizeibrief eingebrachten Vorbehalte der Westalliierten sei damit

republik Deutschland erlangte ihre völkerrechtliche Souveränität. Damit erloschen die Vorbehalte der westlichen Militärgouverneure[848] und damit auch die durch Ziffer 3 des Genehmigungsschreibens in Bezug genommenen Restriktionen des Polizeibriefs.

Weder das Genehmigungsschreiben noch der Polizeibrief begründen somit weiterhin eigenständige Rechtsfolgen. Das erloschene Besatzungsrecht kann nicht mehr als Rechtsgrundlage des Trennungsgebotes herangezogen werden.[849]

Vereinzelt wird in diesem Zusammenhang zwar angeführt, weder die West-Mächte noch die zuständigen staatlichen Organe der Bundesrepublik hätten jemals ihre Absicht zur Aufhebung der im Polizeibrief enthaltenen Kompetenzbeschränkungen geäußert; insofern lägen auch nach Erlangung der vollständigen Souveränität der Bundesrepublik fortwirkende Elemente besatzungsrechtlicher Herkunft vor[850], der Inhalt des Polizeibriefes – mithin auch das Trennungsgebot – habe den Charakter überkonstitutionellen Besatzungsrechts erlangt.[851]

Richtigerweise kann aber weder der Polizeibrief noch das Genehmigungsschreiben der Westalliierten zum Grundgesetz zur Begründung einer besatzungsrechtlichen Qualität des Trennungsgebotes dienen. Nach Erlangung der vollen Souveränität ist das Besatzungsrecht erloschen und für die Vorgaben der Besatzungsmächte kein Raum mehr. Das Besatzungsrecht galt zu diesem Zeitpunkt nur noch als einfaches Recht, so dass auch mit dieser Argumentation einer fehlenden Äußerung hinsichtlich der Aufhebung von Kompetenzbeschränkungen keine besatzungsrechtliche Qualität hergeleitet werden kann.[852] Mangels entsprechender Hinweise etwa im Deutschlandvertrag fallen die Vorgaben des Polizeibriefes ebenso wenig unter das so genannte versteinerte Besatzungsrecht, welches nicht einseitig vom deutschen Gesetzgeber antastbar ist.[853]

---

das Inkrafttreten der Pariser Verträge am 05. Mai 1955, vgl. etwa *Gusy*, Das verfassungsrechtliche Gebot der Trennung von Polizei und Nachrichtendiensten, ZRP 1987, S. 45 f.

848 Hintergrund dieser Vorbehaltsrechte der Westalliierten war, dass sie sich diese in Art. 5 Abs. 2 des Vertrages über die Beziehungen zwischen der Bundesrepublik Deutschland und den Drei Mächten Rechte bezüglich des Schutzes ihrer in der Bundesrepublik stationierten Streitkräfte vorbehalten hatten. Diese für die Geheimdiensttätigkeit relevanten alliierten Rechte sollten erst dann keine Wirkung mehr entfalten, wenn Deutschland aufgrund gesetzlicher Regelungen aus eigener Kraft wirksame Maßnahmen zum Schutz der Streitkräfte treffen sowie ernstlichen Störungen der öffentlichen Sicherheit und Ordnung sicher begegnen würde können. Durch Inkrafttreten der Notstandsverfassung (17. Änderung des Grundgesetzes) und des Gesetzes zu Art. 10 GG vom 13. August 1968 erloschen jedoch auch diese noch bestehenden Vorbehaltsrechte. Dies bestätigten die Westalliierten in der Drei-Mächte-Erklärung vom 27. Mai 1968 zur Ablösung der Alliierten Vorbehaltsrechte gem. Art. 5 Abs. 2 des Deutschland-Vertrages vom 18. Juni 1968.

849 *Gusy*, Das verfassungsrechtliche Gebot der Trennung von Polizei und Nachrichtendiensten, ZRP 1987, S. 45 (46).

850 *Kutscha*, Die Aktualität des Trennungsgebotes für Polizei und Verfassungsschutz, ZRP 1986, S. 194 f.

851 *Droste*, Handbuch des Verfassungsschutzrechts, S. 14.

852 BVerfGE 12, 281 (189).

853 Vgl. dazu die Ausführungen von *König*, Trennung und Zusammenarbeit von Polizei und Nachrichtendiensten, S. 157.

Singer führt in diesem Zusammenhang aus, die Bundesrepublik Deutschland habe sich auch zu keinem Zeitpunkt völkerrechtlich gegenüber den Besatzungsmächten verpflichtet, bei der Regelung ihres Polizei- und Nachrichtendienstrechts auch zukünftig das Trennungsgebot zu berücksichtigen; er fügt hinzu, dass alles andere auch ihrer Rechtsstellung als souveräner Staat zuwidergelaufen wäre.[854] Daraus folgert er, dass es sich *„bei dem Trennungsgebot allenfalls um innerstaatliches Recht, das zumindest zur Disposition der verfassungsgebenden Gewalt (pouvoir constituant) steht"*, handelt.[855]

Im Ergebnis kann aus den genannten Gründen eine besatzungsrechtliche Qualität des Trennungsgebotes jedenfalls nicht unter unmittelbarer Heranziehung des Polizeibriefes und des damit in Zusammenhang stehenden Genehmigungsschreibens begründet werden.

II. Trennungsgebot mit Verfassungsrang?

1. Wortlaut und Wortlautinterpretation

Verfassungsrang könnte dem Trennungsgebot primär durch eine entsprechende Regelung in der Verfassung selbst zukommen. Im Grundgesetz sucht man allerdings vergeblich nach dem Gebrauch des Terminus „Trennungsgebot".[856] Auch explizite Regelungen des Inhaltes des Trennungsgebotes haben keinen Eingang in die Verfassung gefunden.[857] Eine verfassungsrechtliche Qualität lässt sich dem Trennungsprinzip daher nicht aufgrund einer ausdrücklichen Erwähnung im Verfassungstext zuerkennen.

2. Das Bundesstaatsprinzip als Rechtsgrundlage des Trennungsgebotes

Vereinzelt wird das Bundesstaatsprinzip als verfassungsrechtliche Grundlage des Trennungsgebotes herangezogen.[858] Aus diesem Prinzip lasse sich ableiten, dass die Aufgabenbereiche von Polizeien und Nachrichtendiensten zu trennen seien. Begründend wird dabei auf die Polizeihoheit, die nach wie vor bei den Ländern liege, verwiesen.[859] Wenn nun der Bund in diesen Kompetenzbereich eingreife – etwa mit der Schaffung des § 3 G 10, durch den der Aufgabenbereich des BND in den Zuständigkeitsbereich der Polizeien erweitert wurde – sei ein Eingriff in die Staatlichkeitsgaran-

---

854 *Singer,* Das Trennungsgebot – Teil 1 – Politisches Schlagwort oder verfassungsrechtliche Vorgabe? Die Kriminalpolizei 9/2006, S. 85 (89).

855 *Singer,* Das Trennungsgebot – Teil 1 – Politisches Schlagwort oder verfassungsrechtliche Vorgabe? Die Kriminalpolizei 9/2006, S. 85 (89).

856 Der Terminus „Trennungsgebot" findet sich überraschenderweise auch nicht in einfachgesetzlichen Regelungen.

857 *Haedge,* Das neue Nachrichtendienstrecht für die Bundesrepublik Deutschland. Ein Leitfaden mit Erläuterungen, S. 131.

858 So *Paeffgen/Gärditz,* Die föderale Seite des „Trennungsgebotes" oder: Art. 87 III, 73 GG und das G-10-Urteil, KritV 2000, S. 65 (68).

859 *Paeffgen/Gärditz,* Die föderale Seite des „Trennungsgebotes" oder: Art. 87 III, 73 GG und das G-10-Urteil, KritV 2000, S. 65 (68).

tie in Form einer unzulässigen Beschränkung der Länderkompetenzen zu bejahen und damit ein Verstoß gegen das Bundesstaatsprinzip.[860] Anlass für diese Argumentation war dabei insbesondere die Entscheidung des Bundesverfassungsgerichts zu § 3 G 10[861], wonach die Einbeziehung des BND in einen originär polizeilichen Verwendungszusammenhang (organisierte und internationale Kriminalität) für zulässig erklärt wurde, so lange ein Bezug zu der Primäraufgabe des BND, nämlich zum Staats- und Verfassungsschutz, nachgewiesen werden kann.[862]

Dieser Ansicht, die das Bundesstaatsprinzip als verfassungsrechtliche Grundlage des Trennungsgebotes heranzieht, ist jedoch entgegenzuhalten, dass das Bundesstaatsprinzip, nach dem die Staatsmacht auf einen Gesamtstaat (Bund) und 16 Gliedstaaten (Länder) aufgeteilt ist, durch zahlreiche Regelungen in der Verfassung näher ausgestaltet ist.[863] Von besonderer Bedeutung sind dabei all jene Vorschriften im Grundgesetz, die durch die Zuweisung von Verwaltungs- und Gesetzgebungskompetenzen die Aufgaben zwischen Bund und Ländern verteilen. Dies sind insbesondere die Regelungen der Art. 30 GG ff., 70 GG ff. bzw. Art. 83 GG ff., die als leges speciales dem allgemeinen Bundesstaatsprinzip des Art. 20 Abs. 1 GG vorgehen.[864] Daraus folgt, dass dann nicht auf das allgemeine Bundesstaatsprinzip zurückgegriffen werden kann, wenn ein Regelungsbereich bereits kompetenzmäßig von diesen Vorschriften erfasst wird.

Dies ist für die Sicherheitsbehörden allerdings zu bejahen: Mit den Art. 73 Nr. 10 und 87 Abs. 1 S. 2 GG werden neben der Zusammenarbeit von Bund und Ländern in Angelegenheiten des Verfassungsschutzes ebenso die Bereiche Kriminalpolizei und Bundesgrenzschutz (heute Bundespolizei) erfasst. Auch sind die Zuständigkeiten für den BND (Art. 73 Nr. 1, 87 Abs. 1 S. 1, Abs. 3 GG), den MAD (Art. 87a Abs. 1 GG) und die Länderpolizeien (Art. 70 Abs. 1, 83 GG) durch das Grundgesetz bereits geregelt. Aufgrund dieser schon vorhandenen Ausgestaltung der Kompetenzen der Sicherheitsbehörden ist ein Rückgriff auf das allgemeine Bundesstaatsprinzip zur Begründung eines verfassungsrechtlichen Trennungsgebotes ausgeschlossen.

3. Trennungsgebot als Folge des Demokratieprinzips

Teilweise wird das Trennungsgebot auch auf das Demokratieprinzip aus Art. 20 Abs. 1 und 2 GG gestützt und so seine verfassungsrechtliche Qualität gerechtfertigt.[865] Eine

---

860 *Paeffgen/Gärditz*, Die föderale Seite des „Trennungsgebotes“ oder: Art. 87 III, 73 GG und das G-10-Urteil, KritV 2000, S. 65 (68).

861 Siehe BVerfGE 100, 313 (370) = NJW 2000, 55 ff.

862 Vgl. dazu BVerfGE 100, 313 (370) = NJW 2000, 55 (60) sowie die Ausführungen unter Kapitel 3 - E.III.1.a

863 *Huster/Rux*, in: Epping/Hillgruber (Hrsg.), Beck'scher Online-Kommentar, Grundgesetz, Art. 20, Rn. 6.

864 *Starck*, in: Isensee/Kirchhof (Hrsg.), Handbuch des Staatsrechts der Bundesrepublik Deutschland, Bd. VII: Normativität und Schutz der Verfassung – Internationale Beziehungen, § 164, Rn. 57.

865 Vgl. die Darstellung bei *Albert*, Das „Trennungsgebot“ – ein für Polizei und Verfassungsschutz überholtes Entwicklungskonzept?, ZRP 1995, S. 105 (108).

nähere Begründung bleiben die Vertreter dieser Ansicht schuldig.[866] *Baumann* vermutet als Beweggrund für diesen Ansatz die Gefahr einer unzureichenden Beeinflussungs- und Kontrollmöglichkeit der „gemeinsamen Sicherheitsbehörde“ im Falle der Verbindung von Polizei und Nachrichtendiensten.[867] Führt man sich die Bedeutung des Demokratieprinzips vor Augen, nämlich zusammengefasst das „Gebot der Rückführung aller Staatsgewalt auf den organisierten Volkswillen“[868], so überzeugt die Argumentation nicht. Verfassungsschutzbehörden, aber auch den polizeilichen Institutionen, ist es immanent, dass sie „im Verborgenen“ arbeiten und die Hintergründe ihrer Tätigkeiten nur einem beschränkten Personenkreis bekannt sind.[869] Es liegt damit in der Natur der Sache, dass gerade aufgrund dieses geheimen Tätigwerdens nur eine eingeschränkte Beeinflussungs- und Kontrollmöglichkeit besteht. Ein durch die Vermischung von Polizeibehörden und Nachrichtendiensten zusätzlich erzeugtes Kontrolldefizit ist hingegen nicht zu begründen.[870] Mit *Baumann* wäre diesem fiktiven Fall jedenfalls entgegenzuwirken durch eine Veränderung des Kontrollprozesses; die dadurch transparentere Gestaltung würde einer Verletzung des Demokratieprinzips durch die Verbindung von Polizei und Nachrichtendiensten jedenfalls entgegenstehen.[871] Nach *Albert* verhindert bereits das bestehende „föderalistische Prinzip eine unkontrollierbare Machtzusammenballung“ und auch die „Kontrollmechanismen der Gerichte, der politischen Instanzen, der Medien und der Öffentlichkeit“ wären imstande, die mögliche Verselbständigung einer verbundenen Sicherheitsinstitution abzuwenden.[872]

Richtigerweise kann das Trennungsgebot daher nicht als Ausformung des Demokratieprinzips angesehen werden.

---

866 Vgl. *Baumann*, Vernetzte Terrorismusbekämpfung oder Trennungsgebot – Möglichkeiten und Grenzen der Zusammenarbeit von Polizei und Nachrichtendiensten –, DVBl. 2005, S. 798 (802).

867 Vgl. die Ausführungen von *Baumann*, Vernetzte Terrorismusbekämpfung oder Trennungsgebot? – Möglichkeiten und Grenzen der Zusammenarbeit von Polizei und Nachrichtendiensten –, DVBl. 2005, S. 798 (802).

868 So *Baumann*, Private Sicherheitsgewähr unter staatlicher Gesamtverantwortung – Zum Wandel vom Leistungs- zum Regulierungsstaat am Beispiel der Luftfahrtverwaltung, DÖV 2003, S. 790 (792).

869 Vgl. *Baumann*, Vernetzte Terrorismusbekämpfung oder Trennungsgebot – Möglichkeiten und Grenzen der Zusammenarbeit von Polizei und Nachrichtendiensten –, DVBl. 2005, S. 798 (802).

870 *Baumann*, Vernetzte Terrorismusbekämpfung oder Trennungsgebot – Möglichkeiten und Grenzen der Zusammenarbeit von Polizei und Nachrichtendiensten -, DVBl. 2005, S. 798 (802).

871 Siehe *Baumann*, Vernetzte Terrorismusbekämpfung oder Trennungsgebot – Möglichkeiten und Grenzen der Zusammenarbeit von Polizei und Nachrichtendiensten -, DVBl. 2005, S. 798 (802).

872 *Albert*, Das „Trennungsgebot“ – ein für Polizei und Verfassungsschutz überholtes Entwicklungskonzept?, ZRP 1995, S. 105 (108).

4. Verfassungsrang aus Art. 87 Abs. 1 S. 2 GG (i.V.m. Art. 73 Nr. 10 GG)?

Eine verfassungsrechtliche Verankerung des Trennungsgebotes im Grundgesetz lässt sich mangels ausdrücklicher Erwähnung möglicherweise durch eine entsprechende (systematische) Auslegung einschlägiger Normen unter Berücksichtigung ihrer Entstehungsgeschichte herleiten. In Betracht zu ziehen sind dabei zunächst solche Normen, die sich ausdrücklich mit der Polizei und den Nachrichtendiensten befassen.[873]

Im Schrifttum wird dazu die Ansicht vertreten, Art. 87 Abs. 1 S. 2 GG sei als Rechtsgrundlage des Trennungsgebotes anzusehen.[874] Oft wird ergänzend Art. 73 Nr. 10 GG herangezogen, um die These der verfassungsrechtlichen Qualität des Trennungsgebotes zu untermauern.[875]

a. Wortlautorientierte Auslegung

Einer allein wortlautorientierten Auslegung dieser grundgesetzlichen Artikel sei vorausgeschickt, dass gegen eine Herleitung des Trennungsgebotes aus der im Verfassungstext getroffenen Begriffswahl bereits sprechen könnte, dass der Parlamentarische Rat bei der Schaffung des Grundgesetzes möglicherweise nur die Vorgaben der Besatzungsmächte vollzogen hat, jedenfalls in seinen Entscheidungen aufgrund des Besatzungsrechts nicht eigenständig war.[876] Mangels ausdrücklicher Äußerungen lässt sich in der Folge über die Motive der Verfassungsgebenden Versammlung nur spekulieren, denn die Begriffswahl erfolgte angesichts der Vorgaben der Alliierten ohne vorherige Willensbildung im Parlamentarischen Rat.[877] Wenn nun keine Willensbildung stattgefunden hat, so ist im Zweifel auch keine Auslegung entsprechender (nicht vorhandener) Motive möglich.[878]

Art. 87 GG enthält Materien (Gegenstände) der Bundesverwaltung.[879] Nach dem Wortlaut des Art. 87 Abs. 1 S. 2 GG[880] können *„durch Bundesgesetz (...) Bundes-*

---

873 *Singer,* Das Trennungsgebot – Teil 2 – Politisches Schlagwort oder verfassungsrechtliche Vorgabe? Die Kriminalpolizei 12/2006, S. 112 (113).

874 *Gusy*, Das verfassungsrechtliche Gebot der Trennung von Polizei und Nachrichtendiensten ZRP 1987, S. 45 (47); *Schmidt*, Amtshilfe durch Informationshilfe, ZRP 1979, S. 185 (190); *Maunz*, in: Maunz/Dürig, Grundgesetz, Art. 73, Rn. 161.

875 *Roewer*, Geschichtlicher Nachtrag zur Kontroverse um die Trennung von Polizei und Verfassungsschutzbehörde DVBl. 1988, S. 666 (667).

876 *Singer,* Das Trennungsgebot – Teil 2 – Politisches Schlagwort oder verfassungsrechtliche Vorgabe? Die Kriminalpolizei 12/2006, S. 112 (113).

877 So zur Wahl des Begriffes „Verfassungsschutz" auch *Singer,* Das Trennungsgebot – Teil 2 – Politisches Schlagwort oder verfassungsrechtliche Vorgabe? Die Kriminalpolizei 12/2006, S. 112 (113).

878 Vgl. zu diesen Überlegungen *Singer,* Das Trennungsgebot – Teil 2 – Politisches Schlagwort oder verfassungsrechtliche Vorgabe? Die Kriminalpolizei 12/2006, S. 112 (113), der ausführt, dass ebenso wenig auf den Willen der Westalliierten abgestellt werden kann, da auch diese ihre Beweggründe nicht explizit äußerten.

879 *Pieroth,* in: Jarass/Pieroth, Grundgesetz für die Bundesrepublik Deutschland, Art. 87, Rn. 1.

880 Der heutige Wortlaut enthält redaktionelle Veränderungen. Diese sind allerdings für den hier interessierenden Zusammenhang unbeachtlich. Art. 87 Abs. 1 S. 2 GG lautete ursprünglich:

grenzschutzbehörden, Zentralstellen für das polizeiliche Auskunfts- und Nachrichtenwesen, für die Kriminalpolizei und zur Sammlung von Unterlagen für Zwecke des Verfassungsschutzes und des Schutzes gegen Bestrebungen im Bundesgebiet, die durch Anwendung von Gewalt oder darauf gerichtete Vorbereitungshandlungen auswärtige Belange der Bundesrepublik Deutschland gefährden, eingerichtet werden." Für den hier interessierenden Zusammenhang lässt sich dieser sehr umfangreiche Satz auf den folgenden wesentlichen Inhalt reduzieren:

„Durch Bundesgesetz können Bundesgrenzschutzbehörden [und] *Zentralstellen für das polizeiliche Auskunfts- und Nachrichtenwesen,* [sowie] *für die Kriminalpolizei (...) und zur Sammlung von Unterlagen für Zwecke des Verfassungsschutzes (...) eingerichtet werden."*

Art. 87 Abs. 1 S. 2 GG enthält demnach eine ausschließliche Gesetzgebungszuständigkeit des Bundes für die dort genannten Verwaltungsstellen.[881] Ausweislich des Wortlautes und angesichts der prinzipiellen Polizeihoheit der Länder ist dem Bund damit die Gesetzgebungskompetenz für den Bundesgrenzschutz[882] und die kriminalpolizeilichen Einrichtungen[883] zugewiesen; aus dem Bereich der Nachrichtendienste wird nur der Verfassungsschutz genannt, so dass der Bund über Art. 87 GG nur für das Bundesamt für Verfassungsschutz eine entsprechende Gesetzgebungszuständigkeit nachweisen kann[884]; der Bundesnachrichtendienst und der Militärische Abschirmdienst werden von der Regelung des Art. 87 Abs.1 S. 2 GG ausweislich seines Wortlautes oder sonstiger Anhaltspunkte nicht erfasst.[885]

Vertreter der Ansicht, dass sich die Rechtsqualität des Trennungsgebotes aus Art. 87 GG herleiten lässt, stützen ihre Argumentation dabei primär auf den Wortlaut

---

„Durch Bundesgesetz können Bundesgrenzschutzbehörden, Zentralstellen für das polizeiliche Auskunfts- und Nachrichtenwesen, zur Sammlung von Unterlagen für Zwecke des Verfassungsschutzes und für die Kriminalpolizei eingerichtet werden.", geändert durch das 31. Änderungsgesetz vom 28.07.1972, BGBl. I 305.

881 *Burgi*, in: v. Mangoldt/Klein/Starck, Das Bonner Grundgesetz, Band 3, Art. 87 Abs. 1, Rn. 62. Nach *Burgi* tritt neben die Begründung einer Gesetzgebungszuständigkeit als föderaler Primärgehalt von Art. 87 Abs. 1 S. 2 GG auch der „Charakter als Zuordnungnorm" sowie „die Beschränkung auf ein Tätigwerden im Wege der Zusammenarbeit".

882 Seit dem Jahr 2005 Bundespolizei; eine Änderung des grundgesetzlichen Wortlaut ist bislang noch nicht erfolgt.

883 Die „Zentralstellen für das polizeiliche Auskunfts- und Nachrichtenwesen (…) [und] für die Kriminalpolizei" sind im Bundeskriminalamt vereinigt. Diese dem Bundesministerium nachgeordnete Behörde ist zugleich das in Art. 73 Nr. 10 lit. c) GG genannte Bundeskriminalpolizeiamt. Vgl. hierzu *Pieroth*, in: Jarass/Pieroth, Grundgesetz für die Bundesrepublik Deutschland, Art. 87, Rn. 6.

884 *Pieroth*, in: Jarass/Pieroth, Grundgesetz für die Bundesrepublik Deutschland, Art. 87, Rn. 7.

885 *Burgi*, in: v. Mangoldt/Klein/Starck, Das Bonner Grundgesetz, Band 3, Art. 87 Abs. 1, Rn. 58. Für den MAD und den BND ergibt sich die Verwaltungskompetenz des Bundes aus Art. 87a Abs.1 S. 1 und Art. 87 Abs. 3 i.V.m. Art. 73 Abs. 1 Nr. 1. Vgl. hierzu *Hömig*, Grundgesetz für die Bundesrepublik Deutschland, Art. 87, Rn. 6.

des Art. 87 Abs. 1 S. 2 GG. Nach diesem wird dem Bund die Befugnis zur Einrichtung *mehrerer Zentralstellen* zugewiesen.[886]

Hier fällt der Gebrauch des Terminus „Zentralstelle" als auch die Verwendung der Pluralform auf.[887]

(1) Verwendung des Terminus „Zentralstelle"

Zunächst erscheint es nicht einleuchtend, warum die Vertreter der genannten Ansicht aus der Verwendung des Begriffes „Zentralstelle" die verfassungsrechtliche Qualität des Trennungsgebotes herleiten wollen.[888] Zumal der Begriff sich sowohl auf die polizeilichen Einrichtungen („*Zentralstellen für das polizeiliche Auskunfts- und Nachrichtenwesen* [und] *für die Kriminalpolizei*") als auch auf den Verfassungsschutz bezieht („*Zentralstellen* (…) *zur Sammlung von Unterlagen für Zwecke des Verfassungsschutzes*"). Bei näherer Betrachtung wird jedoch deutlich, dass innerhalb des Regelungsgehaltes von Art. 87 Abs. 1 S. 2 GG sehr wohl eine Abgrenzung vorgenommen wurde: Dem Bund wird die Gesetzgebungskompetenz auch bezüglich der Bundesgrenzschutz*behörden*[889] zugewiesen. So findet sich zumindest eine andere Organisationsform als die genannten *Zentralstellen*, aus der sich eine Verschiedenartigkeit der Bereiche Polizei und Verfassungsschutz herleiten ließe.[890] Jedoch hilft diese Verschiedenartigkeit nicht über die Tatsache hinweg, dass der Begriff der Zentralstelle im Zusammenhang mit beiden Bereichen – Polizei und Verfassungsschutz – verwendet wird.

Aus diesem Grund bietet sich eine nähere Betrachtung des Begriffes „Zentralstelle" an, um gegebenenfalls auf diesem Weg Rückschlüsse ziehen zu können auf die Kompetenzbereiche der jeweiligen Behörde und einen möglichen Zusammenhang mit dem Trennungsgebot herstellen zu können.

(a) Entstehungsgeschichte

Bereits Ende des 19. Jahrhunderts wurde der Begriff der „Zentralstelle" im Bereich des Polizeiwesens verwendet.[891] Auch im Nachkriegsdeutschland wurden einige Behörden als „Zentralstellen" bezeichnet.[892] Einzig in der Geschichte der deutschen Ver-

---

886 Siehe dazu die Ausführungen von *Baumann*, Vernetzte Terrorismusbekämpfung oder Trennungsgebot – Möglichkeiten und Grenzen der Zusammenarbeit von Polizei und Nachrichtendiensten - , DVBl. 2005, S. 798 (802).

887 *Gusy*, Die Rechtsstellung der Nachrichtendienste, Jura 1986, S. 296 (297).

888 *König*, Trennung und Zusammenarbeit von Polizei und Nachrichtendiensten, S. 159.

889 Heute: Bundespolizeibehörden.

890 *König*, Trennung und Zusammenarbeit von Polizei und Nachrichtendiensten, S. 159.

891 *Ahlf*, Das Bundeskriminalamt als Zentralstelle, S. 135 ff. Dieser stellt auf Seite 4 klar, dass der im Bereich des Polizeiwesens verwendete Begriff „Zentralstelle" jedenfalls eine andere Bedeutung hatte als die heute in Art. 87 Abs. 1 S. 2 GG genannten Zentralstellen. Insoweit besteht keine Veranlassung einer Gegenüberstellung dieser Termini zum Zwecke der Begriffsanalyse.

892 *Becker*, Zentralstellen gemäß Art. 87 Abs. 1 GG, DÖV 1978, S. 551 f.

fassung ist der Begriff der „Zentralstellen“ zuvor noch nicht aufgetaucht.[893] Ohne vorab begründet oder erläutert worden zu sein, wurde er am 6. Mai 1949 erstmalig in die Verhandlungen des Parlamentarischen Rates eingebracht[894] und hat in der Folge einzig in Art. 87 GG Erwähnung gefunden.[895] Aus der entstehungsgeschichtlichen Entwicklung lassen sich damit keine Hinweise auf eine gebotene Trennung der Sicherheitsbehörden gewinnen.

(b) Systematische Stellung

Betrachtet man die Einordnung des Terminus in die Systematik des Grundgesetzes, so findet sich dieser Begriff in den Vorschriften betreffend die Bundesverwaltung. Innerhalb der Bundesverwaltung unterscheidet man Verwaltungsbehörden, die obligatorisch mit eigenem Verwaltungsunterbau[896] geführt werden und solche fakultativ vom Bund einzurichtenden selbständigen Behörden[897], die nicht über einen eigenen Verwaltungsunterbau verfügen.[898]

Die nun in Art. 87 Abs. 1 S. 2 genannten Zentralstellen sind der Ministerialstufe angenäherte Behörden der unmittelbaren Bundesverwaltung, die über keinen entsprechenden Verwaltungsunterbau verfügen.[899] Insoweit unterscheiden sie sich aber nicht von sonstigen zentralen Einrichtungen der Bundesverwaltung, so dass sich aus dieser organisationsrechtlichen Eigenschaft keine Verbindung mit dem Trennungsgebot herstellen lässt.

(c) Aufgabenbereich der Zentralstellen

Somit ist in einem weiteren Schritt der Kompetenzbereich der Zentralstellen näher zu beleuchten.

---

893 *Werthebach/Droste*, in: Dolzer/Vogel/Grashof (Hrsg.), Bonner Kommentar zum Grundgesetz, Art. 73 Nr. 10, Rn. 104.

894 Zur näheren Entstehungsgeschichte der Zentralstellen, vgl. *Becker*, Zentralstellen gemäß Art. 87 Abs. 1 GG, DÖV 1978, S. 551.

895 Vgl. *König*, Trennung und Zusammenarbeit von Polizei und Nachrichtendiensten, S. 159.

896 So geregelt in Art. 87 Abs. 1 S. 1; 87b, 87d, 89 Abs. 2 GG.

897 Vgl. dazu die Regelung des Art. 87 Abs. 3 GG.

898 *Werthebach/Droste*, in: Dolzer/Vogel/Grashof (Hrsg.), Bonner Kommentar zum Grundgesetz, Art. 73 Nr. 10, Rn. 104.

899 *Hermes*, in: Dreier, Grundgesetz, Kommentar, Bd. III, Art 87, Rn. 47. Einige Autoren ordnen die Zentralstellen den Bundesoberbehörden zu. (Vgl. *Kratzer*, Die Bundesoberbehörde, DÖV 1950, S. 533; *Hermes*, in: Dreier, Grundgesetz, Kommentar, Bd. III, Art 87, Rn. 47; *Pieroth*, in: *Jarass*/Pieroth, Grundgesetz für die Bundesrepublik Deutschland, Art. 87, Rn. 5) Insoweit findet man bezüglich des Bundesamtes für Verfassungsschutz eine rechtliche Grundlage in § 2 Abs. 1 S. 1 BVerfSchG, der dieses Bundesamt expressis verbis als „Bundesoberbehörde“ bezeichnet. Im Hinblick auf das Bundeskriminalamt findet diese Einordnung jedoch keine rechtliche Entsprechung: § 2 Abs.1 BKAG bezeichnet das Bundeskriminalamt lediglich als Zentralstelle. Eine Bezeichnung als „Bundesoberbehörde“ findet sich im BKAG hingegen nicht.

Die Aufgabe der Zentralstellen ist es, die Zusammenarbeit von Bund und Ländern auf bestimmten Gebieten der Inneren Sicherheit zu koordinieren.[900] Dies ergibt sich im Wesentlichen aus dem Zusammenhang des Art. 87 GG mit der in Art. 73 Nr. 10 GG geregelten Gesetzgebungskompetenz des Bundes, die expressis verbis von der „Zusammenarbeit des Bundes und der Länder" spricht. Den Zentralstellen kommt mithin eine Koordinations- und Kooperationsfunktion für das Verhältnis Bund und Länder zu.[901] Der Bund erhält damit durch Art. 87 Abs. 1 S. 2 i.V.m. Art. 73 Nr. 10 GG die Ermächtigung zu einer ausnahmsweise zulässigen Form der Mischverwaltung.[902]

Aus der Tatsache, dass die Zentralstellen an der Koordinierung der Bundes- und Länderbehörden und der Länderverwaltungen untereinander mitwirken, in dem sie etwa Informationen zentral erfassen, auswerten und weiterleiten, lässt sich jedoch nicht der Schluss ziehen, dass dadurch eine organisatorische oder auch andersartige Trennung von Polizei und Nachrichtendiensten vom Gesetzgeber beabsichtigt worden ist.[903] Im Gegenteil deutet die Koordinierungsfunktion der Zentralstellen eher auf eine Verbindung der beiden Institutionen hin.

Da sich im Ergebnis also weder aus der Entstehungsgeschichte, noch aus der systematischen Stellung oder dem Aufgabenbereich der Zentralstellen Schlüsse ziehen lassen auf die verfassungsrechtliche Qualität des Trennungsgebotes, führt die wortlautorientierte Auslegung anhand des Terminus „Zentralstelle" nicht weiter.

Damit ist der Blick darauf zu richten, dass der Gesetzgeber den Begriff „Zentralstelle" in der Pluralform verwendet hat.

(2) Verwendung des Plurals

Art. 87 Abs. 1 S. 2 GG regelt, dass Zentralstell***en*** für das polizeiliche Auskunfts- und Nachrichtenwesen, für die Kriminalpolizei und in dem hier interessierenden Zusammenhang zur Sammlung von Unterlagen für Zwecke des Verfassungsschutzes eingerichtet werden können.

In diesem Kontext wird nun vertreten, dass die Verwendung des Plurals ein Indiz dafür sei, dass die in dieser Vorschrift genannten Polizei- und Verfassungsschutzaufgaben verschiedenen Zentralstellen übertragen werden müssten.[904]

Dieser Auffassung ist jedoch zunächst entgegenzuhalten, dass die Verwendung der Mehrzahl in Art. 87 Abs. 1 S. 2 GG (*„mehrerer Zentralstellen"*) dem Bund lediglich

900 *Werthebach/Droste*, in: Dolzer/Vogel/Grashof (Hrsg.), Bonner Kommentar zum Grundgesetz, Art. 73 Nr. 10, Rn. 105.

901 *König*, Trennung und Zusammenarbeit von Polizei und Nachrichtendiensten, S. 161.

902 *Hermes*, in: Dreier, Grundgesetz, Kommentar, Bd. III, Art. 87, Rn. 47.

903 *Gusy*, Das verfassungsrechtliche Gebot der Trennung von Polizei und Nachrichtendiensten, ZRP 1987, S. 45 (47).

904 *Gusy*, Die Rechtsstellung der Nachrichtendienste Jura 1986, S. 296 (297); *Schmidt*, Amtshilfe durch Informationshilfe, ZRP 1979, S. 185 (187 m. Fn. 19, 190); *Gusy*, Das verfassungsrechtliche Gebot der Trennung von Polizei und Nachrichtendiensten, ZRP 1987, 45 (47); *Ostheimer*, Verfassungsschutz nach der Wiedervereinigung: Möglichkeiten und Grenzen einer Aufgabenausweitung, S. 70 f.

die Möglichkeit einräumen soll, die in dieser Vorschrift genannten Aufgaben mehreren Behörden zu übertragen.[905] Es wird dadurch aber gerade nicht die Pflicht zur Schaffung unterschiedlicher, voneinander losgelöster Zentralstellen begründet.[906] Dementsprechend steht es dem Bund völlig frei, ob er eine oder mehrere Zentralstellen einrichtet oder nicht.[907] Ebenso ist es nach dem Wortlaut des Art. 87 Abs. 1 S. 2 GG denkbar, dass der Bund mehr als drei Zentralstellen für die oben genannten Aufgabenbereiche errichtet.[908]

Art. 87 Abs. 1 S. 2 GG und auch Art. 73 Nr. 10 GG beschränken sich nach überzeugender Ansicht vielmehr darauf, den Rahmen festzulegen, innerhalb dessen der Bund auf einem originär den Ländern zukommenden Rechtsgebiet tätig werden kann.[909] Eine andere Auslegung überdehnt dagegen die Funktion der Grundgesetz-Artikel.[910] Dies lässt sich auch vor dem Hintergrund vertreten, dass das Bundeskriminalamt ansonsten keine Existenzberechtigung besäße, da es sowohl für die Kriminalpolizei als auch für das polizeiliche Auskunfts- und Nachrichtenwesen Zentralstelle ist[911] und damit alle in Art. 87 Abs. 1 S. 2 GG genannten polizeilichen Zentralstellen unter einem Dach vereinigt.[912] Zudem würde sich – bei Anerkennung einer verfassungsrechtlichen Verankerung des Trennungsgebotes (allein)[913] im Rahmen des Art. 87 Abs. 1 S. 2 GG – die Bindungswirkung des Trennungsgebotes auf den Bund

---

905 *Baumann*, Vernetzte Terrorismusbekämpfung oder Trennungsgebot – Möglichkeiten und Grenzen der Zusammenarbeit von Polizei und Nachrichtendiensten - , DVBl. 2005, S. 798 (803).

906 Nennenswert in diesem Zusammenhang ist auch *Broß*, in: v. Münch/Kunig, Grundgesetz Kommentar, Bd. 3, Art. 87, Rn. 16: Er folgert aus dem Fehlen einer Verpflichtung zur Einrichtung, dass es insoweit auch zulässig wäre, eine Zentralstelle für alle Bereiche zusammen vorzusehen.

907 *Maunz*, in: Maunz/Dürig, Grundgesetz, Art. 87, Rn. 54.

908 *Broß*, in: v. Münch/Kunig, Grundgesetz Kommentar, Bd. 3, Art. 87, Rn. 16.

909 *Roewer*, Nachrichtendienstrecht der Bundesrepublik Deutschland, § 3 BVerfSchG, Rn. 188.

910 *Werthebach/Droste*, in: Dolzer/Vogel/Grashof (Hrsg.), Bonner Kommentar zum Grundgesetz, Art. 73, Rn. 235; *Roewer*, Trennung von Polizei und Verfassungsschutz DVBl. 1986, S. 205 ff., *ders.*, Nachrichtendienstrecht der Bundesrepublik Deutschland, § 3 BVerfSchG, Rn. 188; *Möstl*, Verfassungsrechtliche Vorgaben für die strategische Fernmeldeaufklärung und die informationelle Vorfeldarbeit im allgemeinen DVBl. 1999, S. 1394 (1400); *Scholz/Pitschas*, Informationelle Selbstbestimmung und staatliche Informationsverantwortung, S. 186. Nachdem sich die Bundesverfassung – die Erfahrungen der Weimarer Republik verarbeitend – das Prinzip der streitbaren Demokratie zu eigen gemacht hatte, gab nun der Polizeibrief den Anstoß, dem Bund auch die entsprechenden Kompetenzen für einen Vollzug an die Hand zu geben – mehr nicht.

911 Dies ergibt sich aus § 2 Abs. 1 BAKG, in dem es heißt: „Das Bundeskriminalamt unterstützt als Zentralstelle für das polizeiliche Auskunfts- und Nachrichtenwesen und für die Kriminalpolizei die Polizeien des Bundes und der Länder bei der Verhütung und Verfolgung von Straftaten mit länderübergreifender, internationaler oder erheblicher Bedeutung.“

912 *Borgs-Maciejewski/Ebert*, Das Recht der Geheimdienste, § 3 BVerfSchG, Rn. 126; *Roewer*, Trennung von Polizei und Verfassungsschutz, DVBl. 1986, S. 205.

913 Anders wäre der Fall natürlich zu beurteilen, wenn sich eine verfassungsrechtliche Verankerung durch das Rechtsstaatsprinzip in Verbindung mit dem Homogenitätsprinzip begründen lässt, vgl. dazu die Ausführungen unter Kapitel 3 - F.IV.

beschränken, da die Landesverfassungen der „alten" Bundesländer keine vergleichbaren Regelungen beinhalten.[914]

(3) Verwendung des Terminus „Verfassungsschutz"

Vereinzelt wird auch vertreten, die Aufnahme des Trennungsgebotes spiegle sich in dem Gebrauch des Terminus „Verfassungsschutz" statt „Geheimdienst" im Verfassungstext wieder.[915] Dem ist jedoch entgegenzuhalten, dass sich der Wortlaut des Polizeibriefes selbst noch auf *„eine Stelle zur Sammlung und Verbreitung von Auskünften über umstürzlerische, gegen die Bundesregierung gerichtete Tätigkeiten"* bezog.[916] Mangels entsprechender Ausführungen des Verfassungsgebers zur späteren Begriffswahl ist daher nicht nachvollziehbar, ob der Begriff des „Verfassungsschutzes" bewusst als Abgrenzung zu den Begriffen „Geheimdienst" oder „Politische Polizei" gewählt worden ist. Naheliegend ist auch die Vermutung, dass durch die Wahl des Begriffes „Verfassungsschutz" die besondere Bedeutung dieser Staatsaufgabe hervorgehoben werden sollte, nämlich der Schutz der durch die Verfassung vorgegebenen Werteordnung.[917] Dieses Ziel hätte man mit dem in dieser Hinsicht wertfreien Begriff des „Geheimdienstes" oder ähnlichem nicht erreichen können.[918] Sollte diese überzeugende Mutmaßung zutreffend sein, dass der Begriff „Verfassungsschutz" also nicht in Abgrenzung zu anderen, aus der Zeit des Dritten Reiches bekannten Termini gewählt worden ist, dann lassen sich aus diesem aber auch keine Hinweise auf eine gebotene Trennung von Polizei und Verfassungsschutz gewinnen. Der Begriff „Verfassungsschutz" lässt sich nicht so auslegen, dass er eine organisatorische oder befugnisrechtliche Trennung der Sicherheitsbehörden vorgibt.[919]

---

914 Diesen Bundesländern wäre es demzufolge auch in verfassungsrechtlicher Hinsicht möglich, ihre Verfassungsschutzbehörden mit Polizeibehörden zu verbinden oder sie mit exekutiven Befugnissen auszustatten. Mit Ausnahme von Mecklenburg-Vorpommern, Sachsen-Anhalt und Thüringen gilt dies jedoch nicht für die neuen Bundesländer: In Brandenburg und Sachsen hat das Trennungsgebot Verfassungsqualität. Die Verfassung des Landes Brandenburg vom 20.08.1992 (GVBl. I 298) enthält in Art. 11 Abs. 3 folgende Bestimmung: *„Der aufgrund bundesrechtlicher Vorschriften einzurichtende Verfassungsschutz des Landes unterliegt einer besonderen parlamentarischen Kontrolle. Ihm stehen keine polizeilichen Befugnisse zu. Er darf die Polizei auch nicht im Wege der Amtshilfe um Maßnahmen ersuchen, zu denen er selbst nicht befugt ist."*
Art. 83 Abs. 3 S. 1 der Verfassung des Freistaates Sachsen vom 27.05.1992 (GVBl. 243) lautet wie folgt:*„Der Freistaat Sachsen unterhält keinen Sicherheitsdienst mit polizeilichen Befugnissen"*.

915 *Gössner*, Mythos Sicherheit. Der hilflose Schrei nach dem starken Staat, S. 215 (216); *Schaefer*, Strafverfolgung und Verfassungsschutz, NJW 1999, S. 2572.

916 Vgl. Ziffer 2 des Polizeibriefes; *Singer*, Das Trennungsgebot – Teil 2 – Politisches Schlagwort oder verfassungsrechtliche Vorgabe? Die Kriminalpolizei 12/2006, S. 112 (113).

917 *Singer*, Das Trennungsgebot – Teil 2 – Politisches Schlagwort oder verfassungsrechtliche Vorgabe? Die Kriminalpolizei 12/2006, S. 112 (113).

918 *Singer*, Das Trennungsgebot – Teil 2 – Politisches Schlagwort oder verfassungsrechtliche Vorgabe? Die Kriminalpolizei 12/2006, S. 112 (113 f.).

919 *Singer*, Das Trennungsgebot – Teil 2 – Politisches Schlagwort oder verfassungsrechtliche Vorgabe? Die Kriminalpolizei 12/2006, S. 112 (113 f.).

Im Ergebnis lassen sich aus der Verwendung des Terminus „Verfassungsschutz" keine Anhaltspunkte für eine verfassungsrechtliche Verankerung des Trennungsgebotes gewinnen.

(4) Begriff des „Sammelns von Unterlagen" in Art. 87 Abs. 1 S. 2 GG

Einem anderen Teil des Schrifttums zufolge lässt sich die Verankerung des Trennungsgebotes in Art. 87 Abs. 1 S. 2 GG jedoch auch vor dem Hintergrund der dort vorgenommen Abgrenzung von Aufgaben und Befugnissen feststellen: Nach dem Wortlaut der Grundgesetznorm können Zentralstellen *„zur Sammlung von Unterlagen für Zwecke des Verfassungsschutzes..."* eingerichtet werden, wobei die Betonung auf dem Wort *„Sammlung"* liegen soll.[920] Die Verwendung dieser Umschreibung des *„Sammelns von Unterlagen"* sei auf die Einrichtung einer nachrichtendienstlichen Zentralstelle ohne polizeiliche Befugnisse bezogen. Die Nachrichtendienste sollten vielmehr nur beobachtend tätig werden im Vorfeld von konkreten Gefahren und dann die dabei gewonnen Informationen an die auf dem Gebiet der Gefahrenabwehr und Strafverfolgung tätigen Polizeibehörden weitergeben. In der Folge wird Art. 87 Abs. 1 S. 2 GG die Funktion zugeschrieben, die Verschmelzung polizeilicher Eingriffsbefugnisse mit dem den Nachrichtendiensten originär zustehenden Kompetenzen zu verhindern.[921]

Damit sei die Trennung von Informationsbeschaffung und exekutiven Polizeibefugnissen verfassungsrechtlich im Grundgesetz verankert.[922]

Dieser Ansicht ist jedoch entgegenzutreten: Der Begriff des *„Sammelns von Unterlagen"* kann nicht als ein lediglich passives Tätigwerden der Nachrichtendienste im Sinne von Entgegennehmen und Speichern von Informationen verstanden werden.[923] Eine derartige Auslegung des Wortsinns greift zu kurz und reduziert die Bedeutung des *„Sammelns"*, das sich durchaus auch auf die „aktive Beschaffung von Informationen" erstreckt, in unangemessener Weise.[924] Zudem findet sich auch keine Grundlage hierfür im normativ-systematischen Zusammenhang.[925]

---

920 *Pieroth*, in: Jarass/Pieroth, Grundgesetz für die Bundesrepublik Deutschland, Art. 87, Rn. 7; *Lerche*, in: Maunz/Dürig, Grundgesetz, Art. 87, Rn. 142 f.

921 *Gusy*, Das verfassungsrechtliche Gebot der Trennung von Polizei und Nachrichtendiensten, ZRP 1987, S. 45 (47); ähnlich auch *Sachs*, in: Sachs, Grundgesetz, Kommentar, Art. 87, Rn. 43.

922 *Pieroth*, in: Jarass/Pieroth, Grundgesetz für die Bundesrepublik Deutschland, Art. 87, Rn. 7; *Lerche*, in: Maunz/Dürig, Grundgesetz, Art. 87, Rn. 142 f.

923 *Nehm*, Das nachrichtendienstrechtliche Trennungsgebot und die neue Sicherheitsarchitektur, NJW 2004, S. 3289 (3291).

924 *Werthebach/Droste*, in: Dolzer/Vogel/Grashof (Hrsg.), Bonner Kommentar zum Grundgesetz, Art. 73 Nr. 10, Rn. 234.

925 *Werthebach/Droste*, in: Dolzer/Vogel/Grashof (Hrsg.), Bonner Kommentar zum Grundgesetz, Art. 73 Nr. 10, Rn. 234; *Sachs*, in: Sachs, Grundgesetz, Kommentar, Art. 87, Rn. 43; *Borgs-Maciejewski/Ebert*, Das Recht der Geheimdienste, § 3 BVerfSchG, Rn. 136.

(5) Zusammenfassung

Zusammenfassend lässt sich damit feststellen, dass sich dem Wortlaut des Art. 87 Abs. 1 S. 2 GG, der mit den Bezeichnungen „Kriminalpolizei" und „Verfassungsschutz" die in Art. 73 Abs. 1 Nr. 10 a) und b) vorgenommene Aufgabenzuweisung für (Kriminal-) Polizei und Verfassungsschutz übernimmt und damit den Aufgabenbereich der beiden Sicherheitsinstitutionen festlegt, zwar eine funktionale Trennung von Polizei und Verfassungsschutz durchaus entnehmen lässt. Über diese funktionale Trennung hinaus enthält der Wortlaut allerdings keine eindeutigen Hinweise auch auf eine organisatorische Trennung von Polizei und Nachrichtendiensten. So lässt die Verwendung der Mehrzahl von Zentralstelle zwar auf die Absicht des Verfassungsgebers schließen, dass er mehrere Zentralstellen für die unterschiedlichen Bereiche vorsehen wollte. Allerdings mangelt es an weiteren Hinweisen, die neben dem Recht zur Schaffung unterschiedlicher Zentralstellen auch eine Pflicht des Gesetzgebers zur Einrichtung dieser voneinander zu trennenden Zentralstellen begründen würde. Auch dem Terminus „Verfassungsschutz" lässt sich mangels eindeutiger Hinweise keine entsprechende Vorgabe hinsichtlich einer Trennung entnehmen. Zuletzt kann auch dem Begriff des *„Sammelns von Unterlagen"* keine befugnisrechtlich gebotene Trennung von Polizei und Nachrichtendiensten entnommen werden, da es sich insoweit lediglich um eine nähere Erläuterung des dem Verfassungsschutz in Art. 73 Abs. 1 Nr. 10 b) GG zugewiesenen Aufgabenbereiches handelt. Auf den Ausschluss polizeilicher Exekutivbefugnisse kann daraus nicht geschlossen werden.

Eine wortlautorientierte Auslegung des Art. 87 Abs. 1 S. 2 GG vermag daher keine verfassungsrechtliche Qualität des Trennungsgebotes zu begründen.

b. Entstehungsgeschichtliche Auslegung

Auch wenn die Wiedererlangung der völligen Souveränität der Bundesrepublik Deutschland einer Herleitung der Rechtsqualität des Trennungsgebotes unmittelbar aus dem Polizeibrief – wie bereits dargelegt[926] – entgegensteht, darf der historische Kontext bei dem Versuch, den normativen Charakter des Trennungsgebotes zu bestimmen, nicht unberücksichtigt bleiben.

So ist der Blick auf die historische Motivation für die Schaffung des Art. 87 Abs. 1 S. 2 GG zu richten.

Es wird vertreten, der Verfassungsgeber habe die Vorgaben aus dem Polizeibrief bei der Formulierung des Art. 87 Abs. 1 S. 2 GG *stillschweigend* umsetzen wollen.[927]

---

926 Vgl. die Ausführungen in Kapitel 3 - F.I.

927 Vgl. *Schafranek*, Die Kompetenzverteilung zwischen Polizei und Verfassungsschutzbehörden in der Bundesrepublik Deutschland, S. 172; *Albers*, Die Determination polizeilicher Tätigkeit in den Bereichen der Strafverhütung und der Verfolgungsvorsorge, S. 225; *Denninger*, Die Trennung von Verfassungsschutz und Polizei und das Grundrecht auf informationelle Selbstbestimmung, ZRP 1981, S. 231 (232); *Roggan/Bergemann*, Die „neue Sicherheitsarchitektur der Bundesrepublik Deutschland" – Anti-Terror-Datei, gemeinsame Projektdateien und Terrorismusbekämpfungsergänzungsgesetz, NJW 2007, S. 876.

Dieser Annahme wird aber die nur ein Jahr später, nämlich im Jahr 1950, entwickelte Formulierung des § 3 Abs. 3 S. 1 und 2 BVerfSchG a.F.[928] entgegengehalten, die eine Trennung von Polizei und Verfassungsschutz explizit regelte und die aus diesem Grund beweise, dass der damalige Bundesgesetzgeber sehr wohl an einer *ausdrücklichen* Aufnahme bestimmter Regelungen aus dem Polizeibrief interessiert gewesen sein müsse: Nach dem damaligen § 3 Abs. 3 Satz 1 BVerfSchG[929] durfte das Bundesamt für Verfassungsschutz einer polizeilichen Dienststelle nicht angegliedert werden. Weiter sollten nach § 3 Abs. 3 Satz 2 BVerfSchG[930] dem Bundesamt für Verfassungsschutz polizeiliche Befugnisse vorenthalten bleiben.[931] Es wird zudem ausgeführt, eine einfachgesetzliche Ausformung des Trennungsgebotes, wie sie im BVerfSchG zu finden ist, wäre nicht erforderlich gewesen, wenn sie bereits in der Verfassung niedergelegt worden sei.[932]

Einer solchen Argumentation ist jedoch entgegenzuhalten, dass es sich bei den einfachgesetzlichen Vorgaben im BVerfSchG lediglich um Konkretisierungen des konkludent in der Verfassung verankerten Trennungsgebots handelt.[933]

Denn richtigerweise darf der enge zeitliche Zusammenhang zwischen dem Polizeibrief vom 14. April 1949 und der Verabschiedung des Grundgesetzes am 08. Mai 1949 nicht unberücksichtigt bleiben. Dass der Bund in den Angelegenheiten des Verfassungsschutzes (vgl. die späteren Fassungen der Art. 73 Nr. 10 und 87 Abs. 1 S. 2 GG) zuständig sein sollte, wurde aufgrund einer interfraktionellen Absprache erst kurz vor der Schlussberatung eingebracht und ohne ausführliche Begründung bzw. Erörterung am 06. Mai 1949 beschlossen.[934]

Es ist daher naheliegend anzunehmen, dass der Parlamentarische Rat bei der Formulierung des Art. 87 Abs. 1 S. 2 GG den Inhalt des Polizeibriefes berücksichtigt hat und die darin niedergelegten Vorgaben der Militärgouverneure umsetzen wollte. Diese

---

928 Heute finden sich entsprechende Regelungen in § 2 Abs. 1 S. 3 und § 8 Abs. 3 BVerfSchG.

929 Heute ist dies in § 2 Abs. 1 Satz 3 BVerfSchG geregelt.

930 Diese Bestimmung findet sich heute in § 8 Abs. 3 BVerfSchG.

931 *Baumann*, Vernetzte Terrorismusbekämpfung oder Trennungsgebot – Möglichkeiten und Grenzen der Zusammenarbeit von Polizei und Nachrichtendiensten -, DVBl. 2005, S. 798 (801).

932 So z.B. *Baumann*, Vernetzte Terrorismusbekämpfung oder Trennungsgebot? - Möglichkeiten und Grenzen der Zusammenarbeit von Polizei und Nachrichtendiensten -, DVBl. 2005, S. 798 (801).

933 Vgl. *Gusy*, Das verfassungsrechtliche Gebot der Trennung von Polizei und Nachrichtendiensten, ZRP 1987, S. 45; *Denninger*, Amtshilfe im Bereich der Verfassungsschutzbehörden, in: Bundesministerium des Innern (Hrsg.), Verfassungsschutz und Rechtsstaat: Beiträge aus Wissenschaft und Praxis, S. 19 (36 ff.); *ders.*, Die Trennung von Verfassungsschutz und Polizei und das Grundrecht auf informationelle Selbstbestimmung, ZRP 1981, S. 231 f.; a.A. sind etwa *Roewer*, Trennung von Polizei und Verfassungsschutz, DVBl. 1986, S. 205 und *Mager*, Terrorismusbekämpfung zwischen Sicherheit und Freiheit, S. 171 f.

934 Vgl. zur Beratung am 06. Mai 1949 die kurze Darstellung von *Dorn*, Das Trennungsgebot in verfassungshistorischer Perspektive. Zur Aufnahme inlandsnachrichtendienstlicher Bundeskompetenzen in das Grundgesetz vom 23. Mai 1949, S. 134 ff. m.w.N.; *Gusy*, Das verfassungsrechtliche Gebot der Trennung von Polizei und Nachrichtendiensten, ZRP 1987, S. 45 (47); *Schafranek*, Die Kompetenzverteilung zwischen Polizei und Verfassungsschutzbehörden in der Bundesrepublik Deutschland, S. 171.

Sichtweise lässt sich untermauern mit der Tatsache, dass der Gesetzgeber in seiner amtlichen Begründung zu § 3 BVerfSchG a.F. die befugnis- und organisationsrechtliche Trennung als aus dem Wortlaut der Grundgesetzartikel 73 Nr. 10 und 87 Abs. 1 S. 2 folgend ansieht.[935]

Wörtlich heißt es dort: *"Aus den oben erwähnten beiden Bestimmungen des Grundgesetzes* [gemeint sind Art. 73 Abs. 1 Nr. 10 und Art. 87 Abs. 1 S. 2 GG, Anm. d. Verf.] *folgt, dass das Bundesamt für Verfassungsschutz keine Exekutivbehörde ist. Es soll keine polizeilichen Befugnisse und keine Kontrollbefugnisse haben. Das Amt soll auch einer polizeilichen Dienststelle nicht angegliedert werden.*"[936]

Dieser Formulierung zufolge, hat der damalige Gesetzgeber das Trennungsgebot als in Art. 87 Abs. 1 S. 2 GG (i.V.m. Art. 73 Abs. 1 Nr. 10 GG) verankert angesehen.

Eine solche Auslegung des gesetzgeberischen Willens im Hinblick auf eine organisations- und befugnisrechtliche Trennung bereits im Grundgesetz lässt sich weiter begründen mit der damaligen Zusammensetzung des Bundestages bei der Beratung über das BVerfSchG: Eine Großzahl der Mitglieder des Bundestages war bereits bei der Fassung des Grundgesetzes im Parlamentarischen Rat vertreten.[937] Es ist daher keinesfalls abwegig anzunehmen, dass es der Wille des Parlamentarischen Rates war, die Bestimmungen des Polizeibriefes in die grundgesetzlichen Bestimmungen aufzunehmen.

Gegen eine solche Argumentation wird zwar vorgebracht, es sei nicht nachvollziehbar, warum die Alliierten bei den Beratungen zum BVerfSchG die Bundesregierung noch einmal explizit auf das Trennungsgebot hingewiesen hätten[938], wenn es doch bereits im Grundgesetz verankert gewesen sei.[939] Unabhängig von der Tatsache, dass die Vorgehensweise der Westalliierten nicht als Interpretationshilfe für die Position des Parlamentarischen Rates dienen kann, ist dem entgegenzuhalten, dass der Hinweis der Alliierten auf das Trennungsgebot verständlich und naheliegend ist angesichts der nicht expliziten Regelung eines solchen Prinzips in der Verfassung.[940] Die Besatzungsmächte wollten durch ihre Äußerung noch einmal betonen, wie wichtig ihnen die Umsetzung ihrer Vorgaben aus dem Polizeibrief war. Letztlich ist aber nicht die Stellungnahme der Alliierten, sondern einzig der Wille des Gesetzgebers ausschlaggebend. Äußerungen von im Bundestag vertretenen Personen belegen zudem deren Orientie-

---

935 *Gusy*, Das verfassungsrechtliche Gebot der Trennung von Polizei und Nachrichtendiensten, ZRP 1987, S. 45 (47).

936 BT-Drucks. 1/924, S. 4.

937 *Gusy*, Das verfassungsrechtliche Gebot der Trennung von Polizei und Nachrichtendiensten, ZRP 1987, S. 45 (47); *Schafranek*, Die Kompetenzverteilung zwischen Polizei und Verfassungsschutzbehörden in der Bundesrepublik Deutschland, S. 172.

938 So *Roewer*, Trennung von Polizei und Verfassungsschutz, DVBl. 1986, S. 205 (207), der jedoch keinen Beleg nennt.

939 *Roewer*, Trennung von Polizei und Verfassungsschutz, DVBl. 1986, S. 205.

940 *Gusy*, Das verfassungsrechtliche Gebot der Trennung von Polizei und Nachrichtendiensten, ZRP 1987, S. 45 (47); *Schafranek*, Die Kompetenzverteilung zwischen Polizei und Verfassungsschutzbehörden in der Bundesrepublik Deutschland, S. 172.

rung an den Bestimmungen des Grundgesetzes und nicht an den Hinweisen der Alliierten.[941]

In der Folge scheint eine verfassungsrechtliche Verankerung des Trennungsgebotes durch die Heranziehung von Art. 87 Abs. 1 S. 2 GG und einen Blick auf den historischen Zusammenhang plausibel. In einem nächsten Schritt ist der Fokus auf die Systematik von Art. 87 Abs. 1 S. 2 GG zu richten, um möglicherweise weitere Anhaltspunkte für eine verfassungsrechtliche Qualität finden zu können.

c. Systematik des Art. 87 Abs. 1 S. 2 GG

Um einen Verfassungsrang des Trennungsgebotes zu begründen, wird auch auf die in Art. 87 Abs. 1 S. 2 GG niedergelegte Systematik verwiesen.[942] Ausweislich seines Wortlautes verleihe Art. 87 Abs. 1 S. 2 GG nämlich dem Bund das Recht, Zentralstellen für polizeiliche Zwecke und für nachrichtendienstliche Zwecke einzurichten.[943] Den Zentralstellen würden dabei unterschiedliche Aufgabenbereiche zugeordnet. Während das Aufgabenspektrum der Polizeibehörden sich auf die Gefahrenabwehr und Strafverfolgung erstrecke, hätten die Nachrichtendienste die Aufgabe, bereits im Vorfeld von Gefahren tätig zu werden. Dies müsse konsequenterweise dazu führen, dass diese Aufgaben auch von sich unterscheidenden Behörden wahrgenommen werden, um eine Vermischung polizeilicher und nachrichtendienstlicher Aufgaben zu verhindern.[944] Wenn nun der Aufgabenbereich von Polizei und Nachrichtendiensten ausweislich der in Art. 87 Abs. 1 S. 2 GG verankerten Regelung unterschiedlich sei, müsse dies in einem weiteren Schritt auch für die Befugnisse der jeweiligen Sicherheitsbehörde gelten.[945] Außerhalb des polizeilichen Aufgabenbereiches solle es keine polizeilichen Exekutivbefugnisse geben und die nachrichtendienstlichen Mittel sollten grundsätzlich auch nur von den Nachrichtendiensten zum Einsatz gebracht werden.[946]

Aus dieser Argumentation folgt, dass Zentralstellen, die sowohl unterschiedliche Aufgabenbereiche haben als auch unterschiedliche Mittel zur Erfüllung ihrer Aufgaben einsetzen, zwingend nicht in ein und derselben Institution angesiedelt sein können,

---

941 *Gusy*, Das verfassungsrechtliche Gebot der Trennung von Polizei und Nachrichtendiensten, ZRP 1987, S. 45 (47).

942 So etwa *Mager*, Terrorismusbekämpfung zwischen Sicherheit und Freiheit, S. 173; a.A. *Nehm*, Das nachrichtendienstrechtliche Trennungsgebot und die neue Sicherheitsarchitektur NJW 2004, S. 3289 (3291).

943 So heißt es wörtlich: „(…) Zentralstellen für das polizeiliche Auskunfts- und Nachrichtenwesen, für die Kriminalpolizei und zur Sammlung von Unterlagen für Zwecke des Verfassungsschutzes und des Schutzes gegen Bestrebungen im Bundesgebiet, die durch Anwendung von Gewalt oder darauf gerichtete Vorbereitungshandlungen auswärtige Belange der Bundesrepublik Deutschland gefährden (…)".

944 *Gusy*, Das verfassungsrechtliche Gebot der Trennung von Polizei und Nachrichtendiensten, ZRP 1987, S. 45 (48).

945 *Schafranek*, Die Kompetenzverteilung zwischen Polizei und Verfassungsschutzbehörden in der Bundesrepublik Deutschland, S. 172.

946 *Schafranek*, Die Kompetenzverteilung zwischen Polizei und Verfassungsschutzbehörden in der Bundesrepublik Deutschland, S. 172.

sondern organisatorisch voneinander getrennt sein müssen. Dem ist selbst vor dem Hintergrund zuzustimmen, dass der Aufgabenbereich (und auch die Befugnisse) der Sicherheitsbehörden zwischenzeitlich erweitert wurde(n) und beispielsweise die Polizeibehörden nun unter bestimmten Voraussetzungen bereits im Gefahrenvorfeld tätig werden dürfen. Einzig maßgeblich ist die in der grundgesetzlichen Regelung des Art. 87 Abs. 1 S. 2 zu findende Vorgabe hinsichtlich der verschiedenen Aufgabenbereiche der Sicherheitsbehörden. Aus einfachgesetzlichen neuen Regelungen im Polizei- bzw. Nachrichtendienstrecht können insoweit keine Rückschlüsse gezogen werden.[947]

Nun wird gegen eine derartige systematische Auslegung des Art. 87 Abs. 1 S. 2 GG vorgebracht, dass aus der in Art. 87 GG vorgenommenen Aufgabenzuweisung nicht einfach auf die Verschiedenartigkeit auch der Befugnisse geschlossen werden kann.[948] Dem ist zunächst entgegenzuhalten, dass es hier gerade nicht um die *Zuteilung* von Befugnissen, auf die anhand der verschiedenen Aufgabenzuweisungen geschlossen wird, sondern um deren *Vorenthaltung* geht.[949] Es soll also gerade nicht etwas positiv in die Norm des Art. 87 Abs. 1 S. 2 GG hineingelesen werden, vielmehr werden nur Rückschlüsse von der dort getroffenen Aufgabenzuweisung auf die damit verbundenen notwendigerweise auszuschließenden Befugnisse geschlossen. Weiter sind die Zentralstelle für das polizeiliche Auskunfts- und Nachrichtenwesen und die Zentralstelle für die Kriminalpolizei zuständig für die Gefahrenabwehr sowie für die Strafverfolgung; damit grenzen sie sich deutlich von der in Art. 87 Abs. 1 S. 2 GG genannten Stelle zur Sammlung von Unterlagen für Zwecke des Verfassungsschutzes ab.[950] Vor diesem Hintergrund liegt es auf der Hand, dass Vorkehrungen getroffen werden müssen, um diese in Art. 87 Abs. 1 S. 2 GG aufgezeigte Trennung der verschiedenen Regelungsmaterien zu gewährleisten. Überaus zweckmäßig erscheint es hier, die zur Aufgabenerfüllung erforderlichen Befugnisse nicht beiden Bereichen gleichermaßen zuzuteilen: Um das Ziel einer Aufgabentrennung zu erreichen, dürfen deshalb imperativ-vollzugspolizeiliche Befugnisse nicht von der für den Verfassungsschutz zuständigen Stelle wahrgenommen werden, umgekehrt sollen nachrichtendienstliche Mittel grundsätzlich auch nicht durch die Polizeien ausgeübt werden.[951] Auf die Anordnung einer solchen Befugnisverteilung lässt sich bei systematischer Betrachtung des Art. 87 Abs. 1 S. 2 GG und seines Regelungsgehaltes schließen. Gerade dies war auch in dem als historische Wurzel des Trennungsgebotes bezeichneten „Polizeibrief“ vom 14. April 1949 maßgeblich: Die organisatorische Trennung von Polizei und Nachrichtendiensten

---

947 Vgl. dazu die Ausführungen von *Lisken/Denninger*, in: Lisken/Denninger, Handbuch des Polizeirechts, S. 115, die sich allerdings auf eine Herleitung des Trennungsgebotes aus dem Rechtsstaatsprinzip beziehen.

948 So etwa *Nehm*, Das nachrichtendienstrechtliche Trennungsgebot und die neue Sicherheitsarchitektur NJW 2004, S. 3289 (3291).

949 Vgl. die Argumentation von *Mager*, Terrorismusbekämpfung zwischen Sicherheit und Freiheit, S. 173.

950 *Mager*, Terrorismusbekämpfung zwischen Sicherheit und Freiheit, S. 172.

951 *Gusy*, Das verfassungsrechtliche Gebot der Trennung von Polizei und Nachrichtendiensten, ZRP 1987, S. 45 (48).

wurde dort nicht explizit angeordnet, vielmehr ergab sich diese als denknotwendige Konsequenz der fehlenden Imperativbefugnisse des Verfassungsschutzes.[952]

Die Aufgabenspektren und die Ausgestaltung von Befugnissen stehen also in einer Wechselbeziehung zueinander; die nachrichtendienstlichen und polizeilichen Sicherheitsbehörden zeichnen sich sowohl durch die verschiedenen Aufgabenbereiche als auch die unterschiedlichen Befugnisse zur Wahrnehmung dieser Aufgaben aus. Das Trennungsgebot wird daher zutreffender Weise als „die notwendige organisatorische Konsequenz der Aufgaben- und Befugnisverteilung des Art. 87 I 2 GG" bezeichnet und eine verfassungsrechtliche Verankerung bejaht.[953]

Zwar wird vereinzelt vertreten, zwischen Polizeibehörden und Nachrichtendiensten liege eine „Funktionsidentität"[954] vor, was einer organisatorischen Trennung derselben die Grundlage entziehen würde.[955] Doch selbst wenn man von einer derartigen einheitlichen Staatsaufgabe ausgehen möchte, bedeutet dies nicht, dass bereits eine verbindliche Vorgabe darüber existiert, von wem diese Staatsaufgabe organisatorisch wahrzunehmen ist.[956] Denn mit *Gusy* impliziert „Einheit der Staatsaufgaben [...] nicht Einheit der Behördenaufgaben; und sie impliziert erst recht nicht Einheit der Behördenorganisation."[957]

Im Ergebnis spricht damit auch die Systematik des Art. 87 Abs. 1 S. 2 GG deutlich für eine Trennung von Polizei und Nachrichtendiensten.

d. Zusammenfassung

Das Trennungsgebot zwischen Polizei und Nachrichtendiensten findet seine verfassungsrechtliche Verankerung in Art. 87 Abs. 1 S. 2 GG. Zwar ist dies einer wortlautorientierten Auslegung nicht unmittelbar zu entnehmen, allerdings sprechen die entstehungsgeschichtliche und die systematische Auslegung deutlich für ein grundgesetzliches Trennungsgebot. Insbesondere der in den Beratungen zum BVerfSchG hervorgetretene Wille des Gesetzgebers und eine Analyse der Systematik des Art. 87 Abs. 1 S. 2 GG, die auch den Sinn und Zweck einer Trennung nachvollziehbar macht, beweisen die Absicht des Gesetzgebers, eine Trennung der beiden Sicherheitsinstitutionen im Verfassungstext anzuordnen.

---

952 Siehe *Gusy*, Das verfassungsrechtliche Gebot der Trennung von Polizei und Nachrichtendiensten, ZRP 1987, S. 45 (48).

953 *Gusy*, Das verfassungsrechtliche Gebot der Trennung von Polizei und Nachrichtendiensten, ZRP 1987, S. 45 (48); a.A. etwa *Singer*, Das Trennungsgebot – Teil 2 – Politisches Schlagwort oder verfassungsrechtliche Vorgabe? Die Kriminalpolizei 12/2006, S. 112 (114); *Borgs-Maciejewski/Ebert*, Das Recht der Geheimdienste, § 3 BVerfSchG, Rn. 126.

954 Vgl. insoweit die Ausführungen von *Schafranek*, Die Kompetenzverteilung zwischen Polizei und Verfassungsschutzbehörden in der Bundesrepublik Deutschland, S. 71 ff. m.w.N.

955 So *Scholz-Pitschas*, Informationelle Selbstbestimmung und staatliche Informationsverantwortung, S. 103 ff.

956 *Gusy*, Das verfassungsrechtliche Gebot der Trennung von Polizei und Nachrichtendiensten, ZRP 1987, S. 45 (48).

957 *Gusy*, Das verfassungsrechtliche Gebot der Trennung von Polizei und Nachrichtendiensten, ZRP 1987, S. 45 (48).

5. Das Rechtsstaatsprinzip als Rechtsgrundlage des Trennungsgebotes

Von Vertretern einer dem Trennungsgebot ebenfalls Verfassungsrang verleihenden Ansicht wird ausgeführt, bei dem „prinzipiellen Trennungsgebot" handele es sich um eine ungeschriebene Ausprägung des Rechtsstaatsgedankens.[958]

Durch das Gebot der deutschen Rechtsstaatlichkeit, das seine Grundlage unter anderem in Art. 20 Abs. 3 GG findet und in Art. 28 Abs. 1 S. 1 GG ausdrücklich erwähnt wird, wird die Staatsgewalt begrenzt und an Recht und Gesetz gebunden. Es gehört zu den elementaren Grundsätzen der deutschen Verfassung[959] und ist ein Spezifikum, das im Gegensatz zu anderen Verfassungsprinzipien, nicht von anderen Ländern kopiert, sondern selbständig entwickelt wurde.[960] Es enthält einige grundlegende staatsorganisatorische und materiell-rechtliche Vorgaben, wobei insbesondere die Gewährleistung effektiven Rechtsschutzes und auch der persönlichen Grundrechte, die Gewaltenteilung, das Prinzip der Gesetzmäßigkeit der Verwaltung, das Prinzip der Voraussehbarkeit und Messbarkeit staatlichen Handelns und der Grundsatz der Verhältnismäßigkeit als konstituierende Elemente eines Rechtsstaates anzusehen sind.[961]

Insbesondere das Bundesverfassungsgericht hat in jüngeren Beschlüssen eine Unterstützung der Ansicht, die die verfassungsrechtliche Qualität des Trennungsgebotes aus dem Rechtsstaatsprinzip herleitet, anklingen lassen.[962] Auch wenn bislang keine abschließende Entscheidung vorliegt, zieht das oberste Gericht in Erwägung, dass die Vorgaben des Rechtsstaatsprinzips – aber auch die des Bundesstaatsprinzips und einzelner Grundrechte – einer Verschmelzung bestimmter Behörden entgegenstehen. Diese Prinzipien könnten es verbieten, *„Behörden [...] mit Aufgaben zu befassen, die mit ihrer verfassungsrechtlichen Aufgabenstellung nicht vereinbar sind. So werden die Zentralstellen für Zwecke des Verfassungsschutzes oder des Nachrichtendienstes – angesichts deren andersartiger Aufgaben und Befugnisse – nicht mit einer Vollzugspolizei zusammengelegt werden dürfen"*[963]

Im Schrifttum wird in diesem Zusammenhang konkret vertreten, es gebe ein rechtsstaatliches Gebot mit dem Inhalt, dass Polizei und Nachrichtendienste organisatorisch und funktional getrennt sein müssten.[964]

---

958 So etwa *Denninger*, Die Trennung von Verfassungsschutz und Polizei und das Grundrecht auf informationelle Selbstbestimmung, ZRP 1981, S. 231 f; *Schapper*, Rechtsstaatliche Fundierung der Informationsverarbeitung bei Sicherheitsbehörden und Nachrichtendiensten, DRiZ 1987, S. 221 (223).

959 *Katz*, Staatsrecht. Grundkurs im Öffentlichen Recht, S. 84.

960 *Huster/Rux*, in: Epping/Hillgruber (Hrsg.), Beck'scher Online-Kommentar, Grundgesetz, Art. 20, Rn. 119.

961 *Huster/Rux*, in: Epping/Hillgruber (Hrsg.), Beck'scher Online-Kommentar, Grundgesetz, Art. 20, Rn. 118.1.

962 Das BVerfG spricht unter Bezugnahme auf den Polizeibrief von einer möglichen Grundlage des Trennungsgebotes im Rechtsstaatsprinzip, dem Bundesstaatsprinzip sowie dem Schutz der Grundrechte, vgl. hierzu BVerfGE 97, 198 (217) = NVwZ 1998, 495; BVerfGE 100, 313 (370) = NJW 2000, 55.

963 BVerfGE 97, 198 (217). Vgl. auch BVerfG NJW 2000, 55 (60).

964 *Denninger*, Die Trennung von Verfassungsschutz und Polizei und das Grundrecht auf informationelle Selbstbestimmung, ZRP 1981, S. 231 f.

Zwar wird gegen eine derartige Herleitung des Trennungsgebots aus dem Rechtsstaatsprinzip vereinzelt vorgetragen, dass den Tätigkeiten von Polizei- und Verfassungsschutzbehörden – wie jedem staatlichen Handeln – die Vermutung der Rechtsstaatlichkeit anhafte. Eine solche Vermutung könne nicht durch einen organisatorischen Zusammenschluss von Nachrichtendiensten und Polizei zerstört werden, so lange Aufbau, Aufgaben und Kompetenzen – wie jedes staatliche Handeln in einem demokratischen Rechtsstaat – in Gesetzen niedergelegt und für den einzelnen Bürger vorhersehbar sei.[965] So würde die Rechtsstaatlichkeit von anderen Rechtsstaaten wie etwa Frankreich oder USA, die über staatspolizeiliche Inlandsnachrichtendienste verfügen, mithin auf eine Trennung von Polizei und Nachrichtendiensten verzichteten, auch nicht bezweifelt werden.[966]

Dieser Hinweis auf andere Staaten greift aber zu kurz: Das Prinzip der Rechtsstaatlichkeit ist von offener Natur, das bedeutet, seine Bestandteile sind nicht festgelegt, sie ergeben sich vielmehr aus dem Zusammenspiel verschiedener verfassungsrechtlicher Normen unter Beachtung der Entwicklungsgeschichte der Rechtsvorschriften in den einzelnen Ländern.[967] Dabei mag der rechtsstaatliche Kern in allen als Rechtsstaaten bezeichneten Ländern vergleichbar sein, die besonderen Ausformungen der rechtsstaatlichen Hülle sind jedoch höchst unterschiedlich. So sind etwa die Wirkung der Grundrechte und die Gewährleistung des gerichtlichen Rechtsschutzes eine besondere Ausgestaltung des deutschen Begriffs des Rechtsstaates.[968] Den Verfassungen anderer Staaten liegt also nicht zwangsläufig das deutsche Rechtsstaatsverständnis zugrunde, nur weil diese sich auch als „Rechtsstaat" verstehen. In Folge dessen verbietet sich eine pauschale Verweisung auf die Verfassungspraxis in diesen Ländern.[969] Diese liefert keine Anhaltspunkte dafür, dass sich aus dem Rechtsstaatsprinzip gerade keine Hinweise für eine verfassungsrechtlich gebotene Trennung von Polizeien und Nachrichtendiensten gewinnen lassen.

---

965 *Brenner*, Bundesnachrichtendienst im Rechtsstaat, S. 51; *Droste*, Handbuch des Verfassungsschutzrechts, S. 16.

966 *Droste*, Handbuch des Verfassungsschutzrechts, S. 16.

967 So auch *Nehm*, Das nachrichtendienstrechtliche Trennungsgebot und die neue Sicherheitsarchitektur NJW 2004, S. 3289 (3291); *Herzog*, in: Maunz/Dürig, Grundgesetz, Art. 20, Rn. 21; *Hesse*, Grundzüge des Verfassungsrechts der Bundesrepublik Deutschland, Rn. 184 f.

968 *Soria*, Nachrichtendienste und Polizei, Die Zusammenarbeit in Deutschland und in der EU im Lichte des Trennungsgebotes, in: Hendler/Ibler/Soria (Hrsg.), „Für Sicherheit, für Europa", Festschrift für Prof. Dr. Volkmar Götz zum 70. Geburtstag, S. 359 (364).

969 Im Rahmen einer verfassungsrechtlichen Untersuchung wäre daher vielmehr zuerst zu analysieren, ob es sich um Elemente handelt, die entsprechend den grundgesetzlichen Regelungen zu den grundlegenden Elementen dieses Rechtsstaates gezählt werden können. Erst dann, wenn fest steht, dass das Rechtsverständnis anderer Staaten mit denen der Bundesrepublik vergleichbar ist, können diese herangezogen werden, vgl. *Zöller*, Informationssysteme und Vorfeldmaßnahmen von Polizei, Staatsanwaltschaft und Nachrichtendiensten, S. 316; *Herzog*, in: Maunz/Dürig, Grundgesetz, Art. 20, Rn. 22-27, 71. Vgl. dazu weiter auch *Kathke*, Verfassungsrechtliche Aspekte des Pakets der Sicherheitsgesetze, S. 144.

Für die Begründung einer rechtsstaatlichen Substanz des Trennungsgebotes wird eine Reihe von Argumenten angeführt: So ergebe sich die Tatsache, dass die Nachrichtendienste nicht über polizeiliche Befugnisse verfügen dürften, aus dem Gewaltenteilungsprinzip und einer so genannten Binnendifferenzierung innerhalb der Exekutive.[970] Die Abtrennung der polizeilichen Zwangsbefugnisse sei als eine Umsetzung des rechtsstaatlichen Übermaßverbotes zu begreifen.[971] Zur Gewährleistung eines effektiven Rechtsschutzes in einem demokratischen Rechtsstaat sei die Trennung zwischen Polizei und Nachrichtendiensten insbesondere angesichts der regelmäßig heimlichen und sich einer richterlichen Kontrolle entziehenden Vorgehensweise der Nachrichtendienste zwingend geboten.[972]

Teilweise wird in diesem Zusammenhang auf die jüngere Vergangenheit des geteilten Deutschlands und das Ministerium für Staatssicherheit der ehemaligen DDR verwiesen: Unter seinem Dach war sowohl eine politische Polizei als auch mit Zwangsmitteln ausgestattete Nachrichtendienste zusammengefasst. Um einer von dieser „Staatssicherheit“ ausgehenden, *„den Freiheitsrechten der Bürger abträglichen“* und von Willkür gezeichneten Dynamik entgegenzuwirken, sei eine Trennung von nachrichtendienstlichen und polizeilichen Institutionen gerade vor dem Hintergrund des Rechtstaates zwingend geboten.[973]

Einer solchen Argumentation ist jedoch entgegenzuhalten, dass bei näherer Betrachtung des Ministeriums der Staatssicherheit oder auch der Gestapo deutlich wird, dass diese politischen Polizeien zwar über umfassende Eingriffsbefugnisse verfügten, aber zugleich jeglicher staatlicher Kontrolle entzogen waren. Gerade diese fehlende Kontrollmöglichkeit begründet die Gefahr, dass vorherrschende Nachrichtendienste und politische Polizeien überhaupt entstehen können. Diese Gefahr kann und wird in einem Rechtsstaat jedoch auch durch den Einsatz einer effektiven parlamentarischen[974] und justiziellen Kontrolle gebannt werden.[975] Dafür bedarf es nicht der Heranziehung des Trennungsgebotes als Ausdruck des Rechtsstaatsprinzips. Im Ergebnis greift damit der Hinweis auf die Staatssicherheit in der ehemaligen DDR zu kurz.

Auch wenn im Schrifttum der rechtsstaatliche Begründungsansatz für einen Verfassungsrang des Trennungsgebotes nicht nur vereinzelt vertreten wird, hat soweit ersichtlich bislang noch kein Befürworter dieses Ansatzes den Versuch einer dogmatisch fundierten und vor allem übersichtlichen Herleitung aus den verschiedenen Institutio-

---

970 *Gusy*, Das gesetzliche Trennungsgebot zwischen Polizei und Verfassungsschutz, DV 24 (1991), S. 467 (468 ff.).

971 *v. Mangoldt/Klein*, Das Bonner Grundgesetz, Band 2, Art. 73, Anm. XVIII 5a; *Gusy*, Das gesetzliche Trennungsgebot zwischen Polizei und Verfassungsschutz, DV 24 (1991), S. 467 (468) ff.

972 *Denninger*, Die Trennung von Verfassungsschutz und Polizei und das Grundrecht auf informationelle Selbstbestimmung, ZRP 1981, S. 231 (232).

973 Entsprechende Ansätze finden sich bei *Kutscha*, Die Aktualität des Trennungsgebotes für Polizei und Verfassungsschutz, ZRP 1986, S. 194.

974 Siehe dazu den Aufsatz von *Gusy*, Parlamentarische Kontrolle der Nachrichtendienste im demokratischen Rechtsstaat, ZRP 2008, S. 36 ff.

975 *Brenner*, Bundesnachrichtendienst im Rechtsstaat, S. 51; *Werthebach/Droste*, in: Dolzer/Vogel/Grashof (Hrsg.), Bonner Kommentar zum Grundgesetz, Art. 73 Nr. 10, Rn. 23.

nen des Rechtsstaatsprinzips unternommen.[976] Im Folgenden soll daher anhand der wesentlichen Aussagen des Rechtsstaatsprinzips diese Lücke in den bereits vorhandenen Stellungnahmen zu einer rechtsstaatlichen Fundierung des Trennungsgebotes geschlossen werden. Zu diesem Zweck werden die verschiedenen Ausformungen des Rechtsstaatsprinzips auf ihren Aussagegehalt hinsichtlich einer gebotenen Trennung von Polizei und Nachrichtendiensten untersucht. Der Fokus wird dabei auf die Rechtsschutzgarantie, den Gewaltenteilungsgrundsatz, den Vorbehalt des Gesetzes, das Prinzip der Voraussehbarkeit und Messbarkeit staatlichen Handelns, die Grundrechtsgarantie wie auch den Verhältnismäßigkeitsgrundsatz gerichtet.

a. Gewährleistung effektiven Rechtsschutzes

Art. 19 Abs. 4 GG vermittelt dem Einzelnen einen substanziellen Anspruch auf effektiven Rechtsschutz, das heißt auf eine tatsächlich wirksame und möglichst lückenlose gerichtliche Kontrolle.[977] Ein Rechtsschutzbegehren kann vom Gericht aber nur umfassend und eigenständig in tatsächlicher und rechtlicher Hinsicht überprüft werden, wenn die Umstände offen liegen, auf die sich der Tatbestand der streitentscheidenden Normen bezieht.[978] Die oftmals heimliche Vorgehensweise der Nachrichtendienste erschwert eine gerichtliche Überprüfung damit erheblich oder macht sie sogar vollständig unmöglich. Aus diesem Umstand schließen einige Vertreter der rechtsstaatlichen Fundierung des Trennungsgebotes auf die gebotene Trennung von Informations- und Exekutivbefugnissen und damit von Polizei und Nachrichtendiensten.[979]

Eine Trennung zur Gewährleistung eines effektiven Rechtsschutzes gebietet sich aber nur dann, wenn es einen Unterschied macht, ob ein Eingriff durch eine polizeiliche oder eine nachrichtendienstliche Institution erfolgt. Maßgeblich ist aber im Rahmen der Rechtsschutzgarantie allein, wie sich ein Staatsbürger gegen staatliche Eingriffe wehren kann bzw. inwieweit diese Eingriffe unabhängig kontrolliert werden. Nicht entscheidend ist, von wem in die Rechte des Einzelnen eingegriffen wurde und ob diese Behörde sowohl über Datenerhebungsbefugnisse als auch über polizeiliche Zwangsbefugnisse verfügt.[980] Daraus kann nämlich nicht resultieren, dass imperative vollzugspolizeiliche Befugnisse und nachrichtendienstliche Informationsbefugnisse zwingend zu trennen sind.[981] Denn problematisch ist allein die geheime Vorgehens-

---

976 Vgl. *König*, Trennung und Zusammenarbeit von Polizei und Nachrichtendiensten, S. 182 f.

977 Vgl. BVerfGE 8, 274 (326) = NJW 1959.

978 *Enders*, in: Epping/Hillgruber (Hrsg.), Beck'scher Online-Kommentar, Grundgesetz, Art. 19, Rn. 76.

979 *Schmalenbach*, Administrativer Verfassungsschutz: Bürger unter Beobachtung, in: Thiel (Hrsg.), Wehrhafte Demokratie: Beiträge über die Regelungen zum Schutze der freiheitlichen demokratischen Grundordnung, S. 415 (436).

980 *König*, Trennung und Zusammenarbeit von Polizei und Nachrichtendiensten, S. 183.

981 *Schafranek*, Die Kompetenzverteilung zwischen Polizei und Verfassungsschutzbehörden in der Bundesrepublik Deutschland, S. 170.

weise, nicht aber, ob ein und dieselbe mit Zwangsbefugnissen ausgestattete Behörde nachrichtendienstliche Mittel einsetzt.[982]

Der ablehnenden Haltung der Kritiker einer Herleitung des Trennungsgebotes aus dem Rechtsstaatsprinzips ist damit zuzugestehen, dass eine Trennung der Sicherheitsbehörden für die Gewährleistung effektiven Rechtsschutzes nach Art. 19 Abs. 4 GG als besondere Ausformung des allgemeinen Rechtsstaatsprinzips nicht zwingend erforderlich ist. Diese kann auch auf andere Weise sichergestellt werden. So resultiert für die geheime, nachrichtendienstliche Tätigkeit aus der so genannten „Vorwirkung" der Rechtsschutzgarantie eine Offenlegungspflicht der Exekutive, die sich durch Dokumentations- und Begründungspflichten auszeichnet.[983] In diesem Zusammenhang ist darauf hinzuweisen, dass nicht nur die Nachrichtendienste, sondern auch die Polizeibehörden verdeckt Informationen erheben. Wegen der Unbemerkbarkeit dieser Eingriffe ist zumindest für den Bereich der Polizei eine nachträgliche Unterrichtung des Betroffenen über die Datenerhebung vorgesehen.[984] Die geheimen Tätigkeiten der Nachrichtendienste werden durch parlamentarische Kontrollgremien überwacht und damit das Rechtsschutzdefizit im Falle eines verdeckten Vorgehens so weit wie möglich kompensiert.[985] Zudem sind in den einschlägigen Fachgesetzen Auskunftsansprüche des Betroffenen oder, wenn dies im Sinne effektiven Rechtsschutzes gegen (zunächst) heimliche Eingriffe nicht geeignet oder nicht hinreichend ist, Benachrichtigungspflichten der Behörden vorgesehen.[986]

Zusammenfassend ist daher festzuhalten, dass Sinn und Zweck der in Art. 19 Abs. 4 GG geregelten besonderen Rechtsschutzgarantie das Bestehen eines angemessenen Rechtsschutzes gegen Grundrechtseingriffe ist, damit aber gerade nicht eine Trennung von Polizei und Nachrichtendiensten bzw. von polizeilichen und nachrichtendienstlichen Befugnissen bezweckt wird.[987]

b. Prinzip der Gewaltenteilung

Ziel des in Art. 20 Abs. 2 S. 2 GG als Teilelement des Rechtsstaatsprinzips angeordneten Gewaltenteilungsgrundsatzes ist die Mäßigung der Staatsgewalt und damit der Schutz der Freiheit des Einzelnen.[988] Dieses soll dadurch erreicht werden, dass eine Gewalt nicht die Funktionen ausüben darf, die einer anderen Gewalt zugewiesen sind.[989] Auch die gegenseitige Hemmung und Kontrolle der Gewalten untereinander

---

982 *Schafranek*, Die Kompetenzverteilung zwischen Polizei und Verfassungsschutzbehörden in der Bundesrepublik Deutschland, S. 170.

983 Vgl. dazu etwa BVerfGE 101, 106 (122 f.) = NJW 2000, 1175.

984 Vgl. etwa § 101 Abs. 4 StPO, § 40 Abs. 5 POG Rh.-Pf.

985 *König*, Trennung und Zusammenarbeit von Polizei und Nachrichtendiensten, S. 184.

986 Vgl. BVerfGE 100, 313 (361, 364) = NJW 2000; *Enders*, in: Epping/Hillgruber (Hrsg.), Beck'scher Online-Kommentar, Grundgesetz, Art. 19, Rn. 76.

987 *König*, Trennung und Zusammenarbeit von Polizei und Nachrichtendiensten, S. 185.

988 BVerfGE 9, 268 (279 f); 67, 100 (130); *Jarass*, in: Jarass/Pieroth, Grundgesetz für die Bundesrepublik Deutschland, Art. 20, Rn. 23.

989 *Singer*, Das Trennungsgebot – Teil 2 – Politisches Schlagwort oder verfassungsrechtliche Vorgabe? Die Kriminalpolizei 12/2006, S. 112 (116).

soll zur Verwirklichung dieses Zieles beitragen. Nach der so genannten funktionalen Gewaltenteilung werden drei Teilbereiche staatlicher Aufgaben unterschieden, nämlich die Legislative, die Exekutive und die Judikative.[990] Nach der organisatorischen Gewaltenteilung werden diese Aufgaben jeweils gesonderten Organen zugewiesen; dabei sollen *„staatliche Entscheidungen möglichst richtig, d. h. von den Organen getroffen werden, die dafür nach ihrer Organisation, Zusammensetzung, Funktion und Verfahrensweise über die besten Voraussetzungen verfügen"*.[991]

Eine Trennung von Polizei und Nachrichtendiensten vermag durchaus die Staatsgewalt zu mäßigen und auf diese Weise die Freiheit des Einzelnen zu schützen; jedenfalls wird durch eine solche gewährleistet, dass polizeiliche Zwangsbefugnisse nicht von den Nachrichtendiensten ausgeübt werden können. Da aber sowohl die Polizei als auch die Nachrichtendienste dem Bereich der ausführenden Gewalt zugeordnet werden, damit also beide in den Bereich der Exekutive gehören, kann mit Hilfe des Gewaltenteilungsprinzips eine verfassungsrechtlich angeordnete Trennung derselben nicht hergeleitet werden.[992]

Es existiert kein allgemeines Gebot der „Gewaltenteilung" innerhalb der Verwaltung selbst.[993] Eine solche Teilung würde zwar sicherlich auch eine weitere Mäßigung der Staatsgewalt und eine noch ausgeprägtere Gewaltenbalancierung bewirken, eine derartige Teilung innerhalb einer Staatsgewalt ist jedoch nicht verfassungsrechtlich vorgegeben.[994] So sucht man vergeblich nach einer entsprechenden grundgesetzlichen Anordnung oder einer speziellen Ausformung des Gewaltenteilungsprinzips. Wo eine solche Teilung innerhalb der Exekutive vom Verfassungsgeber dennoch gewollt ist, existieren entsprechende Regelungen in Form von Organisationsgesetzen.[995] Diese horizontale wie vertikale Aufteilung der Exekutive ist als Ausnahme zum Regelfall der Einheit der Verwaltung anzusehen.[996] Für das Verhältnis Polizei und Nachrichten-

---

990 *Jarass*, in: Jarass/Pieroth, Grundgesetz für die Bundesrepublik Deutschland, Art. 20, Rn. 24.

991 BVerfGE 95, 1 (15); 98, 218 (251 f).

992 *Schafranek*, Die Kompetenzverteilung zwischen Polizei und Verfassungsschutzbehörden in der Bundesrepublik Deutschland, S. 169 f.

993 *Gusy*, Informationelle Zusammenarbeit zwischen Sicherheitsbehörden. Auftrag und Grenzen am Beispiel der Verfassungsschutzbehörden, CR 1989, S. 628 (629).

994 *Singer*, Das Trennungsgebot – Teil 2 – Politisches Schlagwort oder verfassungsrechtliche Vorgabe? Die Kriminalpolizei 12/2006, S. 112 (116).

995 *Singer*, Die rechtlichen Vorgaben für die Beobachtung der Organisierten Kriminalität durch die Nachrichtendienste der Bundesrepublik Deutschland, S. 109, der auf *Gusy*, Informationelle Zusammenarbeit zwischen Sicherheitsbehörden. Auftrag und Grenzen am Beispiel der Verfassungsschutzbehörden, CR 1989, S. 628 (629) verweist. *Gusy* führt insoweit aus, dass die Aufgaben der Verwaltung durch grundgesetzliche Regelungen wie Art. 87 bis 90, 28 Abs. 2 auf verschiedene Stellen verteilt werden, da es sinnlos sei, wenn alle Behörden die gleiche Aufgabe hätten. Für die Landesebene nennt er hier beispielhaft Art. 55, 77 ff LV NRW und betont, dass die Verwaltungsbehörden funktionell nebeneinander stehen und es die eine hierarchische Ordnung nicht gibt, sondern vielmehr mehrere Hierarchien nebeneinander existieren.

996 *Singer*, Das Trennungsgebot – Teil 2 – Politisches Schlagwort oder verfassungsrechtliche Vorgabe? Die Kriminalpolizei 12/2006, S. 112 (116).

dienste wurde eine solche spezielle Aufteilungsanordnung jedenfalls nicht getroffen.[997] Im Ergebnis lässt sich damit dem Gewaltenteilungsprinzip keine Aussage hinsichtlich eines verfassungsrechtlich gebotenen Trennungsprinzips entnehmen.

c. Vorbehalt des Gesetzes

Dieses eigenständige Teilelement des Rechtsstaatsprinzips, der Vorbehalt des Gesetzes, fordert, *„dass staatliches Handeln in bestimmten grundlegenden Bereichen durch förmliches Gesetz legitimiert wird"*.[998] Dabei muss zunächst überhaupt eine gesetzliche Grundlage für das staatliche Handeln vorliegen, und weiter muss diese Grundlage ausreichend genau und bestimmt sein.[999]

Handelt nun eine Polizeibehörde oder ein Nachrichtendienst, die beide als Teil der Exekutive dem Vorbehalt des Gesetzes unterliegen, dann kann der Grundsatz vom Vorbehalt des Gesetzes nur verletzt werden, wenn gesetzlich nicht festgelegt ist, welche Aufgaben und Befugnisse der jeweiligen Behörde zustehen.[1000] Eine Aussage dergestalt, dass bei der Aufgabenausübung eine Trennung von Polizei und Nachrichtendiensten zu wahren ist, lässt sich dem Grundsatz vom Vorbehalt des Gesetzes jedoch nicht entnehmen.

Es ist nicht ersichtlich, warum gerade eine mögliche Kombination aus Datenerhebungsbefugnissen und exekutiven Zwangsbefugnissen gegen den Vorbehalt des Gesetzes verstoßen sollte, wenn und sofern diese Befugnisse auf eine parlamentarische Gesetzesgrundlage zurückführbar sind und sich daraus ergebende Eingriffe auf eine gesetzlich vorgesehene Ermächtigungsgrundlage stützen lassen.[1001]

d. Prinzip der Voraussehbarkeit und Messbarkeit staatlichen Handelns

Nach dieser Regelung muss *„eine gesetzliche Ermächtigung der Exekutive zur Vornahme von Verwaltungsakten nach Inhalt, Zweck und Ausmaß hinreichend bestimmt und begrenzt"* sein, *„so dass das Handeln der Verwaltung messbar und in gewissem Ausmaß für den Staatsbürger voraussehbar und berechenbar wird"*.[1002] Der Bürger hat also einen Anspruch darauf, dass staatliches Handeln voraussehbar und messbar ist.

Fraglich ist, ob die Trennung von Polizei und Nachrichtendiensten unter dem Gesichtspunkt dieses Prinzips angezeigt ist.

---

997 So auch *Singer*, Die rechtlichen Vorgaben für die Beobachtung der Organisierten Kriminalität durch die Nachrichtendienste der Bundesrepublik Deutschland, S. 109

998 BVerfGE 98, 218 (251).

999 *Jarass*, in: Jarass/Pieroth, Grundgesetz für die Bundesrepublik Deutschland, Art. 20, Rn. 44.

1000 *Brenner*, Bundesnachrichtendienst im Rechtsstaat, S. 51.

1001 *Baumann*, Vernetzte Terrorismusbekämpfung oder Trennungsgebot? - Möglichkeiten und Grenzen der Zusammenarbeit von Polizei und Nachrichtendiensten - , DVBl. 2005, S. 798 (802).

1002 BVerfGE 56, 1 (12); 9, 137 (147); BVerwGE 100, 230 (236 f).

Ein Verstoß gegen dieses Teilelement des Rechtsstaatsprinzips ist immer dann anzunehmen, „*wenn für den einzelnen nicht erkennbar ist, was welche Behörde unter welchen Voraussetzungen tun darf.*"[1003] Mit anderen Worten muss für den Bürger erkennbar geregelt sein, was der Staat bzw. die einzelnen staatlichen Institutionen im Einzelfall tun darf bzw. dürfen. Dieser Vorbehalt der Vorhersehbarkeit staatlichen Handelns gilt dabei unabhängig davon, ob staatliche Aufgaben von einer oder mehreren Behörden wahrgenommen werden, so lange diese Aufgabenwahrnehmung keinen Verstoß gegen das Gewaltenteilungsprinzip darstellt.[1004] Zusammenfassend lässt sich feststellen, dass ein Verstoß gegen das Gebot der Messbarkeit und Voraussehbarkeit staatlichen Handelns immer dann gegeben ist, wenn für den Bürger nicht zu erkennen ist, welche Befugnisse welche Behörde unter welchen Voraussetzungen hat.[1005]

In der Konsequenz bedeutet dies aber, dass im Falle einer Verschmelzung von Polizei und Nachrichtendiensten für den Bürger nicht mehr klar erkennbar ist, was wann welche Behörde tun darf. Denn wenn Polizei und Nachrichtendienste so eng zusammenarbeiten, dass sich der Bürger einer „verschmolzenen" Sicherheitsinstitution gegenübersieht, die sowohl nachrichtendienstliche Informations- als auch polizeiliche Zwangsfunktionen ausüben kann, weil sie auf verschiedene gesetzliche Ermächtigungsgrundlagen, nämlich die der Polizei und der Nachrichtendienste zurückgreifen kann, ist für den Bürger das staatliche Handeln und insbesondere seine Eingriffsintensität nicht (mehr) genau messbar und voraussehbar. Es ist denkbar, dass der Bürger zunächst unter Einsatz nachrichtendienstlicher Mittel heimlich beobachtet wird und sodann (oder sogar zugleich) die Verwendung von polizeilichen Zwangsmitteln den Betroffenen überdies in seinen Grundrechten beschränkt, ohne dass dies für ihn voraussehbar ist. Eine derartige Kombination von nachrichtendienstlichen Informations- mit polizeilichen Zwangsbefugnissen gefährdet also die vom „Schutzbereich" des Rechtsstaatsprinzips erfasste Achtung personaler Freiheit. Es begründet damit einen Verstoß gegen das Prinzip der Voraussehbarkeit staatlichen Handelns als Ausprägung des Rechtsstaatsprinzips, wenn Polizei und Nachrichtendienste nicht voneinander getrennt sind.[1006]

Aus dem Rechtsstaatsprinzip lässt sich damit im Hinblick auf die Messbarkeit und Voraussehbarkeit staatlichen Handelns das Gebot der Trennung zwischen Polizei und Nachrichtendiensten herleiten.

e. Gewährleistung der Grundrechte

Eine Ausformung des Rechtsstaatsprinzips stellt auch die Gewährleistung von Grundrechten durch den Staat dar. Es ist zu prüfen, ob dieser Grundrechtsgarantie eine Aussage hinsichtlich einer gebotenen Trennung zwischen Polizei und Nachrichtendiensten entnommen werden kann.

1003 So *Brenner*, Bundesnachrichtendienst im Rechtsstaat, S. 51.
1004 *Brenner*, Bundesnachrichtendienst im Rechtsstaat, S. 51.
1005 So auch *Brenner*, Bundesnachrichtendienst im Rechtsstaat, S. 51.
1006 *Brenner*, Bundesnachrichtendienst im Rechtsstaat, S. 51.

In diesem Zusammenhang wird vertreten, dass die Einbeziehung nachrichtendienstlicher Ermittlungsmöglichkeiten in den polizeilichen Einsatzbereich mit den Grundrechten und grundrechtsgleichen Verfahrensrechten unvereinbar sei.[1007]

Da nach dem Trennungsgebot Polizei und Nachrichtendienste voneinander zu trennen sind, haftet diesem Gebot eine Kompetenzabgrenzung dergestalt an, dass die Nachrichtendienste keine imperativ-vollzugspolizeilichen Befugnisse ausüben und die Polizeibehörden keine Informationsbefugnisse einsetzen dürfen.[1008] In der Folge werden damit die Staatsbürger geschützt vor einem Eingriff etwa im Vorfeld einer Gefahr, bei der neben nachrichtendienstlichen Mitteln auch Zwangsbefugnisse eingesetzt werden. Das Trennungsgebot dient also auch dem Schutz von Grundrechten, insbesondere dem Schutz persönlicher und informationeller Freiheiten.[1009] Demnach kann es das Rechtsstaatsprinzip (und die darin enthaltene Grundrechtsgarantie) verbieten, bestimmte Behörden zusammenzulegen oder sie mit Aufgaben zu betrauen, die mit ihrer „verfassungsrechtlichen Aufgabenstellung" nicht zu vereinbaren sind.[1010] So sieht es auch das BVerfG, wenn es in diesem Zusammenhang formuliert, dass *„(...) die Zentralstellen für Zwecke des Verfassungsschutzes oder des Nachrichtendienstes – angesichts deren andersartiger Aufgaben und Befugnisse – nicht mit einer Vollzugspolizeibehörde zusammengelegt werden dürfen."*[1011]

Unter Berücksichtigung des Sinn und Zwecks des Rechtsstaatsprinzips, das neben der Bindung der Verwaltung an Recht und Gesetz auch und gerade auf die Achtung von persönlichen Bürgerrechten und auf eine im Interesse dieser Freiheitsrechte gemäßigte Staatsordnung gerichtet ist, stellt das Trennungsgebot kraft seines Regelungsgehaltes eine Konkretisierung des Rechtsstaatsprinzips dar. Denn auch die Trennung von Polizei und Nachrichtendiensten dient dem Schutz der Grundrechte[1012], indem es den Staatsbürger etwa vor der heimlichen Ausforschung unter gleichzeitigem oder sich anschließendem Einsatz von Zwang bewahren soll.[1013]

Im Ergebnis lässt sich damit der Verfassungsrang des Trennungsgebotes auch unter dem Gesichtspunkt der Gewährleistung von Grundrechten (als besondere Ausformung des Rechtsstaatsprinzips) als Konkretisierung des Rechtsstaatsprinzips begründen.

1007 *Lisken*, in: Lisken/Denninger, Handbuch des Polizeirechts, S. 119.

1008 Die rechtstatsächliche Entwicklung zeigt, dass zwischenzeitlich auch die Polizei etwa nachrichtendienstliche Mittel einsetzen darf. Dies betrifft jedoch Ausnahmen von der Regel und soll hier unberücksichtigt bleiben.

1009 So auch *v. Denkowski*, Trennungsgebot Polizei – Verfassungsschutz. Grenze für die Gestaltung der Sicherheitsarchitektur?, Kriminalistik 2008, S. 176 (180).

1010 *v. Denkowski*, Trennungsgebot Polizei – Verfassungsschutz. Grenze für die Gestaltung der Sicherheitsarchitektur?, Kriminalistik 2008, S. 176 (181).

1011 BVerfGE 97, 198 (217).

1012 Siehe dazu *Soria*, Nachrichtendienste und Polizei, Die Zusammenarbeit in Deutschland und in der EU im Lichte des Trennungsgebotes, in: Hendler/Ibler/Soria (Hrsg.), „Für Sicherheit, für Europa", Festschrift für Prof. Dr. Volkmar Götz zum 70. Geburtstag, S. 359 (363 f.).

1013 So auch *v. Denkowski*, Trennungsgebot Polizei – Verfassungsschutz. Grenze für die Gestaltung der Sicherheitsarchitektur?, Kriminalistik 2008, S. 176 (180).

f. Grundsatz der Verhältnismäßigkeit

Der aus dem Rechtsstaatsprinzip abgeleitete Grundsatz der Verhältnismäßigkeit bindet alle staatliche Gewalt, sofern sie subjektive Rechte des Bürgers in irgendeiner Form beeinträchtigt.[1014] Dieses Prinzip, das auch als Übermaßverbot bezeichnet wird, zwingt den staatlich Handelnden, einen Ausgleich der Individualrechtsgüter mit den von den öffentlich-rechtlichen Normen geschützten Allgemeingütern oder Interessen privater Dritter herzustellen. Zu diesem Zweck ist ein je nach Rechtsverstoß und Schwere des Eingriffs abgestuftes Vorgehen erforderlich. Eine staatliche Maßnahme verstößt insbesondere dann gegen den Verhältnismäßigkeitsgrundsatz, wenn sie erkennbar außer Verhältnis zu dem angestrebten Erfolg steht. Dies ist der Fall, wenn die mit der Maßnahme herbeigeführten Nachteile deutlich schwerer wiegen als diejenigen, die durch sie abgewendet werden sollen.[1015] Der Verhältnismäßigkeitsgrundsatz zielt damit auf eine Begrenzung der staatlichen Machtverhältnisse ab und dies insbesondere zum Schutze der Freiheitsrechte des der staatlichen Macht gegenüberstehenden einzelnen Bürgers.

Es stellt sich die Frage, ob sich aus dieser Vorgabe Anhaltspunkte für eine Trennung der verschiedenen Sicherheitsbehörden gewinnen lassen.

Wenn Polizei und Nachrichtendienste eng zusammenarbeiten, besteht die Gefahr, dass der Einzelne durch staatliches Handeln der Sicherheitsbehörden, insbesondere durch die parallele Wahrnehmung von sowohl imperativ-vollzugspolizeilichen als auch nachrichtendienstlichen Mitteln, in seinen Freiheitsrechten erheblich und möglicherweise auch unverhältnismäßig eingeschränkt wird. Vor diesem Hintergrund erscheint eine Trennung der verschiedenen Befugnisse von Polizei und Nachrichtendiensten a priori geboten: Das prinzipielle Heraushalten polizeilicher Befugnisse aus dem Zuständigkeitsbereich der Nachrichtendienste kann damit als Ausformung des Verhältnismäßigkeitsgrundsatzes angesehen werden. Der Bürger wird vor der zu gewaltigen Staatsmacht geschützt durch die Garantie, dass eine nachrichtendienstliche Behörde nicht über imperativ-vollzugspolizeiliche Befugnisse verfügen darf. Mit anderen Worten gebietet auch der Verhältnismäßigkeitsgrundsatz die Abtrennung der polizeilichen Zwangsbefugnisse von solchen Behörden, die auch über nachrichtendienstliche Informationsbefugnisse verfügen, mithin eine Trennung von Polizei und Nachrichtendiensten. In diesem Zusammenhang wird auch von einer „institutionalisierten Umsetzung des rechtsstaatlichen Übermaßverbots" gesprochen.[1016] Im Ergebnis wird durch den Ausschluss von imperativ-vollzugspolizeilichen Befugnissen in den nachrichtendienstlichen Eingriffsregelungen die staatliche Machtausübung begrenzt und damit dem Übermaßverbot Rechnung getragen.

1014 *Jarass*, in: Jarass/Pieroth, Grundgesetz für die Bundesrepublik Deutschland, Art. 20, Rn. 80 f. m.w.N.

1015 *Sachs*, in: Sachs, Grundgesetz, Kommentar, Art. 20, Rn. 154 m.w.N.

1016 Vgl. dazu die Ausführungen *Nehms*, der im Ergebnis aber anderer Meinung ist und auch den verfassungsrechtlichen Rang des Trennungsgebotes insgesamt ablehnt, *Nehm*, Das nachrichtendienstrechtliche Trennungsgebot und die neue Sicherheitsarchitektur NJW 2004, S. 3289 (3292).

g. Zusammenfassung

Das Rechtsstaatsprinzip als Rechtsgrundlage des Trennungsgebotes anzusehen ist überzeugend. Mehrere tragende Elemente des Rechtsstaatsprinzips gebieten aufgrund ihrer materiellen Betroffenheit die Trennung von Polizei und Nachrichtendiensten. Dabei lassen sich begründend die dem Rechtsstaatsprinzip zuordenbaren Institute der Voraussehbarkeit und Messbarkeit staatlichen Handelns, die Grundrechtsgarantie und der Verhältnismäßigkeitsgrundsatz anführen. Aber auch ein Blick auf die Erfahrungen mit der Willkürherrschaft der Gestapo während der Zeit des Nationalsozialismus zeigt, dass die Trennung von Polizei und Nachrichtendiensten eine unerlässliche Bedingung für die (Wieder-) Herstellung von an rechtsstaatlichen Grundsätzen orientierten Polizei und Nachrichtendiensten war.[1017] Nicht zuletzt tendiert auch das Bundesverfassungsgericht in diese Richtung, wenn es argumentiert, dass die Verfassung den zuständigen Bundesorganen einen Spielraum für die organisatorische Ausgestaltung der in ihre Zuständigkeit fallenden Verwaltungsinstitutionen belässt, das Rechtsstaatsprinzip, das Bundesstaatsprinzip und der Schutz der Grundrechte es aber verbieten können, bestimmte Behörden zu verschmelzen oder sie mit Aufgaben zu befassen, die mit ihrer verfassungsrechtlichen Aufgabenstellung nicht vereinbar sind.[1018]

Die Zusammenschau dieser verschiedenen Ansatzpunkte zeigt die enge Verknüpfung des Trennungsgebotes mit den rechtsstaatlichen Vorgaben des Verfassungsgebers und dass eine Vermischung von Polizeien und Nachrichtendiensten aus rechtsstaatlichen Gründen verboten ist. Aus dem unserer Verfassung zugrunde liegenden Rechtsstaatsverständnis folgt, dass staatliches Handeln für den Betroffenen erkennbar einer verantwortlichen Stelle zugeordnet werden können muss.[1019] Nur so kann sich der Einzelne in angemessener Weise gegen eine Grundrechtsverletzung zur Wehr setzen.[1020] Voraussetzung dafür ist die Trennung von Polizei und Nachrichtendiensten in befugnisrechtlicher, organisationsrechtlicher, funktionaler und informationeller Hinsicht.[1021]

Mit *Hesse* dürfte dies in dem Sinn verstanden werden, dass der Rechtsstaat „*Freiheit durch eine freiheitliche Gesamtordnung* [verbürgt], *die einerseits die Bereiche staatlichen Wirkens bindend ausgestaltet und in einer Weise einander zuordnet, die Machtmissbrauch nach Möglichkeit ausschließt, andererseits auf einem rechtlich gewährleisteten, ausgestalteten und geschützten freiheitlichen Status des Einzelnen be-*

1017 *Denninger*, Die Trennung von Verfassungsschutz und Polizei und das Grundrecht auf informationelle Selbstbestimmung, ZRP 1987, S. 231.

1018 BVerfGE 97, 198 (217).

1019 *Lisken*, Nachrichtendienste und „organisierte Kriminalität“, Grundrechte-Report 1997, S. 192 (194).

1020 *Soria*, Nachrichtendienste und Polizei, Die Zusammenarbeit in Deutschland und in der EU im Lichte des Trennungsgebotes, in: Hendler/Ibler/Soria (Hrsg.), „Für Sicherheit, für Europa“, Festschrift für Prof. Dr. Volkmar Götz zum 70. Geburtstag, S. 359 (364).

1021 Nach *Denninger* ist die Gliederung in präzise, feste Zuständigkeitsordnungen als fundamentales Prinzip jeder rechtsstaatlichen Organisation von Staatsgewalt anzusehen, vgl. *Denninger*, Die Trennung von Verfassungsschutz und Polizei und das Grundrecht auf informationelle Selbstbestimmung, ZRP 1987, S. 231 (235).

ruht."[1022] Mit anderen Worten muss vor dem Hintergrund eines möglichen Machtmissbrauchs wie dies in Zeiten einer politischen Polizei der Fall war, der Gedanke der Rechtsstaatlichkeit beim Handeln der Verfassungsschutzbehörden im Vordergrund stehen und ein *„Zusammengehen von Informations- und Exekutivbefugnissen"* verhindert werden.[1023]

Im Ergebnis lässt sich das Trennungsgebot damit sowohl aus Art. 87 Abs. 1 S. 2 GG (i.V.m. Art. 73 Nr. 10 GG) herleiten, als auch mit rechtsstaatlichen Überlegungen ein Verfassungsrang desselben begründen.

Als Konsequenz der verfassungsrechtlichen Qualität des Trennungsgebotes ist der Gesetzgeber gehalten, dieses auch angesichts neuartiger sicherheitspolitischer Bedrohungssituationen bei der gesetzlichen Regelung der künftigen Zusammenarbeit zwischen Polizeien und Nachrichtendiensten zu berücksichtigen.

Insbesondere ist für eine Einschränkung oder Aufhebung des verfassungsrechtlichen Trennungsgebotes eine Änderung des Grundgesetzes nach Art. 79 GG erforderlich.

III. Einfachrechtliche Ausformungen des Trennungsgebotes

Einigkeit herrscht in der Literatur dahingehend, dass das Trennungsgebot einfachgesetzlich in den Gesetzen der Nachrichtendienste umgesetzt worden ist.

Wie bereits erläutert wurde[1024], sind die Vorgaben des Polizeibriefes im Hinblick auf das Trennungsgebot im BVerfSchG, im MADG und im BNDG inkorporiert worden. So dürfen nach § 2 Abs. 1 Satz 3 BVerfSchG, § 1 Abs. 1 Satz 2 BNDG und § 1 Abs. 4 MADG das Bundesamt für Verfassungsschutz, der Bundesnachrichtendienst und der Militärische Abschirmdienst einer polizeilichen Dienststelle nicht angegliedert werden. Gemäß § 8 Abs. 3 BVerfSchG, § 2 Abs. 3 BNDG und § 4 Abs. 2 MADG stehen diesen Einrichtungen polizeiliche Befugnisse oder Weisungsbefugnisse nicht zu.

Das Trennungsgebot hat also im Zuge der Umsetzung der Vorgaben aus dem Polizeibrief auch eine einfachgesetzliche Regelung erfahren.

IV. Zusammenfassung

Zusammenfassend kann festgehalten werden, dass der normative Rang des Trennungsgebotes aus einer Grundgesetzinterpretation hergeleitet werden kann: Das Trennungsgebot stellt danach ein verfassungskräftiges Postulat dar. Es wurde zudem vom einfachen Gesetzgeber berücksichtigt und auch umgesetzt. Zwar hat es keine ausdrückliche Aufnahme in das Grundgesetz erfahren, allerdings lässt sich sein verfassungsrechtlicher Rang einer historischen und zugleich systematischen Auslegung des Art. 87 Abs. 1 S. 2 GG i.V.m. Art. 73 Abs. 1 Nr. 10 GG sowie dem Rechtsstaatsprinzip entnehmen.

1022 *Hesse*, Grundzüge des Verfassungsrechts der Bundesrepublik Deutschland, Rn. 191.

1023 *Brenner*, Bundesnachrichtendienst im Rechtsstaat, S. 50.

1024 Siehe Kapitel 3 - C zur gesetzlichen Implementierung des Polizeibriefes.

Über das in Art. 28 Abs. 1 und Abs. 3 GG niedergelegte Homogenitätsprinzip lässt sich eine verfassungsrechtliche Gültigkeit des Trennungsgebotes darüber hinaus auch für die einzelnen Gesetzgeber in den Bundesländern herleiten.[1025] Diese haben zum Teil das Trennungsgebot auch in ihre Verfassungen aufgenommen.[1026] Überdies folgt aus der rechtsstaatlichen Substanz des Trennungsgebotes, dass dieses auch auf den Militärischen Abschirmdienst und den Bundesnachrichtendienst Anwendung findet. Diese werden im Unterschied zum Bundesamt für Verfassungsschutz in Art. 73 Nr. 10 bzw. Art. 87 Abs. 1 S. 2 GG nicht erwähnt. Dennoch sind sie als Teile der Exekutive an die sich aus dem Rechtsstaatsprinzip ergebenden Vorgaben gebunden.[1027] Da das Trennungsgebot de constitutione lata ein wesentlicher Bestandteil des Rechtsstaatsprinzips ist, hat dies auch Konsequenzen für diese Nachrichtendienste.[1028]

1025 *Stubenrauch*, Gemeinsame Verbunddateien von Polizei und Nachrichtendiensten. Eine verfassungsrechtliche Untersuchung am Beispiel der Antiterrordatei, S. 37.

1026 Vgl. dazu etwa die Verfassung des Landes Brandenburg vom 20.08.1992 (GVBl. I 298), die in Art. 11 Abs. 3 folgende Bestimmung enthält: „*Der aufgrund bundesrechtlicher Vorschriften einzurichtende Verfassungsschutz des Landes unterliegt einer besonderen parlamentarischen Kontrolle. Ihm stehen keine polizeilichen Befugnisse zu. Er darf die Polizei auch nicht im Wege der Amtshilfe um Maßnahmen ersuchen, zu denen er selbst nicht befugt ist.*“

1027 *Singer*, Das Trennungsgebot – Teil 2 – Politisches Schlagwort oder verfassungsrechtliche Vorgabe? Die Kriminalpolizei 12/2006, S. 112 (115).

1028 Vgl. dazu die Darstellung von *Singer*, Das Trennungsgebot – Teil 2 – Politisches Schlagwort oder verfassungsrechtliche Vorgabe? Die Kriminalpolizei 12/2006, S. 112 (115).

Kapitel 4 - Das Antiterrordateigesetz

A. Einführung

„Der internationale Terrorismus hat sich zu einer weltweiten Bedrohung entwickelt. Das Ausmaß der Gewalt, die logistische Vernetzung der Täter und ihre langfristig angelegte, grenzüberschreitende Strategie erfordert“[1029] eine intensivere Zusammenarbeit der polizeilichen und nachrichtendienstlichen Sicherheitsbehörden.

Die Bekämpfung des Terrorismus ist dabei aber nur im Rahmen eines ganzheitlichen Ansatzes möglich, der die dafür zur Verfügung stehenden staatlichen Instrumente abgestimmt zum Einsatz bringt.

Von Vertretern aus dem Bereich der Sicherheitspolitik wird zunehmend eine verstärkte Informationsübermittlung zwischen den Nachrichtendiensten und Polizeibehörden gefordert. Infolge der föderalen Struktur der Bundesrepublik Deutschland sind über 30 verschiedene Sicherheitsbehörden auf Bundes- und Landesebene tätig. Dies kann zur Verlangsamung des Informationsflusses und in Ausnahmefällen auch zu unerwünschten Pannen im Rahmen der laufenden Ermittlungstätigkeit führen.[1030]

Ob die Einhaltung des Trennungsgebotes angesichts der veränderten Sicherheitsbedingungen und der Forderung nach neuen Maßnahmen zur Eindämmung der terroristischen Gefahren noch gewährleistet werden kann, ist Gegenstand des nächsten Kapitels. Am Beispiel des Antiterrordateigesetzes als einem Instrument zur Bekämpfung des internationalen Terrorismus soll untersucht werden, inwieweit sich eine dem Trennungsgebot entgegenstehende und damit verfassungsrechtlich bedenkliche Vernetzung der polizeilichen und nachrichtendienstlichen Sicherheitsbehörden in der Bundesrepublik Deutschland durch dieses Gesetz etabliert hat.

B. Das Gemeinsame-Dateien-Gesetz (GDG)

I. Entwurf des Gemeinsame-Dateien-Gesetzes

Die Erfahrungen mit den so genannten Informationboards und Analyseboards sowie die Zusammenarbeit im Gemeinsamen Terrorismusabwehrzentrum (GTAZ) haben gezeigt[1031], dass eine Anpassung an die veränderten Sicherheitsstrukturen in der Bundesrepublik Deutschland aufgrund des (islamistischen) Terrorismus mit Hilfe neuer gesetzlicher Rahmenbestimmungen erfolgen kann. So entwickelte sich der Wunsch,

---

1029 Formulierung aus dem Gesetzesentwurf der Fraktionen SPD und Bündnis 90/Die Grünen zum Terrorismusbekämpfungsgesetz vom 08.11.2001, BT-Drucks. 14/7386, S. 1.

1030 Siehe dazu den Artikel von *Käppner*, Jeder sammelt vor sich hin. Wie der deutsche Sicherheitsapparat funktioniert – oder auch nicht., Süddeutsche Zeitung vom 18.03.2004, online abrufbar unter http://www.sueddeutsche.de/politik/700/393490/text/ (zuletzt aufgerufen am 18.08.2009), der über eine Terrorwarnung für das Bundeswehrkrankenhaus am 30.12.2003 in Hamburg-Wandsbek und das dabei entstandene Ermittlungschaos berichtet.

1031 Vgl. dazu die Ausführungen in Kapitel 2 - D.IV.3.c.

dass alle in das GTAZ eingebundenen Sicherheitsbehörden „in Echtzeit“ auf den insgesamt vorhandenen phänomenbezogenen Datenbestand zurückgreifen und diesen jederzeit mit notwendigen Informationen auffüllen können.

Bislang war der Informationsaustausch zwischen den deutschen Sicherheitsbehörden auf die gesetzlich streng normierten Fälle beschränkt. Die tatbestandlichen Voraussetzungen für die Übermittlung von Daten an eine andere Behörde waren (und sind) dabei in den Gesetzen der jeweiligen Behörde, die über eine Information verfügt, enthalten.[1032] In diesen Gesetzen sind zudem Regelungen betreffend die von den verschiedenen Sicherheitsbehörden unterhaltenen Verbunddateien vorgesehen.[1033] Verbunddateien sind Informationssysteme, in die verschiedene Sicherheitsbehörden Daten einspeisen und abrufen können. An einer gesetzlichen Ermächtigung für die Errichtung solcher Verbunddateien, an denen zugleich nachrichtendienstliche als auch polizeiliche Sicherheitsbehörden beteiligt sind, fehlte es bislang jedoch.[1034]

Die Bundesregierung hat deshalb am 22. September 2006 den Entwurf eines Gesetzes zur Errichtung gemeinsamer Dateien von Polizeibehörden und Nachrichtendiensten von Bund und Ländern, das Gemeinsame-Dateien-Gesetz (GDG), im Bundesrat eingebracht.[1035] Dem Gesetzesentwurf vorausgegangen war ein langwieriger Abstimmungsprozess zwischen Bund und Ländern, nachdem die Innenministerkonferenz bereits im Jahr 2004 eine gemeinsame Datei von Polizei- und Verfassungsschutzbehörden angeregt hatte.[1036] Der frühere Vorschlag war jedoch am 30. Juni 2005 vom Bundestag abgelehnt worden.[1037]

Das Gesetz lässt sich aber auch auf europäische Impulse zurückführen – etwa als Reaktion auf verschiedene Anschläge in Europa mit muslimisch-fundamentalistischem Hintergrund wie die Bombenattentate in London im Jahr 2005 auf den öffentlichen Nahverkehr. [1038] In Deutschland haben insbesondere die versuchten Anschläge auf

---

1032 Vgl. etwa § 9 BNDG oder § 11 MADG.

1033 Vgl. § 6 BVerfSchG oder § 11 BKAG.

1034 *Wolff/Scheffcyk*, Verfassungsrechtliche Fragen der gemeinsamen Antiterrordatei von Polizei und Nachrichtendiensten, JA 2008, S. 81 (82).

1035 BR-Drucks. 672/06; hierzu ferner Stenographische Berichte der 51. Sitzung des Deutschen Bundestages vom 21.09.2006, 5005 (D) – 5014 (B) und der 58. Sitzung vom 20.10.2006, 5706 (B) – 5719 (D). Der Gesetzesentwurf wurde dem Bundesrat als besonders eilbedürftig zugeleitet, vgl. die amtliche Begründung: BT-Drucks. 16/2950, S. 3.

1036 174. Sitzung der Innenministerkonferenz am 07. und 08. Juli 2004, Beschl. zu TOP 2.1 – nicht veröffentlicht. Diese durch die Innenministerkonferenz angedachte Datei sollte als Indexdatei nur wenige Grunddaten zu den gespeicherten Personen enthalten und behördenübergreifend nur als Fundstellennachweis dienen, vgl. die Stellungnahme von *Roggan/Bergemann* zum GDG und TBEG, A.-Drs. 16 (4) 131 D, S. 5.

1037 Plenarprotokoll 15/184, S. 17361. Nach diesem früheren Entwurf des Bundesrates sollte es eine inhaltlich überwiegend gemeinsame Datei geben.

1038 *Ruhmannseder*, Informationelle Zusammenarbeit von Polizeibehörden und Nachrichtendiensten auf Grund des „Gemeinsame-Dateien-Gesetzes“, StraFo 2007, S. 184; vgl. überdies: Maßnahmen zur Bekämpfung der Finanzierung des internationalen Terrorismus, Implementierung der Verordnung (EG) Nr. 2580/2001 des Rates vom 27.12.2001 (ABl. EG Nr. L 344, 28.12.2001. S. 70) und (EG) Nr. 881/2002 vom 27.05.2002 (ABl. EG Nr. L 139, 29.05.2002, S. 9).

zwei Regionalzüge der Deutschen Bahn Ende Juli 2006 in Dortmund und Koblenz die Forderung nach einem gemeinsamen Datenkatalog verstärkt.[1039]

Am 04. September 2006 wurde schließlich in Berlin eine Sonderkonferenz der Innenminister des Bundes und der Länder (181. Innenministerkonferenz) durchgeführt, bei der der Beschluss zum GDG gefasst worden ist. Zuvor war bereits am 14. Juni 2006 ein Referentenentwurf des Bundesministeriums des Innern (BMI) vorgelegt worden.

Der Einbringung des Gesetzentwurfes in den Bundestag schlossen sich lebhafte parlamentarische Diskussionen an über die durch das GDG nunmehr ermöglichte „Verschmelzung" bislang streng voneinander getrennter Datenbestände.[1040] Aufgrund der komplizierten verfassungsrechtlichen und datenschutzrechtlichen Belange, die durch die Einführung eines solchen Gesetzes berührt und verletzt werden konnten, führte der Innenausschuss des Bundestages am 06. November 2006 eine öffentliche Anhörung von sachverständigen Experten durch, die das Gesetzesvorhaben sehr unterschiedlich bewerteten.[1041] Dennoch wurde der Entwurf des GDG nahezu unverändert, allerdings gegen die Stimmen der Opposition am 01. Dezember 2006 vom Deutschen Bundestag verabschiedet.[1042] Am 22. Dezember 2006 wurde es ausgefertigt und anschließend im Bundesgesetzblatt verkündet. Mit Wirkung zum 31.12.2006 ist das GDG in Kraft getreten.[1043]

Mit ihm wurde die gesetzliche Grundlage für zwei neue Instrumente zur Bekämpfung des internationalen Terrorismus geschaffen: die Errichtung der Antiterrordatei beim Bundeskriminalamt, die am 30. März 2007 freigeschaltet worden ist[1044] und die Führung von Projektdateien beim Bundesamt für Verfassungsschutz, Bundesnachrichtendienst und beim Bundeskriminalamt.

1039 *Ruhmannseder*, Informationelle Zusammenarbeit von Polizeibehörden und Nachrichtendiensten auf Grund des „Gemeinsame-Dateien-Gesetzes", StraFo 2007, S. 184.

1040 Vgl. dazu die Plenarprotokolle 16/45, S. 4451-4472; 16/51, S. 5006-5014; 16/58, S. 5706-5720; 16/67, S. 6656-6676; 16/71, S. 7091-7112.

1041 Äußerst lesenswert sind dazu die gutachterlichen Stellungnahmen der Sachverständigen Badura, Fromm, Geiger, Hilbrans, Hilgendorf, Möstl, Poscher, Roggan, Schaar, Schmid, Weber und Ziercke in Vorbereitung auf die öffentliche Anhörung im Innenausschuss des Bundestages am 6. November 2006. Zu finden sind diese unter: http://www.bundestag.de/bundestag/ausschuesse/a04/anhoerungen/Anhoerung03/Stellungnahmen/ (zuletzt aufgerufen am 18.08.2009).

1042 BGBl I 2006, 3409.

1043 Eine Änderung erfuhr das im Gemeinsame-Dateien-Gesetz verankerte Antiterrordateigesetz durch Artikel 5 des „Gesetzes zur Änderung des Bundespolizeigesetzes und anderer Gesetze (BPolGuaÄndG)": "In § 1 Abs. 1 des Antiterrordateigesetzes vom 22. Dezember 2006 (BGBl. I S. 3409) wird das Wort „Bundespolizeidirektion" durch die Wörter „in der Rechtsverordnung nach § 58 Abs. 1 des Bundespolizeigesetzes bestimmte Bundespolizeibehörde" ersetzt." Vgl. hierzu BGBl. I S. 215 - Nr. 6.

1044 Siehe die Pressemitteilung des Bundesministeriums des Innern vom 30. März 2007, abrufbar im Internet unter http://www.bmi.bund.de/cln_144/SharedDocs/Pressemitteilungen/DE/2007/mitMarginalspalte/03/antiterrordatei.html?nn=109632 (zuletzt aufgerufen am 18.08.2009).

Das neue Gesetz hat bedeutende Auswirkungen für das Verhältnis der deutschen Sicherheitsbehörden zueinander und ist zugleich Grundlage für eine neue Form der Zusammenarbeit zwischen den Nachrichtendiensten und der Polizei.[1045]

Zunächst sollen die inhaltlichen Regelungen des neuen Gesetzes im Hinblick auf das ATDG umfassend dargelegt werden, um dann in einem weiteren Schritt eine kritische Bewertung dieses durch das GDG neu geschaffenen Gesetzes vornehmen zu können. Im Anschluss soll das ATDG auf seine Vereinbarkeit mit dem geltenden Verfassungsrecht geprüft werden, wobei der Schwerpunkt auf der Einhaltung des Trennungsgebotes liegen wird.

II. Aufbau des Gemeinsame-Dateien-Gesetzes

Das Gemeinsame-Dateien-Gesetz besteht aus fünf Artikeln. Der 1. Artikel beschäftigt sich dabei mit einem neu einzuführenden Gesetz, dem „Gesetz zur Errichtung einer standardisierten zentralen Antiterrordatei von Polizeibehörden und Nachrichtendiensten von Bund und Ländern (Antiterrordateigesetz – ATDG)“. In Artikel 2 findet sich eine Regelung zur Ergänzung des BVerfSchG betreffend die Einführung anlassbezogener, befristeter gemeinsamer Projektdateien, ebenso befassen sich Artikel 3 und 4 des GDG mit der Inkorporation einer Vorschrift zur Errichtung projektbezogener gemeinsamer Dateien in das BNDG und das BKAG. Artikel 5 regelt das In- und Außerkrafttreten des GDG und des ATDG.

C. Artikel 1 GDG: Das Antiterrordateigesetz (ATDG)

Das Antiterrordateigesetz (ATDG) bildet mit Art. 1 des GDG den Kern dieses neuen Gesetzes. Es ist Grundlage für die Errichtung einer zentralen Antiterrordatei der Polizei und der Nachrichtendienste beim BKA. Diese Behörde wurde für den Standort der Antiterrordatei ausgewählt, weil sie einerseits umfassende Erfahrungen im Bereich zentraler Dateisysteme vorweisen kann, zum anderen bereits die notwendige Hard- und Software in dieser Behörde zur Verfügung stehen.[1046] Die Entscheidung für diesen Standort erleichtert somit einen zügigen technischen wie auch organisatorischen Aufbau der Antiterrordatei.[1047]

1045 *Roggan/Bergemann*, Die „neue Sicherheitsarchitektur der Bundesrepublik Deutschland“ – Anti-Terror-Datei, gemeinsame Projektdateien und Terrorismusbekämpfungsergänzungsgesetz, NJW 2007, S. 876.

1046 *Zöller*, Der Rechtsrahmen der Nachrichtendienste bei der „Bekämpfung“ des internationalen Terrorismus, JZ 2007, S. 763 (768).

1047 Vgl. die Gesetzesbegründung der Bundesregierung: BT-Drucks. 16/2950, S. 14. Der Aufbau und Betrieb der Antiterrordatei erforderte dennoch erhebliche Anstrengungen, wie etwa spezielle Raumsicherungsmaßnahmen (z.B. abstrahlsichere Zimmer, die aus Gründen der Katastrophensicherung an zwei unterschiedlichen, voneinander getrennten Orten geschaffen werden mussten). Weiter musste eine geschützte informationstechnische Infrastruktur, mithin eine abgeschottete VS-Umgebung auf Basis einer besonders gesicherten Netzwerkumgebung mit einer separaten Hardware-Infrastruktur außerhalb der Standard-, Server- und

Das Antiterrordateigesetz besteht aus insgesamt 13 Paragraphen, deren Inhalt im Folgenden dargelegt werden soll.

I. Zu den einzelnen Vorschriften des Antiterrordateigesetzes

1. § 1 Antiterrordatei

Zu § 1 Absatz 1

In § 1 ATDG wird die Antiterrordatei als solche näher umschrieben: Es handelt sich dabei um eine standardisierte zentrale Datei, die beim BKA als gemeinsame Datei der daran beteiligten Behörden geführt wird. § 1 Abs. 1 ATDG nennt als beteiligte Behörden ausdrücklich das Bundeskriminalamt, die Bundespolizeidirektion, die Landeskriminalämter, die Verfassungsschutzbehörden des Bundes und der Länder, den Militärischen Abschirmdienst, den Bundesnachrichtendienst und das Zollkriminalamt, mithin sowohl nachrichtendienstliche als auch polizeiliche Sicherheitsbehörden. Die gemeinsame Antiterrordatei soll dabei zur Erfüllung der jeweiligen gesetzlichen Aufgaben der einzelnen Behörden zur Aufklärung oder Bekämpfung des internationalen Terrorismus mit Bezug zur Bundesrepublik Deutschland geführt werden.[1048]

Nach dem Willen des Gesetzgebers wird mit § 1 Abs. 1 ATDG also zunächst einmal die Rechtsgrundlage für die Errichtung der zentralen Antiterrordatei geschaffen und zu diesem Zweck neben der Art der zu errichtenden Datei (eine gemeinsame standardisierte und zentrale Datei), dem Kreis der beteiligten Behörden, dem Standort der Datei auch der Dateizweck als solcher (zur Erfüllung der gesetzlichen Aufgaben zur Aufklärung oder Bekämpfung des internationalen Terrorismus mit Bezug zur Bundesrepublik Deutschland) beschrieben.[1049]

Die Gesetzesbegründung hebt dabei besonders die Begrenzung auf den internationalen Terrorismus mit Bezug zur Bundesrepublik Deutschland hervor.[1050] Dem Bundesnachrichtendienst vorliegende Daten über das Ausland, die für die Einschätzung einer Bedrohungslage hilfreich sein können, jedoch keinerlei Ansätze für die Situation in der Bundesrepublik Deutschland zu liefern in der Lage sind, werden nach dem Willen des Gesetzgebers damit nicht in die Antiterrordatei aufgenommen.[1051]

Zu § 1 Absatz 2

Absatz 2 der Vorschrift ist zu entnehmen, dass nicht nur die unter Absatz 1 explizit genannten Behörden zur Teilnahme an der Datei berechtigt sind, sondern vielmehr auch weitere Polizeivollzugsbehörden und zwar im Benehmen mit dem Bundesminis-

---

Speicherinfrastruktur des BKA aufgebaut werden, die eine Übermittlung von Unterlagen, die als „GEHEIM" eingestuft werden, ermöglicht, vgl. BT-Drucks. 16/3851.

1048 Vgl. § 1 Abs. 1 ATDG.

1049 BT-Drucks. 16/2950, S. 14.

1050 BT-Drucks. 16/2950, S. 14.

1051 So die amtliche Begründung, was sich insoweit jedoch auch selbstverständlich anhand des Wortlautes von § 1 „mit Bezug zur Bundesrepublik Deutschland" herleiten lässt, BT-Drucks. 16/2950, S. 14.

terium des Innern (BMI). Die Regelung wird jedoch insoweit durch die Nummern 1 und 2 eingeschränkt, als sich diese „Teilnahmeberechtigung“ nur auf solche Behörden erstreckt, denen Aufgaben zur Bekämpfung des internationalen Terrorismus mit Bezug zur Bundesrepublik Deutschland nicht nur im Einzelfall besonders zugewiesen sind (§ 1 Abs. 2 Nr. 1 ATDG) oder soweit ihr Zugriff auf die Antiterrordatei für die Wahrnehmung der Aufgaben nach Nummer 1 erforderlich und dies unter Berücksichtigung der schutzwürdigen Interessen der Betroffenen und der Sicherheitsinteressen der beteiligten Behörden angemessen ist (§ 1 Abs. 2 Nr. 2 ATDG).

Die Bundesregierung führt in ihrer Begründung ergänzend aus, dass mit der Regelung, wonach nur solche Behörden weiter an der Antiterrordatei zu beteiligen sind, denen Aufgaben zur internationalen Terrorismusbekämpfung mit Bezug zur Bundesrepublik Deutschland nicht nur im Einzelfall besonders zugewiesen sind, verhindert werden sollte, dass *„praktisch jede Polizeivollzugsbehörde, die im Rahmen der Gefahrenabwehr im Einzelfall auch Gefahren des internationalen Terrorismus abwehrt, angeschlossen werden kann.“*[1052]

Die Gesetzesbegründung hat mit dieser Regelung primär die Dienststellen des polizeilichen Staatsschutzes im Blick.[1053] Die endgültige Festlegung der weiteren beteiligten Behörden soll in einer Errichtungsanordnung, die nach § 12 Satz 1 Nr. 2 ATDG der Zustimmung des Bundesministeriums des Innern, des Bundeskanzleramts, des Bundesministeriums der Verteidigung, des Bundesministeriums der Finanzen und der für die beteiligten Behörden der Länder zuständigen obersten Landesbehörden bedarf, erfolgen.[1054]

2. § 2 Inhalt der Antiterrordatei und Speicherungspflicht

Zu § 2 Satz 1

§ 2 des ATDG regelt neben dem Inhalt der Antiterrordatei insbesondere die Speicherungspflicht der beteiligten Behörden. Danach sind diese Behörden verpflichtet, bereits erhobene Daten nach § 3 ATDG in der Antiterrordatei zu speichern, wobei § 3 ATDG die zu speichernden Datenarten aufzählt. Die Datenspeicherung steht dabei unter der Prämisse, dass die Kenntnis der Daten für die Aufklärung oder Bekämpfung des internationalen Terrorismus mit Bezug zur Bundesrepublik Deutschland erforderlich sind (§ 2 Satz 1, letzter Halbsatz ATDG.)

§ 2 Satz 1 ATDG zählt unter vier Obergruppen (Nummern 1 bis 4) verschiedene Personenarten und Personengruppen sowie Sachinformationen auf, auf die sich die Speicherungspflicht der beteiligten Behörden erstreckt.

§ 2 Satz 1 Nummer 1

Nach § 2 Satz 1 Nr. 1 ATDG sind die Daten von den beteiligten Behörden immer dann zu speichern, wenn sie gemäß den für sie geltenden Rechtsvorschriften über polizeiliche oder nachrichtendienstliche Erkenntnisse verfügen, aus denen sich tatsächliche

---

1052 BT-Drucks. 16/2950, S. 14.
1053 BT-Drucks. 16/2950, S. 14.
1054 BT-Drucks. 16/2950, S. 14.

Anhaltspunkte dafür ergeben, dass die Daten sich auf Personen beziehen, die einer terroristischen Vereinigung nach § 129a des Strafgesetzbuches, die einen internationalen Bezug aufweist, oder einer terroristischen Vereinigung nach § 129a in Verbindung mit § 129b Abs.1 Satz 1 des Strafgesetzbuchs mit Bezug zur Bundesrepublik Deutschland angehören oder diese unterstützen (§ 2 Satz 1 Nr. 1a) ATDG). Ebenso sind die beteiligten Behörden zur Datenspeicherung verpflichtet, wenn sich die Daten auf Personen beziehen, die einer Gruppierung angehören oder diese unterstützen, die eine Vereinigung nach Nr. 1a unterstützt (§ 2 Satz 1 Nr. 1b) ATDG).

Wenn eine beteiligte Behörde entsprechende Erkenntnisdaten erhoben hat und auch die weiteren in Satz 1 genannten Voraussetzungen für eine Speicherung von Daten gegeben sind, entsteht die behördliche Speicherpflicht. Diese gewährleistet mithin eine gewisse Aktualität der gespeicherten Daten.[1055] Besonderer Wert wird in der Gesetzesbegründung auf die Tatsache gelegt, dass durch das ATDG den beteiligten Behörden keine zusätzliche Rechtsgrundlage an die Hand gegeben wird für die *Erhebung* von Daten.[1056] Vielmehr dürfen nur bereits erhobene Daten gespeichert werden. Dies hat zur Folge, dass nur solche Daten gespeichert werden, über die die beteiligten Behörden bereits verfügen und die sie entsprechend der gesetzlichen Vorgaben für die jeweilige Behörde auch erheben durften.[1057]

Tatsächliche Anhaltspunkte

Zum Tatbestandsmerkmal der tatsächlichen Anhaltspunkte, die nach § 2 S. 1 ATDG für eine Speicherung von Daten Voraussetzung sind, führt der Bundestag in seiner Begründung aus, dass deren Vorliegen zu bejahen sei, *„wenn die im Einzelfall vorliegenden Anhaltspunkte nach nachrichtendienstlichen oder polizeilichen Erfahrungswerten die Einschätzung rechtfertigen, dass die Erkenntnisse zu den betreffenden Personen und Organisationen oder Sachen etc. (Satz 1 Nr. 4) zur Aufklärung oder Bekämpfung des internationalen Terrorismus beitragen.“*[1058]

Internationaler Bezug

Zur Definition des „internationalen Bezugs“ wird in der Gesetzesbegründung ausgeführt, dass dieser insbesondere dann vorliege, wenn die terroristische Vereinigung *„international propagierten ideologischen Strömungen, die auch in anderen Staaten militant verfolgt werden, zuzurechnen ist.“*[1059] Ein „Deutschlandbezug“ der terroristischen Vereinigung wird dagegen bejaht, wenn diese *„einer ideologischen Strömung angehört, die sich auch gegen Deutschland oder deutsche Ziele und Interessen richtet und von ihr aufgrund sonstiger Erwägungen eine potenzielle Gefahr auch für Deutschland ausgeht.“*[1060] Von der in Nr. 1 erfassten Speicherungspflicht wird nach dem Willen des Gesetzgebers insbesondere auch der islamistische Terrorismus erfasst.[1061]

1055 BT-Drucks. 16/2950, S. 14 f.
1056 BT-Drucks. 16/2950, S. 15.
1057 BT-Drucks. 16/2950, S. 15.
1058 BT-Drucks. 16/2950, S. 15.
1059 BT-Drucks. 16/2950, S. 15.
1060 BT-Drucks. 16/2950, S. 15.
1061 BT-Drucks. 16/2950, S. 15.

Entsprechend dem Wortlaut des Gesetzes fallen unter die Speicherpflicht Personen, bei denen tatsächliche Anhaltspunkte dafür sprechen, dass sie einer derartigen Vereinigung angehören oder diese unterstützen. Der Bundestag führt hierzu aus, dass es sich dabei insbesondere um Personen handeln kann, deren Name in der Liste zum Gemeinsamen Standpunkt des Rates 2001/931/GASP vom 27. Dezember 2001[1062] zu finden ist.[1063] Darüber hinaus kann es sich bei den speicherpflichtigen Personen um solche handeln, die in Anhang I der Verordnung (EG) Nr. 881/2002 des Rates vom 27. Mai 2002[1064] in der jeweils geltenden Fassung aufgeführt sind.[1065]

Nach dem Willen des Gesetzgebers ist dabei der Begriff des Unterstützens gleichzusetzen mit dem Unterstützen im Sinne von § 129a Abs. 5 Satz 1 StGB.[1066] Darunter fällt mithin jede Handlung, die für den Einsatz von Gewalt irgendwie vorteilhaft ist.[1067]

In seiner Gesetzesbegründung betont der Bundestag überdies, dass durch die Beschränkung auf inländische terroristische Vereinigungen mit einem internationalen Bezug (§ 129a StGB) und ausländische terroristische Vereinigungen mit einem Deutschlandbezug (§§ 129a, 129b Abs. 1 Satz 1 StGB) bestimmte Bereiche der Kriminalität *„wie etwa ein auf Deutschland fixierter links- oder rechtsextremistisch motivierter Terrorismus"* oder eine im Ausland nur auf regionaler Ebene vertretene Vereinigung nicht von Nummer 1 erfasst werden. Nach den derzeitigen Erkenntnissen sei keine Gefahr von diesen Vereinigungen zu erwarten.[1068] Aus diesem Grund verzichtet der Gesetzgeber auf eine Einbeziehung dieser Kriminalitätsbereiche.

§ 2 Satz 1 Nummer 2

Die Speicherpflicht bezieht sich weiter auf Daten zu Personen, die rechtswidrig Gewalt als Mittel zur Durchsetzung international ausgerichteter politischer oder religiöser Belange anwenden oder eine solche Gewaltanwendung unterstützen, vorbereiten, befürworten oder durch ihre Tätigkeiten vorsätzlich hervorrufen (§ 2 Satz 1 Nr. 2 ATDG). Auch hier ist der Begriff des „Unterstützens" im Sinne von § 129 Abs. 5 Satz 1 StGB auszulegen.[1069] Davon erfasst wird also jede Handlung, die für den Einsatz von Gewalt irgendwie vorteilhaft ist.[1070] Vorbereitend tätig werden hingegen die Personen, *„die eine entsprechende künftige Gewaltanwendung planen oder durch ihre Tätigkeit fördern."*[1071] Durch das Tatbestandsmerkmal des „Befürwortens" werden solche Personen von der Speicherpflicht erfasst, die eine entsprechende Gewaltanwendung *„gut-*

1062 ABl. EG Nr. L 344 S. 93.
1063 BT-Drucks. 16/2950, S. 15.
1064 ABl. EG Nr. L 139 vom 29. Mai 2002, S.9.
1065 BT-Drucks. 16/2950, S. 15.
1066 BT-Drucks. 16/2950, S. 15.
1067 *Miebach,/Schäfer*, in: Joecks/Miebach, Münchener Kommentar zum StGB, Bd. 2/2, § 129, Rn. 81 ff.
1068 BT-Drucks. 16/2950, S. 15.
1069 BT-Drucks. 16/2950, S. 15
1070 *Miebach,/Schäfer*, in: Joecks/Miebach, Münchener Kommentar zum StGB, Bd. 2/2, § 129, Rn. 81 ff.
1071 BT-Drucks. 16/2950, S. 15.

heißen".[1072] Der Gesetzgeber führt in seiner Begründung dazu beispielhaft die so genannten Hassprediger an.[1073] Im Hinblick auf den Begriff des „Hervorrufens" wird in der Gesetzesbegründung ausgeführt, die Einbeziehung bereits des Vorfeldes terroristischer Handlungen sei erforderlich, um im Hinblick auf die schützenswerten hochrangigen Rechtsgüter terroristischen Gefahren wirksam entgegentreten und zu einem möglichst frühen Zeitpunkt die Sachlage aufklären zu können.[1074]

§ 2 Satz 1 Nummer 3

Weiter sind nach Nummer 3 der Vorschrift Daten über *Kontaktpersonen* zu speichern. Die Speicherungspflicht soll jedoch nur dann greifen, wenn tatsächliche Anhaltspunkte dafür vorliegen, dass diese Personen mit den in Nummer 1 Buchstabe a oder in Nummer 2 der Vorschrift genannten Personen nicht nur flüchtig oder in zufälligem Kontakt in Verbindung stehen und durch sie weiterführende Hinweise für die Aufklärung oder Bekämpfung des internationalen Terrorismus zu erwarten sind.

Die Gesetzesbegründung führt zum Begriff der *„tatsächlichen Anhaltspunkte"* erläuternd aus, dass diese konkreten tatsächlichen Umstände *„unter Berücksichtigung nachrichtendienstlicher bzw. polizeilicher Erfahrung zu würdigen"* sind.[1075] Beispielhaft werden für derartige Umstände eine nähere persönliche oder geschäftliche Beziehung, die Dauer der Verbindung oder die konspirativen Umstände genannt, *"unter denen die Personen die Verbindung hergestellt haben oder pflegen."*[1076] Äußerlich flüchtige oder nur zufällige Alltagskontakte sollen nicht unter die Speicherpflicht fallen.[1077]

Der Gesetzgeber begrenzt in seiner Begründung abschließend die Speicherpflicht noch auf solche Kontaktpersonen, zu denen die beteiligten Behörden entsprechend der für sie geltenden Rechtsgrundlagen bereits Daten erhoben haben und betont, dass im Falle vorhandener spezialgesetzlicher Ausprägungen des Verhältnismäßigkeitsgrundsatzes für die Speicherung von Kontaktpersonen diese von den Behörden auch im Rahmen einer Speicherung in der Antiterrordatei zu berücksichtigen seien.[1078]

§ 2 Satz 1 Nr. 4

Nach § 2 Satz 1 Nr. 4 ATDG erstreckt sich die Speicherungspflicht zuletzt auf Daten über Vereinigungen, Gruppierungen, Stiftungen oder Unternehmen (Nr. 4 a)) sowie auf Daten über Sachen, Bankverbindungen, Anschriften, Telekommunikationsanschlüsse, Telekommunikationsendgeräte, Internetseiten oder Adressen für elektronische Post (Nr. 4 b)), bei denen tatsächliche Anhaltspunkte die Annahme begründen, dass sie im Zusammenhang mit einer Person nach Nummer 1 oder Nummer 2 der Vorschrift stehen und durch sie Hinweise für die Aufklärung oder Bekämpfung des internationalen Terrorismus gewonnen werden können.

1072 BT-Drucks. 16/2950, S. 15.
1073 BT-Drucks. 16/2950, S. 15.
1074 BT-Drucks. 16/2950, S. 15.
1075 BT-Drucks. 16/2950, S. 16.
1076 BT-Drucks. 16/2950, S. 16.
1077 BT-Drucks. 16/2950, S. 16.
1078 BT-Drucks. 16/2950, S. 16.

Zu § 2 Satz 2

Zudem soll die Speicherungspflicht nur für Daten gelten, die die beteiligten Behörden nach den für sie geltenden Rechtsvorschriften automatisiert verarbeiten dürfen (§ 2 Satz 2 ATDG). Zur Erläuterung führt der Bundestag in seiner Begründung aus, dass etwa das Bundesamt für Verfassungsschutz Daten von Minderjährigen, die das 16. Lebensjahr noch nicht vollendet haben, nicht in Dateien speichern darf.[1079] Dies soll nach § 2 Satz 2 ATDG auch für die Speicherung in der Antiterrordatei gelten.

3. § 3 Zu speichernde Datenarten

§ 3 des ATDG regelt die Arten der zu speichernden Daten. Diese werden bis auf eine Ausnahme im Bereich der erweiterten Grunddaten[1080] standardisiert erfasst. Das bedeutet, dass nicht jeder Benutzer beliebig Begriffe wählen kann zur Beschreibung einer Person oder einer Organisation etc. Vielmehr enthält die Antiterrordatei bereits einen standardisierten Katalog mit Fachbegriffen, aus denen die beteiligte Behörde wählen kann, welche Beschreibung für die aufzunehmende Person etwa zutreffend ist. Dies gilt selbstverständlich nur für solche Daten, die nicht aufgrund zwingender Individualität – wie dies etwa bei Bankdaten der Fall ist – freihändig eingegeben werden müssen.[1081] Grund dieser Standardisierungsmaßnahme ist die dadurch vereinheitlichte Verwaltungspraxis und eine bessere Recherchefähigkeit.[1082] Denn die erweiterten Grunddaten, die zwar recherchierbar sind, aber im Falle eines Treffers nicht sichtbar werden, können nur dann gefunden werden, wenn die Eingabe im Suchfeld übereinstimmt mit dem abgespeicherten Datum.[1083] Dieses Ziel wird nur erreicht, wenn die beteiligten Behörden einheitliche Begriffe verwenden zur Beschreibung der Daten. Insbesondere wird dadurch der Austausch zwischen den Behörden erleichtert und die Kommunikation gefördert.[1084]

Zu § 3 Absatz 1

Unter Nummer 1 werden unter Buchstabe a die zu speichernden so genannten Grunddaten aufgeführt, Buchstabe b zählt die so genannten erweiterten Grunddaten auf. Nummer 2 dagegen erwähnt die zu speichernden Angaben zur Identifizierung der unter § 2 Satz 1 Nr. 4 genannten Gruppierungen bzw. Sachinformationen. Nach Nummer 3 sind die vorhandenen behördlichen Daten wie etwa Aktenzeichen zu den unter Nummer 1 und 2 derselben Vorschrift aufgeführten speicherungspflichtigen Daten ebenfalls in der Antiterrordatei aufzunehmen.

1079 BT-Drucks. 16/2950, S. 16.

1080 Zu den erweiterten Grunddaten gehören auch die so genannten Freitexte. Darin werden frei gestaltbar „ergänzende Hinweise, Bemerkungen und Bewertungen" der Sicherheitsbehörden gespeichert (§ 3 Abs. 1 Nr. 1 b) rr) ATDG).

1081 BT-Drucks. 16/2950, S. 17.

1082 BT-Drucks. 16/2950, S. 17.

1083 BT-Drucks. 16/2950, S. 17.

1084 BT-Drucks. 16/2950, S. 17.

§ 3 Abs. 1 Nummer 1
Unter die speicherungspflichtigen Grunddaten (§ 3 Abs. 1 Nr. 1 ATDG) fallen die folgenden 18 Datenkategorien zu Personen nach § 2 Satz 1 Nr. 1 bis 3 ATDG: der Familienname, die Vornamen, frühere Namen, andere Namen, Aliaspersonalien, abweichende Namensschreibweisen, das Geschlecht, das Geburtsdatum, aktuelle und frühere Staatsangehörigkeiten, gegenwärtige und frühere Anschriften, besondere körperliche Merkmale, Sprachen, Dialekte, Lichtbilder, die Bezeichnung der Fallgruppe nach § 2 ATDG[1085] und, soweit keine anderen gesetzlichen Bestimmungen entgegenstehen und dies zur Identifizierung einer Person erforderlich ist, Angaben zu Identitätspapieren.

Diese Aufzählung ist nach dem Willen des Gesetzgebers abschließend und dient der leichteren Identifizierung einer Person.[1086] Da in bestimmten Kulturkreisen dem Namen einer Person oftmals eine nur sehr untergeordnete Funktion zukommt, ist es entsprechend der Gesetzesbegründung besonders wichtig, auch zusätzliche Informationen zu erfassen. Die Speicherung der Grunddaten wird dabei als unverzichtbar angesehen, um terroristischen Bedrohungen wirksam und schnell begegnen zu können.[1087]

Als äußerst wichtig wird dabei auch die Angabe der jeweiligen Fallgruppe des § 2 ATDG eingestuft.[1088] Gemeint ist damit die Festlegung, welche Tatbestandsalternative die betreffende Person mutmaßlich verwirklicht (hat), das heißt zum Beispiel, ob sie selbst einer terroristischen Vereinigung angehört oder eine solche nur unterstützt. Diese Einstufung ermöglicht den beteiligten Behörden, eine Erstbewertung der Person vorzunehmen und den Grad der Gefahr abzuschätzen, der von dieser Person ausgeht.[1089] Im Weiteren hilft die Angabe zu der Fallgruppe auch bei der Entscheidung, wie dringend und schnell eine Anfrage bei der speichernden Behörde zu stellen sein kann.[1090] So kann es im Hinblick darauf, wann man etwa in zeitlicher Hinsicht (tags oder nachts) ein Informationsersuchen an die speichernde Behörde richtet, einen Unterschied machen, ob die betreffende Person lediglich als Kontaktperson eingestuft wird oder ob sie als Rädelsführer einer terroristischen Vereinigung entsprechend § 129a Abs. 4 StGB bezeichnet wird.[1091]

Zu beachten ist, dass die Grunddaten entsprechend Buchstabe a des § 3 Abs. 1 Nr.1 zu allen in § 2 genannten Personen abgespeichert werden. Dies gilt jedoch entsprechend der gesetzlichen Ausführungen nicht für die erweiterten Grunddaten.

Zu den *erweiterten Grunddaten* im Sinne des § 3 Abs. 1 Nr. 1b ATDG zählen die vorhandenen Daten zu Personen nach § 2 Satz 1 Nr. 1 und 2 ATDG sowie zu Kontaktpersonen, bei denen tatsächliche Anhaltspunkte dafür vorliegen, dass sie von der Planung oder Begehung einer in § 2 Satz 1 Nr. 1a ATDG genannten Straftat oder der

---

1085 Gemeint ist damit, ob es sich z.B. um eine Person handelt, die einer terroristischen Vereinigung nach § 129a StGB angehört (Fallgruppe § 2 S. 1 Nr. 1a ATDG) oder um eine solche Person, die rechtswidrig Gewalt als Mittel zur Durchsetzung international ausgerichteter politischer Belange anwendet (Fallgruppe § 2 S. 1 Nr. 2 ATDG).

1086 BT-Drucks. 16/2950, S. 16.

1087 BT-Drucks. 16/2950, S. 16.

1088 BT-Drucks. 16/2950, S. 16.

1089 BT-Drucks. 16/2950, S. 16.

1090 BT-Drucks. 16/2950, S. 16.

1091 BT-Drucks. 16/2950, S. 16.

Ausübung, Unterstützung oder Vorbereitung von rechtswidriger Gewalt im Sinne von § 2 Satz 1 Nr. 2 ATDG Kenntnis haben. Im Einzelnen sind dies nach § 3 Abs. 1 Nr. 1 b) ATDG die folgenden 18 Datenkategorien:

aa) eigene oder von diesen Personen genutzte Telekommunikationsanschlüsse und Telekommunikationsendgeräte,
bb) Adressen für elektronische Post,
cc) Bankverbindungen,
dd) Schließfächer,
ee) auf die Personen zugelassene oder von ihr genutzte Fahrzeuge,
ff) Familienstand,
gg) Volkszugehörigkeit,
hh) Angaben zur Religionszugehörigkeit, soweit diese im Einzelfall zur Aufklärung oder Bekämpfung des internationalen Terrorismus erforderlich sind,
ii) besondere Fähigkeiten, die nach den auf bestimmten Tatsachen beruhenden Erkenntnissen der beteiligten Behörden der Vorbereitung und Durchführung terroristischer Straftaten nach § 129a Abs. 1 und 2 des Strafgesetzbuchs dienen können, insbesondere besondere Kenntnisse und Fertigkeiten in der Herstellung oder im Umgang mit Sprengstoffen oder Waffen,
jj) Angaben zum Schulabschluss, zur berufsqualifizierenden Ausbildung und zum ausgeübten Beruf,
kk) Angaben zu einer gegenwärtigen oder früheren Tätigkeiten in einer lebenswichtigen Einrichtung im Sinne des § 1 Abs. 5 des Sicherheitsüberprüfungsgesetzes[1092] oder einer Verkehrs- oder Versorgungsanlage oder -einrichtung, einem öffentlichen Verkehrsmittel oder Amtsgebäude,
ll) Angaben zur Gefährlichkeit, insbesondere Waffenbesitz oder zur Gewaltbereitschaft der Person,
mm) Fahr- und Flugerlaubnisse,
nn) besuchte Orte oder Gebiete, an oder in denen sich in § 2 Satz 1 Nr. 1 und 2 ATDG genannte Personen treffen,
oo) Kontaktpersonen nach § 2 Satz 1 Nr. 3 ATDG zu den jeweiligen Personen nach § 2 Satz 1 Nr. 1 a) oder Nr. 2 ATDG,
pp) die Bezeichnung der konkreten Vereinigung oder Gruppierung nach § 2 Satz 1 Nr. 1 a) oder b) ATDG,
qq) der Tag, an dem das letzte Ereignis eingetreten ist, das die Speicherung der Erkenntnisse begründet, und
rr) auf tatsächlichen Anhaltspunkten beruhende zusammenfassende besondere Bemerkungen, ergänzende Hinweise und Bewertungen zu Grunddaten und erwei-

1092 Nach § 1 Abs. 5 des Sicherheitsüberprüfungsgesetzes (SÜG) sind solche Einrichtungen lebenswichtig, deren Beeinträchtigung auf Grund der ihnen anhaftenden betrieblichen Eigengefahr die Gesundheit oder das Leben großer Teile der Bevölkerung erheblich gefährden kann (Nr. 1) oder die für das Funktionieren des Gemeinwesens unverzichtbar sind und deren Beeinträchtigung erhebliche Unruhe in großen Teilen der Bevölkerung und somit Gefahren für die öffentliche Sicherheit oder Ordnung entstehen lassen würde (Nr. 2).

terten Grunddaten, die bereits in Dateien der beteiligten Behörden gespeichert sind, sofern dies im Einzelfall nach pflichtgemäßem Ermessen geboten und zur Aufklärung oder Bekämpfung des internationalen Terrorismus unerlässlich ist.

Der Gesetzgeber führt zu diesen erweiterten Grunddaten aus, dass sie eine zuverlässige erste Einschätzung der von der Person ausgehenden Gefahrenlage ermöglichen.[1093] Im Unterschied zu den Grunddaten werden die erweiterten Grunddaten jedoch im Falle einer Datenabfrage nicht sichtbar und nur auf Anfrage der nachfragenden Behörde von der speichernden Behörde mitgeteilt; gleiches gilt im Eilfall nach § 5 ATDG.[1094]

Während die beteiligten Behörden hinsichtlich der erweiterten Grunddaten generell zur Speicherung verpflichtet sind[1095], gilt dies nicht für die Speicherung der unter rr) genannten besonderen Bemerkungen, ergänzenden Hinweisen und Bewertungen zu Grunddaten und erweiterten Grunddaten, welche im pflichtgemäßen Ermessen der speichernden Behörde liegt.[1096]

Die Speicherung dieser Bemerkungen oder Hinweise ermöglicht es den beteiligten Behörden, auch eher untypische Angaben zu machen, die sich nicht über einen standardisierten Katalog erfassen lassen, aber dennoch so wichtig sind, dass sie in der Antiterrordatei abgespeichert werden sollten.[1097] Jedoch bleibt nach dem Willen des Gesetzgebers Voraussetzung für die Speicherung dieser besonderen Bemerkungen, dass diese auch bereits bei den beteiligten Behörden abgespeichert sind.[1098]

In der Gesetzesbegründung wird die Notwendigkeit einiger der abzuspeichernden Datenarten erläutert:

Zu den abzuspeichernden Daten über Telekommunikationsanschlüsse (Nr. 1b) aa)) trägt der Gesetzgeber vor, dass eine Speicherung nicht nur der eigenen, auf die jeweilige Person angemeldeten Anschlüsse erforderlich ist, sondern auch die Abspeicherung von Anschlüssen, die diese Person lediglich benutzt. Ermittlungen der polizeilichen und nachrichtendienstlichen Behörden in der Vergangenheit haben gezeigt, dass terrorverdächtige Personen häufig nicht den eigenen, sondern vielmehr auch auf andere Personen angemeldete Telekommunikationsanschlüsse nutzen oder sich unter Verwendung von Alias-Namen Zugang zum Kommunikationsnetz verschaffen. Demzufolge ist es nach der Begründung des Gesetzgebers unerlässlich, auch Daten zu Telefonanschlüssen etc. zu speichern, die auf Personen angemeldet sind, die nicht unter eine der Fallgruppen des § 2 ATDG fallen.[1099] Der Gesetzgeber hält diese Speicherung für vereinbar mit dem Verhältnismäßigkeitsgrundsatz unter Berücksichtigung der vom internationalen Terrorismus ausgehenden schwerwiegenden Gefahren für wichtige Rechtsgüter.[1100] So verweist er im Weiteren auf die Überwachungsmöglichkeit von

---

1093 BT-Drucks. 16/2950, S. 17.
1094 BT-Drucks. 16/2950, S. 17.
1095 Aus Gründen der Geheimhaltung kann hiervon nur ausnahmsweise abgesehen werden, vgl. § 6 Abs. 1 ATDG (beschränkte Speicherung).
1096 BT-Drucks. 16/2950, S. 17.
1097 BT-Drucks. 16/2950, S. 17.
1098 BT-Drucks. 16/2950, S. 18.
1099 BT-Drucks. 16/2950, S. 17.
1100 BT-Drucks. 16/2950, S. 17.

Telefonanschlüssen auch völlig Unbeteiligter, wenn die Voraussetzungen des § 100a der Strafprozessordnung vorliegen.[1101]

Ebenso verhalte es sich mit den eigenen und genutzten Fahrzeugen (Nr. 1b) ee)) der betreffenden Personen: Auch hier habe die kriminalistische Erfahrung gezeigt, dass die Täter oftmals nicht nur ihre eigenen Fahrzeuge nutzen, um an einen bestimmten (Tat-) Ort zu gelangen.[1102] Deshalb sei es wichtig auch die nur genutzten, aber auf andere Personen angemeldeten Fahrzeuge zu erfassen.[1103]

Weiter sei für die Speicherung von Bankverbindungen (Nr. 1b) cc)) maßgeblich, dass im Vorfeld terroristischer Anschläge oftmals hohe Geldbeträge fließen, um die Aktivitäten zu finanzieren.[1104]

Die Speicherpflicht für Volks- und Religionszugehörigkeit (Nr. 1b) gg) und hh)) führt der Gesetzgeber darauf zurück, dass diese Hinweise liefern könnten auf militante Gruppen oder Vereinigungen, die unter bestimmten Volks- oder Religionsgemeinschaften verstärkt vertreten sind.[1105] Auch sei beispielsweise ein Wechsel der Religionszugehörigkeit typisch im Zusammenhang mit islamistischem Terrorismus.[1106] Der Gesetzgeber betont jedoch noch einmal, dass die Angabe der Religionszugehörigkeit im Einzelfall erforderlich sein muss für die Aufklärung oder Bekämpfung des internationalen Terrorismus.[1107]

Nach Nr. 1b) kk) unterliegen Angaben zu einer Tätigkeit in einer lebenswichtigen Einrichtung im Sinne des § 1 Abs. 5 SÜG[1108] oder einer Verkehrs- oder Versorgungsanlage oder -einrichtung, einem öffentlichen Verkehrsmittel oder Amtsgebäude der Speicherpflicht. Der Gesetzgeber begründet dies damit, dass eine Tätigkeit in diesen Einrichtungen Hinweise liefern kann auf die Dringlichkeit eines sofortigen Eingriffs zur Abwehr drohender Gefahren.[1109] Beispielhaft führt er dazu eine Person an, die in einer Chemiefabrik arbeitet und dort Zugriff auf giftige Substanzen hat und zugleich mit einer Terrorzelle in Kontakt stehen könnte, die einen terroristischen Anschlag auf die Trinkwasserversorgung plant.[1110]

1101 BT-Drucks. 16/2950, S. 17. Der Gesetzgeber verweist auf § 100a Abs. 1 S. 2 StPO. Anzumerken ist, dass § 100a Abs. 1 StPO nicht über einen Satz 2 verfügt. Der Gesetzgeber muss § 100a Abs. 1 i.V.m. Abs. 3 StPO gemeint haben, wonach sich die Anordnung u.a. auch gegen Personen richten darf, von denen aufgrund bestimmter Tatsachen anzunehmen ist, dass der Beschuldigte ihren Anschluss benutzt.

1102 BT-Drucks. 16/2950, S. 18.

1103 BT-Drucks. 16/2950, S. 18.

1104 BT-Drucks. 16/2950, S. 18.

1105 BT-Drucks. 16/2950, S. 18.

1106 BT-Drucks. 16/2950, S. 18.

1107 BT-Drucks. 16/2950, S. 18.

1108 Nach § 1 Abs. 5 des Sicherheitsüberprüfungsgesetzes (SÜG) sind solche Einrichtungen lebenswichtig, deren Beeinträchtigung auf Grund der ihnen anhaftenden betrieblichen Eigengefahr die Gesundheit oder das Leben großer Teile der Bevölkerung erheblich gefährden kann (Nr. 1) oder die für das Funktionieren des Gemeinwesens unverzichtbar sind und deren Beeinträchtigung erhebliche Unruhe in großen Teilen der Bevölkerung und somit Gefahren für die öffentliche Sicherheit oder Ordnung entstehen lassen würde (Nr. 2).

1109 BT-Drucks. 16/2950, S. 18.

1110 BT-Drucks. 16/2950, S. 18.

Die Speicherpflicht in Bezug auf die Gefährlichkeit einer Person (Nr. 1b) ll)) hält der Gesetzgeber für erforderlich, weil über diese Angaben im Eilfall Rückschlüsse gezogen werden können sollen, inwieweit so genannte Eigensicherungsmaßnahmen zu treffen sind.[1111]

Angaben zu Fahr- und insbesondere Flugerlaubnissen (Nr. 1b) mm)) sollen aufgrund der Erfahrungen mit den Anschlägen am 11. September 2001 in den USA der Speicherpflicht unterliegen.[1112]

Weiter ist die Angabe von besuchten Orten oder Gebieten speicherpflichtig (Nr. 1b) nn)), da diese Information in einem insgesamt nur lückenhaft nachvollziehbaren Verhalten einer verdächtigen Person einen Hinweis liefern kann auf terroristische Aktivitäten. [1113] Maßgeblich kann hier die Angabe eines einschlägigen Ortes sein, an dem sich regelmäßig militante Gruppen oder Vereinigungen treffen, wie etwa Kulturzentren oder Moscheen.[1114] Überdies kann die Angabe des Ortes ein Hinweis sein auf den Aufenthalt in Trainings- oder Ausbildungslagern für Terroristen.[1115]

Zuletzt begründet der Gesetzgeber die Speicherpflicht des Datums des letzten Tages, an dem ein Ereignis eingetreten ist (Nr. 1b) qq)), damit, dass sich so nachvollziehen lasse, welche Behörde über die aktuellsten Informationen hinsichtlich der betreffenden Person verfügt.[1116]

§ 3 Abs. 1 Nummer 2

Nach § 3 Abs.1 Nr. 2 ATDG fallen weiter solche Daten unter die Speicherungspflicht, die Angaben zur Identifizierung der in § 2 Satz 1 Nr. 4 ATDG genannten Vereinigungen, Gruppierungen, Stiftungen, Unternehmen, Sachen, Bankverbindungen, Anschriften, Telekommunikationsanschlüsse, Telekommunikationsendgeräte, Internetseiten oder Adressen für elektronische Post, mit Ausnahme weiterer personenbezogener Daten, enthalten.

§ 3 Abs. 1 Nummer 3

§ 3 Abs. 1 Nr. 3 ATDG nennt abschließend als speicherungspflichtige Datenarten die den jeweiligen Daten nach den Nummern 1 und 2 zugehörige Angabe der Behörde, die über die Erkenntnisse verfügt, sowie das zugehörige Aktenzeichen oder sonstige Geschäftszeichen und, soweit vorhanden, die jeweilige Einstufung als Verschlusssache[1117].

1111 BT-Drucks. 16/2950, S. 18.
1112 BT-Drucks. 16/2950, S. 18.
1113 BT-Drucks. 16/2950, S. 18.
1114 BT-Drucks. 16/2950, S. 18.
1115 BT-Drucks. 16/2950, S. 18.
1116 BT-Drucks. 16/2950, S. 18.
1117 Die Einstufung als Verschlusssache richtet sich nach § 4 Abs. 2 SÜG: „Eine Verschlusssache ist STRENG GEHEIM, wenn die Kenntnisnahme durch Unbefugte den Bestand oder lebenswichtige Interessen der Bundesrepublik Deutschland oder eines ihrer Länder gefährden kann (Nr. 1), GEHEIM, wenn die Kenntnisnahme durch Unbefugte die Sicherheit der Bundesrepublik Deutschland oder eines ihrer Länder gefährden oder ihren Interessen schweren Schaden zufügen kann (Nr. 2), VS-VERTRAULICH, wenn die Kenntnisnahme

Zu § 3 Absatz 2
§ 3 Abs. 2 ATDG regelt die Kennzeichnungspflicht: Soweit die zu speichernden Daten aufgrund einer anderen Rechtsvorschrift zu kennzeichnen sind, ist diese Kennzeichnung bei der Speicherung der Daten in der Antiterrordatei aufrechtzuerhalten. Nach der Gesetzesbegründung gilt dies insbesondere für Kennzeichnungen nach § 4 Abs. 2[1118] und § 6 Abs. 2[1119] Artikel-10-Gesetz.[1120] Aus § 6 Abs. 3 Satz 2 ATDG ergibt sich, dass die Kennzeichnung auch nach einer Übermittlung der Daten weiter aufrechtzuerhalten ist.

4. § 4 Beschränkte und verdeckte Speicherung

§ 4 des ATDG trifft Regelungen bezüglich einer so genannten *beschränkten* und *verdeckten* Speicherung der Daten. In Absatz 1 der Vorschrift werden dazu die Begriffe der beschränkten und verdeckten Speicherung näher erläutert und in Absatz 2 das Verfahren des Abrufs solcher beschränkt bzw. verdeckt gespeicherter Daten festgelegt.

Zu § 4 Absatz 1
Eine beschränkte oder verdeckte Speicherung ist nach § 4 Abs. 1 ATDG grundsätzlich immer dann möglich, wenn besondere Geheimhaltungsinteressen oder besonders schutzwürdige Interessen des Betroffenen dies ausnahmsweise erfordern. Über eine beschränkte oder verdeckte Speicherung entscheidet der jeweilige Behördenleiter oder ein von ihm besonders beauftragter Beamter des höheren Dienstes (§ 4 Abs. 1 Satz 2 ATDG).

Eine beteiligte Behörde darf in einem solchen Fall entweder von einer Speicherung der erweiterten Grunddaten (§ 3 Abs. 1 Nr. 1 b ATDG) ganz oder teilweise absehen (*beschränkte Speicherung*) oder alle jeweiligen Daten zu den in § 2 ATDG genannten Personen, Vereinigungen, Gruppierungen, Stiftungen, Unternehmen, Sachen, Bankverbindungen, Anschriften, Telekommunikationsanschlüssen, Telekommunikationsendgeräte, Internetseiten oder Adressen für elektronische Post in der Weise eingeben, dass die anderen beteiligten Behörden im Falle einer Abfrage die Speicherung der Daten nicht erkennen und keinen Zugriff auf die gespeicherten Daten erhalten (*verdeckte Speicherung*).

---

durch Unbefugte für die Interessen der Bundesrepublik Deutschland oder eines ihrer Länder schädlich sein kann (Nr. 3), VS-NUR FÜR DEN DIENSTGEBRAUCH, wenn die Kenntnisnahme durch Unbefugte für die Interessen der Bundesrepublik Deutschland oder eines ihrer Länder nachteilig sein kann (Nr. 4).“

1118 § 4 Abs. 2 Artikel-10-Gesetz hat den folgenden Wortlaut: „Die verbleibenden Daten sind zu kennzeichnen. Nach einer Übermittlung ist die Kennzeichnung durch den Empfänger aufrechtzuerhalten. Die Daten dürfen nur zu den in § 1 Abs. 1 Nr. 1 und den in Absatz 4 genannten Zwecken verwendet werden.“

1119 § 6 Abs. 2 Artikel-10-Gesetz lautet wie folgt: „Die verbleibenden Daten sind zu kennzeichnen. Nach einer Übermittlung ist die Kennzeichnung durch den Empfänger aufrechtzuerhalten. Die Daten dürfen nur zu den in § 5 Abs. 1 Satz 3 genannten Zwecken und für Übermittlungen nach § 7 Abs. 1 bis 4 verwendet werden.“

1120 BT-Drucks. 16/2950, S. 19.

Nach dem Gesetzeswortlaut darf eine Speicherung nur beschränkt oder verdeckt erfolgen, wenn dies aus Geheimhaltungsgründen erforderlich ist. Der Gesetzgeber versteht darunter Fälle des Quellenschutzes oder einer Informationsmitteilung von ausländischen Partnerdiensten.[1121]

Dass über die verdeckte bzw. beschränkte Speicherung der Daten durch den Behördenleiter selbst bzw. einen Beamten des höheren Dienstes entschieden wird, soll nach dem Willen des Gesetzgebers sicherstellen, dass die Vorschrift restriktiv angewendet wird und es nur in den erforderlichen Ausnahmefällen zu einer solchen Speicherungsform kommt.[1122]

Zu § 4 Absatz 2

Nach Absatz 2 des § 4 ATDG, der das Verfahren der Datenabfrage regelt, wird die Behörde, die die verdeckt bzw. beschränkt gespeicherten Daten eingegeben hat, über die Abfrage dieser Daten automatisiert durch Übermittlung aller Anfragedaten unterrichtet und hat unverzüglich mit der abfragenden Behörde Kontakt aufzunehmen, um zu klären, ob Erkenntnisse nach § 7 ATDG übermittelt werden können. § 7 ATDG regelt dabei generell die Übermittlung von Erkenntnissen aufgrund eines Ersuchens und verweist insoweit auf die jeweils geltenden Übermittlungsvorschriften der beteiligten Behörden.

Der Gesetzgeber betont in seiner Begründung die Notwendigkeit eines unverzüglichen Tätigwerdens, indem er klarstellt, dass ansonsten die von der abfragenden Behörde aufgenommene Spur zur Ermittlung einer terroristischen Gefahr verloren gehen könnte.[1123]

Die Behörde, die die Daten eingegeben hat, sieht von einer Kontaktaufnahme mit der anfragenden Behörde nur ab, wenn Geheimhaltungsinteressen auch nach den Umständen des Einzelfalls überwiegen (§ 4 Abs. 2 Satz 2 ATDG), wobei die wesentlichen Gründe für die Entscheidung nach Satz 2 zu dokumentieren sind (§ 4 Abs. 2 Satz 3 ATDG).

Um eine entsprechende Interessenabwägung innerhalb kurzer Zeit vornehmen zu können, werden der verdeckt oder beschränkt speichernden Behörde Informationen über die Wichtigkeit und zeitliche Dringlichkeit der Datenanfrage übermittelt. Von der Übertragung dieser Informationen, die zuvor von der abfragenden Behörde eingegeben worden sind, hat diese anfragende Behörde keine Kenntnis.[1124]

Regelmäßig werden bei dieser Interessenabwägung Geheimhaltungsinteressen zurücktreten, wenn die Kontaktaufnahme und Übermittlung der angefragten Daten zur Abwehr einer erheblichen und auch gegenwärtigen terroristischen Gefahr dienen.[1125]

Satz 3 des zweiten Abschnittes regelt abschließend die Löschungs- und Vernichtungsfristen: Die übermittelten Anfragedaten sowie die Dokumentationen sind spätestens zu löschen oder zu vernichten, wenn die verdeckt gespeicherten Daten zu löschen

1121 BT-Drucks. 16/2950, S. 19.
1122 BT-Drucks. 16/2950, S. 19.
1123 BT-Drucks. 16/2950, S. 19.
1124 BT-Drucks. 16/2950, S. 19.
1125 BT-Drucks. 16/2950, S. 19.

sind. Die Löschung selbst erfolgt dabei entsprechend § 11 Abs. 2 ATDG mit der Löschung der dazugehörigen Erkenntnisdaten.[1126]

5. § 5 Zugriff auf die Daten

§ 5 des ATDG reguliert den Zugriff auf die abgespeicherten Daten.

Zu § 5 Absatz 1
Nach Absatz 1 des § 5 ATDG dürfen die beteiligten Behörden die in der Antiterrordatei gespeicherten Daten im automatisierten Verfahren nur nutzen, soweit dies zur Erfüllung der jeweiligen Aufgaben zur Aufklärung oder Bekämpfung des internationalen Terrorismus erforderlich ist. Satz 2 der Vorschrift regelt dabei, auf welche Daten die abfragende Behörde im Falle eines Treffers Zugriff erhält, das heißt, welche Daten für sie sichtbar werden.

Bei einer Abfrage zu Personen etwa erhält die Behörde im Trefferfall Zugriff auf die zu ihnen gespeicherten Grunddaten (§ 5 Abs. 1 Satz 2 Nr. 1 a) ATDG), bei einer Abfrage zu Vereinigungen, Gruppierungen, Stiftungen, Unternehmen, Sachen, Bankverbindungen, Anschriften, Telekommunikationsanschlüssen, Telekommunikationsendgeräten, Internetseiten oder Adressen für elektronische Post nach § 2 Satz 1 Nr. 4 ATDG Zugriff auf die dazu gespeicherten Daten (§ 5 Abs. 1 Satz 2 Nr. 1 b) ATDG).

Die Verbindung der Nr. 1a) mit der Nr. 1b) durch das Wort „oder" verdeutlicht, dass eine gleichzeitige Abfrage beider Datensätze nicht möglich ist.[1127]

Überdies erhält die abfragende Behörde Zugriff auf die Daten nach § 3 Abs. 1 Nr. 3 ATDG (Angabe der Behörde, die über die Erkenntnisse verfügt, Aktenzeichen, sonstige Geschäftszeichen sowie gegebenenfalls die Einstufung als Verschlusssache (§ 5 Abs. 1 Satz 2 Nr. 2 ATDG)).

Auf die zu Personen gespeicherten *erweiterten* Grunddaten hingegen kann die abfragende Behörde im Falle eines Treffers Zugriff erhalten, wenn die Behörde, die die Daten eingegeben hat, dies im Einzelfall auf Ersuchen gewährt (§ 5 Abs. 1 Satz 3 ATDG). Gemäß § 5 Abs. 1 Satz 4 ATDG richtet sich die Entscheidung hierüber nach den jeweils geltenden Übermittlungsvorschriften.

Sucht also die abfragende Behörde ausschließlich nach erweiterten Grunddaten, werden nicht diese im Trefferfall für sie sichtbar, sondern vielmehr nur die Grunddaten, das Akten- bzw. Geschäftszeichen, die speichernde Behörde sowie der Verschlusssachengrad.[1128] Zwar erfährt die abfragende Behörde auf diesem Weg, dass die speichernde Behörde über die angefragten erweiterten Grunddaten verfügt, sie werden der abfragenden Behörde jedoch nicht unmittelbar übermittelt. Anlass hierfür ist der Grundrechtsschutz der Betroffenen.[1129]

Die speichernde Behörde kann allerdings auf ein entsprechendes Ersuchen der abfragenden Behörde den Zugriff im automatisierten Verfahren ermöglichen. Verpflich-

---

1126 BT-Drucks. 16/2950, S. 19.
1127 BT-Drucks. 16/2950, S. 20.
1128 BT-Drucks. 16/2950, S. 20.
1129 BT-Drucks. 16/2950, S. 19.

tet zu einer Datenübermittlung nach den geltenden Übermittlungsvorschriften sind zum Beispiel die Nachrichtendienste, wenn die Übermittlung zur Verhinderung oder Verfolgung von Staatsschutzdelikten erforderlich ist und keine Übermittlungsverbote einschlägig sind.[1130] Eine solche Verpflichtung ergibt sich etwa aus § 20 Abs. 1 BVerfSchG[1131], § 9 Abs. 3 BNDG[1132] und § 11 Abs. 2 MADG[1133]. Dies gilt auch für polizeiliche Behörden, die verpflichtet sein können, die Nachrichtendienste über entsprechende sicherheitsgefährdende Tätigkeiten auf dem Gebiet des Staatsschutzes zu informieren.[1134] Zu nennen ist in diesem Zusammenhang § 18 Abs. 1 BVerfSchG[1135]. Dies führt dazu, dass die erweiterten Grunddaten durchaus auch auf herkömmlichem Wege und unabhängig von der Antiterrordatei übermittelt werden können.[1136]

1130 BT-Drucks. 16/2950, S. 20.

1131 § 20 Abs. 1 BVerfSchG lautet wie folgt: „Das Bundesamt für Verfassungsschutz übermittelt den Staatsanwaltschaften und, vorbehaltlich der staatsanwaltschaftlichen Sachleitungsbefugnis, den Polizeien von sich aus die ihm bekanntgewordenen Informationen einschließlich personenbezogener Daten, wenn tatsächliche Anhaltspunkte dafür bestehen, daß die Übermittlung zur Verhinderung oder Verfolgung von Staatsschutzdelikten erforderlich ist. Delikte nach Satz 1 sind die in §§ 74a und 120 des Gerichtsverfassungsgesetzes genannten Straftaten sowie sonstige Straftaten, bei denen auf Grund ihrer Zielsetzung, des Motivs des Täters oder dessen Verbindung zu einer Organisation tatsächliche Anhaltspunkte dafür vorliegen, daß sie gegen die in Artikel 73 Nr. 10 Buchstabe b oder c des Grundgesetzes genannten Schutzgüter gerichtet sind. Das Bundesamt für Verfassungsschutz übermittelt dem Bundesnachrichtendienst von sich aus die ihm bekanntgewordenen Informationen einschließlich personenbezogener Daten, wenn tatsächliche Anhaltspunkte dafür bestehen, daß die Übermittlung für die Erfüllung der gesetzlichen Aufgaben des Empfängers erforderlich ist."

1132 § 9 Abs. 3 BNDG hat den folgenden Wortlaut: „Der Bundesnachrichtendienst übermittelt Informationen einschließlich personenbezogener Daten an die Staatsanwaltschaften, die Polizeien und den Militärischen Abschirmdienst entsprechend § 20 des Bundesverfassungsschutzgesetzes."

1133 § 11 Abs. 2 MADG lautet: „Der Militärische Abschirmdienst übermittelt Informationen einschließlich personenbezogener Daten an Staatsanwaltschaften, Polizeien und den Bundesnachrichtendienst nach § 20 des Bundesverfassungsschutzgesetzes."

1134 BT-Drucks. 16/2950, S. 20.

1135 § 18 Abs. 1 BVerfSchG lautet: „Die Behörden des Bundes, der bundesunmittelbaren juristischen Personen des öffentlichen Rechts, die Staatsanwaltschaften und, vorbehaltlich der staatsanwaltschaftlichen Sachleitungsbefugnis, die Polizeien, die Behörden des Zollfahndungsdienstes sowie andere Zolldienststellen, soweit diese Aufgaben nach dem Bundespolizeigesetz wahrnehmen, unterrichten von sich aus das Bundesamt für Verfassungsschutz oder die Verfassungsschutzbehörde des Landes über die ihnen bekanntgewordenen Tatsachen, die sicherheitsgefährdende oder geheimdienstliche Tätigkeiten für eine fremde Macht oder Bestrebungen im Geltungsbereich dieses Gesetzes erkennen lassen, die durch Anwendung von Gewalt oder darauf gerichtete Vorbereitungshandlungen gegen die in § 3 Abs. 1 Nr. 1, 3 und 4 genannten Schutzgüter gerichtet sind. Über Satz 1 hinausgehende Unterrichtungspflichten nach dem Gesetz über den Militärischen Abschirmdienst oder dem Gesetz über den Bundesnachrichtendienst bleiben unberührt. Auf die Übermittlung von Informationen zwischen Behörden desselben Bundeslandes findet Satz 1 keine Anwendung."

1136 BT-Drucks. 16/2950, S. 20.

Zu § 5 Absatz 2

§ 5 Abs. 2 ATDG regelt den Zugriff auf die erweiterten Grunddaten im Eilfall: Danach darf die abfragende Behörde im Fall eines Treffers unmittelbar – also ohne vorherige stattgebende Entscheidung der speichernden Behörde[1137] – auf die erweiterten Grunddaten zugreifen, wenn dies aufgrund bestimmter Tatsachen zur Abwehr einer gegenwärtigen Gefahr für Leib, Leben, Gesundheit oder Freiheit einer Person oder für Sachen von erheblichem Wert, deren Erhaltung im öffentlichen Interesse geboten ist, unerlässlich ist und die Datenübermittlung aufgrund eines Ersuchens nicht rechtzeitig erfolgen kann.

Nach dieser gesetzlichen Regelung überwiegt in einem solchen Fall das Interesse an der Gefahrenabwehr den grundrechtlichen Schutz des Einzelnen.[1138]

Ob ein Eilfall vorliegt, entscheidet der Behördenleiter oder ein von ihm besonders beauftragter Beamter des höheren Dienstes. Die Entscheidung und ihre Gründe sind von der abfragenden Behörde zu dokumentieren. Zudem ist der Zugriff unter Hinweis auf die Entscheidung zu protokollieren. Die Behörde, die die Daten eingegeben hat, muss unverzüglich um nachträgliche Zustimmung ersucht werden. Wird die nachträgliche Zustimmung verweigert, ist die weitere Verwendung dieser Daten unzulässig. Die abfragende Behörde hat die Daten unverzüglich zu löschen oder nach § 11 Abs. 3 ATDG zu sperren. Sind die Daten einem Dritten übermittelt worden, ist dieser unverzüglich darauf hinzuweisen, dass die weitere Verwendung der Daten unzulässig ist.

Zu § 5 Absatz 3

Absatz 3 des § 5 ATDG legt fest, dass innerhalb der beteiligten Behörden ausschließlich hierzu ermächtigte Personen Zugriff auf die Antiterrordatei erhalten. Der Gesetzgeber betont in seiner Begründung, dass eine Ermächtigung nach Absatz 3 nicht gleichzusetzen ist mit einer Ermächtigung zum Verschlusssachenzugang nach dem Sicherheitsüberprüfungsgesetz.[1139] Nach dem erklärten Willen des Gesetzgebers sollen nur die Personen Zugriff auf die Antiterrordatei haben, deren Aufgabe die Aufklärung und Bekämpfung des internationalen Terrorismus ist.[1140] Mit der Regelung werde daher bezweckt, dass der Kreis der Zugriffsberechtigten auf ein erforderliches Minimum reduziert wird, wodurch neben dem Datenschutz auch die Geheimhaltungsinteressen der beteiligten Behörden besonders berücksichtigt werden.[1141]

Zu § 5 Absatz 4

Schließlich hebt § 5 Abs. 4 ATDG hervor, dass bei jeder Abfrage der Zweck und die Dringlichkeit derselben angegeben und dokumentiert werden sowie auch erkennbar sein müssen. Hintergrund dieser Regelung ist, dass es der speichernden Behörde ermöglicht werden soll, im Trefferfall nach § 4 Abs. 2 Satz 2 ATDG eine Interessenabwägung zwischen Geheimhaltungsinteressen und der Abwehr einer möglicherweise

1137 BT-Drucks. 16/2950, S. 20.
1138 BT-Drucks. 16/2950, S. 20.
1139 BT-Drucks. 16/2950, S. 20.
1140 BT-Drucks. 16/2950, S. 20.
1141 BT-Drucks. 16/2950, S. 20.

drohenden Gefahr vornehmen zu können.[1142] Nach § 12 Satz 1 Nr. 6 ATDG sind in der Errichtungsanordnung die verschiedenen Zwecke und die Dringlichkeitsstufen einer Abfrage einzuteilen.

6. § 6 Weitere Verwendung der Daten

§ 6 des ATDG regelt die Zulässigkeit der weiteren Verwendung der abgefragten Daten zu anderen Zwecken. Diese ist begrenzt. Nach dem Willen des Gesetzgebers liegt der Grund für die Begrenzung in dem besonderen Zweck der Antiterrordatei und den unterschiedlichen Aufgabenbereichen, die die verschiedenen beteiligten Behörden betreuen.[1143]

Zu § 6 Absatz 1
Nach Abs. 1 dieser Vorschrift darf die abfragende Behörde Daten, auf die sie Zugriff erhalten hat, nur zur Prüfung, ob der Treffer der gesuchten Person oder der gesuchten Angabe nach § 2 Satz 1 Nr. 4 ATDG zuzuordnen ist, verwenden. Ein Bedürfnis für eine derartige Prüfung kann nach der Gesetzesbegründung etwa dann entstehen, wenn es im Rahmen einer Abfrage mehrere Treffer gibt und die abfragende Behörde anhand der ihr im Weiteren vorliegenden so genannten weichen Daten ermitteln kann, welche Trefferdaten für ihre Anfrage relevant sind.[1144] Für diese Ermittlungstätigkeit ist jedoch eine Verwendung der abgefragten Daten erforderlich, welche durch die in § 6 Abs. 1 ATDG getroffene Regelung für zulässig erklärt wird. Zur näheren Erläuterung führt der Gesetzgeber hierzu aus, dass die abfragende Behörde über den Namen und das Geburtsdatum einer älteren Person verfügt. Da der Name in Deutschland sehr gebräuchlich ist, erzielt sie bei der Recherche in der Antiterrordatei eine Vielzahl von Treffern. Anhand des ihr vorliegenden Geburtsdatums kann sie nun bezüglich aller jüngeren Personen eine Negativselektion vornehmen.[1145] Hintergrund für diese rechtlich zulässige Vorgehensweise ist, dass auf diese Weise weitere Ersuchen bei der speichernden Behörde und etwaige Datenübermittlungen nicht erforderlich werden[1146], was zu einer Vereinfachung des Verfahrens führt.

Nach dem Gesetzeswortlaut darf die abfragende Behörde die Daten auch für ein Ersuchen um Übermittlung von Erkenntnissen zur Wahrnehmung ihrer jeweiligen Aufgabe zur Aufklärung oder Bekämpfung des internationalen Terrorismus verwenden. (§ 6 Abs. 1 Satz 1 ATDG)

Eine Verwendung zu einem anderen Zweck ist nur zulässig, soweit dies zur Verfolgung einer besonders schweren Straftat oder zur Abwehr einer Gefahr für Leib, Leben, Gesundheit oder Freiheit einer Person erforderlich ist (§ 6 Abs. 1 Satz 2 Nr. 1 ATDG), und die Behörde, die die Daten eingegeben hat, der Verwendung zustimmt (§ 6 Abs. 1 Satz 2 Nr. 2 ATDG).

1142 BT-Drucks. 16/2950, S. 20.
1143 BT-Drucks. 16/2950, S. 21.
1144 BT-Drucks. 16/2950, S. 21.
1145 BT-Drucks. 16/2950, S. 21.
1146 BT-Drucks. 16/2950, S. 21.

Nach der Gesetzesbegründung[1147] sind bei der Erteilung der Zustimmung geltende Übermittlungsverbote zu beachten wie etwa § 23 BVerfSchG[1148] und § 27 BAKG.[1149] Wird eine Zustimmung verweigert, so dürfen die Daten für die Abwehr von Gefahren nicht weiter verwendet werden.[1150]

Zu § 6 Absatz 2

§ 6 Abs. 2 ATDG betrifft den Eilfall: Liegen die Voraussetzungen desselben nach § 5 Abs. 1 Satz 1 ATDG vor, darf die abfragende Behörde die Daten, auf die sie Zugriff erhalten hat, nur verwenden, soweit dies zur Abwehr der gegenwärtigen Gefahr nach § 5 Abs. 1 Satz 1 ATDG[1151] im Zusammenhang mit der Bekämpfung des internationalen Terrorismus unerlässlich ist. Nach dem Willen des Gesetzgebers darf eine Maßnahme jedoch nicht fortgesetzt werden, sollte die speichernde Behörde im Nachhinein ihre Zustimmung entsprechend § 5 Abs. 2 Satz 5 ATDG verweigern.[1152] Nach der Gesetzesbegründung soll die bereits vorgenommene Maßnahme allerdings in diesem Fall nicht nachträglich rechtwidrig werden.[1153] Der Gesetzgeber[1154] verweist in diesem Zusammenhang auf § 110b Abs. 2 StPO.[1155]

1147 BT-Drucks. 16/2950, S. 21.

1148 Nach § 23 BVerfSchG unterbleibt die Übermittlung, wenn für die übermittelnde Stelle erkennbar ist, dass unter Berücksichtigung der Art der Informationen und ihrer Erhebung die schutzwürdigen Interessen des Betroffenen das Allgemeininteresse an der Übermittlung überwiegen (Nr. 1), überwiegende Sicherheitsinteressen dies erfordern (Nr. 2) oder besondere gesetzliche Übermittlungsregelungen entgegenstehen; die Verpflichtung zur Wahrung gesetzlicher Geheimhaltungspflichten oder von Berufs- oder besonderen Amtsgeheimnissen, die nicht auf gesetzlichen Vorschriften beruhen, bleibt unberührt (Nr. 3).

1149 Nach § 27 BKAG unterbleibt die Übermittlung nach den Vorschriften dieses Gesetzes, wenn für die übermittelnde Stelle erkennbar ist, dass unter Berücksichtigung der Art der Daten und ihrer Erhebung die schutzwürdigen Interessen des Betroffenen das Allgemeininteresse an der Übermittlung überwiegen (Ziffer 1), oder besondere bundesgesetzliche Verwendungsregelungen entgegenstehen; die Verpflichtung zur Wahrung gesetzlicher Geheimhaltungspflichten oder von Berufs- oder besonderen Amtsgeheimnissen, die nicht auf gesetzlichen Vorschriften beruhen, bleibt unberührt (Ziffer 2). Ziffer 1 gilt dabei nicht für Übermittlungen an die Staatsanwaltschaften.

1150 BT-Drucks. 16/2950, S. 21.

1151 Eine solche liegt nach dem Gesetzeswortlaut in § 5 ATDG vor, wenn eine gegenwärtige Gefahr für Leib, Leben, Gesundheit oder Freiheit einer Person oder für Sachen von erheblichem Wert, deren Erhaltung im öffentlichen Interesse geboten ist, gegeben ist.

1152 BT-Drucks. 16/2950, S. 21.

1153 BT-Drucks. 16/2950, S. 21.

1154 BT-Drucks. 16/2950, S. 21.

1155 § 110 b Abs. 2 StPO, bei dem es um den Einsatz verdeckter Ermittler geht, hat den folgenden Wortlaut: „Einsätze, die sich gegen einen bestimmten Beschuldigten richten (Ziffer 1) oder bei denen der Verdeckte Ermittler eine Wohnung betritt, die nicht allgemein zugänglich ist (Ziffer 2), bedürfen der Zustimmung des Gerichts. Bei Gefahr im Verzug genügt die Zustimmung der Staatsanwaltschaft. Kann die Entscheidung der Staatsanwaltschaft nicht rechtzeitig eingeholt werden, so ist sie unverzüglich herbeizuführen. Die Maßnahme ist zu beenden, wenn nicht das Gericht binnen drei Werktagen zustimmt. Absatz 1 Satz 3 und 4 gilt entsprechend."

Zu § 6 Absatz 3

Absatz 3 der Vorschrift nimmt Bezug auf die Kennzeichnungspflicht und legt fest, dass im Falle einer Verwendung nach Absatz 1 Satz 2 oder Absatz 2 die Daten zu kennzeichnen sind. Nach einer Übermittlung ist die Kennzeichnung darüber hinaus durch den Empfänger aufrechtzuerhalten, wobei Gleiches für die Kennzeichnungen nach § 3 Abs. 2 ATDG gilt.[1156]

Zu § 6 Absatz 4

§ 6 Abs. 4 ATDG trifft eine Sonderregelung für das Bundeskriminalamt und die Landeskriminalämter, soweit sie auf Ersuchen oder im Auftrag des Generalbundesanwalts beim Bundesgerichtshof die Antiterrordatei nutzen. In diesem Fall übermitteln sie die Daten, auf die sie Zugriff erhalten haben, dem Generalbundesanwalt für Zwecke der Strafverfolgung. Der Generalbundesanwalt darf die Daten für Ersuchen nach Absatz 1 Satz 1 verwenden. Zurückzuführen ist dies auf die Sachleitungsbefugnis des Generalbundesanwaltes in Ermittlungsverfahren nach § 129a StGB[1157] (auch in Verbindung mit § 129b StGB[1158]).[1159] § 487 Abs. 3 der Strafprozessordnung, der die Verantwortung für die Zulässigkeit der Übermittlung betrifft[1160], gilt nach dem Gesetzeswortlaut entsprechend.

7. § 7 Übermittlung von Erkenntnissen

§ 7 ATDG regelt die Übermittlung von Erkenntnissen aufgrund eines Ersuchens nach § 6 Abs. 1 Satz 1 ATDG zwischen den beteiligten Behörden. Diese richtet sich nach den jeweils geltenden Übermittlungsvorschriften. Nach dem Willen des Gesetzgebers soll eine herkömmliche Übermittlung der erweiterten Grunddaten auch neben einem Zugriff entsprechend § 5 Abs. 1 Satz 3 oder § 5 Abs. 2 ATDG[1161] möglich sein.[1162]

1156 § 3 Abs. 2 ATDG hat den folgenden Wortlaut: „Soweit zu speichernde Daten aufgrund einer anderen Rechtsvorschrift zu kennzeichnen sind, ist diese Kennzeichnung bei der Speicherung der Daten in der Antiterrordatei aufrechtzuerhalten."

1157 § 129a StGB betrifft den Tatbestand der Bildung terroristischer Vereinigungen.

1158 Von § 129b StGB werden kriminelle und terroristische Vereinigungen im Ausland erfasst.

1159 BT-Drucks. 16/2950, S. 21.

1160 § 487 Abs. 3 StPO hat den folgenden Wortlaut: „*Die Verantwortung für die Zulässigkeit der Übermittlung trägt die übermittelnde Stelle. Erfolgt die Übermittlung auf Ersuchen des Empfängers, trägt dieser* die Verantwortung. In diesem Falle prüft die übermittelnde Stelle nur, ob das Übermittlungsersuchen im Rahmen der Aufgaben des Empfängers liegt, es sei denn, dass besonderer Anlass zu einer weitergehenden Prüfung der Zulässigkeit der Übermittlung besteht."

1161 § 5 Abs. 1 Satz 3 ATDG regelt den Zugriff auf die Daten mittels Gewährung durch die speichernde Behörde. Abs. 2 der Vorschrift regelt das Verfahren im Eilfall, in dem die Behörde unmittelbar auf die Daten zugreifen kann.

1162 BT-Drucks. 16/2950, S. 21.

8. § 8 Datenschutzrechtliche Verantwortung

Zu § 8 Absatz 1
Die datenschutzrechtliche Verantwortung ist Gegenstand des § 8 ATDG. Entsprechend dieser Vorschrift trägt die Behörde, die die Daten eingegeben hat, die datenschutzrechtliche Verantwortung für die in der Antiterrordatei gespeicherten Daten, namentlich für die Rechtmäßigkeit der Erhebung, die Zulässigkeit der Eingabe sowie die Richtigkeit und Aktualität der Daten (§ 8 Abs. 1 Satz 1 ATDG). Die Behörde, die die Daten eingegeben hat, muss erkennbar sein (§ 8 Abs. 1 Satz 2 ATDG). Dagegen trägt die Verantwortung für die Zulässigkeit der Abfrage die jeweils abfragende Behörde gemäß § 8 Abs. 1 Satz 3 ATDG.

Zu § 8 Absatz 2
Nach Absatz 2 dieser Vorschrift darf nur die Behörde, die die Daten eingegeben hat, diese Daten ändern, berichtigen, sperren oder löschen.

Zu § 8 Absatz 3
Hat eine Behörde Anhaltspunkte dafür, dass Daten, die eine andere Behörde eingegeben hat, unrichtig sind, so teilt sie dies umgehend der Behörde mit, die die Daten eingegeben hat. Die Daten eingebende Behörde prüft diese Mitteilung unverzüglich und berichtigt erforderlichenfalls die Daten ebenso unverzüglich.[1163]

9. § 9 Protokollierung, technische und organisatorische Maßnahmen

§ 9 ATDG hat die Protokollierung des Datenzugriffs durch das Bundeskriminalamt sowie sonstige technische und organisatorische Maßnahmen zum Gegenstand.

Zu § 9 Absatz 1
Entsprechend Absatz 1 Satz 1 hat das Bundeskriminalamt bei jedem Zugriff für Zwecke der Datenschutzkontrolle den Zeitpunkt, die Angaben, die die Feststellung der aufgerufenen Datensätze ermöglichen, sowie die für den Zugriff verantwortliche Behörde und den Zugriffszweck nach § 5 Abs. 4 ATDG zu protokollieren. Während Satz 1 der Vorschrift also eine „systemseitige Vollprotokollierung" der Datenübermittlungen voraussetzt, die nach dem Willen des Gesetzgebers lückenlos und beweissicher sein soll[1164], regelt Satz 2 eine Verwendungsbeschränkung der so gewonnen Daten: Die Protokolldaten dürfen nur verwendet werden, soweit ihre Kenntnis für Zwecke der Datenschutzkontrolle, der Datensicherung, zur Sicherstellung eines ordnungsgemäßen Betriebs der Datenverarbeitungsanlage oder zum Nachweis der Kenntnisnahme bei Verschlusssachen erforderlich ist (§ 9 Abs. 1 Satz 2 ATDG). Die ausschließlich für Zwecke der Datenschutzkontrolle nach Satz 1 gespeicherten Protokolldaten sind nach 18 Monaten zu löschen (§ 8 Abs. 1 Satz 3 ATDG). Nach dem erklärten Willen des Gesetzgebers ist damit eine längere Speicherung zu Zwecken nach Satz 2 möglich,

1163 Zur Berichtigung von Daten in der Antiterrordatei vgl. § 11 ATDG.
1164 BT-Drucks. 16/2950, S. 22.

wobei dies insbesondere zum Nachweis der Kenntnisnahme bei Verschlusssachen gelten soll.[1165]

Zu § 9 Absatz 2
Nach Absatz 2 des § 9 ATDG hat das Bundeskriminalamt die nach § 9 des Bundesdatenschutzgesetzes[1166] erforderlichen technischen und organisatorischen Maßnahmen zu treffen.

10. § 10 Datenschutzrechtliche Kontrolle, Auskunft an den Betroffenen

In § 10 ATDG ist die datenschutzrechtliche Kontrolle sowie die Rechte der Betroffenen auf Auskunft niedergelegt.

Zu § 10 Absatz 1
Nach Absatz 1 obliegt die Kontrolle der Durchführung des Datenschutzes nach § 24 Abs. 1 des Bundesdatenschutzgesetzes dem Bundesbeauftragten für den Datenschutz und die Informationsfreiheit. Die datenschutzrechtliche Kontrolle der Eingabe und die Abfrage von Daten durch eine Landesbehörde hingegen richtet sich nach dem Datenschutzgesetz des Landes (§ 10 Abs. 1 Satz 2 ATDG). Nach der Gesetzesbegründung können die Protokolldaten nach § 9 Abs. 1 Satz 2 ATDG von den Rechtsaufsichtsbehörden und Gerichten genutzt werden, um die Einhaltung der datenschutzrechtlichen Vorschriften zu überprüfen.[1167]

Zu § 10 Absatz 2
Das BKA ist für die Betroffenen die zentrale Auskunftsstelle für die Antiterrordatei. Dabei erteilt das BKA die Auskunft über die nicht verdeckt gespeicherten Daten allerdings im Einvernehmen (§ 19 Bundesdatenschutzgesetz) mit der Behörde, die die datenschutzrechtliche Verantwortung (vgl. § 8 Abs. 1 Satz 1 ATDG) trägt. Diese Behörde prüft die Zulässigkeit der Auskunftserteilung nach den für sie geltenden Rechtsvorschriften. In der Konsequenz ist auch eine Verweigerung der Auskunftserteilung nach einer spezialgesetzlichen Regelung wie etwa § 15 Abs. 2 BVerfSchG[1168] denkbar.[1169]

1165 BT-Drucks. 16/2950, S. 22.

1166 § 9 BDSG hat den folgenden Wortlaut:„Öffentliche und nicht-öffentliche Stellen, die selbst oder im Auftrag personenbezogene Daten erheben, verarbeiten oder nutzen, haben die technischen und organisatorischen Maßnahmen zu treffen, die erforderlich sind, um die Ausführung der Vorschriften dieses Gesetzes, insbesondere die in der Anlage zu diesem Gesetz genannten Anforderungen, zu gewährleisten. Erforderlich sind Maßnahmen nur, wenn ihr Aufwand in einem angemessenen Verhältnis zu dem angestrebten Schutzzweck steht."

1167 BT-Drucks. 16/2950, S. 22.

1168 § 15 Abs. 2 BVerfSchG hat den folgenden Wortlaut: „Die Auskunftserteilung unterbleibt, soweit eine Gefährdung der Aufgabenerfüllung durch die Auskunftserteilung zu besorgen ist (Ziffer 1), durch die Auskunftserteilung Quellen gefährdet sein können oder die Ausforschung des Erkenntnisstandes oder der Arbeitsweise des Bundesamtes für Verfassungsschutz zu befürchten ist (Ziffer 2), die Auskunft die öffentliche Sicherheit gefährden oder sonst dem Wohl des Bundes oder eines Landes Nachteile bereiten würde (Ziffer 3) oder die Daten oder

Die Auskunft über verdeckt gespeicherte Daten richtet sich nach den Rechtsvorschriften, die für diejenige Behörde gelten, die die Daten eingegeben hat (§ 10 Abs. 1 Satz 2 ATDG). Das BKA kann in diesem Fall schon deshalb nicht als Auskunftsstelle fungieren, weil es aufgrund der verdeckten Speicherung die Datensätze nicht einsehen kann.[1170] Aus diesem Grund ist das BKA verpflichtet, im Falle einer Auskunftserteilung darauf hinzuweisen, dass diese nur nicht verdeckt gespeicherte Daten erfassen kann.[1171] Im Weiteren nennt das BKA die Namen der an der Antiterrordatei beteiligten Behörden, die von dem Betroffenen um Auskunft ersucht werden können hinsichtlich verdeckt gespeicherter Daten.[1172] Abschließend weist sie die betroffene Person auf die Möglichkeit eines Auskunftsersuchens bei dem Bundesbeauftragten für Datenschutz und die Informationsfreiheit sowie den entsprechenden Landesbeauftragten hin.[1173]

11. § 11 Berichtigung, Löschung und Sperrung von Daten

In § 11 ATDG wird die Berichtigung, Löschung und Sperrung von Daten geregelt.

Zu § 11 Absatz 1
Nach Absatz 1 dieser Vorschrift sind unrichtige Daten zu berichtigen. Dabei wird die Berichtigung entsprechend § 8 Abs. 2 ATDG von der Behörde durchgeführt, die die Daten gespeichert hat.[1174]
Zu § 11 Absatz 2
Entsprechend Absatz 2 sind personenbezogene Daten zu löschen, wenn ihre Speicherung unzulässig ist oder ihre Kenntnis für die Aufklärung oder Bekämpfung des internationalen Terrorismus nicht mehr erforderlich ist. Sie sind spätestens zu löschen, wenn die zugehörigen Erkenntnisse nach den für die beteiligten Behörden jeweils geltenden Rechtsvorschriften zu löschen sind.

Zu § 11 Absatz 3
Gemäß Absatz 3, der sich mit der Sperrung der Daten beschäftigt, tritt an die Stelle einer Löschung eine Sperrung, wenn Grund zu der Annahme besteht, dass durch die Löschung schutzwürdige Interessen eines Betroffenen beeinträchtigt würden. Gesperrte Daten dürfen nur für den Zweck abgerufen und genutzt werden, für den die Löschung unterblieben ist; sie dürfen auch abgerufen und genutzt werden, soweit dies zum Schutz besonders hochwertiger Rechtsgüter unerlässlich ist und die Aufklärung

---

die Tatsache der Speicherung nach einer Rechtsvorschrift oder ihrem Wesen nach, insbesondere wegen der überwiegenden berechtigten Interessen eines Dritten, geheimgehalten werden müssen (Ziffer 4). Die Entscheidung trifft der Behördenleiter oder ein von ihm besonders beauftragter Mitarbeiter."

1169 BT-Drucks. 16/2950, S. 22.
1170 BT-Drucks. 16/2950, S. 22.
1171 BT-Drucks. 16/2950, S. 22.
1172 BT-Drucks. 16/2950, S. 22.
1173 BT-Drucks. 16/2950, S. 22.
1174 BT-Drucks. 16/2950, S. 22.

des Sachverhalts ansonsten aussichtslos oder wesentlich erschwert wäre oder der Betroffene einwilligt (§ 11 Abs. 3 Satz 2 ATDG).

Zu § 11 Absatz 4
Absatz 4 verpflichtet die eingebenden Behörden abschließend zu einer Prüfung: Danach müssen diese Behörden bei der Einzelfallbearbeitung und nach den für die zugehörigen Erkenntnisdaten geltenden Fristen prüfen, ob personenbezogene Daten zu berichtigen oder zu löschen sind.

12. § 12 Errichtungsanordnung

Die Rechtsvorschrift regelt den Inhalt und Erlass einer Errichtungsanordnung für die gemeinsame Antiterrordatei.

Nach § 12 ATDG hat das BKA für die gemeinsame Datei in einer Errichtungsanordnung im Einvernehmen mit den beteiligten Behörden Einzelheiten festzulegen zu:

1. den Bereichen des erfassten internationalen Terrorismus mit Bezug zur Bundesrepublik Deutschland,
2. den weiteren beteiligten Polizeivollzugsbehörden nach § 1 Abs. 2 ATDG,
3. der Art der zu speichernden Daten nach § 3 Abs. 1 ATDG,
4. der Eingabe der zu speichernden Daten,
5. den zugriffsberechtigten Organisationseinheiten der beteiligten Behörden,
6. den Einteilungen der Zwecke und der Dringlichkeit einer Abfrage und
7. der Protokollierung.

Die Errichtungsanordnung bedarf weiter der Zustimmung des Bundesministeriums des Innern, des Bundeskanzleramts, des Bundesministeriums der Verteidigung, des Bundesministeriums der Finanzen und der für die beteiligten Behörden der Länder zuständigen obersten Landesbehörden (§ 12 S. 2 ATDG). Der Bundesbeauftragte für den Datenschutz und die Informationsfreiheit ist vor Erlass der Errichtungsanordnung zu hören (§ 12 S. 3 ATDG).

13. § 13 Einschränkung von Grundrechten

Der letzte Paragraph des neuen ATDG erfüllt die Voraussetzungen des in Art. 19 Abs. 1 Satz 2 des Grundgesetzes niedergeschriebenen Zitiergebotes, indem es die Einschränkung der Grundrechte ausdrücklich anordnet: Nach § 13 ATDG werden die Grundrechte des Brief-, Post- und Fernmeldegeheimnisses (Art. 10 GG) und der Unverletzlichkeit der Wohnung (Artikel 13 GG) nach Maßgabe des ATDG eingeschränkt.

14. Artikel 5 GDG: Inkrafttreten

Nach Artikel 5 Abs. 1 des GDG tritt das GDG am Tag nach der Verkündung in Kraft.[1175] Entsprechend Absatz 2 desselben Artikels tritt Artikel 1 (Gesetz zur Errichtung einer standardisierten zentralen Antiterrordatei von Polizeibehörden und Nachrichtendiensten von Bund und Ländern (Antiterrordateigesetz – ATDG)) mit Ablauf des 30. Dezembers 2017 außer Kraft und ist fünf Jahre nach dem Inkrafttreten unter Einbeziehung eines wissenschaftlichen Sachverständigen, der im Einvernehmen mit dem Deutschen Bundestag bestellt wird, zu evaluieren.

II. Zusammenfassung ATDG

Primärer Zweck der Antiterrordatei ist es, die beteiligten Behörden bei der Erfüllung ihrer gesetzlich normierten Aufgaben zur Aufklärung oder Bekämpfung[1176] des internationalen Terrorismus mit Bezug zur Bundesrepublik Deutschland zu unterstützen.[1177]

Mithilfe der Antiterrordatei werden alle bei Bund und Ländern vorhandenen Analyseergebnisse zusammengeführt und infolge der dadurch überflüssig werdenden mehrfachen Auswertung verschiedener Datenkataloge die kriminalistische Erkenntnislage deutlich verbessert.[1178] Die Suchfunktion der Datei beschränkt sich dabei nicht auf eine Namenssuche allein; es ermöglicht vielmehr die Überprüfung aller offen und verdeckt gespeicherter Datenbestände einschließlich des Freitextfeldes auf etwa das Autokennzeichen, die Volkszugehörigkeit oder den ausgeübten Beruf.[1179]

Die Einrichtung der Antiterrordatei führt nicht zur Erhebung neuer Daten, sondern nur zur Bündelung sämtlicher bereits existierender Daten, die von den beteiligten Sicherheitsbehörden aufgrund der bestehenden einzelgesetzlichen Regelungen erhoben worden sind. Diese Vorgehensweise ist im Grundsatz durchaus begrüßenswert, so wird ein frühzeitiges Tätigwerden der Sicherheitsbehörden ermöglicht und eine rechtzeitigere Bekämpfung terroristischer Anschläge durchaus wahrscheinlich. Die auf den ersten Blick viele Vorteile im Kampf gegen den Terrorismus bietende Antiterrordatei

---

1175 Das GDG ist mit Wirkung zum 31.12.2006 in Kraft getreten.

1176 Nach *Ruhmannseder* erfasst „Aufklärung“ dabei den nachrichtendienstlichen Aufgabenbereich, „Bekämpfung“ dagegen den polizeilichen Tätigkeitsbereich, vgl. *Ruhmannseder*, Informationelle Zusammenarbeit von Polizeibehörden und Nachrichtendiensten auf Grund des „Gemeinsame-Dateien-Gesetzes“, StraFO 2007, S. 184 (186, Fn. 28). Auch nach der Gesetzesbegründung soll der Begriff der „Aufklärung“ die nachrichtendienstliche Tätigkeit umschreiben, der Begriff der „Bekämpfung“ sich hingegen auf die Arbeit der Polizeien beziehen, vgl. BT-Drucks. 16/2950, S. 14. Im Hinblick auf den sich insbesondere im Gefahrenvorfeld teilweise überschneidenden Zuständigkeitsbereich von Nachrichtendiensten und Polizeibehörden kann die Begriffsauslegung allerdings nicht derart trennscharf vorgenommen werden.

1177 Vgl. § 1 ATDG.

1178 *Ruhmannseder*, Informationelle Zusammenarbeit von Polizeibehörden und Nachrichtendiensten auf Grund des „Gemeinsame-Dateien-Gesetzes“, StraFO 2007, S. 184 (186).

1179 *Wolff/Scheffcyk*, Verfassungsrechtliche Fragen der gemeinsamen Antiterrordatei von Polizei und Nachrichtendiensten, JA 2008, S. 81 (82).

verdient somit Zustimmung. Jedoch darf nicht vergessen werden, dass kein Instrumentarium absolute Sicherheit für die Bevölkerung vor den Bedrohungen des Terrorismus gewährleisten kann. Jedes Mehr an Sicherheit bedeutet zugleich den Verlust von Freiheit.[1180]

Wenn auf der einen Seite der Informationsaustausch zwischen den beteiligten Sicherheitsbehörden erleichtert wird, so werden auf der anderen Seite die Interessen und Rechte der betroffenen Bürger deutlicher und stärker eingeschränkt. Denn es macht einen Unterschied, ob nur eine Behörde auf die Daten zugreifen kann, die sie selbständig erhoben bzw. im Rahmen eines Austausches von Informationen mit anderen Behörden auf der Grundlage einer einzelfallbezogenen Rechtmäßigkeitsprüfung erhalten hat oder ob eine gemeinsame Datei existiert, auf die alle Sicherheitsbehörden – überspitzt formuliert – weitestgehend freien Zugriff haben, ohne im Einzelfall eine Berechtigung zur Datenabfrage nachweisen zu müssen.[1181]

III. Verfassungsrechtliche Bewertung des ATDG

Das ATDG schränkt – bei näherer Betrachtung – die Freiheitsrechte der betroffenen Personen im erheblichen Maße ein. Bereits im Juli 2007 wurde gegen das Gesetz zur Errichtung einer standardisierten zentralen Antiterrordatei von Polizeibehörden und Nachrichtendiensten von Bund und Ländern eine Verfassungsbeschwerde beim Bundesverfassungsgericht anhängig gemacht.[1182]

Einer gerichtlichen Mitteilung zufolge strebt der Erste Senat des Bundesverfassungsgerichts an, im Jahr 2009 über diese Beschwerde, mit der der Beschwerdeführer eine Verletzung seiner Grundrechte aus Art. 2, 10, 13 und 19 Abs. 4 GG geltend macht, zu entscheiden.[1183]

Das ATDG wirft vor allem im Hinblick auf die (Zahl der) daran beteiligten Behörden, den durch die Regelung betroffenen Personenkreis, den Umfang der zu speichernden Daten, die großzügige Ausgestaltung von Zugriffsrechten und die weitere Verwendung der Daten verfassungsrechtliche Fragen auf. Insbesondere die durch das ATDG angestrebte stärkere Vernetzung der unterschiedlichen Sicherheitsbehörden hat die Diskussion um das Trennungsgebot zwischen Polizei und Nachrichtendiensten angeheizt. Es wird vorgetragen, dass eine Datei, die sowohl von nachrichtendienstlichen als auch polizeilichen Sicherheitsbehörden gespeist und genutzt wird, einen Verstoß gegen das Trennungsgebot darstelle. Aber auch das Recht auf informationelle Selbstbestimmung sehen viele Kritiker durch die neuen Regelungen im ATDG als verletzt an.

1180 *Ruhmannseder*, Informationelle Zusammenarbeit von Polizeibehörden und Nachrichtendiensten auf Grund des „Gemeinsame-Dateien-Gesetzes“, StraFO 2007, S. 184 (188).

1181 Siehe hierzu *Wolff/Scheffcyk*, Verfassungsrechtliche Fragen der gemeinsamen Antiterrordatei von Polizei und Nachrichtendiensten, JA 2008, S. 81 (82).

1182 1 BvR 1215/07.

1183 Vgl. die Mitteilung des Bundesverfassungsgerichts, abrufbar im Internet unter http://www.bundesverfassungsgericht.de/organisation/erledigungen_2009.html, zuletzt aufgerufen am 18.08.2009.

Bei der sich anschließenden verfassungsrechtlichen Bewertung soll der Schwerpunkt auf einer Vereinbarkeit der Regelungen des ATDG mit dem Trennungsgebot liegen. Die in diesem Zusammenhang auftretenden Probleme wurden zwar im Rahmen des Gesetzgebungsverfahrens umfangreich diskutiert, den Kritikern zufolge bei der Umsetzung des Gesetzes allerdings weitgehend unberücksichtigt gelassen. Eine umfassende und fundierte Auseinandersetzung mit dem Problemkreis existiert bislang nicht.[1184] Da jedoch auch das Recht auf informationelle Selbstbestimmung so offensichtlich von den Regelungen des ATDG berührt wird, soll der Vollständigkeit halber den Ausführungen zum Trennungsgebot eine kurze Erörterung dieser Problematik vorangestellt werden.[1185]

1. Das Recht auf informationelle Selbstbestimmung

Bei der Beurteilung der Zulässigkeit der verstärkten informationellen Zusammenarbeit von Sicherheitsbehörden aufgrund des ATDG kommt mit Blick auf die Grundrechte insbesondere dem Recht auf informationelle Selbstbestimmung besondere Bedeutung zu. Das Grundrecht auf informationelle Selbstbestimmung ist eine Ausprägung des allgemeinen Persönlichkeitsrechts und wurde vom Bundesverfassungsgericht im so genannten Volkszählungsurteil 1983[1186] aus einer Zusammenschau von Art. 2 Abs. 1 und Art. 1 Abs. 1 GG entwickelt.[1187]

Einführend sollen zunächst abstrakt die Prüfungspunkte zum Recht auf informationelle Selbstbestimmung, nämlich sein Schutzbereich, ein Eingriff in diesen Schutzbe-

---

1184 Eine Ausnahme stellt die im Jahr 2009 veröffentlichte Arbeit von *Stubenrauch* mit dem Titel „Gemeinsame Verbunddateien von Polizei und Nachrichtendiensten. Eine verfassungsrechtliche Untersuchung am Beispiel der Antiterrordatei“ dar, die das Thema Verbunddateien in verfassungsrechtlicher Hinsicht aus verschiedenen Perspektiven beleuchtet. Die vorliegende Arbeit behandelt indes primär das Trennungsgebot zwischen Polizei und Nachrichtendiensten und seine Einhaltung am Beispiel des ATDG und damit einen Themenbereich, der von *Stubenrauch* nicht schwerpunktmäßig bearbeitet wurde. Den Kern ihrer Bearbeitung bildet vielmehr die Darstellung des Rechts auf informationelle Selbstbestimmung und eine Vereinbarkeit der Verbunddateien mit demselben.

1185 Der interessierte Leser sei auf die zahlreiche vorhandene Literatur zum Recht auf informationelle Selbstbestimmung - insbesondere im Zusammenhang mit neuen Informationsverarbeitungstechnologien - verwiesen, so z.B. *Albers*, Informationelle Selbstbestimmung; *Kloepfer*, Geben moderne Technologien und die europäische Integration Anlaß, Notwendigkeit und Grenzen des Schutzes personenbezogener Informationen neu zu bestimmen? Gutachten für den 62. Deutschen Juristentag, in: Verhandlungen des zweiundsechzigsten Deutschen Juristentages, Band I, Teil D; *Garstka*, Empfiehlt es sich, Notwendigkeit und Grenzen des Schutzes personenbezogener – auch grenzüberschreitender – Informationen neu zu bestimmen? – Beitrag für das Deutsche Verwaltungsblatt, Begleitheft zum 62. Deutschen Juristentag 1998 - DVBl. 1998, S. 981, der sogar eine Neukonzeption des Datenschutzrechts angesichts der veränderten Informationsvorgänge fordert.

1186 BVerfGE 65, 1 (41f.).

1187 *Ruhmannseder*, Informationelle Zusammenarbeit von Polizeibehörden und Nachrichtendiensten auf Grund des „Gemeinsame-Dateien-Gesetzes“, StraFO 2007, S. 184 (185).

reich und eine mögliche verfassungsrechtliche Rechtfertigung dargestellt werden. Im unmittelbaren Anschluss an die jeweilige Darstellung des allgemeinen Prüfungspunktes werden die Regelungen des ATDG auf ihre Vereinbarkeit mit dem Recht auf informationelle Selbstbestimmung untersucht und die dabei auftretenden rechtlichen Probleme näher beleuchtet.

a. Schutzbereich

(1) Allgemein

Das Recht auf informationelle Selbstbestimmung bezeichnet die Befugnis des Einzelnen, grundsätzlich selbst über die Preisgabe und Verwendung seiner personenbezogenen Daten zu bestimmen.[1188] Unter diese personenbezogenen Daten fallen alle Angaben zu persönlichen und sachlichen Verhältnissen einer bestimmten oder zumindest bestimmbaren Person.[1189] Über das Recht auf informationelle Selbstbestimmung wird die Entscheidungs- und Handlungsfreiheit des Einzelnen garantiert.[1190] So formulierte das Bundesverfassungsgericht im Volkszählungsurteil: *„Individuelle Selbstbestimmung setzt aber – auch unter den Bedingungen moderner Informationsverarbeitungstechnologien – voraus, dass dem Einzelnen Entscheidungsfreiheit über vorzunehmende oder zu unterlassende Handlungen einschließlich der Möglichkeit gegeben ist, sich auch entsprechend dieser Entscheidung tatsächlich zu verhalten. Wer nicht mit hinreichender Sicherheit überschauen kann, welche ihn betreffenden Informationen in bestimmten Bereichen seiner sozialen Umwelt bekannt sind, und wer das Wissen möglicher Kommunikationspartner nicht einigermaßen abzuschätzen vermag, kann in seiner Freiheit wesentlich gehemmt werden, aus eigener Selbstbestimmung zu planen oder zu entscheiden. Mit dem Recht auf informationelle Selbstbestimmung wären eine Gesellschaftsordnung und eine diese ermöglichende Rechtsordnung nicht vereinbar, in der Bürger nicht mehr wissen können, wer was wann und bei welcher Gelegenheit über sie weiß.“*[1191]

Das Bundesverfassungsgericht hat seine im Volkszählungsurteil getroffenen Aussagen zum Recht auf informationelle Selbstbestimmung in der nachfolgenden Judikatur bestätigt und präzisiert.[1192] Insbesondere wurde der Anwendungsbereich des Grundrechts erweitert und damit die Möglichkeit des Einzelnen geschaffen, im Wesentlichen über die Freigabe aller ihn betreffenden Informationen selbst bestimmen zu können. Auch haben die stetigen Entwicklungen auf dem Gebiet der Informationsverarbeitungstechnologien und die immer weitergehenden Eingriffsbefugnisse der Sicherheits-

---

1188 BVerfGE 65, 1 (41f.).

1189 *Di Fabio*, in: Maunz/Dürig, Grundgesetz, Art. 2, Rn. 176.

1190 Vgl. *Wolff/Scheffcyk*, Verfassungsrechtliche Fragen der gemeinsamen Antiterrordatei von Polizei und Nachrichtendiensten, JA 2008, S. 81 (85).

1191 BVerfGE 65, 1 (42).

1192 So etwa BVerfGE 67, 100; 78, 77; 84, 192; 84, 239.

behörden zu einer Sonderstellung des Rechts auf informationelle Selbstbestimmung zur Gewährleistung bürgerlicher Freiheiten geführt.[1193]

(2) ATDG

Der Schutzbereich des Grundrechts ist im Falle einer automatischen Verarbeitung von (personenbezogenen) Daten auf der Grundlage des ATDG eröffnet. Denn das Recht auf informationelle Selbstbestimmung trägt Gefährdungen und Verletzungen der Persönlichkeit Rechnung, die sich für den Einzelnen insbesondere unter den Bedingungen moderner Datenverarbeitung, aus informationsbezogenen Maßnahmen ergeben.[1194] Dieses Recht flankiert und erweitert den grundrechtlichen Schutz von Verhaltensfreiheit und Privatheit; es lässt ihn schon auf der Stufe der Persönlichkeitsgefährdung beginnen. Eine derartige Gefährdungslage kann bereits im Vorfeld konkreter Bedrohungen von Rechtsgütern entstehen.[1195] Mittels elektronischer Datenverarbeitung sind im ATDG Einzelangaben über persönliche oder sachliche Verhältnisse einer Person unbegrenzt speicherbar und jederzeit und ohne Rücksicht auf Entfernungen in Sekundenschnelle abrufbar. Sie können darüber hinaus mit anderen Datensammlungen zusammengefügt werden, wodurch vielfältige Nutzungs- und Verbindungsmöglichkeiten entstehen.[1196]

b. Eingriff in den Schutzbereich

(1) Allgemein

In Zeiten moderner Verarbeitungs- und Verknüpfungsmöglichkeiten der Informationstechnologie kann ein immenser Datenumfang in Systemen gespeichert und in Sekundenschnelle abgeglichen werden. Dies erschwert dem Einzelnen, den Überblick über die von ihm bereits vorhandenen Datensammlungen zu bewahren und sich vor der unberechtigten Offenlegung und Verwendung seiner Daten zu schützen. Eine freie Entfaltung der Persönlichkeit nach den Regeln des Rechts auf informationelle Selbstbestimmung setzt aber voraus, dass jeder gegen die unbegrenzte Erhebung, Speicherung, Verwendung, Weitergabe oder Veröffentlichung seiner persönlichen Daten geschützt werden muss.[1197] Mithin ist bereits ein Eingriff in das Grundrecht auf informationelle Selbstbestimmung zu bejahen, wenn durch eine staatliche Maßnahme das Recht des einzelnen Bürgers eingegrenzt wird, über die Preisgabe oder Verwendung seiner per-

1193 So haben verschiedene Bundesländer das Recht auf informationelle Selbstbestimmung in ihre Länderverfassungen inkorporiert, vgl. etwa für Rheinland-Pfalz etwa Art. 4a VerfRhPf. Auch in Art. 8 der Grundrechtscharta der Europäischen Union findet sich ein solches Recht.

1194 Vgl. BVerfGE 65, 1 (42) = NJW 1984, 419; BVerfGE 113, 29 (46) = NJW 2005, 1917.

1195 Vgl. dazu die Entscheidung des BVerfG zur automatisierten Erfassung von Autokennzeichen vom 11. März 2008 (1 BvR 2074/05, 1 BvR 1254/07), BVerfG NJW 2008, 1505 (1506).

1196 1 BvR 2074/05, 1 BvR 1254/07, BVerfG NJW 2008, 1505 (1506).

1197 *Di Fabio*, in: Maunz/Dürig, Grundgesetz, Art. 2, Rn. 176.

sönlichen Daten zu entscheiden.[1198] Nach dem Beschluss des Bundesverfassungsgerichts zur Verfassungsmäßigkeit der präventiven polizeilichen Rasterfahndung vom 04. April 2006 ist maßgeblich, *„ob sich bei einer Gesamtbetrachtung mit Blick auf den durch den Überwachungs- und Verwendungszweck bestimmten Zusammenhang das behördliche Interesse an den betroffenen Daten bereits derart verdichtet, dass ein Betroffensein in einer einen Grundrechtseingriff auslösenden Qualität zu bejahen ist."*[1199]

(2) ATDG

(a) Informationsakte der Datenerhebung und Datenübermittlung aufgrund fachgesetzlicher Bestimmungen

Eine Besonderheit weist das ATDG im Hinblick auf die darin enthaltenen Verweisungen auf einschlägige Fachgesetze und die dort geltenden Datenerhebungsvorschriften auf. So lassen sich nicht alle im ATDG beschriebenen Informationsakte mit Eingriffsqualität dem ATDG zurechnen.

Dies betrifft im Wesentlichen die Erlangung der in die Antiterrordatei einzustellenden Daten, denn diese wurden zuvor auf Basis der jeweiligen Fachgesetze der beteiligten Behörden erhoben und sind bei diesen bereits vorhanden; dies folgt aus § 2 Abs. 1 S. 1 ATDG, dessen Speicherungspflicht sich ausdrücklich auf „bereits erhobene Daten" bezieht.

Nicht dem ATDG zurechenbar ist weiter die Abfrage erweiterter Grunddaten nach § 3 Abs. 1 Nr. 1 b) ATDG bzw. von Erkenntnissen nach § 6 Abs. 1 S. 1 ATDG. Die Übermittlung dieser Daten richtet sich – gemäß der im ATDG geregelten Verweisung – nach den jeweils geltenden Übermittlungsvorschriften der Fachgesetze und gerade nicht nach dem ATDG selbst (vgl. § 5 Abs. 1 S. 3, § 7 ATDG). Die vorgenannten Informationsakte der Datenerhebung und Datenübermittlung sind nicht dem ATDG zurechenbar.

(b) Eingriffsbefugnisse im ATDG

Auf dem ATDG ruht dagegen die Last einer verfassungsrechtlichen Rechtfertigung für die folgenden Eingriffe:

Zunächst stellt die *Speicherung* in der Antiterrordatei (§ 2 Satz 1 ATDG) den ersten Eingriff in das Grundrecht auf informationelle Selbstbestimmung dar. Auch dem Akt des *Datenabrufs* (§ 5 Abs. 1 S. 1, 2 ATDG) ist Eingriffsqualität zuzuerkennen, weiter der *Verwendung der übermittelten erweiterten Grunddaten* (§ 5 Abs. 1 S. 3 ATDG) und der *Nutzung der aufgrund eines Eilfalles abgerufenen erweiterten Daten* (§ 5

1198 *Ruhmannseder*, Informationelle Zusammenarbeit von Polizeibehörden und Nachrichtendiensten auf Grund des „Gemeinsame-Dateien-Gesetzes", StraFO 2007, S. 184 (185).

1199 BVerfG NJW 2006, 1939 (1941).

Abs. 2 ATDG).[1200] Auch die Weitergabe an andere Behörden zum Zwecke der *weiteren Verwendung* und *die weitere Verwendung durch die beteiligten Behörden* (§ 6 Abs. 4 und Abs. 1 Satz 2 ATDG) stellen Eingriffe in das Recht auf informationelle Selbstbestimmung dar.

c. Verfassungsrechtliche Rechtfertigung des Eingriffs

Da es sich bei dem Recht auf informationelle Selbstbestimmung jedoch nicht um ein schrankenlos gewährleistetes Grundrecht handelt, muss der Einzelne grundsätzlich Einschränkungen seines Rechts im überwiegenden Allgemeininteresse hinnehmen.[1201] Das ATDG dient der Wahrung der Inneren Sicherheit, indem es zur Verbesserung des Informationsaustauschs zwischen Nachrichtendiensten und Polizeien beiträgt. Es handelt sich dabei um einen wichtigen Gemeinwohlbelang.

Die Einschränkungen durch das ATDG müssen allerdings durch eine gesetzliche Grundlage legitimiert sein.[1202] Darüber hinaus muss im Gewährleistungsbereich dieses Grundrechts der Gesetzgeber insbesondere das verfassungsrechtliche Gebot der Normenklarheit und -bestimmtheit beachten.[1203] Abschließend ist auch der Grundsatz der Verhältnismäßigkeit bei der Formulierung einer entsprechenden Eingriffsgrundlage zu beachten.[1204]

(1) Formellgesetzliche Grundlage

Eingriffe in das Recht auf informationelle Selbstbestimmung bedürfen einer formellen gesetzlichen Grundlage. Das ATDG ist ein solches Gesetz, wobei sich die Zuständigkeit des Bundes zum Erlass des ATDG aus Art. 73 Nr. 5, 10 GG ergibt, soweit das Zollkriminalamt und die Bundespolizei betroffen sind und aus Art. 73 Nr. 1 GG, soweit der Bundesnachrichtendienst und der Militärische Abschirmdienst betroffen sind.[1205]

(2) Grenzen des gesetzlichen Eingriffs

Das Recht auf informationelle Selbstbestimmung kann nur dann wirksam beschränkt werden, wenn die Vorgaben des ATDG mit den rechtsstaatlichen Erfordernissen des

---

1200 *Wolff/Scheffcyk*, Verfassungsrechtliche Fragen der gemeinsamen Antiterrordatei von Polizei und Nachrichtendiensten, JA 2008, S. 81 (85).

1201 Vgl. *Di Fabio*, in: Maunz/Dürig, Grundgesetz, Art. 2 Rn. 133 m.w.N.

1202 *Ruhmannseder*, Informationelle Zusammenarbeit von Polizeibehörden und Nachrichtendiensten auf Grund des „Gemeinsame-Dateien-Gesetzes“, StraFO 2007, S. 184 (185).

1203 *Roggan/Bergemann*, Die „neue Sicherheitsarchitektur der Bundesrepublik Deutschland“ – Anti-Terror-Datei, gemeinsame Projektdateien und Terrorismusbekämpfungsgesetz, NJW 2007, S. 876 (877).

1204 BVerfG NJW 2005, 2603.

1205 BT-Drucks. 16/2950, S. 13.

Gebots der Normenklarheit und -bestimmtheit und dem Grundsatz der Verhältnismäßigkeit vereinbar sind.

(a) Gebot der Normenklarheit und -bestimmtheit

Aus den gesetzlichen Grundlagen müssen sich die Voraussetzungen und der Umfang der Beschränkungen klar und deutlich für den Bürger ergeben, sie müssen also dem Gebot der Normenklarheit und -bestimmtheit entsprechen.

Zweck dieses aus dem Rechtsstaatsprinzip folgenden Gebotes ist primär, dem Einzelnen zu ermöglichen, zu erkennen, innerhalb welcher Grenzen er sich dem Risiko einer belastenden Maßnahme aussetzt. Darüber hinaus sollen der ausführenden Verwaltung handlungsbegrenzende und -steuernde Maßstäbe an die Hand gegeben und den Gerichten eine rechtliche Überprüfung ermöglicht werden.[1206]

Ziel muss es dabei sein, dass der Bürger in die Lage versetzt wird, den gesetzlich vorgesehenen Fall der Verarbeitung von personenbezogenen Daten genau erfassen und nachvollziehen zu können.[1207] Dabei ist es nicht erforderlich, dass die Maßnahme im Detail vorhersehbar ist, der Betroffene soll aber erkennen können, unter welchen Voraussetzungen ein bestimmtes Verhalten dem Risiko eines Eingriffs unterfällt.[1208] Dabei entspricht es dem Grundsatz der Normenklarheit auch, unbestimmte Rechtsbegriffe zu verwenden. Allerdings sind generalklauselartige Formulierungen nur dann zulässig, wenn es die Besonderheit des Einzelfalls zwingend erfordert, um alle Tatbestandsalternativen erfassen zu können.[1209] Das Bundesverfassungsgericht verlangt für den hier auch betroffenen Bereich des Gefahrenvorfelds überdies, dass der Gesetzgeber *„die den Anlass bildenden Straftaten sowie die Anforderungen an Tatsachen, die auf die künftige Begehung hindeuten, so bestimmt zu umschreiben hat, dass das im Bereich der Vorfeldermittlung besonders hohe Risiko einer Fehlprognose gleichwohl verfassungsrechtlich noch hinnehmbar ist. Die Norm muss handlungsbegrenzende Tatbestandselemente enthalten, die einen Standard an Vorhersehbarkeit und Kontrollierbarkeit vergleichbar dem schaffen, der für die überkommenen Aufgaben der Gefahrenabwehr und der Strafverfolgung rechtsstaatlich geboten ist.“*[1210] In der Entscheidung zur Rasterfahndung hat das Bundesverfassungsgericht ausdrücklich klargestellt, dass diese Grundsätze auch auf Eingriffe in das Recht auf informationelle Selbstbestimmung Anwendung finden müssen.[1211]

Vor diesem Hintergrund der Vorgaben des Bestimmtheitsgebotes werfen verschiedene im ATDG getroffene Regelungen erhebliche verfassungsrechtliche Bedenken auf. Dazu gehören im Wesentlichen die im Folgenden zu erläuternden Gesichtspunkte:

1206 *Wolff/Scheffcyk*, Verfassungsrechtliche Fragen der gemeinsamen Antiterrordatei von Polizei und Nachrichtendiensten, JA 2008, S. 81 (85).

1207 *Ruhmannseder*, Informationelle Zusammenarbeit von Polizeibehörden und Nachrichtendiensten auf Grund des „Gemeinsame-Dateien-Gesetzes“, StraFO 2007, S. 184 (185).

1208 Vgl. BVerfG NJW 2006, 2603 (2607).

1209 *Ruhmannseder*, Informationelle Zusammenarbeit von Polizeibehörden und Nachrichtendiensten auf Grund des „Gemeinsame-Dateien-Gesetzes“, StraFO 2007, S. 184 (186).

1210 BVerfGE 113, 348 (377 f.) = NJW 2005, S. 2603 (2608).

1211 BVerfG, NJW 2006, 1939 (1942, 1947).

(aa) Beteiligte Sicherheitsbehörden

An der Antiterrordatei sind neben dem Bundeskriminalamt die nach § 58 Abs. 1 BPolG bestimmte Bundespolizeibehörde, die Verfassungsschutzbehörden des Bundes und der Länder, der Militärische Abschirmdienst und der Bundesnachrichtendienst sowie das Zollkriminalamt und die Polizeibehörden des Bundes und der Länder beteiligt. Entsprechend § 1 Abs. 2 ATDG sind darüber hinaus weitere Polizeivollzugsbehörden *„im Benehmen mit dem Bundesministerium des Innern"* zu beteiligen, sofern diesen Aufgaben zur Bekämpfung des internationalen Terrorismus mit Bezug zur Bundesrepublik Deutschland nicht nur im Einzelfall besonders zugewiesen sind und ihr Zugriff auf die Antiterrordatei für die Wahrnehmung ihrer Aufgaben erforderlich und *„dies unter der Berücksichtigung der schutzwürdigen Interessen der Betroffenen und der Sicherheitsinteressen der beteiligten Behörden angemessen ist."* Diese Regelung soll zwar verhindern, dass der Kreis der zu beteiligenden Polizeibehörden ins Unermessliche wächst und nicht jede polizeiliche Behörde, die dazu ermächtigt ist, im Einzelfall auch terroristische Gefahren abzuwehren, Zugriff auf die in der Antiterrordatei gespeicherten Daten erhält. Jedoch werden diese weiteren polizeilichen Vollzugsbehörden vom demokratisch legitimierten Parlamentsgesetzgeber nicht näher konkretisiert. Hinzu kommt, dass das Vorliegen des Tatbestandsmerkmals *„nicht nur im Einzelfall besonders zugewiesen"* leicht zu überwinden ist durch entsprechende Organisationserlasse der zuständigen Aufsichtsbehörden.[1212] Die weiteren Polizeivollzugsbehörden lassen sich damit nicht anhand des gesetzlichen Wortlautes identifizieren.

Zwar ermächtigt § 12 ATDG das Bundeskriminalamt eine so genannte Errichtungsanordnung zu erlassen, in der im Einvernehmen mit den beteiligten Behörden Einzelheiten festzulegen sind zu den weiteren beteiligten Polizeivollzugsbehörden (§ 12 S.1 Nr. 2 ATDG). Für einen derart sensiblen Bereich der Terrorismusbekämpfung, bei dem gleichsam durch einen einzigen Computer-Befehl hochsensible Daten abgefragt werden können, erscheint eine solch unbestimmte Erweiterung der insgesamt bereits 38 beteiligten Sicherheitsbehörden[1213] der Situation allerdings nicht angepasst. Dies gilt insbesondere auch vor dem Hintergrund, dass die beteiligten Behörden nicht nur zur Speicherung von Daten verpflichtet sind, sondern darüber hinaus Zugriff haben auf die in der Antiterrordatei abgespeicherten personenbezogenen Daten. Es darf dabei nicht darüber hinweggegangen werden, dass in dieser Datei hochsensible Daten abgespeichert sind, die von Nachrichtendiensten dort hinterlegt worden sind. Die Nachrichtendienste dürfen dabei bereits im Vorfeld der Gefahrenabwehr und auf der Grundlage weitaus niedrigerer Eingriffsschwellen als dies bei den Polizeibehörden der Fall ist, Daten erheben. Nicht selten stellt sich im Anschluss an eine derartige Datenerhebung heraus, dass das beobachtete Verhalten der betroffenen Person völlig rechtmäßig und damit legal war. Dass diese Daten durch die Regelung des § 1 Abs. 2 ATDG nun auch in den Fokus einer beliebig erweiterbaren Zahl von Polizeivollzugsbehörden gelangen

---

1212 *Schaar*, Stellungnahme zum GDG, A-Drucks 16(4)131 G, S. 5.

1213 So *Ruhmannseder*, Informationelle Zusammenarbeit von Polizeibehörden und Nachrichtendiensten auf Grund des „Gemeinsame-Dateien-Gesetzes", StraFO 2007, S. 184 (186).

kann, ist nicht nur mit dem Verhältnismäßigkeitsgebot nicht zu vereinbaren.[1214] Mit der zahlenmäßig nicht näher eingegrenzten Erweiterung des Kreises der zugriffsberechtigten Behörden und der zugleich undurchsichtiger werdenden Verwendung der Daten steigt auch das Risiko von schwerwiegenden Eingriffen in Grundrechte der betroffenen Personen, insbesondere in das Grundrecht auf informationelle Selbstbestimmung.[1215]

Letztlich ist zu bezweifeln, ob es generell erforderlich ist, dass neben den bereits zugriffsberechtigten 38 Sicherheitsbehörden noch weitere Polizeivollzugsbehörden an der Antiterrordatei zu beteiligen sind. Jedenfalls erscheint es geboten, den Kreis der weiter hinzuzuziehenden Behörden im vom Parlament selbst beschlossenen Gesetz näher einzugrenzen. Nur so kann dem Grundsatz der Normenklarheit und Normenbestimmtheit genügt werden.

(bb) Bestimmtheit der zu speichernden Daten

Nach § 2 ATDG gilt für die von den Behörden zu speichernden Daten, dass nach sicherheitsbehördlichen Erkenntnissen tatsächliche Anhaltspunkte für einen Bezug zu

- Personen, die einer terroristischen Vereinigung mit internationalem Bezug angehören oder eine solche unterstützen (§ 2 Satz 1 Nr. 1 ATDG),
- Personen, die „rechtswidrig Gewalt als Mittel zur Durchsetzung international ausgerichteter politischer oder religiöser Belange anwenden oder eine solche Gewaltanwendung unterstützen, vorbereiten, befürworten oder durch ihre Tätigkeiten vorsätzlich hervorrufen" (§ 2 Satz 1 Nr. 2 ATDG)
- Kontaktpersonen zu den oben genannten Personen (§ 2 Satz 1 Nr. 3 ATDG)

vorliegen. Daneben unterliegen aber auch solche Daten der Speicherungspflicht, die einen Bezug zu Vereinigungen, Gruppierungen, Stiftungen oder Unternehmen sowie bestimmten Gegenständen, bestimmten Kommunikationsmitteln, bei denen tatsächliche Anhaltspunkte für einen Zusammenhang mit den in § 2 Satz 1 Nr. 1 und 2 ATDG genannten Personen vorliegen, wenn durch sie Hinweise für die Aufklärung oder Bekämpfung des internationalen Terrorismus gewonnen werden können (§ 2 Satz 1 Nr. 4 ATDG).

(aaa) „Tatsächliche Anhaltspunkte"

Im Hinblick auf das Bestimmtheitserfordernis ist vorzutragen, dass der in § 2 ATDG verwendete Begriff der *„tatsächlichen Anhaltspunkte"* denkbar weit gefasst ist und damit den Anwendungsbereich der Norm nicht in dem erforderlichen Maße einschränkt.[1216]

1214 *Schaar*, Stellungnahme zum GDG und TBEG, A-Drucks 16(4)131 G, S. 5.

1215 *Geiger*, Stellungnahme zum GDG und TBEG, A-Drucks 16(4)131 I, S. 4 f.

1216 *Roggan/Bergemann*, Die „neue Sicherheitsarchitektur der Bundesrepublik Deutschland" – Anti-Terror-Datei, gemeinsame Projektdateien und Terrorismusbekämpfungsgesetz, NJW 2007, S. 876 (878).

So werden *„tatsächliche Anhaltspunkte"* etwa als *„Indizien, aus denen nach der behördlichen Erfahrung auf das mögliche Vorliegen eines Sachverhalts geschlossen werden kann"* definiert.[1217] In der Praxis werden die beteiligten Behörden sich damit auf *„polizeiliche oder nachrichtendienstliche Erkenntnisse"* stützen, aus denen sich *„tatsächliche Anhaltspunkte"* für eine entsprechende Einstufung gewinnen lassen. Es fehlt damit bereits aufgrund der Formulierung des Gesetzestextes an Tatsachen, nämlich beweiskräftigen objektiven Fakten, um eine Behörde zu einer Speicherung der gewonnen Daten in der Antiterrordatei zu verpflichten.[1218]

Einer nach den Grundsätzen des Bestimmtheitsgebotes erforderlichen klar umgrenzenden Umschreibung dieses Tatbestandsmerkmals steht damit eine zu umfassende Einbeziehung des Gefahrenvorfeldes eines tatsächlichen terroristischen Bezuges der Daten entgegen.[1219]

(bbb) Rechtswidrige Gewalt

Weiter hat es der Gesetzgeber unterlassen, den in § 2 S. 1 Nr. 2 ATDG verwendeten Begriff der „rechtswidrigen Gewalt" näher zu erläutern. Unter Heranziehung der allgemein anerkannten juristischen Definition kann von „Gewalt" als gegenwärtiger Zufügung eines empfindlichen Übels bereits ein Beiseitestoßen einer Person erfasst werden, welches dann in den Anwendungsbereich des § 2 S. 1 Nr. 2 ATDG fällt.[1220] Der Gesetzgeber hat es hier versäumt, den Begriff der Gewalt näher zu bestimmen, indem er etwa den Bezug zum Terrorismus hergestellt hätte. Er formuliert zwar, dass die Gewalt *„als Mittel zur Durchsetzung international ausgerichteter politischer oder religiöser Belange"* angewendet worden sein muss. Dies setzt aber dem Wortlaut nach nicht zwingend voraus, dass damit terroristisch motivierte Gewalt in Verbindung zu bringen ist. In der Folge wird die Anwendung dieses Gesetzestextes dazu führen, dass vermehrt Personen in der Antiterrordatei abgespeichert werden, die in irgendeiner Form Gewalt angewendet haben, wobei diese Gewalt aber nicht zwingend etwas mit terroristisch motivierter Gewalt zu tun haben wird.[1221]

(ccc) Befürworten von Gewalt

Auch der Begriff des „Befürwortens von Gewalt" in § 2 Satz 1 Nr. 2 ATDG wird nicht näher eingegrenzt. Lediglich in der Gesetzesbegründung wird die Umschreibung der

---

1217 *Rachor*, in: Lisken/Denninger, Handbuch des Polizeirechts, S. 358 ff.

1218 Hervorzuheben ist in diesem Zusammenhang, dass die beteiligten Behörden zur Speicherung verpflichtet sind, wenn die Voraussetzungen für die Speicherung einer Person in der Antiterrordatei vorliegen. § 2 ATDG hat damit nicht die Funktion einer bloßen Ermächtigungsgrundlage. Ausnahmen finden sich in § 4 ATDG.

1219 Vgl. *Roggan/Bergemann*, Die „neue Sicherheitsarchitektur der Bundesrepublik Deutschland" – Anti-Terror-Datei, gemeinsame Projektdateien und Terrorismusbekämpfungsgesetz, NJW 2007, S. 876 (878).

1220 Vgl. *Roggan/Bergemann*, Stellungnahme zum GDG und TBEG, A.-Drs. 16 (4) 131 D, S. 9 f.

1221 Vgl. *Roggan/Bergemann*, Stellungnahme zum GDG und TBEG, A.-Drs. 16 (4) 131 D, S. 9 f.

Begrifflichkeit als „*Gutheißen*" von Gewalt und die beispielhafte Anführung von so genannten Hasspredigern vorgenommen.[1222] Auf eine nähere Eingrenzung, was unter „*Befürworten*" zu verstehen ist, verzichtet der Gesetzgeber aber auch hier. Darin ist ein Verstoß gegen das Bestimmtheitsgebot im Gewährleistungsbereich des Grundrechts auf informationelle Selbstbestimmung zu sehen. Dem Grundrechtsträger ist es nicht möglich zu erkennen, unter welchen genauen Voraussetzungen er sich dem Risiko eines Grundrechtseingriffs aussetzt.

(ddd) Betroffene Kontaktpersonen

Die Speicherungspflicht der beteiligten Behörden erstreckt sich auch auf so genannte Kontaktpersonen: Nach § 2 S.1 Nr. 3 ATDG genügen für die Pflicht zur Speicherung von Grunddaten dieser Personen tatsächliche Anhaltspunkte hinsichtlich nicht nur flüchtiger oder zufälliger Kontakte zu den in § 2 S. 1 Nr. 1 und 2 ATDG genannten Personen und die Erwartung von weiterführenden Hinweisen für die Aufklärung oder Bekämpfung des internationalen Terrorismus.[1223]

Zunächst wird also die Bewertung, ob eine Person unter die Speicherungspflicht des § 2 S. 1 Nr. 1 und 2 ATDG fällt, mithin nach der Gesetzesbegründung ein potentieller terroristischer Straftäter oder extremistischer Gewalttäter ist[1224], auf *tatsächliche Anhaltspunkte* zurückgeführt. In einem zweiten Schritt beruht auch die Einschätzung, ob eine Person, die von § 2 S. 1 Nr. 3 ATDG erfasst wird, Kontakt zu diesem potentiellen Straftäter bzw. Gewalttäter hat, auf dem Vorliegen von *tatsächlichen Anhaltspunkten*.[1225] Für die Erfassung der Daten von Kontaktpersonen sind demnach nicht etwa nachweisbare Fakten erforderlich[1226], die Speicherungspflicht wird vielmehr in doppelter Hinsicht auf tatsächliche Anhaltspunkte gestützt. Hier treffen ungewisse Tatbestandsmerkmale aufeinander und es steht ein Verstoß gegen das Gebot der Normenklarheit und -bestimmtheit im Gewährleistungsbereich des Grundrechts auf informationelle Selbstbestimmung im Raum.

Es ist für den Betroffenen nicht erkennbar und genau bestimmt, unter welchen Voraussetzungen die beteiligten Behörden Daten über seine Person in der Antiterrordatei abspeichern (dürfen).[1227] Zwar spricht die Gesetzesbegründung davon, dass die „*konkreten tatsächlichen Umstände*" dabei „*unter Berücksichtigung nachrichtendienstlicher bzw. polizeilicher Erfahrung*" zu berücksichtigen sind.[1228] Es werden überdies

---

1222 BT-Drucks. 16/2950, S. 15.

1223 Vgl. auch § 3 Abs. 1 Nr. 1 a) und b) ATDG.

1224 BR-Drucks. 672/06, S. 29.

1225 *Roggan/Bergemann*, Die „neue Sicherheitsarchitektur der Bundesrepublik Deutschland" – Anti-Terror-Datei, gemeinsame Projektdateien und Terrorismusbekämpfungsgesetz, NJW 2007, S. 876 (878).

1226 *Ruhmannseder*, Informationelle Zusammenarbeit von Polizeibehörden und Nachrichtendiensten auf Grund des „Gemeinsame-Dateien-Gesetzes", StraFO 2007, S. 184 (188).

1227 Vgl. zur Unbestimmtheit des Begriffes der Kontaktperson: BVerfGE 113, 348 (380 ff.).

1228 BT-Drucks. 16/2950, S. 16.

verschiedene Kriterien genannt, die für eine Einstufung als Kontaktperson sprechen[1229] und zugleich betont, dass äußerlich flüchtige oder zufällige Alltagskontakte nicht ausreichen.[1230]

Nach dem Gebot der Normenklarheit darf der Gesetzgeber aber im Gesetzestext selbst keine allzu unbestimmten Rechtsbegriffe und auch keine zu weit gefassten Generalklauseln verwenden. Es muss sichergestellt werden, dass der Bürger erkennen kann, woraus sich die Voraussetzungen und der Umfang einer gesetzlichen Einschränkung ergeben. Anders formuliert soll sich der Einzelne auf belastende Maßnahmen einstellen können. Im vorliegenden Falle muss der Bürger also anhand der gesetzlichen Regelung erkennen können, wie er sein Verhalten auszurichten hat, um nicht dem Risiko einer Überwachung ausgesetzt zu sein.[1231] Diese verfassungsrechtlichen Vorgaben hat der Gesetzgeber bei der von ihm angeordneten Speicherungspflicht auch hinsichtlich der Kontaktpersonen versäumt. Der Bürger kann nicht beurteilen, wann genau er als Kontaktperson der in § 2 S. 1 Nr. 3 geregelten Speicherpflicht unterfällt.

Darüber hinaus ist auch die Formulierung *„und durch sie* [die Kontaktpersonen] *weiterführende Hinweise für die Aufklärung oder Bekämpfung des internationalen Terrorismus zu erwarten sind (Kontaktpersonen)"* sehr unbestimmt und verstößt gegen den Grundsatz der Normenklarheit. Es geht nicht deutlich hervor, *„welches Maß an Konkretisierung die bloße Möglichkeit der Nützlichkeit einer Speicherung erreicht haben muss."*[1232]

Hinzu kommt, dass die Regelung nicht danach differenziert, ob die betreffende Kontaktperson Kenntnis von den terroristischen Aktivitäten des potentiellen Straftäters bzw. Gewalttäters hat. So ist es nicht unwahrscheinlich, dass Daten über Kontaktpersonen erfasst werden, obwohl diese nur einen gewöhnlichen gesellschaftlichen Kontakt etwa innerhalb eines Sportvereins zu dem potentiellen Straftäter pflegen.[1233] Dies begründet die Gefahr, dass eine Vielzahl von Personen in die Antiterrordatei aufgenommen werden, ohne auch nur zu irgendeinem Zeitpunkt ein tatsächliches Sicherheitsrisiko gewesen zu sein. Die Speicherung gänzlich Unbeteiligter in der Antiterrordatei stellt einen Eingriff in das Recht dieser Personen auf informationelle Selbstbestimmung dar. Indem der Gesetzgeber es hier versäumt hat, auch die Kenntnis der Kontaktperson von terroristischen Aktivitäten vorauszusetzen, hat er überdies gegen den Grundsatz der Verhältnismäßigkeit verstoßen. Zum einen hat er *„auf begrenzende Anforderungen (...) an die Nähe der Betroffenen zur abwehrenden Bedrohung"* ver-

1229 BR-Drucks. 672/06, S. 29 f. Kriterien für eine derartige Verbindung können demnach beispielsweise die nähere persönliche oder geschäftliche Beziehung, die Dauer der Verbindung oder die konspirativen Umständen sein, unter denen die Personen die Verbindung hergestellt haben oder pflegen.

1230 BR-Drucks. 672/06, S. 30.

1231 BVerfGE 113, 348 (376) = NJW 2005, 2603 (2607).

1232 *Ruhmannseder*, Informationelle Zusammenarbeit von Polizeibehörden und Nachrichtendiensten auf Grund des „Gemeinsame-Dateien-Gesetzes", StraFo 2007, S. 184 (189).

1233 Kritisiert wird in diesem Zusammenhang auch, dass keine speziellen Regelungen für Kinder oder Jugendliche vorgesehen sind, vgl. *Roggan/Bergemann*, Stellungnahme zum GDG und TBEG, A-Drucks 16(4)131 D, S. 10.

zichtet, zugleich aber in § 2 S. 1 Nr. 3 eine *„Befugnis zu Eingriffen von erheblichem Gewicht"* geschaffen.[1234]

Zusammenfassend hat es der Gesetzgeber trotz entsprechender Hinweise durch die Sachverständigen im Rahmen der Öffentlichen Anhörung am 06.11.2006 versäumt, den Begriff der Kontaktperson in hinreichend präziser Weise in das ATDG zu integrieren. Damit ist in rechtlich höchst bedenklicher Weise Raum geschaffen worden für die Erfassung des gesamten sozialen Umfeldes von den eigentlichen Zielpersonen.[1235]

(eee) Freitextfeld

Die Vorschrift des § 3 Abs. 1 Nr. 1 b) rr) ATDG regelt die Einrichtung eines Freitextfeldes für die Speicherung von erweiterten Grunddaten innerhalb der Antiterrordatei. Es ist möglich, dass in dieses Freitextfeld ganze Akteninhalte aufgenommen werden, weil eine den Umfang dieses Freitextfeldes begrenzende Regelung gerade nicht existiert.[1236] Der Gesetzgeber legt dagegen nur fest, dass die Behörden diese zusammenfassenden besonderen Bemerkungen, ergänzenden Hinweise und Bewertungen zu (erweiterten) Grunddaten speichern dürfen, sofern dies im Einzelfall nach pflichtgemäßem Ermessen geboten und zur Aufklärung des internationalen Terrorismus unerlässlich ist.[1237] In dieser sehr unbestimmten Formulierung ist ein Verstoß gegen das Gebot der Normenklarheit und Normenbestimmtheit zu sehen.

(cc) Verweisungstechnik

Weiter kann insbesondere den Regelungen des ATDG, die das Verfahren betreffen, eine Vielzahl von Verweisungen entnommen werden.

So bedient sich das ATDG einer Verweisungstechnik etwa in § 11 Abs. 2 und 4 hinsichtlich der Sperrung, Berichtigung und Löschung von personenbezogenen Daten. In § 11 Abs. 2 Satz 2 ATDG heißt es, dass personenbezogene Daten spätestens zu löschen sind, wenn die zugehörigen Erkenntnisse nach den für die beteiligten Behörden jeweils geltenden Rechtsvorschriften zu löschen sind. Folge dieser Regelungstechnik ist eine unübersichtliche Vermischung der unterschiedlichen Lösch- und Prüffristen, die es den beteiligten Behörden und den vom ATDG Betroffenen erschwert, sich einen schnellen Überblick über z.B. anstehende Löschungen zu verschaffen. Zwar ist die Verweisungstechnik eines der wichtigsten Hilfsmittel des Gesetzgebers, den Umfang des Stoffes gering zu halten, allerdings büßen die Normen des ATDG dadurch ihre

---

1234 Vgl. dazu BVerfG NJW 2006, 1939 (1946).

1235 Vgl. *Hilbrans*, Stellungnahme zum GDG und TBEG, A-Drs. 16(4)131 K, S. 4.

1236 *Wolff/Scheffcyk*, Verfassungsrechtliche Fragen der gemeinsamen Antiterrordatei von Polizei und Nachrichtendiensten, JA 2008, S. 81 (82).

1237 Vgl. den Wortlaut von § 3 Abs. 1 Nr. 1 b) rr) ATDG.

Verständlichkeit aus sich selbst heraus ein und sind nicht mit dem Gebot der Normenklarheit und Normenbestimmtheit zu vereinbaren.[1238]

(dd) Zusammenfassung

Der Gesetzgeber hat an der sehr weiten Normfassung trotz ausdrücklicher Kritik an der Unbestimmtheit der Reichweite im Gesetzgebungsverfahren festgehalten. Die angesprochenen Regelungen und Bestimmungen, die insbesondere den Umfang und die Arten der zu speichernden Daten sowie die Verweisungstechnik betreffen, verstoßen wegen dieser Unbestimmtheit gegen den Grundsatz der Normenklarheit und -bestimmtheit.

(b) Grundsatz der Verhältnismäßigkeit

Allgemein
Der Verhältnismäßigkeitsgrundsatz verlangt, dass der Staat mit dem Grundrechtseingriff einen legitimen Zweck mit geeigneten, erforderlichen und angemessenen Mitteln verfolgt.[1239] Eine Norm ist also dann mit dem Verhältnismäßigkeitsgrundsatz vereinbar, wenn sie einen verfassungsrechtlich legitimen Zweck verfolgt und zur Erreichung dieses Zwecks geeignet, erforderlich und angemessen ist. Die aufgrund einer gesetzlich formulierten Eingriffsbefugnis vorgenommenen Maßnahmen müssen demnach verhältnismäßige Maßnahmen zur Erreichung eines verfassungsgemäßen Zieles sein. Geeignetheit bedeutet dabei, dass das Mittel zur Erreichung dieses Zweckes tauglich sein muss und der Maßstab der Erforderlichkeit verlangt, das von mehreren zur Verfügung stehenden, gleich geeigneten Mitteln dasjenige zu wählen ist, das für den Betroffenen die geringste Belastung darstellt.[1240] Die Angemessenheit, die auch als Verhältnismäßigkeit im engeren Sinne bezeichnet wird, fordert, dass die Nachteile, die der von der Maßnahme Betroffene hinzunehmen hat, in einem angemessenen, nämlich zumutbaren Verhältnis zu den Vorteilen stehen, die der Allgemeinheit aufgrund der Vornahme der Maßnahme entstehen. Im Gewährleistungsbereich des Rechts auf informationelle Selbstbestimmung wird überdies gefordert, dass durch Verfahrensbestimmungen sichergestellt wird, dass Eingriffe nur zu dem gesetzlich vorgesehenen Zweck erfolgen.[1241]

1238 Siehe dazu *Roggan/Bergemann*, Die „neue Sicherheitsarchitektur der Bundesrepublik Deutschland“ – Anti-Terror-Datei, gemeinsame Projektdateien und Terrorismusbekämpfungsgesetz, NJW 2007, S. 876 (877).

1239 Vgl. BVerfGE 109, 279 [335ff.] = NJW 2004, 999.

1240 *Aschke*, in: Bader/Ronellenfitsch (Hrsg.), in: Beck'scher Online Kommentar, VwVfG, § 40, Rn. 50.

1241 *Wolff/Scheffcyk*, Verfassungsrechtliche Fragen der gemeinsamen Antiterrordatei von Polizei und Nachrichtendiensten, JA 2008, S. 81 (86).

An die Einhaltung des Grundsatzes der Verhältnismäßigkeit sind umso höhere Anforderungen zu stellen, je schwerer ein Eingriff grundrechtlich ins Gewicht fällt.[1242] Die in diesem Zusammenhang vom Bundesverfassungsgericht entwickelte Grundregel besagt dabei, dass „*für die rechtliche Beurteilung der Art des durch die Ermächtigung ermöglichten Eingriffs (...) unter anderem bedeutsam*“ ist, „*wie viele Grundrechtsträger wie intensiven Beeinträchtigungen ausgesetzt sind und unter welchen Voraussetzungen dies geschieht, insbesondere ob diese Personen hierfür einen Anlass gegeben haben. Maßgebend sind also die Gestaltung der Einschreitschwellen, die Zahl der Betroffenen und die Intensität der individuellen Beeinträchtigung im Übrigen. Für das Gewicht der individuellen Beeinträchtigung ist erheblich, ob die Betroffenen als Personen anonym bleiben, welche persönlichkeitsbezogenen Informationen erfasst werden und welche Nachteile den Grundrechtsträgern auf Grund der Maßnahmen drohen oder von ihnen nicht ohne Grund befürchtet werden.*“[1243]

Zu prüfen ist, ob die Regelungen des ATDG mit dem Verhältnismäßigkeitsgrundsatz vereinbar sind.

Der durch das ATDG vorgesehene Eingriff in das Recht auf informationelle Selbstbestimmung muss geeignet, erforderlich und angemessen sein. Dazu ist erforderlich, dass die Grundrechtsbeschränkung durch hinreichende Gründe des Allgemeinwohls gerechtfertigt und das gewählte Mittel zur Erreichung des Zwecks der Vorschrift geeignet und erforderlich ist. Bei einer Gesamtabwägung zwischen Schwere des Eingriffs und dem Gewicht der ihn rechtfertigenden Gründe muss zudem die Grenze des Zumutbaren gewahrt werden.

(aa) Eingriffsintensität

Unter Berücksichtigung der vom Bundesverfassungsgericht vorgegebenen und soeben erläuterten Grundregel zur Beurteilung der Eingriffsintensität[1244] sind die durch das ATDG vorgesehenen Eingriffsmöglichkeiten als schwerwiegend anzusehen. Bei Inbetriebnahme der Antiterrordatei am 30. März 2007 waren 13.000 personenbezogene Datensätze erfasst.[1245] Am 28. Mai 2008 waren bereits 17.745 Eintragungen gespeichert. Das hat die Antwort auf eine Kleine Anfrage der Grünen-Fraktion im Bundestag ergeben[1246] und entspricht einem Zuwachs von rund 25 Prozent innerhalb von 14 Monaten. Auch wenn das Innenministerium in seiner Stellungnahme hervorhebt, dass einzelne Personen doppelt geführt würden, die Zahl der tatsächlich gespeicherten Personen daher Ende Mai 2008 tatsächlich niedriger gewesen sei als 17.745[1247], nämlich

---

1242 *Wolff/Scheffcyk*, Verfassungsrechtliche Fragen der gemeinsamen Antiterrordatei von Polizei und Nachrichtendiensten, JA 2008, S. 81 (86).

1243 BVerfG NJW 2006, 1939 (1941).

1244 Vgl. BVerfG NJW 2006, 1939 (1941).

1245 Vgl. die Pressemitteilung des Bundesministeriums des Innern vom 30. März 2007, abrufbar im Internet unter http://www.bmi.bund.de/cln_144/SharedDocs/Pressemitteilungen/DE/2007/mitMarginalspalte/03/antiterrordatei.html?nn=109632 (zuletzt aufgerufen am 18.08.2009).

1246 BT-Drucks., 16/10007.

1247 BT-Drucks., 16/10007.

etwa 15.000 Personen betroffen waren[1248], dann bedeutet dies dennoch einen Zuwachs von etwa 15 Prozent innerhalb von 14 Monaten. Die Zahl der von der Antiterrordatei Betroffenen ist damit erheblich. Dabei ist der Eintrag in der Antiterrordatei auch deshalb als äußerst schwerwiegend zu bewerten, weil die dort gespeicherten Personen zumindest behördenintern als (potentielle) Terroristen angesehen werden, auch wenn nur ein geringer Prozentsatz dieser Personen tatsächlich als akuter Gefährder im polizeilichen Sinne gilt.[1249] Dabei sind die Schwellen, die überschritten werden müssen, um in der Datei abgespeichert zu werden, sehr niedrig. Insbesondere müssen die betroffenen Personen keinen vorwerfbaren Anlass gegeben haben, sondern für eine Speicherung kann es ausreichend sein, wenn eine Person sich im sozialen Umfeld eines Primärverdächtigen bewegt (hat). Dabei sind die mit einem Eintrag in die Antiterrordatei verbundenen rechtlichen Folgen schwerwiegend; so ist es möglich und denkbar, dass ein Ermittlungsverfahren gegen die betroffene Person eingeleitet wird.[1250]

Zusammenfassend ist die Eingriffsintensität der im ATDG niedergelegten Informationsakte als besonders schwer einzustufen. An die Einhaltung des Verhältnismäßigkeitsgrundsatzes sind daher sehr hohe Anforderungen zu stellen.

(bb) Legitimer Zweck

Durch die Regelungen des ATDG mit Eingriffscharakter soll angesichts der Bedrohungen durch den internationalen Terrorismus der Informationsaustausch zwischen Polizeien und Nachrichtendiensten verbessert werden.[1251] Sie verfolgen insoweit einen verfassungsrechtlich legitimen Zweck, da die Bekämpfung des Terrorismus mit seinen Gefahren für Leib und Leben des Einzelnen aber auch für den Bestand und die Sicherheit des Staates als eine Verfassungsaufgabe von höchstem Rang anzusehen ist.[1252]

(cc) Geeignetheit

Die Errichtung einer gemeinsamen standardisierten zentralen Antiterrordatei ist auch geeignet, den beteiligten Sicherheitsbehörden eine Informationsgrundlage für die ihnen obliegenden Aufgaben bei der Aufklärung oder Bekämpfung des internationalen Terrorismus zu verschaffen. Die Terrorismusbekämpfung wird effektiviert, weil die von den Sicherheitsbehörden bereits erhobenen Daten in einer Datei zusammengeführt werden, die es den beteiligten Behörden ermöglicht, schnell ausfindig zu machen, bei welcher Stelle sich relevante Informationen befinden.

1248 So ein Sprecher des Bundesinnenministeriums gegenüber der TAZ, vgl. http://www.taz.de/1/politik/schwerpunkt-ueberwachung/artikel/1/otto-schilys-pralle-anti-terror-datei/ (zuletzt aufgerufen am 18.08.2009).

1249 Vgl. die Pressemitteilung des Bundesministeriums des Innern vom 30. März 2007, abrufbar im Internet unter http://www.bmi.bund.de/cln_144/SharedDocs/Pressemitteilungen/DE/2007/mitMarginalspalte/03/antiterrordatei.html?nn=109632 (zuletzt aufgerufen am 18.08.2009).

1250 *Wolff/Scheffcyk*, Verfassungsrechtliche Fragen der gemeinsamen Antiterrordatei von Polizei und Nachrichtendiensten, JA 2008, S. 81 (86).

1251 Vgl. BT-Drucks. 16/2950, S. 1.

1252 *Möstl*, Stellungnahme zum GDG und TBEG, A-Drs. 16(4)131 A, S. 7.

(dd) Erforderlichkeit

Die Einstellung von Daten in die Antiterrordatei und die Möglichkeit eines Abrufes dieser Daten sind zur Erreichung der Verbesserung der Zusammenarbeit von Polizei und Nachrichtendiensten grundsätzlich auch erforderlich. Sie ermöglichen insbesondere eine schnellere Aufklärung von terroristischen Sachverhalten, die einen Bezug zur Bundesrepublik Deutschland aufweisen, weil mit der Antiterrordatei eine bislang unbekannte Informationsgrundlage geschaffen wurde. Weniger belastende Eingriffe, mit denen derartige Sachverhalte genauso wirksam aufgeklärt werden können, sind nicht erkennbar.

(ee) Angemessenheit

Zu prüfen bleibt, ob die Regelungen des ATDG mit Eingriffscharakter auch angemessen sind, inwiefern sie also mit dem Übermaßverbot vereinbar sind. Erforderlich für eine Vereinbarkeit wäre, dass sie das Ergebnis einer verfassungsrechtlich nicht zu beanstandenden Abwägung, bei welcher der Gesetzgeber sich in den Grenzen der Zumutbarkeit für die Betroffenen gehalten hat, darstellen.

Soweit die Sicherheitsinteressen der Allgemeinheit und der Schutz der Individualsphäre des Einzelnen, wie er unter anderem im Recht auf informationelle Selbstbestimmung seinen Niederschlag gefunden hat, miteinander in Widerstreit treten, sind diese Belange als wechselseitiges Korrektiv anzusehen und gegeneinander abzuwägen.[1253] Zum Ausgleich von verfassungsrechtlich schutzwürdigen Interessen, die einander widerstreiten, ist primär der Gesetzgeber berufen.[1254] Die öffentlichen Sicherheitsbelange und der Schutz der Persönlichkeitssphäre sind prinzipiell gleichwertig, so dass bei ihrer Abwägung keinem dieser Rechtsgüter eine generelle Präferenz zugestanden werden kann. Deshalb gebührt dem Gesetzgeber bei der Konfliktlösung ein verfassungsgerichtlich nur begrenzt nachprüfbarer Einschätzungs-, Wertungs- und Gestaltungsspielraum.[1255]

Fraglich ist, ob der Gesetzgeber diesen Spielraum in verfassungsrechtlich unbedenklicher Weise ausgefüllt hat.

Verhältnismäßig im engeren Sinne ist eine Norm nur dann, wenn die Beeinträchtigung durch den Eingriff für den Betroffenen nicht außer Verhältnis zu dem mit dem Gesetz verfolgten Zweck steht.[1256]

An die Einstellung von Daten in die Antiterrordatei werden keine besonders hohen Anforderungen gestellt. So genügen bereits *„tatsächliche Anhaltspunkte"* für einen terroristischen Bezug, dass die Daten der Speicherungspflicht nach § 2 ATDG unterliegen. Es kann nicht ausgeschlossen werden, dass auch Vermutungen statt konkreter Umstände als Tatsachenbasis für eine Speicherung in der Praxis als ausreichend ange-

---

1253 SächsVerfGH, *Urteil* vom 21. 7. 2005 - Vf. 67-II-04 = NVwZ 2005, 1310 (1315).

1254 Vgl. SächsVerfGH, *Urteil* vom 21. 7. 2005 - Vf. 67-II-04 = NVwZ 2005, 1310 (1315).

1255 SächsVerfGH, JbSächsOVG 4, 50 (75ff.) = LKV 1996, 273 = NVwZ 1996, 784 L = SächsVBl. 1996, 160 (173).

1256 *Jarass*, in: Jarass/Pieroth, Grundgesetz für die Bundesrepublik Deutschland, Art. 87, Rn. 86.

sehen werden. Damit ist in der Folge nicht gewährleistet, dass sich die Daten auch tatsächlich auf den Zweck beziehen, zu dem sie in die Antiterrordatei eingespeichert werden.[1257] Auch begründet die vom Gesetzgeber geschaffene Zulässigkeitsvoraussetzung, wonach ein Zugriff auf die Daten nur dann zulässig ist, wenn dies zur Erfüllung der jeweiligen Aufgaben zur Aufklärung oder Bekämpfung des internationalen Terrorismus *erforderlich* ist (§ 5 ATDG), eine sehr niedrige Eingriffsschwelle im Verhältnis zu der besonders hohen Eingriffsintensität der Speicherungs- und Zugriffsregelungen. Die ursprüngliche Zweckbindung der in die Antiterrordatei einzustellenden Daten wird damit jedenfalls zunächst beseitigt.[1258]

Auch wenn mit dem ATDG keine neuen Erhebungsgrundlagen für die daran beteiligten Behörden geschaffen werden, so wird mit den durch das ATDG ermöglichten Informationsakten in erheblicher Weise in das Grundrecht auf informationelle Selbstbestimmung eingegriffen. Dies lässt sich verdeutlichen mit der großen Zahl der bei jedem Recherchevorgang betroffenen Personen: So führte der amtierende Präsident des BKA *Jörg Ziercke* in seiner Anhörung vor dem Innenausschuss des Bundestages am 06.11.2006[1259] aus, dass die Gesamtzahl der Treffer im Rahmen einer Datenabfrage bei bis zu 200 liegen könne. Zwar besteht nicht die Möglichkeit von Recherchen zu Gesamtdatenbeständen[1260], jedoch ist die mögliche Trefferzahl von 200 bereits so erheblich, dass von einem bedeutenden – weil viele Personen betreffenden – Eingriff in das Recht auf informationelle Selbstbestimmung auszugehen ist.[1261]

Vornahme weiterer Maßnahmen

Zwar ist – mit Ausnahme des Vorliegens eines Eilfalls und der einzelfallbezogenen Freigabe von Daten – im ATDG keine Regelung vorgesehen, die die Vornahme weiterer Maßnahmen aufgrund der erlangten Informationen gestatten würde. Dennoch ist die Möglichkeit nicht von der Hand zu weisen, dass Behörden, denen Daten zu einer Person aufgrund Einstellung in die Antiterrordatei bekannt werden, Ermittlungen gegen den Einzelnen einleiten, an die sich weitere Nachforschungen und gegebenenfalls ein Strafverfahren anschließen können.[1262]

1257 Vgl. dazu *Wolff/Scheffcyk*, Verfassungsrechtliche Fragen der gemeinsamen Antiterrordatei von Polizei und Nachrichtendiensten, JA 2008, S. 81 (87), der in FN 75 noch klarstellend ausführt, dass § 2 Abs. 1 Satz 2 ATDG nur verlangt, dass die Behörden diese Daten automatisch verarbeiten dürfen, aber nicht ausdrücklich fordert, dass sie auch zu dem Zweck der Bekämpfung des internationalen Terrorismus verwendet und automatisch verarbeitet werden können.

1258 *Wolff/Scheffcyk*, Verfassungsrechtliche Fragen der gemeinsamen Antiterrordatei von Polizei und Nachrichtendiensten, JA 2008, S. 81 (87).

1259 *Ziercke*, Stellungnahme zum GDG und TBEG, A-Drs. 16(4)131 I, S. 5.

1260 *Ziercke*, Stellungnahme zumGDG und TBEG, A-Drs. 16(4)131 I, S. 5.

1261 Vgl. dazu die Überlegungen von *Wolff/Scheffcyk*, Verfassungsrechtliche Fragen der gemeinsamen Antiterrordatei von Polizei und Nachrichtendiensten, JA 2008, S. 81 (87).

1262 *Wolff/Scheffcyk*, Verfassungsrechtliche Fragen der gemeinsamen Antiterrordatei von Polizei und Nachrichtendiensten, JA 2008, S. 81 (87); BVerfG NJW 2000, 55 (65 f.).

Fehlende Rechtmäßigkeitsvoraussetzung
Ein weiteres Problem stellt die vom Gesetzgeber unterlassene Aufnahme eines Rechtmäßigkeitserfordernisses für die in der Antiterrordatei abzuspeichernden Daten dar. Es wird an keiner Stelle im ATDG gesetzlich gefordert, dass die Daten, die abgespeichert werden, in rechtmäßiger Weise erlangt worden sind. Dem lässt sich zwar entgegenhalten, dass grundsätzlich alle „deutsche Staatsgewalt den Bindungen der Verfassung“[1263] unterliegt und damit die ausdrückliche Regelung eines Rechtmäßigkeitserfordernisses überflüssig wäre. Für das Verhältnis Polizei und Nachrichtendienste besteht jedoch gerade im Hinblick auf die Beweiserhebung und die Erlangung von auf unrechtmäßige Weise erlangten Informationen aus dem Ausland ein Unterschied in den einfachgesetzlichen Regelungen.

Für die Strafverfolgungsbehörden gilt nämlich § 136a StPO, der verbotene Vernehmungsmethoden aufzählt, die zu einem Beweisverwertungsverbot führen können. In den Fachgesetzen für die Nachrichtendienste sucht man vergeblich nach einer entsprechenden Regelung für Informationen, die im Wege des Foltereinsatzes erlangt worden sind. So ist es möglich, dass Daten in der Antiterrordatei gespeichert werden, die unter dem Einsatz von Folter durch mit den deutschen Nachrichtendiensten zusammenarbeitende Partnerdienste im Ausland erlangt worden sind. Auch dieser Gesichtspunkt ist bei der Abwägung der sich gegenüberstehenden Rechtsgüter zu berücksichtigen.

Zugriffsmöglichkeit in Eilfällen
Weiter lässt ein Blick auf die Zugriffsmöglichkeiten in so genannten Eilfällen befürchten, dass in der Praxis auf die erweiterten Grunddaten unbeschränkt Zugriff genommen wird und der vom Gesetzgeber vorgesehene Ausnahmefall zur Regel avanciert:[1264]

Die in § 5 Abs. 1 ATDG geregelten Zugriffsmöglichkeiten beziehen sich zunächst nur auf die Grunddaten. Im Eilfalle kann die abfragende Behörde unter den in § 5 Abs. 2 ATDG genannten Voraussetzungen jedoch auch auf die *erweiterten* Grunddaten zugreifen, ohne dass zuvor eine Zulässigkeitsprüfung der einstellenden Behörde erfolgen muss.[1265] Erforderlich ist hierfür eine gegenwärtige Gefahr für Leib, Leben, Gesundheit oder Freiheit einer Person oder Gefahren für Sachen von erheblichem Wert, deren Erhaltung im öffentlichen Interesse geboten ist. Insbesondere im Hinblick auf die Gesundheitsgefahr, bezüglich derer sich bei entsprechender Auslegung ein Eilfall auch bejahen ließe, wenn die Gefahr einer einfachen Körperverletzung droht (als Form der Gesundheitsgefährdung), ist der Gesetzeswortlaut sehr weit gefasst und

---

1263 Vgl. *Roggan/Bergemann*, Stellungnahme zum GDG und TBEG, A.-Drs. 16 (4) 131 D, S. 15.

1264 *Ruhmannseder*, Informationelle Zusammenarbeit von Polizeibehörden und Nachrichtendiensten auf Grund des „Gemeinsame-Dateien-Gesetzes“, StraFo 2007, S. 184 (189).

1265 Der Gesetzgeber hat hier eine neue Form der Übermittlung von Daten geschaffen, vgl. *Ruhmannseder*, Informationelle Zusammenarbeit von Polizeibehörden und Nachrichtendiensten auf Grund des „Gemeinsame-Dateien-Gesetzes“, StraFo 2007, S. 184 (189).

eine äußerst restriktive Auslegung des bestehenden Textes zwingend geboten.[1266] Eine gegenwärtige Gefahr für die Gesundheit lässt sich relativ schnell begründen.[1267] Damit besteht das Risiko, dass auf die erweiterten Grunddaten in unbeschränktem Maße Zugriff genommen wird und die vom Gesetzgeber vorgesehene Ausnahme sich zum Regelfall entwickelt.[1268] Faktisch wird durch diese Eilfallregelung eine neue Übermittlungsregelung geschaffen. Es muss bezweifelt werden, ob das staatliche Interesse an einer wirksamen Verbrechensbekämpfung bzw. Strafverfolgung gegenüber dem grundrechtlichen Schutz des Einzelnen in einem solchen Fall tatsächlich überwiegt. Eben solches muss für eine mögliche Gefahr für die Freiheit einer Person – wie sie in § 5 Abs. 2 ATDG zur Begründung eines Eilfalles genannt ist – gelten. Auch bezüglich dieses sehr weit gefassten Begriffes bestehen erhebliche Zweifel hinsichtlich einer Vereinbarkeit mit dem Grundsatz der Verhältnismäßigkeit.[1269]

Hinzukommt, dass die Behörde, die die Daten eingegeben hat, im Eilfall einen Zugriff auf die erweiterten Grunddaten nicht überprüfen kann. Zwar besteht die Möglichkeit einer Verweigerung der nachträglichen Zustimmung, was die weitere Verwendung der Daten unzulässig macht.[1270] Dies führt zu einem Löschungsgebot oder einem Verwertungsverbot hinsichtlich der abgerufenen Daten, hilft aber nicht darüber hinweg, dass die Daten den Sachbearbeitern bereits bekannt geworden sind.[1271] Aus diesem Grund hätte der Gesetzgeber eine weitere Verwendung der aufgrund des Datenabrufs bereits erzeugten Arbeitsergebnisse und nicht nur der Daten selbst anordnen müssen.[1272]

Speicherung der Religionszugehörigkeit

Auch im Hinblick auf die zu speichernde Religionszugehörigkeit stellt sich die Frage, ob eine derart niedrige Schwelle für die Speicherung einer solchen sensiblen Information verhältnismäßig ist. Indem der Gesetzgeber hier für die Speicherung der Religionszugehörigkeit die Erforderlichkeit zur Aufklärung oder Bekämpfung des internati-

---

1266 Vgl. *Roggan/Bergemann*, Die „neue Sicherheitsarchitektur der Bundesrepublik Deutschland“ – Anti-Terror-Datei, gemeinsame Projektdateien und Terrorismusbekämpfungsgesetz, NJW 2007, S. 876 (878).

1267 Roggan/Bergemann verweisen in ihrer Stellungnahme zu den Gesetzesentwürfen GDG und TBEG insbesondere auf die Möglichkeit, eine Gesundheitsbeeinträchtigung bereits in einer Ohrfeige oder dem „Starten schwerer Lastzüge in der Nacht in Wohngegenden“ zu sehen, vgl. Roggan/Bergemann, Stellungnahme zum GDG und TBEG, A.-Drs. 16 (4) 131 D, S. 13.

1268 *Ruhmannseder*, Informationelle Zusammenarbeit von Polizeibehörden und Nachrichtendiensten auf Grund des „Gemeinsame-Dateien-Gesetzes“, StraFo 2007, S. 184 (189).

1269 *Ruhmannseder*, Informationelle Zusammenarbeit von Polizeibehörden und Nachrichtendiensten auf Grund des „Gemeinsame-Dateien-Gesetzes“, StraFo 2007, S. 184 (189).

1270 Die abfragende Behörde hat die Daten in einem solchen Fall unverzüglich zu löschen oder zu sperren, vgl. § 5 Abs. 2 S. 6, 7 ATDG.

1271 Vgl. die Stellungnahme des Unabhängigen Landeszentrums für Datenschutz (ULD) Schleswig Holstein zum Gesetzesentwurf, unter I.3, abrufbar im Internet unter: http://www.datenschutzzentrum.de/polizei/stellungnahme-antiterrordatei.htm (zuletzt aufgerufen am 18.08.2009).

1272 Vgl. *Ruhmannseder*, Informationelle Zusammenarbeit von Polizeibehörden und Nachrichtendiensten auf Grund des „Gemeinsame-Dateien-Gesetzes“, StraFo 2007, S. 184 (190).

onalen Terrorismus aufgenommen hat, ist zwar der Einzelfallcharakter dieser Vorschrift besonders hervorgehoben worden. Der Gesetzgeber hat es darüber hinaus aber versäumt, nähere Angaben zur Bedeutung der Religionszugehörigkeit zu machen. In der Gesetzesbegründung heißt es dazu lediglich, dass *„Angaben zur Volks- und Religionszugehörigkeit (...) insbesondere dann für eine Identifikation einer Person oder im Eilfall von hohem Erkenntniswert sein“* können, *„wenn die Person einer Volks- oder Religionsgruppe angehört, mit der sich militante Gruppierungen oder Vereinigungen identifizieren.“*[1273] Tatsächlich ist in den weit überwiegenden Fällen von Terrorismus ein religiöser Bezug zu bejahen; der vom Gesetzgeber beabsichtigte Einzelfall einer Speicherung entwickelt sich damit in der Praxis zwangsläufig zur Regel.

Verfahrensrechtliche Regelungen
Zuletzt erscheinen bei der Beurteilung der Angemessenheit der Eingriffsnormen auch die verfahrensrechtlichen Regelungen im ATDG nicht ausreichend angesichts der Schwere der mit dem ATDG verbundenen Eingriffe. So liegt bereits die *Verantwortung* für die Zulässigkeit einer Abfrage allein bei der abfragenden Behörde selbst.[1274] Dies wirft insbesondere dann Fragen auf, wenn hochsensible Daten erhoben wurden und daraufhin – im Wege der Eilfallabfrage – ohne weitere Kontrolle von einer Behörde abgefragt und zu anderen Zwecken gebraucht werden. Gerade in einem solchen Fall der Zweckentfremdung bedarf es einer gründlichen Einzelfallprüfung, ob eine gesetzliche Grundlage gegeben ist und der Verhältnismäßigkeitsgrundsatz gewahrt wurde. Dies vermag die abfragende Behörde, die mangels Kennzeichnung keine Kenntnis von der hohen Sensibilität der Daten hat, gar nicht zu beurteilen. In diesem Zusammenhang ist zudem das Versäumnis des Gesetzgebers anzuführen, eine *Kennzeichnungspflicht* einzuführen; im vorliegenden Zusammenhang gebietet nämlich der Grundsatz der Zweckbindung, dass Herkunft und mögliche Verwendungsbeschränkungen übermittelter Daten kenntlich zu machen sind.[1275] Zwar sieht § 3 Abs. 2 ATDG eine Kennzeichnung der Daten vor, allerdings gilt dies nur für den Fall, dass die zu speichernden Daten aufgrund einer anderen Rechtsvorschrift zu kennzeichnen sind. Nur dann ist diese Kennzeichnung bei der Speicherung aufrechtzuerhalten.[1276]

Ebenso zu beachten ist die durch das ATDG geschaffene *Möglichkeit einer doppelten Speicherung*: Gemäß § 2 ATDG sind die beteiligten Behörden zur Speicherung bereits *erhobener* Daten verpflichtet. Das Gesetz differenziert also nicht danach, ob diese Daten bereits in anderen Systemen, wie etwa dem Nachrichtendienstlichen Informationssystem (NADIS) oder dem Informationssystem der Polizei (INPOL) abgespeichert

1273 BT-Drucks. 16/2950, S. 18.
1274 *Wolff/Scheffcyk*, Verfassungsrechtliche Fragen der gemeinsamen Antiterrordatei von Polizei und Nachrichtendiensten, JA 2008, S. 81 (87).
1275 Vgl. SächsVerfGH NVwZ 2006, S. 1310 ff.
1276 Auch die in § 6 Abs. 3 ATDG vorgesehene Kennzeichnung vermag hier nicht weiterzuhelfen, denn sie betrifft nur eine Kennzeichnung im Falle einer weiteren Verwendung der Daten.

worden sind, sie müssen lediglich erhoben worden sein.[1277] So unterliegen auch die Daten einer Speicherungspflicht, die bereits in einem anderen Datensystem hinterlegt sind. Dies bringt die Möglichkeit einer Doppelspeicherung und damit im Fall einer Speicherung von unrichtigen Daten oder Daten von Personen, die nur versehentlich in den Fokus der Ermittler geraten sind, einen doppelten Eingriff in das Recht auf informationelle Selbstbestimmung (ohne verfassungsrechtliche Rechtfertigung) mit sich.

Auch die zahlreichen *Verweise auf Übermittlungsvorschriften* der jeweiligen Fachgesetze sind im Rahmen der Abwägung zu kritisieren. So stellt die Zusammenführung der Daten der verschiedensten Sicherheitsbehörden diese Daten in einen neuen Regelungszusammenhang, der eigentlich die Schaffung eigener Übermittlungsvorschriften erforderlich macht, um sich in verfahrensrechtlicher Hinsicht den neuen Gegebenheiten entsprechend anpassen zu können.[1278]

Abschließend sind auch die in § 11 Abs. 2 und 4 ATDG zu findenden Verweise auf Lösch- bzw. Berichtigungsfristen der jeweils einschlägigen Fachgesetze der an der Datei beteiligten Behörden als unangemessen zu bewerten. Gesetzlich geregelt ist im ATDG lediglich eine Löschung von personenbezogenen Daten, *„wenn ihre Speicherung unzulässig ist oder ihre Kenntnis für die Aufklärung oder Bekämpfung des internationalen Terrorismus nicht mehr erforderlich ist“* (§ 11 Abs. 2 S. 2 ATDG). Damit mangelt es den Bestimmungen nicht nur an Normenklarheit, auch unter dem Gesichtspunkt der Verhältnismäßigkeit sind eigenständige Lösch- und Berichtigungsfristen für die Antiterrordatei zwingend erforderlich. Nur so kann dem durch die Regelungen des ATDG möglichen Grundrechtseingriff, der durch das Zusammenbringen von nachrichtendienstlichen mit polizeilichen Behörden ein besonderes Gewicht erhält, hinreichend Rechnung getragen werden.

(ff) Zusammenfassung und Ergebnis

Im Ergebnis zeigen die erhobenen Einwände, dass die Schwere der mit dem ATDG verbundenen Eingriffe außer Verhältnis zu dem mit dem Gesetz angestrebten Zweck steht.[1279] Dies muss auch vor dem Hintergrund der besonderen Bedeutung des Rechtsgutes Innere Sicherheit gelten. Denn der Schutz des demokratischen Rechtsstaates darf nicht durch eine zu starke und unverhältnismäßige Einschränkung der Grundrechte durchgesetzt werden.[1280]

1277 Vgl. dazu *Roggan/Bergemann*, Die „neue Sicherheitsarchitektur der Bundesrepublik Deutschland“ – Anti-Terror-Datei, gemeinsame Projektdateien und Terrorismusbekämpfungsgesetz, NJW 2007, S. 876 (877).

1278 Zwar ist fraglich, wie dies rein tatsächlich umzusetzen sein wird, da die für die jeweiligen Behörden zu beachtenden Besonderheiten sinnvoller Weise nicht in einer einzigen und klar verständlich formulierten Übermittlungsvorschrift untergebracht werden können. Dennoch ist die bestehende Verweisungstechnik unter dem Gesichtspunkt der Verständlichkeit und Bestimmtheit so nicht vertretbar.

1279 *Wolff/Scheffcyk*, Verfassungsrechtliche Fragen der gemeinsamen Antiterrordatei von Polizei und Nachrichtendiensten, JA 2008, S. 81 (88).

1280 *Wolff/Scheffcyk*, Verfassungsrechtliche Fragen der gemeinsamen Antiterrordatei von Polizei und Nachrichtendiensten, JA 2008, S. 81 (88).

Damit ist aber nicht das Gesetz als solches als unangemessen zu bewerten, sondern vielmehr nur die derzeitige Gestaltung der einzelnen Eingriffsnormen. Der Gesetzgeber hat es durch die Schaffung sehr niedriger Voraussetzungen zur Vornahme von Speicherung und Recherche versäumt, dem Grundrecht des Einzelnen von der Datei Betroffenen in ausreichendem Maße Beachtung zu schenken. So könnte bereits eine Anhebung der Eingriffsschwellen für eine Speicherung in der Datei und einen Abruf aus der Datei durch eine Änderung der einschlägigen Formulierungen einige der vorgebrachten Einwände entkräften und eine verfassungskonforme Lage schaffen.

2. Vereinbarkeit mit dem Trennungsgebot

Die durch das ATDG vorgesehenen informationsbezogenen Maßnahmen betreffen unterschiedliche Arten der Datenverarbeitung und -nutzung. Gegenstand der verfassungsrechtlichen Untersuchung soll deshalb nicht die bloße Errichtung einer solchen Verbunddatei sein; vielmehr sind die einzelnen, aufgrund des ATDG vorzunehmenden Informationsakte der Behörden jeweils auf ihre Konformität mit dem verfassungsrechtlichen Trennungsgebot zwischen Polizei und Nachrichtendiensten zu untersuchen.

Eine Prüfung kommt dabei primär unter drei verschiedenen Gesichtspunkten, die sich aus den Bestimmungen des ATDG ergeben, in Betracht: Zunächst ist die in § 2 ATDG vorgesehene *Speicherungspflicht* der an der Antiterrordatei beteiligten Behörden auf ihre Vereinbarkeit mit dem Trennungsgebot zu überprüfen. In einem weiteren Schritt soll der in § 5 des ATDG geregelte *Zugriff* der beteiligten Behörden auf die in der Antiterrordatei gespeicherten Daten auf seine Konformität mit dem Trennungsgebot hinterfragt werden. Zuletzt ist auch die *weitere Verwendung* der in der Antiterrordatei abgespeicherten Daten zu einem anderen Zweck als zur Wahrnehmung der Aufgabe zur Aufklärung oder Bekämpfung des internationalen Terrorismus (§ 6 Abs. 1 S. 2 ATDG) und ein damit möglicherweise verbundener Verstoß gegen das Trennungsgebot zu untersuchen.

Zu vernachlässigen ist eine Überprüfung des Informationsaktes nach § 7 ATDG. Das ATDG schafft insoweit nämlich keine neue gesetzliche Grundlage für die dort genannte *Übermittlung von Erkenntnissen* aufgrund eines Ersuchens nach § 6 Abs. 1 S. 1 ATDG. Diese richtet sich ausweislich des Wortlautes der Vorschrift nach den jeweils geltenden Übermittlungsvorschriften in den Fachgesetzen.

Wie bereits dargelegt wurde, besteht das Trennungsgebot aus verschiedenen Ausformungen, die sich in eine organisationsrechtliche, eine funktionale, eine befugnisrechtliche und eine informationell-funktionale bzw. informationell-befugnisrechtliche Trennung unterteilen lassen. Zur besseren Übersicht und um Wiederholungen zu vermeiden, soll die Prüfung sich an diesen verschiedenen Ausformungen des Trennungsgebotes orientieren.

a. Befugnisrechtliche Trennung[1281]

Die Trennung der polizeilichen und nachrichtendienstlichen Sicherheitsbehörden auf befugnisrechtlicher Ebene bedeutet, dass die Nachrichtendienste nicht polizeiliche Exekutivbefugnisse ausüben dürfen. Darunter fallen die Festnahme-, Durchsuchungs- und Beschlagnahmerechte[1282], im Wesentlichen also „die Ausübung von Zwang im gegenständlich-körperlichen Bereich.“[1283] Auf der anderen Seite dürfen die Nachrichtendienste auch keine Weisungen an die polizeilichen Sicherheitsbehörden erteilen oder diese auf andere Weise – zum Beispiel im Wege eines Amtshilfeersuchens – zur gezielten Erlangung von Funden für nicht-nachrichtendienstliche Zwecke einsetzen.[1284]

Richtigerweise ergibt sich aus der befugnisrechtlichen Ebene des Trennungsgebotes aber auch, dass den Polizeibehörden umgekehrt grundsätzlich keine besonderen Informationsbefugnisse, die originär und allein den Nachrichtendiensten vorbehalten sind, zugestanden werden dürfen.[1285] Denn nur im Falle von beidseitiger Beachtung ergibt eine befugnisrechtliche Trennung Sinn.[1286]

Im Weiteren ist nun zu prüfen, inwiefern die einzelnen im ATDG vorgesehenen Informationsakte der Speicherung, des Zugriffnehmens und der weiteren Verwendung mit der befugnisrechtlichen Ausgestaltung des Trennungsgebotes zu vereinbaren sind.

(1) Speicherungspflicht (§ 2 ATDG)

Die an der Antiterrordatei beteiligten Behörden sind gemäß § 2 ATDG (Inhalt der Antiterrordatei und Speicherungspflicht) verpflichtet, bestimmte bereits erhobene Daten in der Antiterrordatei zu speichern, wenn die Kenntnis dieser Daten für die Aufklärung oder Bekämpfung des internationalen Terrorismus mit Bezug zur Bundesrepublik Deutschland erforderlich ist.

Eine Verletzung der befugnisrechtlichen Ausformung des Trennungsgebotes ist im Hinblick auf die Speicherungspflicht ausgeschlossen. Die Pflicht allein, Daten abzuspeichern, das heißt aus dem eigenen Zugriffsbereich herauszulösen und in ein neues elektronisches Medium zu integrieren, kann noch keinen Verstoß gegen das Trennungsgebot als Befugnisabgrenzung darstellen. Durch diesen Informationsakt werden nicht die der jeweils Daten speichernden Sicherheitsbehörde zustehenden Befugnisse begrenzt oder in irgendeiner Form erweitert.

1281 Vgl. zur befugnisrechtlichen Ebene des Trennungsgebotes die Ausführungen unter Kapitel 3 - E.I.

1282 *Roewer*, Nachrichtendienstrecht der Bundesrepublik Deutschland, § 3 BVerfSchG, Rn. 199 ff.

1283 *Borgs-Maciejewski/Ebert*, Das Recht der Geheimdienste, § 3 BVerfSchG, Rn. 137.

1284 *Ruhmannseder*, Informationelle Zusammenarbeit von Polizeibehörden und Nachrichtendiensten auf Grund des „Gemeinsame-Dateien-Gesetzes“, StraFo 2007, S. 184.

1285 Eine Ausnahme kann hier vorliegen, wenn den Polizeibehörden von Gesetzes wegen bestimmte Informationsbefugnisse zugestanden werden, vgl. dazu die Ausführungen unter Kapitel 3 - E.I.2.

1286 Vgl. dazu die Ausführungen unter Kapitel 3 - E.I.2.

(2) Zugriff auf die Daten der Antiterrordatei (§ 5 ATDG)

§ 5 des ATDG ordnet an, dass die beteiligten Behörden die in der Antiterrordatei gespeicherten Daten im automatisierten Verfahren nutzen dürfen, soweit dies zur Erfüllung der jeweiligen Aufgaben zur Aufklärung oder Bekämpfung des internationalen Terrorismus erforderlich ist. Die beteiligten Behörden erhalten demnach infolge ihrer Recherche in der Regel Zugriff auf die in der Antiterrordatei abgespeicherten Grunddaten.[1287]

Allein durch die vom Gesetzgeber vorgesehene Möglichkeit eines Zugriffnehmens auf Daten kann kein Eingriff in die befugnisrechtliche Komponente des Trennungsgebotes bejaht werden. Ein Verstoß gegen den befugnisrechtlichen Bereich des Trennungsgebotes wäre nur dann anzunehmen, wenn etwa die an der Datei beteiligten Nachrichtendienste im Rahmen ihrer Mitarbeit an der Datei in irgendeiner Form polizeiliche Zwangsbefugnisse einsetzen dürften. Durch ihre Recherchearbeit und den darauf folgenden Zugriff auf die in der Antiterrordatei gespeicherten Daten erhalten aber die verschiedenen Sicherheitsbehörden keine zusätzlichen Befugnisse, sondern dürfen auch weiter nur in dem gesetzlich in den jeweiligen Fachgesetzen bereits festgelegten Rahmen ihre Aufgaben erfüllen. Ein Verstoß gegen das Trennungsgebot als Befugnisabgrenzung ist durch das Zugriffnehmen auf den Datenbestand im Ergebnis abzulehnen.

(3) Weitere Verwendung der Daten (§ 6 Abs. 1 S. 2 ATDG)

Nach § 6 Abs. 1 S. 2 ATDG ist eine Verwendung der Daten *„zu einem anderen Zweck als zur Wahrnehmung ihrer jeweiligen Aufgabe zur Aufklärung oder Bekämpfung des internationalen Terrorismus“* zulässig, soweit dies *„zur Verfolgung einer besonders schweren Straftat oder zur Abwehr einer Gefahr für Leib, Leben, Gesundheit oder Freiheit einer Person erforderlich ist“* (Nr. 1) und weiter *„die Behörde, die die Daten eingegeben hat, der Verwendung zustimmt“* (Nr. 2).

Nach dieser Regelung dürfen die in der Antiterrordatei gespeicherten Daten also über ihren primären Speicherungszweck hinaus, der in der Verwendung im Bereich der präventiven Terrorismusbekämpfung zu sehen ist, auch für Zwecke der allgemeinen Gefahrenabwehr oder Strafverfolgung verwendet werden. Das bedeutet, dass die gespeicherten Daten auch an allgemeine Polizeivollzugsbehörden oder die Staatsanwaltschaften gelangen können. Damit erweitert sich der Kreis der Behörden, die die Möglichkeit einer Kenntnisnahme der in der Antiterrordatei gespeicherten Daten haben.

Die weitere Verwendung der in der Antiterrordatei vorhandenen Daten führt aber ebenfalls nicht unmittelbar zu einem Verstoß gegen die befugnisrechtliche Ausprä-

---

1287 Auf die zu Personen gespeicherten erweiterten Grunddaten kann die abfragende Behörde im Falle eines Treffers Zugriff erhalten, wenn die Behörde, die die Daten eingegeben hat, dies im Einzelfall auf Ersuchen gewährt. Die Entscheidung hierüber richtet sich nach den jeweils geltenden Übermittlungsvorschriften (vgl. § 5 Abs. 1 S.3 ATDG). Ausnahmen können sich im Falle von verdeckt oder beschränkt gespeicherten Daten ergeben, vgl. § 4 ATDG.

gung des Trennungsgebotes. Durch die weitere Verwendungsmöglichkeit werden weder den Nachrichtendiensten polizeiliche Befugnisse oder Weisungsbefugnisse, die zu traditionellen Zwangsmaßnahmen führen, gewährt, noch erhält die Polizei hier besondere Informationsbefugnisse, die originär den Nachrichtendiensten zukommen. Einzig erleichtert wird die Kenntnisnahme anderer, nicht an der Antiterrordatei beteiligter Ermittlungsbehörden, mit dem Zweck, verdächtige Sachverhalte schneller identifizieren und Abwehrmaßnahmen einleiten zu können. Eine Befugniserweiterung der an der Antiterrordatei beteiligten Sicherheitsbehörden findet nicht statt.

(4) Ergebnis

Die befugnisrechtliche Ausformung des Trennungsgebotes wird durch die im ATDG angeordneten Informationsakte der Speicherung, des Zugriffnehmens und der weiteren Verwendung der Daten nicht berührt.

b. Organisationsrechtliche Trennung[1288]

Eine Angliederung nachrichtendienstlicher Stellen an polizeiliche Dienststellen ist nach der organisationsrechtlichen Ausprägung des Trennungsgebotes untersagt. Umgekehrt soll aber auch keine Polizeidienststelle einer nachrichtendienstlichen Behörde unter- oder nachgeordnet sein.[1289]

Die Integration der Arbeitsabläufe von Nachrichtendiensten und Polizeien innerhalb einer Organisation hätte die Umgehung des Trennungsgebotes zur Folge. Nicht zulässig ist also nach dieser – auch einfachgesetzlich geregelten Ausformung des Trennungsgebotes[1290] – die Schaffung einer gemeinsamen Institution, unter deren Dach Polizeibehörden und Nachrichtendienste zusammenarbeiten.[1291]

Anhand der verschiedenen durch das ATDG vorgesehenen Akte der Speicherung, des Zugriffnehmens und der weiteren Verwendung für andere Zwecke ist nun zu untersuchen, ob diese eine Verletzung der organisationsrechtlichen Ausgestaltung des Trennungsgebotes begründen.

1288 Vgl. die ausführliche Darstellung der organisationsrechtlichen Ebene des Trennungsgebotes unter Kapitel 3 - E.II.

1289 *Albert*, Das „Trennungsgebot" – ein für Polizei und Verfassungsschutz überholtes Entwicklungskonzept?, ZRP 1995, S. 105; *Gröpl*, Die Nachrichtendienste im Regelwerk der deutschen Sicherheitsverwaltung. Legitimation, Organisation und Abgrenzungsfragen, S. 301; *Gusy*, Das gesetzliche Trennungsgebot zwischen Polizei und Verfassungsschutz, DV 24 (1991), S. 467 (483).

1290 Vgl. etwa § 2 Abs. 1 S. 3 BVerfSchG: "Das Bundesamt für Verfassungsschutz darf einer polizeilichen Dienststelle nicht angegliedert werden."

1291 *Borgs-Maciejewski/Ebert*, Das Recht der Geheimdienste, § 3 BVerfSchG, Rn. 130.

(1) Speicherungspflicht (§ 2 ATDG)

Weil durch sie die Arbeitsabläufe von Polizeien und Nachrichtendiensten nicht innerhalb einer Organisation integriert werden, verstößt die in § 2 ATDG angeordnete Speicherungspflicht – jedenfalls auf den ersten Blick – nicht gegen die organisationsrechtliche Ausformung des Trennungsgebotes. Es erfolgt keine Angliederung an eine andere Dienststelle.

Allerdings kann in der Einstellung der Daten ein erster Schritt in Richtung einer organisatorischen Verbindung der verschiedenen Sicherheitsbehörden gesehen werden. Die Antiterrordatei wird nämlich von den einzelnen, daran beteiligten Stellen als ein *organisatorisches* Datensystem zum Austausch von Informationen betrieben. Damit steht die Datei *„an der Schwelle zu einer Einschränkung der organisatorischen Trennung“*[1292] der Sicherheitsbehörden. Da aber gemäß § 2 Satz 1 und § 4 Abs. 1 Satz 2 ATDG die beteiligten Stellen die Daten in eigener Verantwortung und Zuständigkeit speichern[1293] und damit nicht in einer Organisationseinheit zusammengefasst werden, sondern weiter selbständig innerhalb des eigenen Organisationsbereiches bleiben[1294], wird diese Schwelle nicht überschritten. Die Pflicht zur Speicherung von Informationen in der Antiterrordatei begründet keineswegs die personelle Verflechtung von Polizei und Nachrichtendiensten.

Die Speicherungspflicht bzw. der Akt der Einspeicherung durch die verschiedenen nachrichtendienstlichen und polizeilichen Behörden stellt damit im Ergebnis keinen Verstoß gegen das organisationsrechtliche Element des Trennungsgebotes dar.

(2) Zugriff auf die Daten der Antiterrordatei (§ 5 ATDG)

In der unter § 5 des ATDG vorgesehenen Zugriffsmöglichkeit auf die Daten in der Antiterrordatei ist nicht bereits ein Verstoß gegen die organisationsrechtliche Komponente des Trennungsgebotes zu sehen. Diese Nutzung der Antiterrordatei durch eine Behörde bewirkt keinen Übergriff auf die Zuständigkeitsbereiche einer anderen Behörde, der mit einer Angliederung an eine andere Dienststelle gleichzusetzen wäre. Auch lässt sich vertreten, dass die einzelnen Sicherheitsbehörden nur deshalb Zugriff auf die in der Antiterrordatei vorhandenen Daten nehmen müssen, weil sie organisatorisch getrennt sind und ihnen der Datenbestand nicht zur Verfügung steht. Mit anderen Worten folgt das Zugriffnehmen auf die abgespeicherten Daten nach den Vorgaben des ATDG gerade aus der organisatorischen Trennung der Sicherheitsbehörden und setzt diese somit gleichsam voraus.[1295] Letztlich unterscheidet sich das Zugriffnehmen auf die in der Antiterrordatei vorhandenen Datenbestände von den bisherigen in den

---

1292 *Poscher*, Stellungnahme zum GDG und TBEG, A-Drs. 16(4)131 J, S. 3 f.

1293 Daneben obliegt jeder beteiligten Behörde die Aufgabe des Quellenschutzes und die datenschutzrechtliche Verantwortung (insbesondere für die Rechtmäßigkeit der Erhebung, die Richtigkeit und Aktualität der Daten und die Zulässigkeit einer Abfrage), vgl. §§ 4, 8 ATDG.

1294 Die eingebende Behörde entscheidet überdies selbständig über die Berichtigung und Löschung der Daten, vgl. § 11 ATDG.

1295 Vgl. auch *Stubenrauch*, Gemeinsame Verbunddateien von Polizei und Nachrichtendiensten. Eine verfassungsrechtliche Untersuchung am Beispiel der Antiterrordatei, S. 51.

einschlägigen Fachgesetzen vorgesehenen Möglichkeiten, an Informationen anderer Behörden zu gelangen, dadurch, dass die Daten weitgehend automatisch über elektronische Medien ermittelt werden. Bislang erfolgte der Informationsaustausch über mündliche oder schriftliche Anfragen bei der jeweiligen Behörde.[1296] Organisationsrechtliche Auswirkungen hat die mit Hilfe der Antiterrordatei geschaffene moderne Form der Datenübermittlung in Form eines Zugriffnehmens auf einen vorhandenen Datenbestand jedoch nicht.

(3) Weitere Verwendung der Daten (§ 6 Abs. 1 S. 2 ATDG)

Diese vom ATDG in § 6 ATDG vorgesehene weitere Nutzungsmöglichkeit der Daten begründet ebenfalls nicht die Gefahr einer organisationsrechtlichen Verflechtung der verschiedenen Sicherheitsbehörden, da dadurch keine Möglichkeiten eines Zugriffs in den Organisationsbereich einer anderen Sicherheitsbehörde geschaffen wird. Die einzelnen, an der Strafverfolgung oder allgemeinen Gefahrenabwehr beteiligten Behörden arbeiten bei der Verwendung der in der Antiterrordatei hinterlegten Daten weiter eigenständig auf der Grundlage der einschlägigen Fachgesetze und damit unabhängig von den anderen Sicherheitsbehörden. Eine Zusammenlegung in einer Organisationseinheit ist nicht vorgesehen. Das Gebot der organisatorischen Trennung von Polizei und Nachrichtendiensten steht damit der weiteren Verwendung der Daten nach § 6 ATDG nicht entgegen.

(4) Ergebnis

Auch das organisationsrechtliche Trennungsgebot wird durch die Speicherung, das Zugriffnehmen auf die Daten in der Antiterrordatei und die weitere Verwendung der Daten zu anderen Zwecken nicht tangiert.

c. Funktionale Trennung[1297]

Wie bereits dargelegt, hätte die Integration der Arbeitsabläufe von Nachrichtendiensten und Polizei innerhalb einer Organisation die Umgehung des Trennungsgebotes zur Folge. Dieses Gebot wäre indes unvollständig, wenn es nicht zugleich eine Abgrenzung der Aufgaben von Polizei und Nachrichtendiensten beinhalten würde.[1298] Dem verfassungsrechtlichen Trennungsgebot lässt sich daher auch eine funktionale Komponente entnehmen, die immer dann verletzt wird, wenn Polizei und Nachrichtendienste außerhalb ihres primären Aufgabenbereiches und in dem Aufgabengebiet der jeweils anderen Sicherheitsbehörde tätig werden. Eine Ausnahme von dieser Regel bildet dabei ein gesetzlich legitimiertes Tätigwerden innerhalb des originär der jeweils anderen

1296 Vgl. etwa §§ 17 ff. BVerfSchG.

1297 Zu der funktionalen Ebene des Trennungsgebotes vgl. die Ausführungen unter Kapitel 3 - E.III.

1298 SächsVerfGH NVwZ 2005, S. 1310 (1312).

Sicherheitsinstitution zukommenden Aufgabengebietes, wenn dieses Tätigwerden einen Bezug zu der spezifischen primär zugewiesenen Aufgabe dieser Sicherheitsbehörde aufweist. Im Fall der Nachrichtendienste ist dies ein Bezug zum Staats- und Verfassungsschutz; für die Polizeibehörden gilt, dass ein gewisser Gefahrenbezug gegeben sein muss, das heißt zumindest Anhaltspunkte für das Vorliegen einer (erheblichen) Straftat.

Im Folgenden ist zu untersuchen, ob die in § 2 ATDG angeordnete Speicherungspflicht und die Möglichkeit des Zugriffnehmens nach § 5 ATDG sowie die weitere Verwendung gemäß § 6 Abs. 1 S. 2 ATDG mit der funktionalen Ausprägung des Trennungsgebotes vereinbar ist.

(1) Speicherungspflicht (§ 2 ATDG)

Fraglich ist, ob durch die in § 2 ATDG angeordnete Speicherung ein Verstoß gegen die funktionale Ebene des Trennungsgebotes begründet wird.

Da durch die Einstellung der Daten allerdings kein unzulässiger Übergriff einer beteiligten Behörde in den Aufgaben- und Zuständigkeitsbereich einer anderen beteiligten Behörde stattfindet, führt die bloße Speicherung von Daten in der Antiterrordatei nicht zu einer Verletzung der funktionalen Ausformung des Trennungsgebotes.

Überdies kann durch den bloßen Akt der Speicherung schon rein technisch kein Übergriff in den Aufgabenbereich der anderen Sicherheitsbehörde erfolgen. Zwar wird die Antiterrordatei beim BKA geführt, mithin gelangen die Daten durch die Speicherung gleichsam in die „räumliche Sphäre“ einer Polizeibehörde. Das Einstellen von Daten durch die Nachrichtendienste bedeutet dabei aber keineswegs einen Eingriff in den Aufgabenbereich dieser Sicherheitsbehörde.[1299]

(2) Zugriff auf die Daten der Antiterrordatei (§ 5 ATDG)

Fraglich ist, ob diese Einschätzung auch auf den Zugriff auf die Daten in der Antiterrordatei übertragen werden kann oder ob darin eine unzulässige Vermischung der Aufgabenbereiche von Nachrichtendiensten und Polizei begründet ist. Hintergrund ist, dass in der Antiterrordatei Daten hinterlegt werden, die die daran beteiligten Behörden aufgrund und innerhalb des ihnen zustehenden Aufgabenbereiches erhoben haben. Zumindest die Grunddaten[1300] sind durch die mit § 5 ATDG geschaffene Zugriffsmöglichkeit für alle anderen Sicherheitsbehörden unmittelbar abrufbar.

In einem behördlichen Zugriff aber bereits einen Übergriff in den Aufgabenbereich der jeweils anderen Behörde zu sehen, der nicht durch einen besonderen Bezug zu der Primäraufgabe der abfragenden Behörde gerechtfertigt ist, würde die Vorgaben des Trennungsgebotes im Hinblick auf die rein funktionale Ausprägung überdehnen. Die

---

1299 Nach der Gesetzesbegründung verfügte das BKA bereits über die technische Plattform, einschließlich der dazu notwendigen Software und wurde deshalb als Standort der Datei gewählt, vgl. BT-Drucks. 16/2950, S. 14.

1300 Sofern keine verdeckte oder beschränkte Speicherung nach § 4 ATDG vorgenommen wurde.

Tatsache, dass eine Behörde Daten aus der Antiterrordatei gewinnt und diese zum Zwecke der Terrorismusbekämpfung bzw. -aufklärung nutzt, kann nicht gleichgesetzt werden mit einem wirklichen Eingriff in den Aufgabenbereich der anderen Behörde. Dieser wäre nur dann zu bejahen, wenn beispielsweise die Polizei Daten abfragt, die sie sodann im (alleinigen) Aufgabenbereich der Nachrichtendienste nutzt, um weitere Informationen zu sammeln und auszuwerten über Bestrebungen, die gegen die freiheitliche demokratische Grundordnung, den Bestand oder die Sicherheit des Bundes oder eines Landes gerichtet sind, mithin typische Aufgaben der Nachrichtendienste wahrnimmt. Durch § 5 ATDG wird allerdings lediglich die Möglichkeit eines Zugriffs auf die in der Antiterrordatei gespeicherten Daten geschaffen, aber keineswegs die weitere Verwendung etwa im Aufgabenbereich der anderen Sicherheitsbehörde ermöglicht.

Damit findet ein Übergriff in den Aufgabenbereich der anderen beteiligten Sicherheitsbehörden durch den *Zugriff* auf die Datei gerade nicht statt; dieser Zugriff ist also mit der funktionalen Ausprägung des Trennungsgebotes ohne weiteres vereinbar.

(3) Weitere Verwendung der Daten (§ 6 Abs. 1 S. 2 ATDG)

Die in § 6 ATDG vorgesehene weitere Verwendung der Daten geht mit der funktionalen Ausprägung des Trennungsgebotes ebenfalls konform. Es sind keine Anhaltspunkte ersichtlich, weshalb eine Verwendung der Daten durch andere Behörden bzw. zu anderen Zwecken in irgendeiner Form Auswirkungen auf das Gebot der funktionalen Trennung von Nachrichtendiensten und Polizei haben sollte. Dies gilt selbst dann, wenn eine Stelle Informationen erhalten hat, die eine andere Stelle innerhalb des ihr allein zustehenden Aufgabenbereiches gewonnen hat. Denn die Verwendung der auf diese Weise erhaltenen Daten begründet ja keinen Eingriff in den Aufgabenbereich dieser Behörde, wenn die Behörde diese Daten nun zu eigenen Zwecken und innerhalb des eigenen Aufgabenbereiches einsetzt.[1301] Eine andere Sichtweise würde wiederum die Vorgaben des funktionalen Trennungsgebotes in unzulässiger Weise überdehnen.

(4) Ergebnis

Auch die funktionenbezogene Trennung zwischen Polizei und Nachrichtendiensten wird durch keinen der im ATDG vorgesehenen Informationsakte der Speicherung, des Zugriffnehmens und der weiteren Verwendung zu anderen Zwecken beeinflusst.

1301 Mit anderer Begründung sieht dies auch *Stubenrauch* so, geht allerdings – ohne nähere Ausführungen – davon aus, dass einer beteiligten Behörde, die einmal zweckgemäß auf eine Verbunddatei zugegriffen hat, die dabei erhaltenen Daten zur weiteren Verfügung stehen, als habe sie diese Daten selbst rechtmäßig im Rahmen ihres Aufgabengebietes erhoben, vgl. *Stubenrauch*, Gemeinsame Verbunddateien von Polizei und Nachrichtendiensten. Eine verfassungsrechtliche Untersuchung am Beispiel der Antiterrordatei, S. 55.

d. Informationell-befugnisrechtliche Trennung[1302]

Eng verknüpft mit dem Trennungsgebot auf befugnisrechtlicher Ebene ist die Trennung auch im informationellen Bereich. Wird vom Trennungsgebot eine befugnisrechtliche Trennung von Polizeien und Nachrichtendiensten gefordert, so würde dieses Gebot umgangen, wenn durch den Informationsaustausch ein Zustand herbeigeführt würde, welcher diese Trennung zwar nicht der Form, aber der Sache nach aufhebt.[1303] Da das befugnisrechtliche Trennungsgebot sicherstellen soll, dass polizeiliche Exekutivbefugnisse nur von den Polizeien eingesetzt werden und Nachrichtendienste umgekehrt nur selbst ihre (geheimen) Informationsbefugnisse nutzen sollen, so liefe dieses Gebot weitgehend leer, wenn Erkenntnisse der Polizei pauschal und ohne besondere Voraussetzungen den Nachrichtendiensten zugänglich gemacht würden. Dies gilt auch im Verhältnis Nachrichtendienste zu Polizei. Ein solcher Informationsaustausch muss vielmehr unter der Prämisse stehen, dass die Daten empfangende Behörde die bei der ursprünglichen Gewinnung der gewünschten Informationen verwendeten Methoden auch selbst hätte einsetzen können.

Eine Ausnahme ist jedoch anzuerkennen für den Fall, dass die Polizei aus eigenem Recht und zu eigenen Zwecken tätig wird und im Rahmen ihres Aufgabenbereiches unter Einsatz von Zwangsbefugnissen für den Nachrichtendienst relevante Informationen erhält. Diese dürfen übermittelt werden, da hier ausgeschlossen ist, dass der Nachrichtendienst Kontrollrechte gegenüber dem Bürger erlangt.[1304] Ein Verstoß gegen das Trennungsgebot kann also nur bejaht werden, wenn die Befugnisse einer anderen Behörde von vornherein und allein für die Zwecke einer Stelle instrumentalisiert werden, die über diese Kompetenzen nicht verfügt.[1305]

Wiederum gilt es zu überprüfen, ob die Akte der Speicherung, des Zugriffnehmens und der weiteren Verwendung gegen die informationell-befugnisrechtlich gebotene Trennung zwischen Polizei und Nachrichtendiensten verstoßen.

(1) Speicherungspflicht (§ 2 ATDG)

Fraglich ist, wie sich die Speicherungspflicht auf die informationell-befugnisrechtliche Ebene des Trennungsgebotes auswirkt.

Die Behörden werden durch das ATDG verpflichtet, für die Terrorismusbekämpfung relevante Daten abzuspeichern (§ 2 ATDG). Die Einstellung der Daten ist damit eine (wenn nicht die) Grundvoraussetzung für die spätere Abrufbarkeit der Daten durch andere Sicherheitsbehörden. Zudem werden die Daten durch den Prozess der Speicherung in einer *Verbunddatei* von Nachrichtendiensten und Polizei zusammenge-

---

1302 Vgl. zu der informationellen Ebene des Trennungsgebotes die Ausführungen unter Kapitel 3 - E.IV.

1303 *Gusy*, Das verfassungsrechtliche Gebot der Trennung von Polizei und Nachrichtendiensten, ZRP 1987, S. 45 (49).

1304 Vgl. dazu die Ausführungen unter Kapitel 3 - E.IV.2.a(1)(b).

1305 *Möstl*, Stellungnahme zum GDG und TBEG, A-Drs. 16(4)131 A, S. 5.

führt, die sich auch noch bei einer *polizeilichen* Einrichtung, nämlich dem BKA befindet.

Die Informationseinspeicherung stellt allerdings „nur" die letzte Stufe vor dem eigentlichen Informationsaustausch in Form eines Zugriffnehmens auf diese Daten dar, mithin das „Vorbereitungsstadium", in dem die Daten – ohne eine entsprechende Kennzeichnung zu erhalten[1306] – mit anderen Daten vermischt und zum Abruf durch andere Behörden bereitgestellt werden; ein Zugriff auf diese Daten wird dadurch gerade nicht ermöglicht. In der Folge begründet die Speicherung allein keinen Verstoß gegen das Trennungsgebot. Die aus § 2 ATDG folgende Speicherungspflicht ist daher mit der informationell-befugnisrechtlichen Ebene des Trennungsgebotes durchaus vereinbar.

(2) Zugriff auf die Daten der Antiterrordatei (§ 5 ATDG)

Die Möglichkeit des Datenzugriffs muss im Hinblick auf die sich aus der befugnisrechtlichen Ausformung des Trennungsgebotes ergebenden Trennung von Polizei und Nachrichtendiensten auch auf informationeller Ebene als äußerst problematisch eingestuft werden.

Hintergrund ist, dass in der Antiterrordatei nach § 2 ATDG alle bereits erhobenen Daten mit Terrorismusbezug abgespeichert werden. Die Speicherungsverpflichtung differenziert dabei nicht danach, welche Methoden die Behörden zur Datenerhebung eingesetzt haben. Die Pflicht zur Speicherung ist vielmehr „genereller Natur" und es erfolgt auch keine entsprechende Kennzeichnung der Daten, die erkennen ließe, unter Einsatz welcher Befugnisse die Informationen erlangt wurden. Auch die Zugriffsregelung in § 5 ATDG unterscheidet nicht nach etwaigen Befugnissen der Daten abfragenden oder einstellenden Behörde, sondern beschränkt sich auf die Formulierung: *„Die beteiligten Behörden dürfen die in der Antiterrordatei gespeicherten Daten im automatisierten Verfahren nutzen, soweit dies zur Erfüllung der jeweiligen Aufgaben (...) erforderlich ist."*

Um eine Vereinbarkeit mit dem Trennungsgebot zu erreichen, ist hier im Rahmen eines Zugriffnehmens auf die in der Antiterrordatei gespeicherten Daten aber sehr wohl zu differenzieren: Wie bereits erarbeitet wurde, ist maßgebliche Vorgabe der informationell-befugnisrechtlichen Ausprägung des Trennungsgebotes, dass Daten, die im Wege des gezielten Beauftragens von Polizeien (durch die Nachrichtendienste) unter Einsatz von polizeilichen Exekutivbefugnissen erlangt werden, nicht an die Nachrichtendienste weitergegeben werden dürfen, da ihnen die entsprechenden Zwangsbefugnisse gerade nicht zustehen. Weiter soll die Übermittlung solcher Informationen an die Polizeien unterbunden werden, die die Nachrichtendienste durch ihnen allein zustehende nachrichtendienstliche Mittel erlangt haben. Durchaus zulässig ist jedoch ein Transfer von Daten, die die Polizei aus eigenem Recht unter Einsatz von Zwangsmit-

---

1306 Nach § 3 Abs. 2 ATDG ist zwar eine Kennzeichnungspflicht vorgesehen, diese bezieht sich jedoch nur auf eine bereits durch andere Rechtsvorschriften vorgesehene Kennzeichnungspflicht, die im Falle einer Speicherung in der Antiterrordatei aufrecht zu erhalten ist.

teln erlangt hat, ohne zuvor von den Nachrichtendiensten um die Erhebung dieser Daten ersucht worden zu sein.

Da in der Antiterrordatei keine verfahrensrechtlichen Vorkehrungen getroffen wurden, um die verschiedenen Datenbestände in unterschiedlichen und voneinander getrennten Katalogen zu kategorisieren, sondern vielmehr der Zugriff für alle Behörden gleichermaßen ermöglicht wird, kann nicht ausgeschlossen werden, dass durch den Abfrageprozess der in der Antiterrordatei gespeicherten Daten die abfragende Behörde Informationen erhält, die sie unter Berücksichtigung der ihr zustehenden Befugnisse nicht hätte erlangen können. Dies gilt insbesondere im Hinblick auf solche Daten, die eine andere Behörde unter Einsatz von der abfragenden Behörde nicht zustehenden Befugnissen – beispielsweise polizeilichen Exekutivbefugnissen – gewonnen hat. Wenn nun ein abfragender Nachrichtendienst an diese Informationen durch Zugriff auf die Antiterrordatei gelangt, liegt ein deutlicher Verstoß gegen das Trennungsgebot auf informationell-befugnisrechtlicher Ebene vor.

Ein mit dem Trennungsgebot vereinbarer Abruf von Daten aus einer Verbunddatei setzt also voraus, dass die abrufende Behörde die gewünschten Informationen in rechtlich zulässiger Weise hätte erheben dürfen, das heißt, dass die dabei von der einstellenden Behörde eingesetzten Methoden auch von der abrufenden Behörde hätten verwendet werden dürfen.

Im Bereich der Antiterrordatei liegt ein Verstoß gegen das informationell-befugnisrechtliche Trennungsgebot demgemäß immer dann vor, wenn Sicherheitsbehörden Informationen abrufen, die sie selbst auf Basis der ihnen zustehenden Befugnisse nicht hätten erheben dürfen. Eine Ausnahme ist jedoch für den Fall anzuerkennen, dass Daten von der Polizei in rechtlich zulässiger Weise erlangt wurden und ohne vorherigen gezielten Auftrag der Nachrichtendienste. Diese Daten dürfen auch aus der Antiterrordatei von den Nachrichtendiensten abgerufen werden.

Mangels einer entsprechenden Regelung im ATDG beschränkt sich die Datenmenge in der Antiterrordatei aber gerade nicht nur auf die Schnittmenge der Daten, über die sowohl Polizei als auch Nachrichtendienste verfügen dürfen und die durch Methoden erhoben worden sind, welche auch den anderen beteiligten Behörden kraft Gesetzes zur Verfügung stehen. Zusammenfassend lässt sich demnach festhalten, dass in dem durch § 5 ATDG geregelten Zugriff auf die Daten der Antiterrordatei ein Verstoß gegen das Trennungsgebot im informationell-befugnisrechtlichen Sinne liegt. Auf einer systematischen und teilweise automatisierten Basis werden solchen Behörden Informationen zum Abruf bereitgestellt, die diese für ihre eigenen Zwecke nicht hätten erheben dürfen.

(3) Weitere Verwendung der Daten (§ 6 Abs. 1 S. 2 ATDG)

Auch die in § 6 des ATDG vorgesehene weitere Verwendung der in der Antiterrordatei vorhandenen Daten begründet die Gefahr eines Verstoßes gegen das informationell-befugnisrechtliche Trennungsgebot. Da eine generelle Speicherungspflicht für alle terrorismusrelevanten Daten angeordnet ist (§ 2 ATDG), kann nicht ausgeschlossen werden, dass durch den Zugriff und eine weitere Verwendung der Daten, die unter Einsatz von spezifischen Befugnissen erlangt worden sind, diese Daten in den Kenntnisbereich solcher Behörden gelangen, die nicht über entsprechende Kompetenzen zur Erhebung derselben verfügen.

Erschwerend kommt hinzu, dass der Kreis der ursprünglich beteiligten Behörden nach § 1 ATDG hier zusätzlich erweitert wird. § 6 Abs. 4 ATDG regelt die Möglichkeit einer Übermittlung an den Generalbundesanwalt für die Zwecke der Strafverfolgung, wenn das BKA oder die LKA auf Ersuchen oder im Auftrag des Generalbundesanwalts die Antiterrordatei nutzen. In diesem Bereich der weiteren Verwendung kann angesichts der derzeit geltenden gesetzlichen Bestimmungen ebenso wenig verhindert werden, dass Daten, die im Wege des Zwangsmitteleinsatzes oder durch den Einsatz von nachrichtendienstlichen Mitteln gewonnen wurden, solchen Behörden bekannt werden, die diese selbst nicht hätten einsetzen dürfen.

Die vom ATDG in § 6 Abs. 1 S. 2 vorgesehene weitere Nutzungsmöglichkeit der Daten führt damit zu der Möglichkeit einer unzulässigen informationellen Verflechtung der verschiedenen Sicherheitsbehörden. Das Trennungsgebot wäre unvollständig, wenn es nicht zugleich eine Abgrenzung der verschiedenen von Polizei und Nachrichtendiensten erhobenen Daten beinhalten würde. Nur so kann vermieden werden, dass Daten, die unter Einsatz spezifischer, der jeweiligen Sicherheitsbehörde vorbehaltenen Befugnisse gewonnen werden, nicht ungehindert an eine andere Stelle weitergegeben werden. Im Ergebnis verstößt also auch der in § 6 Abs. 1 S. 2 ATDG geregelte Informationsakt der weiteren Verwendung der Daten gegen das Trennungsgebot.

(4) Ergebnis

Im Ergebnis ist die Speicherungsverpflichtung nach § 2 ATDG mit der informationell-befugnisrechtlichen Ausformung des Trennungsgebotes vereinbar, da es durch die bloße Einstellung der Daten faktisch noch nicht zu einem Informations*austausch* kommt. Jedoch begründet ein ungefiltertes Zugriffnehmen nach § 5 ATDG auf die in der Antiterrordatei enthaltenen Daten eine Verletzung des Trennungsgebotes, wenn dadurch eine Behörde Zugriff auf solche Daten erhält, die sie mit den ihr zustehenden Befugnissen nicht ohne weiteres hätte erheben dürfen und auch nicht der Ausnahmefall des Zufallsfundes durch polizeiliche Behörden gegeben ist.[1307] Auch die weitere Verwendung nach § 6 Abs. 1 S. 2 ATDG begründet einen Verstoß gegen die informationell-befugnisrechtliche Ebene des Trennungsgebotes, wenn dabei Informationen verwendet werden, die die Daten verwendende Behörde mit den ihr zustehenden Befugnissen nicht hätte selbst erlangen können.

1307 Gemeint ist der Fall, in dem die Polizei aufgrund eigenen Rechts tätig wird und zu eigenen Zwecken und im Rahmen dieses Tätigwerdens unter Einsatz von imperativ-vollzugspolizeilichen Mitteln rechtmäßig an Informationen gelangt, die sie aufgrund ihrer Bedeutung auch für die Nachrichtendienste an diese weiterleitet.

e. Informationell-funktionale Trennung

Vor dem Hintergrund der funktionalen Ausprägung des Trennungsgebotes erscheint es wenig konsequent, wenn einerseits eine rein funktionale Trennung anerkannt wird, auf der anderen Seite aber jedwede Form des Informationsaustausches zwischen den sicherheitsrechtlichen Behörden gestattet wird. Dies würde nämlich zwangsläufig dazu führen, dass auch solche Daten ausgetauscht würden, die eine Behörde im Rahmen ihres Aufgabenbereiches gewonnen hat, die die Daten empfangende Behörde – deren gesetzlich zugewiesener Aufgabenbereich sie nicht zur Erhebung eben dieser Daten berechtigt hätte – aber gar nicht hätte erlangen dürfen.

In einer solchen Vorgehensweise ist ein deutlicher Verstoß in Form der Umgehung der funktionalen Ausprägung des Trennungsgebotes zu sehen. Denn eine funktionenbezogene Trennung, die darauf gerichtet ist, dass die Aufgabenbereiche der Sicherheitsbehörden grundsätzlich getrennt sind, läuft weitgehend leer, wenn man den Austausch von Informationen zwischen den beiden Sicherheitsbehörden zulässt, die innerhalb unterschiedlicher, sich nicht überschneidender Aufgabengebiete erlangt worden sind. Allerdings ist von diesem Grundsatz eine Ausnahme zu gestatten: Immer wenn die entsprechenden Informationen, die ersucht werden, von beiden Sicherheitsbehörden innerhalb des ihnen gleichermaßen zustehenden Aufgabenbereiches hätten gewonnen werden können, muss ein Austausch dieser Informationen zwischen den beiden Sicherheitsbehörden rechtlich zulässig sein. Denn nur durch Vermeidung einer unnötigen doppelten Datenerhebung trägt man dem – auch mit der Antiterrordatei – verfolgten Ziel der verbesserten Zusammenarbeit zwischen den Sicherheitsbehörden durch eine effizientere Arbeitsweise Rechnung.

(1) Speicherungspflicht (§ 2 ATDG)

Eine Speicherung der Daten von beiden Sicherheitsbehörden in der Antiterrordatei begründet allein noch keinen Verstoß gegen die informationell-funktionale Trennung von Nachrichtendiensten und Polizei. Zwar wird durch die Dateneinstellung die Grundvoraussetzung für eine spätere Abrufbarkeit der Daten geschaffen und die Daten gelangen – wie oben bereits ausgeführt – in den „räumlichen" Bereich des BKA als Polizeibehörde, bei der die Antiterrordatei geführt wird; die Speicherung als solche begründet aber noch keinen unzulässigen Austausch von Informationen.

(2) Zugriff auf die Daten der Antiterrordatei (§ 5 ATDG)

Zu prüfen ist, inwiefern der Zugriff auf die Daten in der Antiterrordatei nach § 5 ATDG einen Verstoß gegen die informationell-funktionale Ausprägung des Trennungsgebotes bedeutet.

Ein Blick auf die jeweiligen Zuständigkeitsbereiche der an der Antiterrordatei beteiligten Behörden zeigt zunächst, dass die Aufgabenbereiche dieser Behörden zwar grundsätzlich unterschiedlich ausgestaltet sind, es jedoch auch Überschneidungen bei den Zuständigkeiten gibt. So verlaufen die Aufgabenbereiche der an der Antiterrordatei beteiligten Sicherheitsbehörden insbesondere bei der Abwehr des internationalen Terrorismus mit Bezug zur Bundesrepublik Deutschland parallel: Während die Polizeibehörden Straftaten verfolgen und Gefahren abwehren sollen, werden die Verfassungsschutzbehörden und der Militärische Abschirmdienst bereits im Vorfeld der oftmals politisch motivierten Anschläge von Terroristen tätig, der Bundesnachrichtendienst konzentriert sich dabei auf die Beobachtung der von außen kommenden Gefahr. Die Bekämpfung der Erscheinungsformen des internationalen Terrorismus fällt damit in den Zuständigkeitsbereich aller an der gemeinsamen Antiterrordatei beteiligten Behörden.

Die gemeinsame Antiterrordatei dient nun der Erfüllung dieser gesetzlichen Aufgabe der Aufklärung oder Bekämpfung des internationalen Terrorismus mit Bezug zur Bundesrepublik Deutschland (§ 1 ATDG).[1308] In diesem Zusammenhang lässt sich auch § 2 ATDG anführen, der ausdrücklich klarstellt, dass sich die Speicherpflicht nur auf solche Daten bezieht, aus denen sich tatsächliche Anhaltspunkte dafür ergeben, dass sich diese Daten auf eine natürliche oder juristische Person beziehen, die sich in irgendeiner Form terroristisch betätigt[1309], wobei ein Bezug zur Bundesrepublik Deutschland gefordert wird. Diese Vorschrift gewährleistet also, dass nicht alle beliebigen Daten in der Antiterrordatei zum Abruf bereitgestellt sind, die beispielsweise nur Bereiche der allgemeinen Verbrechensbekämpfung und damit nur den Aufgabenbereich der Polizeibehörden betreffen, sondern nur solche mit Terrorismusbezug.

Vor diesem Hintergrund könnte man nun argumentieren, dass die in der Antiterrordatei zur Abfrage bereitgehaltenen Daten ausschließlich solche sind, auf die prinzipiell alle an der Datei beteiligten Behörden auch Zugriff nehmen dürfen. Denn die Bekämpfung der Erscheinungsformen des internationalen Terrorismus fällt in den Zuständigkeitsbereich aller an der gemeinsamen Antiterrordatei beteiligten Behörden. Ein Übergreifen in den Aufgaben- oder Zuständigkeitsbereich der jeweils anderen Sicherheitsbehörde durch den Zugriff auf die in der Antiterrordatei gespeicherten Daten müsste in der Konsequenz verneint werden. Dies könnte jedenfalls dann gelten, wenn die durch den Zugriff erlangten Daten auch nur für die von dem ATDG beabsichtigten Zwecke, nämlich einer Bekämpfung und Aufklärung des internationalen Terrorismus[1310], eingesetzt werden.

Eine solche Betrachtungsweise verkennt jedoch die Bedeutung der informationell-funktionalen Trennung: Zwar sind die Daten, die in der Antiterrordatei gespeichert sind, nach § 2 ATDG solche, aus denen sich „tatsächliche Anhaltspunkte“ für einen Bezug zu terrorismusnahen Personen etc. ergeben (sollen), allerdings wurden diese Daten nicht zwingend auch innerhalb des Aufgabenbereiches Terrorismusbekämpfung gewonnen. Vielmehr und in der Regel werden sie im Rahmen eines regulären – zum Beispiel polizeilichen – Einsatzes erhoben worden sein, bei dem die Beamten zur allgemeinen Kriminalitätsbekämpfung, aber jedenfalls nicht zur Wahrnehmung ihrer

1308 Vgl. § 1 ATDG.

1309 Vgl. dazu die in Ziffern 1 bis 4 der Vorschrift aufgeführten Konstellationen.

1310 Nach der Gesetzesbegründung soll der Begriff der „Aufklärung“ die nachrichtendienstliche Tätigkeit umschreiben, der Begriff der „Bekämpfung“ sich hingegen auf die Arbeit der Polizeien beziehen, vgl. BT-Drucks. 16/2950, S. 14.

Aufgabe der Terrorismusbekämpfung tätig geworden sind. Damit kann nicht vorschnell von der gemeinsamen Aufgabe Terrorismusbekämpfung und der Erforderlichkeit eines „Terrorismusbezuges“ der *einzustellenden* Daten auf ein sich überschneidendes Aufgabengebiet auch bei dem Betreiben der Datenbank, nämlich dem *Zugriffnehmen* auf die Antiterrordatei geschlossen werden. Die Herkunft der Daten kann und darf nämlich nicht außer Acht gelassen werden, selbst wenn den Daten gemeinsam ist, dass sich aus ihnen „tatsächliche Anhaltspunkte“ dafür ergeben (sollen), dass sie sich etwa auf eine Person beziehen, die als „terrorismusnah“ einzustufen ist.

Es darf also keinesfalls unberücksichtigt gelassen werden, dass die eingestellten Daten nach den jeweils einschlägigen gesetzlichen – den Aufgabenbereich begrenzenden – Ermächtigungsgrundlagen und innerhalb des Aufgabenbereiches einer Sicherheitsbehörde erhoben worden sind.

Da die Einstellung von Daten in die Antiterrordatei nun weiter auch nicht vom Vorliegen eines bestimmten Verdachtsgrades abhängig gemacht wird[1311], bedeutet dies für die Nachrichtendienste, dass von ihnen solche Daten eingestellt werden können, die sie bereits im Vorfeld konkreter Gefahren erhoben haben. Die Polizeien werden umgekehrt überwiegend solche Daten speichern und damit zum Abruf bereitstellen, die sie im Bereich der allgemeinen Gefahrenabwehr und Strafverfolgung bei Vorliegen einer konkreten Gefahr gewonnen haben. Im Unterschied zum polizeilichen Aufgabenbereich, der in der Regel erst bei Vorliegen konkreter Gefahrenmomente eröffnet ist, das heißt von rechtstaatlich ausgeformten Handlungsschwellen abhängig ist, können Nachrichtendienste immer schon dann zum Einsatz kommen, wenn nach einschlägigen Erfahrungswerten eine Entwicklung möglich erscheint, die zur Beeinträchtigung von Verfassungsschutzgütern führen kann.[1312] Die Nachrichtendienste klären also bereits im Vorfeld von Gefahr und Verdacht auf, um erst an Erkenntnisse zu gelangen, die – möglicherweise – ein polizeiliches Eingreifen rechtfertigen können.[1313]

Da mangels entsprechender gesetzlicher Vorgaben keine entsprechende Kennzeichnung der Daten erfolgt, können im weiteren Verlauf diese Daten nun von den jeweils anderen Sicherheitsbehörden abgerufen werden und diese – im Aufgabenbereich einer anderen Behörde gewonnenen – Informationen für Zwecke der Terrorismusbekämpfung genutzt werden. Für die Nachrichtendienste folgt daraus, dass sie mit Hilfe der Zugriffsmöglichkeit auf die Antiterrordatei Informationen erlangen, die ihnen aufgrund ihres Aufgabenbereiches, nämlich des Staats- und Verfassungsschutzes von Verfassungs wegen nicht zugänglich gemacht werden sollen.[1314] Dasselbe gilt auch für

---

1311 Der Gesetzestext spricht lediglich von „bereits erhobenen Daten“, eine nähere Konkretisierung wird nicht vorgenommen, vgl. § 2 ATDG.

1312 SächsVerfGH, NVwZ 2005, S. 1310 (1312). Natürlich darf nicht unberücksichtigt bleiben, dass aufgrund der Aufgabenerweiterung der Polizei diese teilweise auch im Vorfeld einer Gefahr tätig werden darf und dabei Informationen erheben kann, vgl. z.B. § 10 Abs. 1 S. 2 POG Rh.-Pf. (Identitätsfeststellung).

1313 *Gusy*, Das verfassungsrechtliche Gebot der Trennung von Polizei und Nachrichtendiensten, ZRP 1987, S. 45 (48).

1314 *Gusy*, Das verfassungsrechtliche Gebot der Trennung von Polizei und Nachrichtendiensten, ZRP 1987, S. 45 (50); *Denninger*, Die Trennung von Verfassungsschutz und Polizei und das Grundrecht auf informationelle Selbstbestimmung, ZRP 1981, S. 231 (233 ff.).

die Polizeibehörden, wenn diese durch ihre Abfrage Informationen erhalten, die aus dem ausschließlichen Aufgabenbereich der Nachrichtendienste stammen.

Diese generelle Speicherung aller „terrorismusrelevanten" Daten führt zweifelsohne zu einer Vermischung von Daten, deren Erhebung an ganz unterschiedliche Voraussetzungen geknüpft war, die aber gleichermaßen nun in der Antiterrordatei abfragbar sind.

Zwar haben auch die Polizeibehörden zwischenzeitlich weitreichende Befugnisse im Bereich der Vorfeldermittlung, so dass bei einer Datengewinnung im Vorfeld nicht zwingend davon auszugehen ist, dass eine Weitergabe dieser Daten an die Polizeiinstitutionen eine Verletzung des informationell-funktionalen Elementes des Trennungsgebotes bedeutet.[1315] Auch die Nachrichtendienste werden inzwischen in originär den Polizeien zukommenden Bereichen eingesetzt. Jedoch kann mangels Kennzeichnung der Daten bei Speicherung durch die Nachrichtendienste nicht ausgeschlossen werden, dass eine Stelle Zugriff auf solche Daten erhält, die sie kraft des ihr übertragenen Aufgabenbereiches nicht selbst – in rechtlich zulässiger Weise – hätte erheben dürfen.

Im Ergebnis liegt also nur dann kein Verstoß gegen die informationell-funktionale Komponente des Trennungsgebotes vor, wenn entweder die Polizeien Daten abfragen, die die Nachrichtendienste erhoben haben zu einem Zeitpunkt, als bereits ein konkreter Gefahrenmoment gegeben war bzw. innerhalb eines Aufgabenbereiches, in dem die Polizeien aufgrund der erfolgten Aufgabenerweiterung nun auch tätig werden dürfen oder wenn die Nachrichtendienste solche Daten abrufen, die von den Polizeien im Rahmen der Gefahrenabwehr bzw. Strafverfolgung mit Bezug zum Staats- bzw. Verfassungsschutz gewonnen wurden. Dies kann durch die aktuelle Ausgestaltung der Antiterrordatei allerdings nicht gewährleistet werden. Mangels gesetzlicher Kennzeichnungspflicht oder Sperrmöglichkeit, mittels derer ein Zugriff auf solche Daten verhindert werden könnte, die außerhalb des Aufgabenspektrums der abfragenden Behörde gewonnen wurden, verstößt die Zugriffsregelung des ATDG in ihrer derzeitigen Fassung gegen das verfassungsrechtliche Gebot der (informationell-funktionalen) Trennung von Polizei und Nachrichtendiensten.

(3) Weitere Verwendung der Daten (§ 6 Abs. 1 S. 2 ATDG)

Fraglich ist, ob die zum Zugriffnehmen auf die Antiterrordatei getroffenen Feststellungen auch auf den Informationsakt der weiteren Verwendung übertragen werden können. Es wird nämlich vertreten, dass das Trennungsgebot durch eine weitere Verwendung der Daten nicht verletzt werde: In dem Moment, in dem die beteiligte Behörde einmal zweckgemäß auf die Verbunddatei zugegriffen habe, stünden ihr diese Daten nunmehr so zur Verfügung, als habe sie diese selbst rechtmäßig im Rahmen ihres

---

1315 Siehe dazu die Ausführungen von *v. Denkowski*, Das Trennungsgebot – Gefahr für die Innere Sicherheit? Ein Plädoyer für die Zusammenlegung von Staats- und Verfassungsschutz, Kriminalistik 2003, S. 212 (216).

Aufgabengebietes erhoben.[1316] Die weitere Verwendung stelle nur ein behördeninternes Problem, aber jedenfalls keinen Verstoß gegen das Trennungsgebot dar.[1317]

Dem ist jedoch zu widersprechen. Die Tatsache, dass die Informationen aus der Datei bereits abgerufen wurden – was nach der hier vertretenen Ansicht ja bereits nicht mit dem Trennungsgebot vereinbar ist – kann nicht darüber hinwegtäuschen, dass eine abfragende Behörde aufgrund des ihr zustehenden Aufgabenbereiches diese Daten nicht hätte erheben dürfen. Die Daten durch den Akt der Abfrage gleichsam zu legalisieren, kann den ihnen anhaftenden „Makel" nicht eliminieren. Dieser ist auch dann noch vorhanden, wenn die Daten für andere Zwecke weiter verwendet werden.

Richtigerweise verstößt daher auch der in § 6 Abs. 1 S. 2 ATDG vorgesehene Informationsakt der weiteren Verwendung der in der Antiterrordatei vorhandenen Daten gegen das informationell-funktionale Trennungsgebot. Auch hier besteht die ernstzunehmende Gefahr, dass Daten, die eine Behörde innerhalb ihres Aufgabenbereiches gewonnen hat, in den Kenntnisbereich einer solchen Behörde gelangen, deren Aufgabenbereich bei der ursprünglichen Erhebung der Daten nicht eröffnet gewesen wäre. Das Gesetz trifft zur Vermeidung eines derartigen Datenabrufes keinerlei Vorkehrungen, die Regelung verstößt damit gegen die informationell-funktionale Ausprägung des Trennungsgrundsatzes.

(4) Ergebnis

Im Ergebnis begründet zwar noch nicht die Speicherung der Daten in die Antiterrordatei einen Verstoß gegen die informationell-funktionale Ausprägung des Trennungsgebotes, da es durch die bloße Einstellung noch nicht zu einem Informationsaustausch zwischen zwei Behörden kommt; jedoch kann es infolge des Zugriffnehmens auf die Daten durch andere an der Datei beteiligte Behörden und durch die weitere Verwendung der Daten zu einer Verletzung des informationell-funktionalen Trennungsgebotes kommen, wenn dabei Informationen abgefragt werden bzw. verwendet werden von einer Behörde, die innerhalb des ihr gesetzlich zugewiesenen Aufgabenbereiches diese Daten nicht selbst hätte erheben dürfen.

f. Zusammenfassung

Die Regelungen des Gemeinsame-Dateien-Gesetzes zur Antiterrordatei (Art. 1 GDG) stellen keinen Verstoß gegen den *organisatorischen Bereich* des Trennungsgebotes dar. Die Bekämpfung der Erscheinungsformen des internationalen Terrorismus, welche im weiteren Sinne mit der Antiterrordatei bezweckt wird, fällt in den Zuständigkeitsbereich aller an der gemeinsamen Antiterrordatei beteiligten Behörden. Ein Übergriff in den Aufgaben- oder Zuständigkeitsbereich der jeweils anderen Sicherheitsbe-

---

1316 *Stubenrauch,* Gemeinsame Verbunddateien von Polizei und Nachrichtendiensten. Eine verfassungsrechtliche Untersuchung am Beispiel der Antiterrordatei, S. 55.

1317 *Stubenrauch,* Gemeinsame Verbunddateien von Polizei und Nachrichtendiensten. Eine verfassungsrechtliche Untersuchung am Beispiel der Antiterrordatei, S. 55 f.

hörde in Form einer organisatorischen Verflechtung erfolgt bei der Wahrnehmung der im ATDG vorgesehenen Informationsakte nicht. Es wird kein neues staatliches Organ mit eigenen gesetzlich zugewiesenen Aufgaben und Befugnissen gebildet. Die Mitarbeiter bleiben Angehörige ihrer jeweiligen Sicherheitsbehörde und behalten ihre polizeilichen oder nachrichtendienstlichen Befugnisse. Jede Sicherheitsbehörde handelt damit auch weiterhin innerhalb des ihr von Gesetzes wegen zugewiesenen Zuständigkeitsbereiches. Die Antiterrordatei ist damit nicht als eine organisatorische Zusammenlegung von Polizei und Nachrichtendiensten zu verstehen. Eine Zusammenarbeit der Sicherheitsbehörden auf der Basis des ATDG verstößt nicht gegen das organisatorische Element des Trennungsgebots.

Das Betreiben der aufgrund des Gemeinsame-Dateien-Gesetzes errichteten Antiterrordatei verstößt auch nicht gegen die rein *befugnisrechtliche* bzw. *funktionale* Ausprägung des Trennungsgebotes. Durch die Informationsakte der Speicherung, des Zugriffnehmens auf die Datei und der weiteren Verwendung der Dateidaten erfolgt rein faktisch weder eine unzulässige Erweiterung der Befugnisse noch des Aufgabenbereiches der daran beteiligten Behörden.

Da jedoch die Möglichkeit besteht, dass die an der Antiterrordatei beteiligten Behörden, Kenntnisse von Daten erhalten, die sie (so) nicht hätten erheben dürfen, steht eine Verletzung des *informationellen Elements* des Trennungsgebotes im Raum.

Dabei ist sowohl ein Verstoß gegen die *informationell-befugnisrechtliche* als auch gegen die *informationell-funktionale* Ebene möglich. Zwar wird durch die Speicherung der Daten noch keine für das Trennungsgebot relevante Schwelle überschritten. Es sind jedoch keine gesetzlichen Vorkehrungen getroffen, die verhindern können, dass bereits eingestellte Daten abgerufen bzw. weiter verwendet werden, die von der Daten ersuchenden Behörde aufgrund der ihr zustehenden Befugnisse oder innerhalb des ihr zugewiesenen Aufgabenbereiches nicht hätten erhoben werden können. Damit ist der mit der Antiterrordatei bezweckte Informationsaustausch in seiner derzeitigen Fassung nicht mit dem Trennungsgebot vereinbar.

3. Reformvorschläge

An die verfassungsrechtliche Untersuchung des ATDG, die die gesetzgeberischen Lücken im Hinblick auf eine verfassungskonforme Gestaltung des ATDG aufgezeigt hat, sollen sich nun Überlegungen anschließen, wie die Fassung des Gesetzestextes geändert werden könnte, um eine weitgehende Vereinbarkeit mit den Vorgaben des Verfassungsgebers zu erreichen. Dabei sollen zunächst die Vorgaben des Trennungsgebotes berücksichtigt, im Weiteren jedoch auch allgemeine Reformvorschläge zur Klarstellung des Wortlautes gemacht werden.

a. Maßnahmen zur Herstellung einer Vereinbarkeit mit dem Trennungsgebot

Es ist die Frage aufzuwerfen, wie eine gemeinsame Datenbank von Polizeien und Nachrichtendiensten – die aus Sicht der Praxis durchaus wünschenswert und zweckmäßig ist – zu gestalten wäre, um den geltenden rechtlichen Bestimmungen im Hinblick auf das verfassungsrechtliche Trennungsgebot gerecht zu werden.

(1) Gestaltung der Antiterrordatei

Eine mit dem Trennungsgebot vereinbare Datei verfügt über einen Datensatz, der nur solche Daten enthält, die alle darauf zugreifenden polizeilichen und nachrichtendienstlichen Sicherheitsbehörden nach den für sie jeweils geltenden gesetzlichen Vorschriften selbst hätten erheben dürfen bzw. die ihnen ausnahmsweise auch übermittelt werden dürfen, obwohl sie nicht über die entsprechenden Befugnisse verfügen.[1318]

Mangels einer diesen Anforderungen genügenden Regelung im ATDG beschränkt sich die Datenmenge in der Antiterrordatei aber gerade nicht nur auf die Schnittmenge der Daten, über die sowohl die Polizei als auch die Nachrichtendienste verfügen dürfen und die durch Methoden erhoben worden sind, welche auch den anderen beteiligten Behörden kraft Gesetzes zur Verfügung stehen.

Es steht daher außer Frage, dass in die gesetzliche Grundlage für die Antiterrordatei, nämlich das ATDG, Änderungen aufzunehmen sind, um eine Vereinbarkeit dieses Gesetzes mit dem Trennungsgebot zu erzielen. Fraglich ist aber, an welchem Punkt der Datenverwaltung bzw. -bearbeitung angesetzt werden muss, um den Vorgaben des Verfassungsgebers zu genügen.

Die Antiterrordatei wird durch verschiedene Akte der Datenverwaltung betrieben, gespeist und genutzt: Zunächst werden die Daten von den verschiedenen, an der Datei beteiligten Behörden gespeichert (§ 2 ATDG), sodann wird die Möglichkeit eines Zugriffs auf die vorhandenen Daten (§ 5 ATDG) und auch der weiteren Verwendung der abgefragten Daten (§ 6 ATDG) geschaffen.

(a) Vorselektierung

Denkbar ist, bereits den Akt der Einspeicherung von Daten in die Antiterrordatei umzugestalten. Es könnte eine gesetzliche Regelung geschaffen werden, die sicherstellt, dass nur solche Daten in der Antiterrordatei gespeichert werden können, die von allen anderen an der Datei beteiligten Behörden auch abgerufen werden dürfen, ohne dass durch den Zugriff gegen das Trennungsgebot verstoßen würde. Zu diesem Zweck müssten die Behörden vor jeder einzelnen Speicherung die genaue Herkunft der bereits erhobenen und bei ihnen vorhandenen Daten überprüfen und eine verbindliche Feststellung treffen, ob diese Daten – nach den Vorgaben des verfassungsrechtlichen

---

1318 Dies ist der Fall, wenn Daten von der Polizei an die Nachrichtendienste übermittelt werden, die die Polizei aus eigenem Recht und unter Einsatz von Zwangsmitteln erhoben hat, ohne zuvor von den Nachrichtendiensten dazu beauftragt worden zu sein. Vgl. dazu den oben unter Kapitel 3 - E.IV.2.a(1)(a) geschilderten Fall einer PKW-Durchsuchung durch die Polizei, bei der Hinweise auf verfassungsfeindliche Absichten etwa in Form eines Manuskripts gefunden werden. Entsprechende Informationen über den Fahrzeugführer dürfen hier ausnahmsweise an die Nachrichtendienste weitergegeben werden, weil die Polizei hier aus eigenem Recht und nicht in fremdem Auftrag tätig geworden ist.

Trennungsgebotes – den anderen Behörden zur Verfügung gestellt werden dürfen. In einem nächsten Schritt könnten die entsprechenden Daten in der Antiterrordatei gespeichert werden. Diese würde in der Folge ausschließlich solche Daten beinhalten, die in den Kenntnisbereich aller Behörden gelangen dürften.

Die Umsetzung einer solchen Überlegung stößt in der Praxis jedoch an Grenzen: Eine auf diese Weise bereits vor der Speicherung erfolgende Beschränkung auf eine – im Hinblick auf das Trennungsgebot – zulässige Datenmenge würde im Ergebnis zu einer insbesondere unter wirtschaftlichen Gesichtspunkten nicht zu realisierenden Vorselektions-Phase führen. Zunächst müssten die einstellenden Behörden nämlich aufgrund der ihnen zur Verfügung stehenden Mittel und Informationen überhaupt selbst entscheiden (können), ob sie Daten in der Antiterrordatei abspeichern dürfen. Dafür müssten die an der Verbunddatei beteiligten Behörden genaue Kenntnis dahingehend haben, welche Daten allen beteiligten Behörden zugänglich gemacht werden dürfen und welche nicht. Dies bedeutete einen immensen und nicht zu rechtfertigenden Zeit-, Kosten- und Verwaltungsaufwand, der überdies aufgrund der bestehenden Komplexität der inhaltlichen Vorgaben des Trennungsgebotes das nicht zu unterschätzende Risiko von Fehlbeurteilungen durch die verschiedenen Mitarbeiter der Sicherheitsbehörden birgt.

Doch neben diesem erheblichen Zeit- und Kostenaufwand wäre eine weitere nicht zu akzeptierende Folge einer der Speicherung vorgeschalteten Datenselektion, dass sich die in der Antiterrordatei zu speichernden Informationen auf eine wesentlich geringere Datenmenge beschränken würden, als dies zum jetzigen Zeitpunkt der Fall ist. Eine Vielzahl an Daten würde nämlich schon gar nicht in die Verbunddatei aufgenommen werden können, obwohl einige der Sicherheitsbehörden sie durchaus empfangen dürften, ohne dass durch den Zugriff gegen das Trennungsgebot verstoßen würde.

Aufgrund der dargestellten Nachteile einer Vorselektionsphase ist zu überprüfen, ob nicht auf andere Art und Weise sichergestellt werden kann, dass Daten ausschließlich an – im Sinne einer Vereinbarkeit mit dem Trennungsgebot – empfangberechtigte Behörden gelangen.

Die obigen Prüfungen haben gezeigt, dass der Prozess der Einspeicherung von Daten noch nicht gegen das Trennungsgebot verstößt.[1319] So wird durch die Speicherung weder gegen die befugnisrechtliche, die organisationsrechtliche, die funktionale noch gegen die informationelle Ausprägung des Trennungsgebotes verstoßen.[1320] Die Speicherung stellt lediglich eine vorbereitende Maßnahme dar; erst auf der Zugriffsebene wird eine Verletzung des Trennungsgebotes zwischen Polizei und Nachrichtendiensten möglich. Aus diesem Grund muss eine Regelung gefunden werden, die verhindert, dass durch den *Zugriff* auf die Daten gegen das Trennungsgebot verstoßen wird.

1319 Vgl. dazu die Darstellung unter Kapitel 4 - C.III.2.

1320 Vgl. dazu die ausführliche Darstellung unter Kapitel 4 - C.III.2.

(b) Selektion bei Datenabfrage

Wenn nun eine Vorselektion der Daten durch die einspeichernden Behörden in der Praxis nicht zu bewältigende Probleme und Risiken birgt und überdies die beteiligten Behörden personell, zeitlich und finanziell über das zumutbare Maß beeinträchtigt, stellt sich die Frage, ob man etwa zu einem späteren Zeitpunkt der Datenverwaltung ansetzen kann. Da sich ein Verstoß erst im Moment des Zugriffnehmens auf die Daten realisieren kann, ist es denkbar, durch eine dem Zugriff unmittelbar vorgeschaltete Maßnahme sicherzustellen, dass an die abfragende Behörde nur solche Daten gelangen, für die sie empfangsberechtigt ist.

Es bieten sich in diesem Zusammenhang grundsätzlich zwei verschiedene Zeitpunkte an, um ein mit dem Trennungsgebot vereinbares Zugriffnehmen zu gewährleisten. Der spätmöglichste Zeitpunkt wäre der Recherchevorgang durch die Behörde: So könnte der Abfrageprozess derart umgestaltet werden, dass die abfragende Behörde verschiedene Angaben machen muss, die auf die Aufgabenbereiche und Befugnisse der abfragenden Behörde schließen lassen. Erst nach Eingabe der geforderten Informationen erhält die Behörde die gewünschten Daten. Dieser Vorschlag birgt jedoch die Gefahr von Manipulationen beim Abfrageprozess durch die abfragende Behörde. Die an Daten aus der Antiterrordatei interessierte Behörde könnte sich durch Angabe unrichtiger Informationen bestimmte Daten „erschleichen". Aus diesem Grund scheint ein Eingreifen an einem früheren, dem Zugriff weiter vorgelagerten Punkt notwendig, um eine Konformität der Regelungen des ATDG mit dem Trennungsgebot sicherzustellen.

(c) Kennzeichnung der Daten bei Speicherung

Sinnvoll und zweckgerichtet ist eine mit der Speicherungshandlung vorzunehmende Kennzeichnung der Daten, die in einem weiteren Schritt zu einer entsprechenden automatischen Kategorisierung der Daten führt. Denkbar ist, dass die Behörden beim Ausfüllen der Einspeicherungsmaske bestimmte Kriterien angeben müssen, die die Herkunft der Daten bzw. den gesetzlich zugewiesenen Aufgabenbereich der einspeichernden Behörde, den Anlass der Erhebung und die bei der Erhebung verwendeten Methoden ersichtlich machen. Aufgrund dieser Angaben erfolgt dann die automatisierte Aufteilung der Daten in bestimmte Kategorien. In einem weiteren Schritt ist die Software der Antiterrordatei technisch so einzurichten, dass das System sofort erkennt, welche Behörde auf Daten Zugriff nehmen möchte und infolge der bereits erfolgten Kategorisierung automatisch nur solche Daten zum Abruf „freigegeben" werden, die die jeweils abfragende Behörde auch empfangen darf, ohne dabei gegen das verfassungsrechtliche Trennungsgebot zu verstoßen.

In der Folge können die Daten nur von den Behörden abgerufen werden, die sie kraft der ihnen zustehenden gesetzlichen Befugnisse und innerhalb des ihnen zugewiesenen Aufgabenbereiches auch selbst hätten erheben dürfen. Für die anderen Behörden bleiben die Daten gesperrt, das heißt, es wird weder ersichtlich, dass die Antiterrordatei entsprechende Daten enthält, noch kann auf sie zugegriffen werden.

Es wird damit einerseits dem vom ATDG verfolgten Ziel, nämlich einer Verbesserung des Informationsaustausches zwischen den Behörden Rechnung getragen, zugleich aber auch nicht die verfassungsrechtliche Vorgabe einer weitgehenden Trennung von Polizei und Nachrichtendiensten unterlaufen.

In diesem Zusammenhang darf aber nicht unberücksichtigt bleiben, dass es nicht unwahrscheinlich ist, dass eine Behörde im Besitz von Daten ist, von denen sie die genauen Umstände ihrer Erhebung nicht kennt. Beispielhaft sei hier die Informationsübermittlung von befreundeten ausländischen Nachrichtendiensten an einen deutschen Dienst zu nennen. Soweit nicht lückenlos geklärt werden kann, woher genau diese Daten stammen und ob nicht möglicherweise nach deutschem Recht unzulässige Methoden zur Erlangung dieser Daten zum Einsatz gekommen sind, so dürfen diese Daten nicht in der Antiterrordatei gespeichert werden. Gleiches gilt, wenn unbekannt ist, innerhalb welchen Aufgabenbereiches die Daten erlangt worden sind. Nur auf diese Weise lässt sich eine Konformität mit dem verfassungsrechtlichen Trennungsgebot aufrechterhalten. Die Speicherpflicht darf sich also grundsätzlich nur auf solche Daten beziehen, bei denen die Hintergründe der Erhebung genau bekannt sind. Auch wenn man sich nun dem Vorwurf aussetzt, dass durch diese Vorgabe der Datenbestand in der Antiterrordatei möglicherweise erheblich reduziert wird, ist diese strenge Handhabe der einzig gangbare Weg, um sich im Rahmen der Vorgaben des deutschen Verfassungsgebers zu bewegen.

Im Ergebnis wird durch die Kennzeichnung der Daten im Zeitpunkt der Einspeicherung ein kategorisierter Datenbestand automatisch erzeugt. Der Datensatz in der Antiterrordatei beschränkt sich zwar dann nicht nur auf solche Daten, die von allen an der Datei beteiligten Behörden abgerufen werden dürfen, sondern geht sogar darüber hinaus. Durch die Kategorisierung infolge der Kennzeichnung wird aber sichergestellt, dass für jede abfragende Behörde im Zeitpunkt des Zugriffnehmens nur die Datensammlung zur Verfügung steht, auf die sie zugreifen darf, ohne dass in diesem Moment ein Verstoß gegen das Trennungsgebot begründet wird.

(2) Gesetzliche Implementierung

Zur Umsetzung dieses Vorschlages ist eine Ergänzung des ATDG um eine entsprechende Kennzeichnungspflicht der beteiligten Behörden im Zeitpunkt der Speicherung erforderlich. Diese Erweiterung der Regelungen des ATDG bietet sich inhaltlich zwischen § 3 ATDG, der die zu speichernden Datenarten beinhaltet und den Vorgaben hinsichtlich einer beschränkten und verdeckten Speicherung (§ 4 ATDG) an. Dies deshalb, weil durch § 1 ATDG bereits festgelegt ist, welchen Zweck die Antiterrordatei erfüllt und welche Behörden daran beteiligt sind und weiter durch § 2 ATDG der Inhalt der Antiterrordatei sowie die Speicherungspflicht der beteiligten Behörden vorgegeben ist. Chronologisch sinnvoll schließt sich hier die Kennzeichnungspflicht bei der Datenspeicherung an.

Weiter muss aber auch in der durch § 2 ATDG angeordneten Speicherungspflicht geregelt werden, dass diese sich nur auf solche Daten bezieht, von denen die genauen Hintergründe der Erhebung, also die Behörde, die die Daten erhoben hat, der Grund der Datenerhebung und die dabei eingesetzten Methoden bekannt sind. Nur so kann sichergestellt werden, dass sich der Datensatz in der Antiterrordatei auf solche Daten beschränkt, die nach einer entsprechenden automatischen Kategorisierung auch von den beteiligten Sicherheitsbehörden abgerufen werden können, ohne dabei eine Verletzung des Trennungsgebotes zu riskieren.

(a) Vorschlag: § 3a ATDG

In einem neu einzufügenden § 3a ATDG ist nun der Vorgang der Speicherung genauer zu beschreiben und die Pflichten der abspeichernden Behörden hinsichtlich einer Kennzeichnung der einzustellenden Daten zu formulieren. Eine Regelung, die eine Vereinbarkeit mit dem Trennungsgebot bewirken soll, muss vorsehen, dass im Zeitpunkt der Speicherung von Daten zusätzlich zu dieser Information die Herkunft der Daten, nämlich etwa der Anlass der Datenerhebung und die dabei verwendeten Befugnisse, vermerkt werden. Zudem muss sichergestellt sein, dass der der speicherungswilligen Behörde gesetzlich zugewiesene Aufgabenbereich genannt wird.

In der Praxis könnte die Umsetzung sich wie folgt gestalten: Bei Zugriff auf die Antiterrordatei zum Zwecke der Dateneinspeisung öffnet sich für den jeweiligen Nutzer der Antiterrordatei ein Fenster, in dem eine Maske zu erkennen ist. In dieser Maske befinden sich verschiedene Fragen, die der Mitarbeiter der Sicherheitsbehörde durch Anklicken der jeweils zutreffenden von mehreren, bereits vorgegebenen Möglichkeiten beantworten muss und die sich auf die Herkunft der Daten, den Grund der Datenerhebung etc. beziehen. Erst nach Beantwortung dieser Fragen wird dem Bearbeiter die eigentliche Speicherung des konkreten Datums ermöglicht. Somit wird gewährleistet, dass Daten nur noch in die Antiterrordatei aufgenommen werden, wenn zunächst diese zum Zwecke der Kennzeichnung erforderlichen Angaben gemacht werden.

(b) Wortlaut § 3a ATDG

Ein neu einzufügender § 3a ATDG (Kennzeichnung bei Speicherung) könnte den folgenden Wortlaut haben:
„Die beteiligten Behörden sind verpflichtet, bei der Speicherung von Daten nach § 2 die folgenden Angaben zu machen:

1. *Nennung der Behörde, die die Daten erhoben hat,*
2. *Grund der Datenerhebung und*
3. *Auflistung der bei der Erhebung eingesetzten Befugnisse."*

Durch Nummer 1, in der die Angabe der Daten erhebenden Behörde gefordert wird, wird ein Rückschluss auf den gesetzlich zugewiesenen Aufgabenbereich dieser Behörde ermöglicht. Dies ist im Hinblick auf die informationell-funktionale Ausprägung des Trennungsgebotes erforderlich. Durch diese Angabe kann eine Eingruppierung in eine bestimmte Datenkategorie erfolgen, durch die sichergestellt wird, dass die Daten nur an solche Behörden gelangen dürfen, die einen sich überschneidenden Aufgabenbereich haben. In der Folge wird einem Verstoß gegen das informationell-funktionale Trennungsgebot entgegengewirkt.

Nummer 2 verlangt die Angabe des Grundes der Datenerhebung. Auch durch diese Vorschrift wird eine Konkretisierung der Datenerhebung gewährleistet, die in der Folge eine automatische Eingruppierung in eine Datenkategorie ermöglicht, die nur solchen Sicherheitsbehörden zugänglich gemacht wird, die einen identischen Aufgabenbereich aufweisen. Auch Nummer 2 trägt damit den informationell-funktionalen Vorgaben des Trennungsgebotes Rechnung.

Mit Nummer 3, die die Angabe der bei der Datenerhebung eingesetzten Befugnisse erfordert, wird zuletzt eine Kategorisierung der Daten ermöglicht, die sicherstellt, dass durch den späteren Datenzugriff nicht gegen die informationell-befugnisrechtliche Komponente verstoßen wird.

(c) Ergänzung des § 2 ATDG

Eine Speicherung darf aber nur erfolgen, sofern sichergestellt ist, dass eine Kategorisierung der Daten unter Berücksichtigung der Vorgaben des Trennungsgebotes erfolgen kann. Dies setzt voraus, dass die genauen Umstände der Datenerhebung bekannt sind und die Daten im Zeitpunkt der Speicherung entsprechend gekennzeichnet werden können. Vor diesem Hintergrund ist eine Ergänzung der in § 2 ATDG niedergelegten Speicherungspflicht der an der Antiterrordatei beteiligten Behörden zwingend geboten. Es bietet sich eine Erweiterung des § 2 ATDG um einen zweiten Absatz an, der den folgenden Wortlaut haben kann:

„(2) Die Speicherungspflicht bezieht sich nur auf solche Daten, bezüglich derer die Angaben der in § 3a ATDG (Kennzeichnung bei Speicherung) geforderten Umstände der Datenerhebung gemacht werden können. Soweit den beteiligten Behörden eine der unter § 3a Nummern 1 bis 3 genannten Angaben nicht bekannt ist, darf eine Speicherung nicht vorgenommen werden.“

b. Veränderungen des Wortlautes zur Klarstellung

Insbesondere an den folgenden Stellen erscheint eine (teilweise nur geringe) Änderung des Gesetzeswortlautes des ATDG geboten, um eine restriktive Anwendung des Gesetzes zu gewährleisten und dem Grundsatz der Normenklarheit und -bestimmtheit sowie dem Verhältnismäßigkeitsgrundsatz Rechnung zu tragen.

(1) Beteiligte Behörden

Nicht alle an der Antiterrordatei beteiligten Behörden lassen sich anhand des gesetzlichen Wortlautes identifizieren. Angesichts der hohen Sensibilität der in der Antiterrordatei vorhandenen Daten erscheint es geboten, den Kreis der Behörden im vom Parlament selbst beschlossenen Gesetz näher einzugrenzen. Nur so kann dem Grundsatz der Normenklarheit und Normenbestimmtheit genügt werden: Die gesetzliche Regelung sollte so formuliert werden, dass jeder von der Vorschrift Betroffene klar erkennen kann, welche Behörden von der Speicherungspflicht und dem Zugriffsrecht erfasst werden. Denn nur auf diese Weise lässt sich einer zu weiten Beschneidung des Persönlichkeitsrechts des Einzelnen wirksam vorbeugen.[1321]

(2) Zu speichernde Daten

(a) Freitextfeld

Eine unbegrenzte Nutzung des Freitextfeldes begründet die Gefahr, dass die unter § 3 Abs. 1 Nr. 1 b) aa) bis qq) ATDG aufgeführten Datenarten gleichsam entwertet werden durch die vorhandenen *„wirklich relevanten Daten"* im durch § 3 Abs. 1 Nr. 1 b) rr) ATDG vorgesehenen Freitextfeld.[1322] Aus diesem Grund sollte eine regelmäßige Überprüfung des Freitextfeldes gesetzlich vorgesehen werden. Im Rahmen dieser Prüfungen, die durch die Daten eingebende Behörde vorgenommen werden sollten, müssen solche Daten gelöscht werden, die auf einer unsicheren Faktengrundlage beruhen und bloße Vermutungen darstellen. Es besteht kein Bedürfnis, solche „unsicheren Daten" anderen Behörden zugänglich zu machen.[1323]

(b) „Tatsächliche Anhaltspunkte"

Nach der derzeitigen Fassung des § 2 ATDG genügen bereits polizeiliche oder nachrichtendienstliche Erkenntnisse, aus denen sich *„tatsächliche Anhaltspunkte"* für einen Bezug zu terrorismusnahen Personen, Vereinigungen etc. ergeben, zur Auslösung der Speicherverpflichtung. Die Gesetzesbegründung liefert keine hilfreiche Eingrenzung dieses Tatbestandsmerkmals, die den Vorwurf der Unbestimmtheit entkräften könnte. Um mit dem rechtsstaatlichen Bestimmtheitsgebot vereinbar zu sein, könnte der betreffende Teil der Vorschrift wie folgt neu gefasst werden: Eine Speicherpflicht besteht dann, wenn die beteiligten Behörden *„gemäß den für sie geltenden Rechtsvorschriften über polizeiliche oder nachrichtendienstliche Erkenntnisse (Erkenntnisse) verfügen, aus denen sich objektive und beweiskräftige Tatsachen dafür ergeben, dass sich die Daten (...)"* auf terrorismusnahe Personen etc. beziehen.[1324]

(c) Rechtswidrige Gewalt

Der Gesetzgeber hat es versäumt, den Begriff der rechtswidrigen Gewalt in § 2 S. 1 Nr. 2 ATDG näher zu bestimmen, indem er etwa den Bezug zum Terrorismus hergestellt hätte. In der Folge wird die Anwendung dieses Gesetzestextes dazu führen, dass vermehrt Personen in der Antiterrordatei abgespeichert werden, die in irgendeiner Form Gewalt angewendet haben, wobei diese Gewalt aber nicht zwangsläufig etwas

---

1321 So auch *Geiger*, Stellungnahme zum GDG und TBEG, A-Drucks 16(4)131 I, S. 5 f.
1322 *Hilgendorf*, Stellungnahme zum GDG und TBEG, A-Drs. 16(4)131 B, S. 3.
1323 *Hilgendorf*, Stellungnahme zum GDG und TBEG, A-Drs. 16(4)131 B, S. 3.
1324 Siehe den Vorschlag von *Roggan/Bergemann*, Stellungnahme zum GDG und TBEG, A.-Drs. 16 (4) 131 D, S. 9.

mit *terroristisch* motivierter Gewalt zu tun haben wird.[1325] Es erscheint daher zwingend geboten, den Begriff der rechtswidrigen Gewaltanwendungen näher zu konkretisieren. Es bietet sich für § 2 S. 1 Nr. 2 ATDG die folgende Formulierung an: Von der Speicherpflicht werden erfasst solche *„Personen, die rechtswidrig Gewalt als Mittel zur Durchsetzung international ausgerichteter politischer oder religiöser Belange anwenden, wenn diese Gewalt geeignet ist, die Bevölkerung auf erhebliche Weise einzuschüchtern (...)"*.[1326]

(d) Befürworten von Gewalt

Auch der Begriff des *Befürwortens von Gewalt* in § 2 Satz 1 Nr. 2 ATDG wird nicht näher eingegrenzt und genügt damit nicht den rechtsstaatlichen Anforderungen des Bestimmtheitsgebots. Die Ausführungen in der Gesetzesbegründung, die den Begriff als *„Gutheißen"* von Gewalt beschreiben, vermögen ebenso wenig weiterzuhelfen.[1327] Da der Gesetzeswortlaut nun aber bereits von einem „Unterstützen" von Gewalt spricht, kann darunter durchaus auch ein psychisches Unterstützen, das einem Befürworten im Sinne von Gutheißen sehr nahe kommt, subsumiert werden. Daher ist es vertretbar, den Begriff des „Befürwortens" ersatzlos zu streichen, um einer uferlosen Anwendung dieses Begriffs entgegen zu wirken.

(e) Kontaktpersonen

Das Konzept der Kontaktpersonen ist zu unbestimmt. Es besteht die Gefahr, dass unverdächtige (und damit unschuldige) Kontaktpersonen ungerechtfertigter Weise in die Antiterrordatei aufgenommen werden. Um dies zu verhindern, sollte ein zusätzlicher Aspekt, der eine subjektive Komponente betrifft, in die einschlägige Norm aufgenommen werden. Vorgeschlagen wurde in diesem Zusammenhang bereits die Aufnahme einer Formulierung wie *„tatsächliche Anhaltspunkte die Annahme begründen, dass sie (...) die Anwendung von Gewalt billigen (...)"* in § 2 Nr. 3 ATDG.[1328] Da diese Regelung aber ebenfalls nicht danach differenziert, ob die betreffende Kontaktperson tatsächlich Kenntnis von den terroristischen Aktivitäten des potentiellen Straftäters bzw. Gewalttäters hat, ist eine andere Formulierung erforderlich, die wie folgt lauten kann: Die Speicherpflicht besteht hinsichtlich solcher Personen, *„bei denen tatsächliche Anhaltspunkte vorliegen, dass sie mit den in Nummer 1 Buchstabe a oder in Nummer 2 genannten Personen nicht nur flüchtig oder in zufälligem Kontakt in Verbindung stehen sowie Kenntnis von den terroristischen Aktivitäten dieser Personen haben und durch sie weiterführende Hinweise für die Aufklärung oder Bekämpfung des internationalen Terrorismus zu erwarten sind (Kontaktpersonen)"*. Durch Einfügen eines solchen Tatbestandsmerkmals kann sichergestellt werden, dass nur solche Personen in der

1325 *Roggan/Bergemann*, Stellungnahme zum GDG und TBEG, A.-Drs. 16 (4) 131 D, S. 9 f.
1326 *Roggan/Bergemann*, Stellungnahme zum GDG und TBEG, A.-Drs. 16 (4) 131 D, S. 9.
1327 BT-Drucks. 16/2950, S. 15.
1328 *Hilgendorf*, Stellungnahme zum GDG und TBEG, A-Drs. 16(4)131 B, S. 4.

Antiterrordatei gespeichert werden, die nicht bloß aus dem sozialen Umfeld eines Terrorverdächtigen stammen, sondern selbst positive Kenntnis von den terroristischen Aktivitäten des Primärverdächtigen haben.

(f) Rechtmäßigkeitserfordernis

Der Gesetzgeber hat es versäumt zu regeln, dass die Daten, die in der Antiterrordatei abgespeichert werden, in rechtmäßiger Weise erlangt worden sind.

Dies birgt die Gefahr, dass etwa über ausländische Nachrichtendienste, von denen deutsche Dienste Informationen erhalten, solche Daten in die Antiterrordatei gelangen, die – nach deutschem Recht – auf unrechtmäßige Weise, nämlich z.B. durch den Einsatz von Foltermaßnahmen, erlangt worden sind. Um dem entgegenzuwirken, bietet sich die Aufnahme des Begriffes „rechtmäßig" in § 2 ATDG an, der dann den folgenden Wortlaut hätte: *"Die beteiligten Behörden sind verpflichtet, bereits nach deutschem Recht rechtmäßig erhobene Daten nach § 3 Abs. 1 in der Antiterrordatei zu speichern (...)"*.

(g) Eilfallregelung

Da sich ein Eilfall nach dem derzeitigen Wortlaut des Gesetzes bereits bei Vorliegen einer einfachen Körperverletzung bejahen lässt, ist eine engere Fassung des Gesetzeswortlauts zwingend geboten. Gleiches gilt für den sehr weit gefassten Begriff der *„gegenwärtigen Gefahr für (...) Freiheit einer Person"*. Diesen Anforderungen genügt etwa die folgende Formulierung: Ein Eilfall liegt dann vor, wenn ein unmittelbarer Zugriff auf die erweiterten Daten zur *„Abwehr einer gegenwärtigen Gefahr für Leib, Leben, Gesundheit oder Freiheit einer Person, die mit schwerwiegenden Folgen für den Betroffenen verbunden ist"* unerlässlich ist und die Datenübermittlung aufgrund eines Ersuchens nicht rechtzeitig erfolgen kann.

Für den Fall einer Verweigerung der nachträglichen Zustimmung (§ 5 Abs. 2 S. 6 ATDG) zu dem „Eilfallabruf" sollte der Gesetzgeber überdies sinnvoller Weise neben einem bereits geregelten Löschungsgebot und Verwertungsverbot, ein Verbot der weiteren Verwendung der aufgrund des Datenabrufes bereits erzeugten Arbeitsergebnisse und nicht nur der erhaltenen Daten selbst anordnen.[1329]

(h) Religionszugehörigkeit

Der moderne Terrorismus ist in der Regel religiös motiviert, deshalb kann auf die Speicherung der Angaben zur Religionszugehörigkeit nicht generell durch den „auf Prävention und Gefahrenabwehr bedachten Staat" verzichtet werden.[1330] Um den Ausnahmecharakter der Speicherung dieser hochsensiblen Angabe deutlicher zu machen,

---

1329 *Ruhmannseder*, Informationelle Zusammenarbeit von Polizeibehörden und Nachrichtendiensten auf Grund des „Gemeinsame-Dateien-Gesetzes", StraFo 2007, S. 184 (190).

1330 *Hilgendorf*, Stellungnahme zum GDG und TBEG, A-Drs. 16(4)131 B, S. 3.

bietet sich aber die Einfügung des Wortes *„unbedingt“* vor dem Wort „erforderlich“ in der Formulierung *„soweit diese im Einzelfall zur Aufklärung oder Bekämpfung des internationalen Terrorismus erforderlich sind“* (§ 3 Abs. 1 Nr. 1 b hh ATDG) an.[1331]

(i) Verweisungstechniken im Hinblick auf Löschung, Sperrung[1332] und Berichtigung

§ 11 Abs. 2 S. 1 ATDG
Nach der derzeitigen Fassung des § 11 Abs. 2 S. 1 ATDG gilt, dass personenbezogene Daten zu löschen sind, *„wenn ihre Speicherung unzulässig ist oder ihre Kenntnis (...) nicht mehr erforderlich ist.“* In diese Regelung ist zwingend das Wort „unverzüglich“ einzufügen, denn nur eine ohne schuldhaftes Verzögern vorgenommene Löschung trägt hier der besonderen Bedeutung der Daten auch im Lichte des Rechts auf informationelle Selbstbestimmung Rechnung. Die Löschungsregelung lautet dann: *„Personenbezogene Daten sind unverzüglich zu löschen, wenn ihre Speicherung unzulässig ist oder ihre Kenntnis für die Aufklärung oder Bekämpfung des internationalen Terrorismus nicht mehr erforderlich ist.“*

§ 11 Abs. 1 ATDG
In diesem Zusammenhang und aus dem gleichen Grund bietet sich auch eine Erweiterung der Berichtigungsanordnung in § 11 Abs. 1 ATDG an durch das Wort „unverzüglich“, diese lautet sodann: *“Unrichtige Daten sind unverzüglich zu berichtigen.“*

§ 11 Abs. 2 Satz 2 ATDG
§ 11 Abs. 2 ATDG enthält eine Verweisung auf die jeweiligen Fachgesetze für den Fall einer Datenlöschung. Nach Satz 2 sind Daten spätestens zu löschen, *„wenn die zugehörigen Erkenntnisse nach den für die beteiligten Behörden jeweils geltenden Rechtsvorschriften zu löschen sind.“* Folge dieser Regelungstechnik ist eine unübersichtliche Vermischung der unterschiedlichen Löschfristen, die es insbesondere den vom ATDG Betroffenen erschwert, sich einen schnellen Überblick über z.B. anstehende Löschungen zu verschaffen. Zwar ist die Verweisungstechnik eines der wichtigsten Hilfsmittel des Gesetzgebers, den Umfang des Gesetzestextes gering zu halten, allerdings büßt die Norm des ATDG (§ 11 Abs. 2 S. 2 ATDG) dadurch ihre Verständlichkeit aus sich selbst heraus ein.[1333] Aus diesem Grund bietet sich gerade für den angesprochenen Bereich der Löschung eine für alle beteiligten Behörden einheitliche Lösung an.

1331 *Hilgendorf*, Stellungnahme zum GDG und TBEG, A-Drs. 16(4)131 B, S. 6.

1332 Nach Abs. 3 des § 11 ATDG kann in dem dort genannten Fall an die Stelle einer Löschung eine Sperrung treten. Die in § 11 ATDG geregelten Fristen gelten damit auch für den Fall einer Sperrung.

1333 Vgl. dazu *Roggan/Bergemann*, Die „neue Sicherheitsarchitektur der Bundesrepublik Deutschland“ – Anti-Terror-Datei, gemeinsame Projektdateien und Terrorismusbekämpfungsgesetz, NJW 2007, S. 876 (877).

In Anbetracht der teilweise hochsensiblen Daten, die in der Antiterrordatei gespeichert sind, erscheint ein solcher Verweis auf die jeweiligen Vorschriften der handelnden Behörde hier sogar gänzlich überflüssig. Vielmehr bietet sich eine Streichung des Satzes 2 an, um den rechtstaatlichen Anforderungen des Bestimmtheitsgebotes gerecht zu werden. Eine für alle Behörden verbindliche Löschungsvorschrift findet sich schließlich in § 11 Abs. 2 S. 1 ATDG, die durch das Einfügen des Wortes „unverzüglich“ – wie soeben erläutert – auch den verfassungsrechtlichen Vorgaben entspricht.

§ 11 Abs. 4 ATDG
Ebenfalls einer Korrektur bedarf die Regelung des § 11 Abs. 4 ATDG, wonach die eingebenden Behörden nach den Fristen, die für die Erkenntnisdaten gelten, und bei der Einzelfallbearbeitung prüfen, ob personenbezogene Daten zu berichtigen oder zu löschen sind. Weder dem weiteren Gesetzestext noch der Gesetzesbegründung lässt sich entnehmen, was genau der Gesetzgeber mit diesem Verweis auf die Berichtigungs- bzw. Löschfristen der „Erkenntnisdaten“ gemeint hat. Der insoweit unzureichenden Vorschrift, die lediglich eine unverständliche Verweisung beinhaltet, fehlt es damit an Praktikabilität. Sie ist zu ersetzen durch eine für alle Behörden geltende einheitliche Lösch- bzw. Berichtungsfrist.

c. Weitere Maßnahmen

Abschließend sollen einige grundsätzliche Anmerkungen im Hinblick auf eine rechtsstaatlich gebotene Überarbeitung des ATDG gemacht werden.

(1) Auskunftsrecht und Rechtsschutz

Nach § 10 Abs. 2 ATDG ist das BKA im Außenverhältnis zentrale Auskunftsstelle für die Antiterrordatei. Dies gilt jedoch nur für *nicht* verdeckt gespeicherte Daten; die Auskunft wird im Einvernehmen mit der beteiligten Behörde erteilt, die die datenschutzrechtliche Verantwortung für die betreffenden Daten trägt.[1334] Die Auskunft über verdeckt gespeicherte Daten kann nur die beteiligte Behörde erteilen, die diese Daten verdeckt gespeichert hat. Die Auskunftserteilung richtet sich dann nach den für diese Behörde geltenden Rechtsbestimmungen.

Zum Schutze der Grundrechte der von der Antiterrordatei betroffenen (natürlichen oder juristischen) Personen hat der Gesetzgeber dieses Auskunftsrecht geschaffen. Jedoch hat er es versäumt, dieses Recht umfassend zu gewährleisten. So gestaltet sich ein Auskunftsersuchen eines möglicherweise Betroffenen dergestalt, dass das BKA als angefragte Behörde seine Aussage auf die *nicht verdeckt* gespeicherten Daten beschränken muss und bezüglich *verdeckt* gespeicherter Daten, den Betroffenen auf sämtliche, an der Antiterrordatei beteiligte Behörden, an der Zahl etwa 57 verschiede-

1334 BT-Drucks. 16/2950, S. 22.

ne Stellen, verweist.[1335] Dies bedeutet, dass ein Auskunftssuchender sein Ersuchen in einem Fall *verdeckt* gespeicherter Daten an etwa 56 weitere Behörden richten muss, um Auskunft bezüglich der über ihn gespeicherten Daten zu erhalten. Doch auch dann besteht noch das „Restrisiko", dass die anderen beteiligten Behörden von ihrem Auskunftsverweigerungsrecht Gebrauch machen und der Betroffene damit keine Gewissheit erlangt, ob Daten über ihn in der Antiterrordatei hinterlegt sind.[1336]

Ein solches Verfahren widerspricht der in Art. 19 Abs. 4 GG niedergelegten Rechtsschutzgarantie. Diese regelt zwar primär den Zugang zu den Gerichten, muss sich aber auch schon auf das dem gerichtlichen Verfahren vorgelagerte behördliche Verfahren beziehen, wenn dieses Voraussetzung ist, um gerichtlichen Rechtsschutz in Anspruch nehmen zu können.[1337] Ein wirksamer Rechtsschutz kann aber nur dann bejaht werden, wenn der Betroffene überhaupt Kenntnis über die ihn in seinen Grundrechten möglicherweise verletzenden Eingriffe erhält. Damit ist das in § 10 ATDG (mit den entsprechenden Verweisen auf die einschlägigen Fachgesetze und den darin enthaltenen Auskunftsverweigerungsrechten) geregelte Auskunftsrecht im Ergebnis nicht mit der Rechtsschutzgarantie des Art. 19 Abs. 4 GG vereinbar.

Es sollte deshalb eine Vorschrift geschaffen werden, nach der das BKA die zentrale Auskunftsstelle für alle bezüglich einer Person gespeicherten Daten ist. Dabei ist nicht erforderlich, dass dem BKA die genauen Daten bekannt sind, diesem soll vielmehr ein Überblick ermöglicht werden, welche Behörden auch *verdeckt* gespeicherte Daten in die Antiterrordatei eingestellt haben. Damit erlangt das BKA die Möglichkeit, einen Auskunftssuchenden zumindest über die entsprechende Behörde zu informieren, die über weitere Daten verfügt. So bleibt es dem Betroffenen erspart, alle an der Antiterrordatei beteiligten Behörden um Auskunft zu ersuchen.

(2) Evaluierungen

Nach Artikel 5 Abs. 1 des GDG tritt dieses am Tag nach der Verkündung in Kraft. Entsprechend Absatz 2 desselben Artikels tritt Artikel 1 (ATDG) mit Ablauf des 30.

1335 Siehe die Stellungnahme von *Hartge*, Landesbeauftragte für den Datenschutz und für das Recht auf Akteneinsicht des Landes Brandenburg, zur Verfassungsbeschwerde gegen das ATDG (1 BvR 1215/07) im Internet abrufbar unter: http://www.lda.brandenburg.de/sixcms/detail.php?gsid=bb2.c.449351.de&template=allgemein_lda (zuletzt aufgerufen am 18.08.2009).

1336 Die Auskunftserteilung richtet sich in einem solchen Fall nach den für die jeweilige Behörde geltenden Bestimmungen, die sämtlich Auskunftsverweigerungsvorschriften enthalten, vgl. die Stellungnahme von *Hartge*, Landesbeauftragte für den Datenschutz und für das Recht auf Akteneinsicht des Landes Brandenburg, zur Verfassungsbeschwerde gegen das ATDG (1 BvR 1215/07) im Internet abrufbar unter: http://www.lda.brandenburg.de/sixcms/detail.php?gsid=bb2.c.449351.de&template=allgemein_lda (zuletzt aufgerufen am 18.08.2009).

1337 Siehe dazu die Stellungnahme von *Hartge*, Landesbeauftragte für den Datenschutz und für das Recht auf Akteneinsicht des Landes Brandenburg, zur Verfassungsbeschwerde gegen das ATDG (1 BvR 1215/07) im Internet abrufbar unter: http://www.lda.brandenburg.de/sixcms/detail.php?gsid=bb2.c.449351.de&template=allgemein_lda (zuletzt aufgerufen am 18.08.2009).

Dezembers 2017 außer Kraft und ist fünf Jahre nach dem Inkrafttreten unter Einbeziehung eines wissenschaftlichen Sachverständigen, der im Einvernehmen mit dem Deutschen Bundestag bestellt wird, zu evaluieren.

Da die Evaluierung komplexer Gesetzestexte zum Zwecke einer effizienteren Neu-Formulierung, Kontrolle und Fortentwicklung des Rechts maßgeblich ist, kann eine nur regierungsinterne Bewertung des Gesetzes zu keinen ausreichenden, den Zwecken einer Evaluierung gerecht werdenden Ergebnissen führen.[1338] Zwar sieht die derzeitige Fassung die Beteiligung eines wissenschaftlichen Sachverständigen vor, dies kann jedoch nicht darüber hinweghelfen, dass für eine sachgerechte Bewertung auch die Hinzuziehung von in der Praxis mit diesem Gesetz konfrontiertem Personal zwingend erforderlich ist. Nur auf diese Weise kann sichergestellt werden, dass alle für die Evaluierung wichtigen Aspekte in angemessener Weise berücksichtigt werden und das Ergebnis der Bewertung in der Praxis Bestand hat.

In zeitlicher Hinsicht erscheint die Bewertung nach einem Zeitablauf von fünf Jahren zu spät. Sachgerechter wäre eine Evaluierung bereits nach zwei bis drei Jahren vorzunehmen.[1339] Nur so kann das Risiko der Entstehung von Fehlentwicklungen verhindert werden. Etwaige unklare Formulierungen im Gesetzestext können so rechtzeitig neu gefasst werden, um längerfristigen überflüssigen Verwaltungsaufwand oder ähnlich unerfreuliche Ergebnisse zu vermeiden. Zuletzt erscheint auch eine sich wiederholende Evaluierung angemessen. Der Gesetzgeber hat in Art. 5 GDG nur eine einmalige Bewertung vorgesehen. Dies ist jedoch nicht ausreichend, um auch sich erst zu einem späteren Zeitpunkt herauskristallisierenden Fehlentwicklungen wirksam entgegentreten zu können.

4. Zusammenfassung

Eine Ergänzung des Gesetzestextes durch Einfügen eines § 3a ATDG und eine Änderung des § 2 ATDG, die eine Kennzeichnung der Daten und eine anschließende Verschlüsselung ermöglichen sollen, vermag die rechtlichen Grundvoraussetzungen für eine Vereinbarkeit des ATDG mit dem Trennungsgebot bei entsprechender Beachtung in der Praxis zu bewirken.

Auch an anderen Punkten des Gesetzestextes sind Nachbesserungen angezeigt. Dies betrifft vor allem den Kreis der zum Datenzugriff berechtigten Behörden, den Umfang der zu speichernden Daten im Hinblick auf das Vorliegen tatsächlicher Anhaltspunkte sowie das Konzept der Kontaktpersonen, die Religionszugehörigkeit und ein Rechtmäßigkeitserfordernis für die einzustellenden Daten; auch die Eilfallregelung und die verfahrensrechtlichen Bestimmungen (wie die Verweisungstechniken) bedürfen einer Überarbeitung durch den Gesetzgeber. Zuletzt bedarf es einer regelmäßigen Evaluierung des Gesetzes durch die von dem Gesetz betroffenen Sachverständigen und auch durch unabhängige Experten.

1338 Ähnlich *Hilgendorf*, Stellungnahme zum GDG und TBEG, A-Drs. 16(4)131 B, S. 6.

1339 *Hilgendorf*, Stellungnahme zum GDG und TBEG, A-Drs. 16(4)131 B, S. 7.

Kapitel 5 - Schlussbetrachtung

A. Zusammenfassung der wichtigsten Ergebnisse

Das Trennungsgebot stellt ein in der Verfassung verankertes Leitprinzip für das rechtsstaatlich bestimmte Verhältnis zwischen Polizeien und Nachrichtendiensten dar. Sein Verfassungsrang lässt sich einerseits im Wege einer systematischen und entstehungsgeschichtlichen Auslegung aus Art. 87 Abs. 2 S. 1 GG (i.V.m. Art. 73 Nr. 10 GG) herleiten, andererseits ist das Trennungsgebot als eine Konkretisierung des Rechtsstaatsprinzips anzusehen. Neben einer befugnisrechtlichen, organisatorischen und funktionalen Ausformung des Trennungsgebotes gewinnt insbesondere die informationelle Ausgestaltung dieses Prinzips an Bedeutung. Die informationelle Ebene lässt sich weiter in eine informationell-befugnisrechtliche und eine informationell-funktionale Ausprägung unterteilen und soll gewährleisten, dass der Informationsaustausch zwischen den Polizeien und Nachrichtendiensten sich nur auf solche Informationen beschränkt, die jede Behörde innerhalb des ihr vom Gesetzgeber übertragenen Aufgabenbereiches und im Rahmen der zugewiesenen Eingriffsbefugnisse auch selbst hätte erheben dürfen.

Die Regelungen des ATDG, die – angesichts der Bedrohungen durch den internationalen Terrorismus – zum Zwecke der Verbesserung des Informationsaustauschs zwischen Polizeien und Nachrichtendiensten geschaffen wurden[1340], beinhalten eine völlig neue Qualität des Datenaustauschs zwischen Polizeien und Nachrichtendiensten. Es handelt sich bei der Antiterrordatei um eine Verbunddatei, die von nachrichtendienstlichen und polizeilichen Sicherheitsbehörden gleichermaßen genutzt wird. Soweit eine gemeinsame Datenbank wie die Antiterrordatei dabei einen unbegrenzten Zugriff auf die in ihr enthaltenen Daten ermöglicht, steht diesem Vorhaben das verfassungsrechtliche Trennungsgebot entgegen. Ein unbeschränkter Zugriff auf die Daten in der Antiterrordatei bzw. eine weitere Verwendung dieser Daten (zu anderen Zwecken) kann nämlich zu einer Verletzung des Trennungsprinzips sowohl auf informationell-befugnisrechtlicher als auch auf informationell-funktionaler Ebene führen, da mangels entsprechender Regelungen im ATDG nicht sichergestellt ist, dass die Antiterrordatei nur über solche Daten verfügt, die sowohl nachrichtendienstliche als auch polizeiliche Behörden nutzen dürfen.

Wenn gegen eine solch konsequente Auslegung des Trennungsgebotes vorgetragen wird, insbesondere die unbeschränkte informationelle Kooperation der Sicherheitsbehörden sei erforderlich zur Bekämpfung terroristischer Gefahren und das Trennungsgebot verhindere ein effektives Vorgehen gegen Erscheinungen des internationalen Terrorismus, dann ist dem entgegenzuhalten, dass nach dem hier entwickelten Ergebnis nicht von der Hand zu weisen ist, dass das Trennungsgebot dennoch ausreichend Gestaltungsspielraum bietet, um auch besonderen, vom internationalen Terrorismus ausgehenden Gefahren für die Innere Sicherheit in der Bundesrepublik Deutschland

1340 Vgl. die amtliche Begründung zum GDG: BT-Drucks. 16/2950, S. 1.

wirksam begegnen zu können. Erforderlich ist lediglich eine entsprechende Ausformung der Gesetzesvorhaben, die den Vorgaben des Trennungsgebotes Rechnung trägt.

Dabei erweist sich die Trennung von Polizei und Nachrichtendiensten in rechtspolitischer Hinsicht sogar als funktionsgerecht und sinnvoll: Im Rahmen der Bekämpfung erheblicher Gefahren für die freiheitlich demokratische Grundordnung leistet sie einen wichtigen und nicht zu unterschätzenden Beitrag zu einer effektiveren Vorgehensweise gegen terroristische Bedrohungsszenarien.[1341] So hat auch *Gusy* in seiner jüngsten Veröffentlichung zur Problematik des Trennungsgebotes ausgeführt, dass dieses einer erfolgreichen Terrorismusbekämpfung nicht entgegensteht, sondern vielmehr Voraussetzung für eine solche ist.[1342] Er begründet dies mit der „Grundlage einer wirksamen Aufklärungsarbeit“: Diese liegt nicht in dem unbeschränkten Austausch aller verfügbaren Daten zwischen Polizeien und Nachrichtendiensten, sondern vielmehr in einer überlegten und zielgerichteten Übermittlung nur solcher Daten, die relevant, potentiell überprüfbar und auch später verwendbar sind. Ein Informationsaustausch muss sich also beschränken auf die *richtigen* Daten. Gerade das wird durch das verfassungsrechtliche Trennungsgebot gewährleistet, wenn nämlich jede Behörde nur innerhalb des ihr zugewiesenen Aufgabenbereiches mit den ihr zugestandenen Befugnissen und unter Beachtung der auch im Übrigen geltenden rechtlichen Bedingungen einer Zusammenarbeit tätig wird. In der Konsequenz werden nur die für eine Aufklärung hilfreichen Daten übermittelt und es ist keine weitere aufwändige Selektion der zur Verfügung gestellten Daten erforderlich. Denn die Nachrichtendienste und Polizeien haben – wie in dieser Bearbeitung gezeigt wurde – zwar sich teilweise überschneidende Aufgabenbereiche insbesondere im Bereich der Terrorismusbekämpfung; allerdings sind ihnen von Gesetzes wegen auch andere Aufgaben übertragen worden, die nicht identisch sind. Ein Austausch sämtlicher den beiden Sicherheitsbehörden zur Verfügung stehender Informationen ist daher weder sinnvoll noch notwendig.[1343]

Im Hinblick auf das ATDG hat die Bearbeitung gezeigt, dass jedenfalls unter der derzeitigen Fassung des ATDG eine mit dem Trennungsgebot vereinbare Zusammenarbeit der nachrichtendienstlichen mit den polizeilichen Sicherheitsbehörden nicht möglich ist. Die in Kapitel 4 näher ausgeführten Reformvorschläge können aber bei entsprechender Umsetzung durch den Gesetzgeber zu einer sinnvollen Ergänzung bzw.

1341 *Singer*, Das Trennungsgebot – Teil 2 – Politisches Schlagwort oder verfassungsrechtliche Vorgabe? Die Kriminalpolizei 12/2006, S. 112 (116 f.), der insbesondere auf die Gefahren durch den Linksterrorismus der 1970er Jahre verweist.

1342 Siehe *Gusy*, Trennungsgebot - Tatsächliches oder vermeintliches Hindernis für effektive Maßnahmen zur Bekämpfung des internationalen Terrorismus? in: Möllers/v. Ooyen, Jahrbuch Öffentliche Sicherheit 2008/2009, 2008, S. 177 (179).

1343 Ähnlich argumentieren auch Werthebach/Droste, allerdings hinsichtlich eines einfachgesetzlichen Trennungsgebotes: „Über seine Funktion als Schutz vor staatlichem Übermaß hinaus dient das einfach-gesetzliche Trennungsgebot vor allem der Effektivitätssteigerung. (...) statt Zwang zum Handeln und damit Erfolgsdruck gewährt das Trennungsgebot Raum für Analyse und Methodik.“, vgl. Werthebach/Droste-Lehnen, in: Dolzer/Vogel/Grashof (Hrsg.), Bonner Kommentar zum Grundgesetz, Art. 73 Nr. 10, Rn. 234.

Änderung des ATDG beitragen, so dass eine mit den Vorgaben des Verfassungsgebers vereinbare Fassung geschaffen werden kann.[1344]

Schließlich ist noch einmal hervorzuheben, dass es eine der elementaren Aufgaben des Rechtsstaates ist, gegen terroristische Bedrohungen vorzugehen und damit die Innere Sicherheit in der Bundesrepublik Deutschland zu wahren. Ein Mittel zur Erreichung dieses Zieles kann die Vernetzung von verschiedenen Datenbeständen sein, so lange sich der Rechtsstaat dabei innerhalb der von der Verfassung vorgegebenen Grenzen hält.[1345] Im Hinblick auf die Antiterrordatei, die zur Verbesserung des Informationsaustauschs zwischen Polizeien und Nachrichtendiensten beitragen soll, gilt dies insbesondere für die Beachtung des verfassungsrechtlichen Trennungsgebotes. Denn der Rechtsstaat zeichnet sich gerade dadurch aus, dass er auch bei der Auseinandersetzung mit seinen Gegnern die allgemeinen rechtsstaatlichen Vorgaben beachtet.[1346]

B. Fazit

Das Bundesverfassungsgericht hat in seiner Entscheidung zur Verfassungsmäßigkeit der präventiven polizeilichen Rasterfahndung vorgegeben, dass der Gesetzgeber die Balance zwischen Freiheit und Sicherheit neu justieren, dabei aber nicht die Gewichte grundlegend verschieben darf.[1347] Die Legislative hat sich also bei der Fassung des ATDG innerhalb der verfassungsrechtlichen Grenzen zu halten. Es ist dafür Sorge zu tragen, dass die Polizeien und Nachrichtendienste sich auch auf der Grundlage des ATDG in den ihnen zugewiesenen Kompetenzbereichen bewegen, wobei durch einen gefilterten Informationsaustausch sichergestellt werden muss, dass durch die Antiterrordatei nur solche Daten zur Verfügung gestellt werden, die die daran beteiligten Behörden empfangen und verarbeiten dürfen, ohne dabei gegen das Trennungsgebot zu verstoßen. Einzig durch diese von Vertrauen und Stringenz geprägte Kooperation kann die vom höchsten Gericht angestrebte Balance zwischen Freiheit und Sicherheit erreicht werden.

1344 Mit großer Wahrscheinlichkeit wird zuvor jedoch das Bundesverfassungsgericht dem Gesetzgeber in Bezug auf das ATDG rechtliche Grenzen aufzeigen. Es beabsichtigt, noch in diesem Jahr über eine Verfassungsbeschwerde gegen das ATDG zu entscheiden, vgl. die entsprechende gerichtliche Mitteilung, abrufbar im Internet unter http://www.bundesverfassungsgericht.de/organisation/erledigungen_2009.html, zuletzt aufgerufen am 18.08.2009.

1345 BVerfGE 49, 24 (56).

1346 Zuletzt BVerfG, NJW 2006, 1939 (1945) m.w.N.

1347 Vgl. den Beschluss des BVerfG vom 04. 04. 2006 - 1 BvR 518/02 = NJW 2006, 1939 (1946) und Kapitel 1 - A.

Abkürzungsverzeichnis

A

a.A.	anderer Ansicht
ABl.	Amtsblatt
ABl. EG	Amtsblatt der Europäischen Gemeinschaft
Abs.	Absatz
Abschn.	Abschnitt
a.D.	außer Dienst
AD	Action Directe
a.E.	am Ende
AEG	Allgemeines Eisenbahngesetz
a.F.	alte Fassung
AFP	Agence France Press
AIZ	Antiimperialistische Zelle
Art.	Artikel
Anm.	Anmerkung
AöR	Archiv des öffentlichen Rechts
ÄndG	Änderungsgesetz
APO	Außerparlamentarische Opposition
ApuZ	Aus Politik und Zeitgeschichte
ATDG	Gesetz zur Errichtung einer standardisierten zentralen Antiterrordatei von Polizeibehörden und Nachrichtendiensten von Bund und Ländern (Antiterrordateigesetz)
Aufl.	Auflage
AWG	Außenwirtschaftsgesetz

B

BAFI	Bundesamt für die Anerkennung ausländischer Flüchtlinge
BAMF	Bundesamt für Migration und Flüchtlinge
BayVBl.	Bayerische Verwaltungsblätter
Bd.	Band
BDK	Bund deutscher Kriminalbeamter
BDSG	Bundesdatenschutzgesetz
BfV	Bundesamt für Verfassungsschutz
BGB	Bürgerliches Gesetzbuch
BGBl.	Bundesgesetzblatt
BGH	Bundesgerichtshof
BGHSt	Entscheidungen des Bundesgerichtshofs in Strafsachen
BKA	Bundeskriminalamt
BKAG	Gesetz über das Bundeskriminalamt und die Zusammenarbeit des Bundes und der Länder in kriminalpolizeilichen Angelegenheiten
BMI	Bundesministerium des Innern
BND	Bundesnachrichtendienst
BNDG	Gesetz über den Bundesnachrichtendienst

BPol	Bundespolizei
BPolG	Gesetz über die Bundespolizei
BPolGuaÄndG	Gesetz zur Änderung des Bundespolizeigesetzes und anderer Gesetze
BR	Brigate Rosse
BR-Drucks.	Bundesratdrucksache
BT	Bundestag
BT-Drucks.	Bundestagsdrucksache
BVerfG	Bundesverfassungsgericht
BVerfGE	Entscheidungen des Bundesverfassungsgerichts
BVerfSchG	Gesetz über die Zusammenarbeit des Bundes und der Länder in Angelegenheiten des Verfassungsschutzes und über das Bundesamt für Verfassungsschutz (Bundesverfassungsschutzgesetz)
BVerwG	Bundesverwaltungsgericht
BVerwGE	Entscheidungen des Bundsverwaltungsgerichts
.bzw.	beziehungsweise

C

CD-ROM	Compact Disc Read-Only Memory
CDU	Christlich Demokratische Union Deutschlands
CR	Computer und Recht

D

ders.	derselbe
d.h.	das heißt
dies.	dieselbe
DPolG	Deutsche Polizeigewerkschaft im Deutschen Beamtenbund
DV	Deutsche Verwaltung
DÖV	Deutsche Öffentliche Verwaltung
DRiZ	Deutsche Richterzeitung
DVBl.	Deutsches Verwaltungsblatt

E

EG	Europäische Gemeinschaft
EGV	Vertrag zur Gründung der Europäischen Gemeinschaft
EOKA	Ethniki Organosis Kiprion Agoniston (Nationale Organisation Zypriotischer Kämpfer)
ETA	Euskadi Ta Askatasuna (Baskenland und Freiheit)
EU	Europäische Union

F

f.	folgende
FBI	Federal Bureau of Investigation
FDP	Freie Demokratische Partei
ff.	fortfolgende

Fn.	Fußnote

G

G 10	Gesetz zu Artikel 10 GG
GA	Goltdammers Archiv für Strafrecht
GBA	Generalbundesanwalt
GDG	Gesetz zur Errichtung gemeinsamer Dateien von Polizeibehörden und Nachrichtendiensten des Bundes und der Länder (Gemeinsame-Dateien-Gesetz)
GdP	Gewerkschaft der Polizei
Gestapo	Geheime Staatspolizei
GestapoG	Gesetz über die Geheime Staatspolizei
GewArch	Gewerbearchiv
GG	Grundgesetz
GSG 9	Grenzschutztruppe 9 (Spezialeinheit der Bundespolizei)
GTAZ	Gemeinsames Terrorismusabwehrzentrum
GÜKG	Güterkraftverkehrsgesetz
GVBl.	Gesetz- und Verordnungsblatt

H

h. M.	herrschende Meinung
Hs.	Halbsatz
Hrsg.	Herausgeber

I

i.d.F.	in der Fassung
IMEI	International Mobile Equipment Identity
INPOL	Polizeiliches Informationssystem
IMSI-Catcher	International Mobile Subscriber Identity-Catcher
IRA	Irish Republican Army
i.V.m.	in Verbindung mit

J

JA	Juristische Ausbildung
JZ	Juristenzeitung

K

KG	Kammergericht
KJ	Kritische Justiz
KritV	Kritische Vierteljahresschrift für Gesetzgebung und Rechtswissenschaft

L

LfV	Landesamt für Verfassungsschutz
lit.	littera (Buchstabe)

LKÄ	Landeskriminalämter
LuftSiG	Luftsicherheitsgesetz

M

MAD	Militärischer Abschirmdienst
MADG	Gesetz über den Militärischen Abschirmdienst
MBliV	Ministerialblatt für die Preußische innere Verwaltung
MEK	Mobiles Einsatzkommando
m.N.	mit Nachweis
MTU	Motoren- und Turbinenunion
m.w.N.	mit weiteren Nachweisen

N

NADIS	Nachrichtendienstliches Informationssystem
NATO	North Atlantic Treaty Organization
NIAS	Nachrichtendienstliche Informations- und Analysestelle
NJW	Neue Juristische Wochenschrift
NS	Nationalsozialismus
NSDAP	Die Nationalsozialistische Deutsche Arbeiterpartei
NSKG	Nationalsozialistische Kampfgruppe Großdeutschland
NStZ	Neue Zeitschrift für Strafrecht
Nr.	Nummer
NVwZ	Neue Zeitschrift für Verwaltungsrecht

O

OLG	Oberlandesgericht
OrgKG	Gesetz zur Bekämpfung des illegalen Rauschgifthandels und anderer Erscheinungsformen der Organisierten Kriminalität
OVG	Oberverwaltungsgericht

P

PIRA	Provisional Irish Republican Army
PIAS	Polizeiliche Informations- und Analysestelle
PLO	Palästinensische Befreiungsorganisation
PrGs	Preußische Gesetzessammlung
PrOVG	Preußisches Oberverwaltungsgericht
PrOVGE	Entscheidungen des Preußischen Oberverwaltungsgerichts
POG Rh.-Pf.	Rheinland-Pfälzisches Polizeigesetz

R

RAF	Rote Armee Fraktion
RGBl.	Reichsgesetzblatt
Rn.	Randnummer
RZ	Revolutionäre Zellen

S

s.	siehe
S.	Seite
SACEUR	Supreme Allied Commander Europe
SächsVBl.	Sächsisches Verwaltungsblatt
SächsVerfGH	Sächsischer Verfassungsgerichtshof
SDS	Sozialistischer Deutscher Studentenbund
SDÜ	Schengener Durchführungsübereinkommen
SEK	Spezialeinsatzkommando
SPD	Sozialdemokratische Partei Deutschlands
SPK	Sozialistisches Patientenkollektiv Heidelberg
SS	Schutzstaffel
StraFO	Strafverteidiger Forum
StGB	Strafgesetzbuch
StV	Strafverteidiger
StPO	Strafprozessordnung
StrÄndG	Strafrechtsänderungsgesetz
SÜG	Sicherheitsüberprüfungsgesetz

T

TBG	Gesetz zur Bekämpfung des internationalen Terrorismus (Terrorismusbekämpfungsgesetz)
TBEG	Gesetz zur Ergänzung des Terrorismusbekämpfungsgesetz (Terrorismusbekämpfungsergänzungsgesetz)
TKÜ	Telekommunikationsüberwachung

U

u.a.	unter anderem
UNO	United Nations Organization
UZwG	Gesetz über den unmittelbaren Zwang bei Ausübung öffentlicher Gewalt durch Vollzugsbeamte des Bundes

V

v.	von/vom
VerfRhPf	Verfassung des Landes Rheinland-Pfalz
VerfSchutzÄndG	Gesetz zur Änderung des Gesetzes über die Zusammenarbeit des Bundes und der Länder in Angelegenheiten des Verfassungsschutzes
VEMEPolG	Vorentwurf zur Änderung des Musterentwurfs eines Polizeigesetzes
vgl.	vergleiche
Vol.	Volume (Band)
VVDStRL	Veröffentlichungen der Vereinigung der Deutschen Staatsrechtslehrer
VwVfG	Verwaltungsverfahrensgesetz

Z

z.B.	zum Beispiel
ZKA	Zollkriminalamt
ZNBw	Zentrum für Nachrichtenwesen der Bundeswehr
ZPR	Zeitschrift für Rechtspolitik
ZuWG	Gesetz zur Steuerung und Begrenzung der Zuwanderung und zur Regelung des Aufenthalts und der Integration von Unionsbürgern und Ausländern (Zuwanderungsgesetz)

Literaturverzeichnis

A

Adenauer, Konrad — Erinnerungen 1945-1953
München 1987

Ahlf, Ernst-Heinrich — Das Bundeskriminalamt als Zentralstelle
Wiesbaden 1985

Ders. — Erweiterter Sicherheitsbegriff und Polizei – Ein Essay –
Die Polizei 2002, S. 93-99

Albers, Marion — Die Determination polizeilicher Tätigkeit in den Bereichen der Strafverhütung und der Verfolgungsvorsorge
Berlin 2001

Dies. — Informationelle Selbstbestimmung
Baden-Baden 2005

Albert, Helmut — Das „Trennungsgebot" – ein für Polizei und Verfassungsschutz überholtes Entwicklungskonzept?
ZRP 1995, S. 105-109

Ders. — Gedanken zum Verhältnis von Polizei und Verfassungsschutz
in: Bundesamt für Verfassungsschutz (Hrsg.), Bundesamt für Verfassungsschutz. 50 Jahre im Dienst der inneren Sicherheit,
S. 85-100
Köln 2000

B

Bader, Erwin — Terrorismus – Eine Herausforderung unserer Zeit
Frankfurt 2007

Bader, Johann/ Ronellenfitsch, Michael — Beck'scher Online-Kommentar VwVfG
2. Auflage München 2009

Baum, Gerhart Rudolf/ Schantz, Peter — Die Novelle des BKA-Gesetzes - Eine rechtspolitische und verfassungsrechtliche Kritik
ZRP 2008, S. 137-140

Baumann, Fritz-Achim	Verfassungsschutz und Polizei – Trennungsgebot und Pflicht zur Zusammenarbeit, in: Düwell, Franz-Josef (Hrsg.), Anwalt des Rechtsstaats, Festschrift für Diether Posser zum 75. Geburtstag, S. 299-308 Köln 1997
Baumann, Karsten	Private Sicherheitsgewähr unter staatlicher Gesamtverantwortung – Zum Wandel vom Leistungs- zum Regulierungsstaat am Beispiel der Luftfahrtverwaltung DÖV 1978, S. 551-555
Ders.	Vernetzte Terrorismusbekämpfung oder Trennungsgebot? – Möglichkeiten und Grenzen der Zusammenarbeit von Polizei und Nachrichtendiensten – DVBl. 2005, S. 798-805
Becker, Bernd	Zentralstellen gemäß Art. 87 Abs. 1 GG DÖV 1978, S. 551-555
Borgs-Maciejewski, Hermann/ Ebert, Frank	Das Recht der Geheimdienste. Kommentar zum Bundesverfassungsschutzgesetz (Gesetz über die Zusammenarbeit des Bundes und der Länder in Angelegenheiten des Verfassungsschutzes) sowie zum G10 (Gesetz zur Beschränkung des Brief-, Post- und Fernmeldegeheimnisses – Gesetz zu Artikel 10-Grundgesetz) nebst Sammlung aller einschlägigen Gesetze des Bundes und der Länder sowie einer Chronik der Nachrichtendienste Stuttgart u.a. 1986
Brockhaus	Brockhaus – Die Enzyklopädie: in 24 Bänden Band 10 und 20 20. Auflage Mannheim 1998
Brugger, Winfried	Gewährleistung von Freiheit und Sicherheit im Lichte unterschiedlicher Staats- und Verfassungsverständnisse VVDStRL 63 (2004), S. 101-150
Brenner, Michael	Bundesnachrichtendienst im Rechtsstaat. Zwischen geheimdienstlicher Effizienz und rechtsstaatlicher Kontrolle Baden-Baden 1990

Buchheim, Hans | SS und Polizei im NS-Staat
Staatspolitische Schriftenreihe (hrsg. von der Studiengesellschaft für Zeitprobleme)
Duisdorf bei Bonn 1964

Bull, Hans Peter | Datenschutz und Ämter für Verfassungsschutz, in: Bundesministerium des Innern (Hrsg.), Verfassungsschutz und Rechtsstaat: Beiträge aus Wissenschaft und Praxis
S. 133-156
Köln 1981

Ders. | Trennungsgebot und Verknüpfungsbefugnis. Zur Aufgabenteilung der Sicherheitsbehörden, in: Hendler, Reinhard/Ibler, Martin/Soria, José Martinéz (Hrsg.), „Für Sicherheit, für Europa“, Festschrift für Prof. Dr. Volkmar Götz zum 70. Geburtstag,
S. 341-358
Göttingen 2005

C

Callies, Christian | Sicherheit im freiheitlichen Rechtsstaat - Eine verfassungsrechtliche Gratwanderung mit staatstheoretischem Kompass
ZRP 2002, S. 1-7

Ders. | Die Europäisierung der Staatsaufgabe Sicherheit unter den Rahmenbedingungen des freiheitlichen Rechtsstaats, in: Müller, Erwin/ Schneider, Patricia (Hrsg.),
Die Europäische Union im Kampf gegen den Terrorismus: Sicherheit vs. Freiheit? Demokratie, Sicherheit, Frieden
Frieden durch Recht IV
S. 83-110
Baden-Baden 2006

D

Daase, Christopher	Terrorismus als asymmetrische Gewaltstrategie, in: Graulich/Simon (Hrsg.), Terrorismus und Rechtsstaatlichkeit, Analysen, Handlungsoptionen, Perspektiven S. 91-98 Berlin 2007
Denkowski, von Charles	Das Trennungsgebot – Gefahr für die Innere Sicherheit? Ein Plädoyer für die Zusammenlegung von Staats- und Verfassungsschutz Kriminalistik 2003, S. 212-221
Ders.	Trennungsgebot Polizei – Verfassungsschutz. Grenze für die Gestaltung der Sicherheitsarchitektur? Kriminalistik 2008, S. 176-182
Denninger, Erhard	Die Trennung von Verfassungsschutz und Polizei und das Grundrecht auf informationelle Selbstbestimmung ZRP 1981, S. 231-235
Ders.	Amtshilfe im Bereich der Verfassungsschutzbehörden, in: Bundesministerium des Innern (Hrsg.), Verfassungsschutz und Rechtsstaat: Beiträge aus Wissenschaft und Praxis S. 19-41 Köln 1981
Ders.	Zehn Thesen zum Ethos des Polizeirechts JA 1987, S. 131-133
Ders.	Freiheit durch Sicherheit, in: Koch, Hans-Joachim (Hrsg.), Terrorismus – Rechtsfragen der äußeren und inneren Sicherheit, Symposium für Hans Peter Bull und Helmut Rittstieg am 31. Mai 2002 S. 83-92 Baden-Baden 2002
Der Parlamentarische Rat 1948-1949	Der Parlamentarische Rat 1948-1949. Akten und Protokolle (hrsg. vom Deutschen Bundestag und vom Bundesarchiv) - Band 4: Ausschuss für das Besatzungsstatut (bearb. von Wolfram Werner), Boppard am Rhein: Boldt 1989 - Band 8: Die Beziehungen des Parlamentarischen

	Rates zu den Militärregierungen (bearb. von Michael F. Feldkamp), Boppard am Rhein: Boldt 1995
Dietl, Wilhelm/ Hirschmann, Kai/ Tophoven, Rolf	Das Terrorismus-Lexikon. Täter, Opfer, Hintergründe Frankfurt am Main 2006
Dolzer, Rudolf/ Vogel, Klaus/ Graßhof, Karin (Hrsg.)	Bonner Kommentar zum Grundgesetz Loseblattsammlung seit 1950 140. Aktualisierung Heidelberg Juni 2009
Dorn, Alexander	Das Trennungsgebot aus verfassungshistorischer Perspektive Zur Aufnahme inlandsnachrichtendienstlicher Bundeskompetenzen in das Grundgesetz vom 23. Mai 1949 Berlin 2004
Dreier, Horst	Grundgesetz, Kommentar, Band III: Art. 83-146 2. Auflage 2008
Droste, Bernadette	Handbuch des Verfassungsschutzrechts 1. Auflage Stuttgart u.a. 2007

E

Eisvogel, Alexander	Terroristische Bedrohungspotentiale und die Schwierigkeiten, ihnen wirksam zu begegnen, in: Graulich, Kurt/Simon, Dieter (Hrsg.), Terrorismus und Rechtsstaatlichkeit, Analysen, Handlungsoptionen, Perspektiven S. 57-68 Berlin 2007
Ende, Werner/ Steinbach, Udo	Der Islam in der Gegenwart. Entwicklung, Ausbreitung, Kultur und Religion. Staat, Politik und Recht. 5. Auflage München 2005
Epping, Volker/ Hillgruber, Christian	Beck'scher Online-Kommentar, Grundgesetz 2. Auflage München 2008
Evers, Hans-Ulrich	Privatsphäre und Ämter für Verfassungsschutz Berlin 1960

Ders. — Verfassungsschutz und Polizei, in: Bundesministerium des Innern (Hrsg.), Verfassungsschutz und Rechtsstaat: Beiträge aus Wissenschaft und Praxis
S. 65 ff
Köln 1981

F

Forster, Gerhard — Beobachtungsauftrag für Verfassungsschutzbehörden?, in: Daneke, Hans/Hetzer, Wolfgang (Hrsg.), Aktuelle Rechtsprobleme im Zusammenhang mit der Bekämpfung organisierter Kriminalität, Schlussbericht über das gleichnamige Seminar vom 02. bis zum 04.02.2000, Polizei-Führungsakademie Münster
S. 325 ff.
Münster 2000

Frisch, Peter — Aufgaben, Zweck, Arbeitsweise und Organisation des Verfassungsschutzes, in: Schreckensberger, Waldemar (Hrsg.), Polizei und Nachrichtendienste unter veränderten Sicherheitsbedingungen
Vorträge und Abhandlungen über die Aufgaben der Sicherheitsbehörden des Bundes der Bundesrepublik Deutschland
S. 59-70
Speyer 2005

G

Ganßer, Walter — Zusammenarbeit von Verfassungsschutz und Polizei
BayVBl. 1983, S. 711-717

Garstka, Hansjürgen — Empfiehlt es sich, Notwendigkeit und Grenzen des Schutzes personenbezogener – auch grenzüberschreitender – Informationen neu zu bestimmen? – Beitrag für das Deutsche Verwaltungsblatt, Begleitheft zum 62. Deutschen Juristentag 1998 –
DVBl. 1998, S. 981-992

Geiger, Hansjörg — Stellungnahme zur Vorbereitung für die öffentliche Anhörung des Innenausschusses des Deutschen Bundestages am 06. November 2006 zu den Gesetzesentwürfen der Bundesregierung für ein Gesetz zur Errichtung gemein-

samer Dateien von Polizeibehörden und Nachrichtendiensten des Bundes und der Länder (Gemeinsame-Dateien-Gesetz) - BT-Drucks. 16/2950 - und für ein Gesetz zur Ergänzung des Terrorismusbekämpfungsgesetzes (Terrorismusbekämpfungsergänzungsgesetz) - BT-Drucks. 16/2921 – sowie einer Reihe von Anträgen, A-Drs. 16(4)131 I
Berlin 2006
Zitiert: Geiger, Stellungnahme zum GDG und TBEG, A-Drs. 16(4)131 I

Gerngroß, Marcus — Anarchismus im Zarenreich: Michail Bakunin und Pjotr Kropotkin, in: Straßner, Alexander (Hrsg.), Sozialrevolutionärer Terrorismus: Theorie, Ideologie, Fallbeispiele, Zukunftsszenarien
S. 57-68
Wiesbaden 2008

Gössner, Rolf — Mythos Sicherheit. Der hilflose Schrei nach dem starken Staat
Baden-Baden 1995

Götz, Volkmar — Die Entwicklung des allgemeinen Polizei- und Ordnungsrechts (1994-1997) NVwZ 1998, S. 679-688

Ders. — Ein Raum der Freiheit, Sicherheit und des Rechts, in: Ipsen, Jörn/Schmidt-Jortzig, Edzard (Hrsg.), Recht – Staat – Gemeinwohl, Festschrift für Dietrich Rauschning,
S. 185-199
Köln u.a. 2001

Ders. — Allgemeines Polizei- und Ordnungsrecht
14. Auflage Göttingen 2008

Gröpl, Christoph — Die Nachrichtendienste im Regelwerk der deutschen Sicherheitsverwaltung. Legitimation, Organisation und Abgrenzungsfragen
Berlin 1993

Gujer, — Assymetrische Kriege – Die Möglichkeiten einer aufgeklärten Gesellschaft, in: Foertsch, Volker/Lange, Klaus (Hrsg.), Islamistischer Terrorismus
Bestandsaufnahme und Bekämpfungsmöglichkeiten
S. 53-60
München 2005

Gusy, Christoph — Der Militärische Abschirmdienst
DÖV 1983, S. 60-66

Ders. — Die Rechtsstellung der Nachrichtendienste
Jura 1986, S. 296-300

Ders. — Das verfassungsrechtliche Gebot der Trennung von Polizei und Nachrichtendiensten
ZRP 1987, S. 45-52

Ders. — Informationelle Zusammenarbeit zwischen Sicherheitsbehörden. Auftrag und Grenzen am Beispiel der Verfassungsschutzbehörden
CR 1989, S. 628-636

Ders. — Das gesetzliche Trennungsgebot zwischen Polizei und Verfassungsschutz
DV 24 (1991), S. 467-490

Ders. — Weimar – die wehrlose Republik?: Verfassungsschutzrecht und Verfassungsschutz in der Weimarer Republik
Tübingen 1991

Ders. — Polizei und Nachrichtendienste im Kampf gegen die Organisierte Kriminalität
KritV 1994, S. 242-251

Ders. — Zur Relativität der Staatsaufgabe Sicherheit
DÖV 1996, S. 573-583

Ders. — Organisierte Kriminalität zwischen Polizei und Verfassungsschutz
GA 1999, S. 319-331

Ders. — Geheimdienstliche Aufklärung und Verfassungsschutz, in: Koch, Hans-Joachim (Hrsg.), Terrorismus – Rechtsfragen der äußeren und inneren Sicherheit, Symposium für Hans Peter Bull und Helmut Rittstieg am 31. Mai 2002
S. 93-119
Baden-Baden 2002

Ders. — Gewährleistung von Freiheit und Sicherheit im Lichte unterschiedlicher Staats- und Verfassungsverständnisse
VVDStrL 63 (2004), S. 151-190

Ders. Präventionsstaat zwischen Rechtsgüterschutz und Abbau von Freiheitsrechten in Deutschland, in: Graulich, Kurt/Simon, Dieter (Hrsg.), Terrorismus und Rechtsstaatlichkeit, Analysen, Handlungsoptionen, Perspektiven
S. 273-296
Berlin 2007

Ders. Parlamentarische Kontrolle der Nachrichtendienste im demokratischen Rechtsstaat
ZRP 2008, S. 36 ff.

Ders. Trennungsgebot - Tatsächliches oder vermeintliches Hindernis für effektive Maßnahmen zur Bekämpfung des internationalen Terrorismus? in: Möllers, Martin H. W./v. Ooyen, Robert C. (Hrsg.),
Jahrbuch Öffentliche Sicherheit 2008/2009
S. 177-189
Frankfurt a.M. 2008

H

Haedge, Karl Ludwig Das neue Nachrichtendienstrecht für die Bundesrepublik Deutschland
Ein Leitfaden mit Erläuterungen
Heidelberg 1998

Hanning, August Ziele und Schwerpunkte des Bundesnachrichtendienstes, in: Schreckensberger, Waldemar (Hrsg.), Polizei und Nachrichtendienste unter veränderten Sicherheitsbedingungen
Vorträge und Abhandlungen über die Aufgaben der Sicherheitsbehörden des Bundes der Bundesrepublik Deutschland
S. 85-100
Speyer 2005

Hansen, Ralf Eine Wiederkehr des „Leviathan“? Starker Staat und neue Sicherheitsgesellschaft
KJ 1999, S. 231-253

Harnischmacher, Robert/Semerak, Arved Deutsche Polizeigeschichte: Eine allgemeine Einführung in die Grundlagen
2. Auflage Stuttgart u.a. 1997

Hartge, Dagmar | Stellungnahme der Landesbeauftragten für den Datenschutz und für das Recht auf Akteneinsicht des Landes Brandenburg zur Verfassungsbeschwerde gegen das ATDG (1 BvR 1215/07) im Internet abrufbar unter: http://www.lda.brandenburg.de/sixcms/detail.php?gsid=bb2.c.449351.de&template=allgemein_lda (zuletzt aufgerufen am 18.08.2009)

Heise, Gerd/ Riegel, Reinhard | Musterentwurf eines einheitlichen Polizeigesetzes mit Begründung und Anmerkungen
2. Auflage Stuttgart 1978

Hellenbroich, Heribert | Abgrenzung der Zuständigkeit zwischen Polizei und Verfassungsschutz auf dem Gebiet des präventiven Verfassungsschutzes
Kriminalistik 1975, S. 394-396.

Hesse, Konrad | Grundzüge des Verfassungsrechts der Bundesrepublik Deutschland
20. Auflage Heidelberg 1999

Hetzer, Wolfgang | "Strafrechtspflege durch Geheimdienste?"
StV 1999, S. 165-170

Ders. | Terrorabwehr im Rechtsstaat
ZRP 2005, S. 132-135

Hilbrans, Sönke | Stellungnahme zur Vorbereitung für die öffentliche Anhörung des Innenausschusses des Deutschen Bundestages am 06. November 2006 zu den Gesetzesentwürfen der Bundesregierung für ein Gesetz zur Errichtung gemeinsamer Dateien von Polizeibehörden und Nachrichtendiensten des Bundes und der Länder (Gemeinsame-Dateien-Gesetz) - BT-Drucks. 16/2950 - und für ein Gesetz zur Ergänzung des Terrorismusbekämpfungsgesetzes (Terrorismusbekämpfungsergänzungsgesetz) - BT-Drucks. 16/2921 – sowie einer Reihe von Anträgen, A-Drs. 16(4)131 K
Bonn 2006
Zitiert: Hilbrans, Stellungnahme zum GDG und TBEG, A-Drs. 16(4)131 K

Hilgendorf, Eric | Stellungnahme zur Vorbereitung für die öffentliche Anhörung des Innenausschusses des Deutschen Bundestages am 06. November 2006 zu den Gesetzesentwürfen der

	Bundesregierung für ein Gesetz zur Errichtung gemeinsamer Dateien von Polizeibehörden und Nachrichtendiensten des Bundes und der Länder (Gemeinsame-Dateien-Gesetz) - BT-Drucks. 16/2950 - und für ein Gesetz zur Ergänzung des Terrorismusbekämpfungsgesetzes (Terrorismusbekämpfungsergänzungsgesetz) - BT-Drucks. 16/2921 – sowie einer Reihe von Anträgen, A-Drs. 16(4)131 B Würzburg 2006 Zitiert: Hilgendorf, Stellungnahme zum GDG und TBEG, A-Drs. 16(4)131 B
Hirschmann, Kai	Terrorismus in neuen Dimensionen. Hintergründe und Schlussfolgerungen ApuZ B 51/2001, S. 7-15
Ders.	Der Jihadismus: Ideologie, Organisation und Bekämpfungsmöglichkeiten, in: Graulich, Kurt/Simon, Dieter (Hrsg.), Terrorismus und Rechtsstaatlichkeit, Analysen, Handlungsoptionen, Perspektiven S. 99-122 Berlin 2007
Hobbes, Thomas	Leviathan oder Wesen, Form und Gewalt des kirchlichen und bürgerlichen Staates Ausgabe Hamburg 1965
Hömig, Dieter	Grundgesetz für die Bundesrepublik Deutschland 8. Auflage Baden-Baden 2007
Hutter, Reinhard	Risiken im Informationszeitalter, in: Bundesakademie für Sicherheitspolitik (Hrsg.), Sicherheitspolitik in neuen Dimensionen, S. 483-500 Hamburg 2001

I

Imle, Walter	Zwischen Vorbehalt und Erfordernis. Eine historische Studie zur Entstehung des nachrichtendienstlichen Verfassungsschutzes nach 1945 München 1984
Isensee, Josef	Das Grundrecht auf Sicherheit Zu den Schutzpflichten des freiheitlichen Verfassungs-

staates
Berlin u.a. 1983

Isensee, Josef/ Kirchhof, Paul (Hrsg.) — Handbuch des Staatsrechts der Bundesrepublik Deutschland
Band III: Demokratie - Bundesorgane
Band VII: Normativität und Schutz der Verfassung – Internationale Beziehungen
3. Auflage Heidelberg 2005 und
1. Auflage Heidelberg 1992

J

Jarass, Hans D./ Pieroth, Bodo — Grundgesetz für die Bundesrepublik Deutschland
10. Auflage München 2009

Jaschke, Hans-Gerd — Politischer Extremismus
Wiesbaden 2006

Jeserich, Kurt G. A./ Pohl, Hans/ von Unruh, Georg-Christoph (Hrsg.) — Deutsche Verwaltungsgeschichte.
Band I: Vom Spätmittelalter bis zum Ende des Reiches
Band IV: Das Reich als Republik und in der Zeit des Nationalsozialismus
Stuttgart 1983 und 1985

Jochum, Theo/ Rühle, Dietrich G. — Rheinlandpfälzisches Landesrecht
Polizei- und Ordnungsrecht
2. Auflage Baden-Baden 2000

Joecks, Wolfgang / Miebach, Klaus (Hrsg.) — Münchener Kommentar zum StGB
Band 2/2 (§§ 80-184f StGB)
3. Auflage München 2005

Just, Steffen — Polizeibegriff und Polizeirecht im Nationalsozialismus. Unter besonderer Berücksichtigung der Arbeit des Ausschusses für Polizeirecht bei der Akademie für Deutsches Recht
Würzburg 1990

K

Käppner, Joachim — Jeder sammelt vor sich hin. Wie der deutsche Sicherheitsapparat funktioniert – oder auch nicht., Süddeutsche Zeitung vom 18.03.2004, im Internet abrufbar unter http://www.sueddeutsche.de/politik/700/393490/text/ (zuletzt aufgerufen am 18.08.2009)

Kant, Immanuel — Zum ewigen Frieden. Ein philosophischer Entwurf
Ditzingen 1998

Kathke, Leonhard — Verfassungsrechtliche Aspekte des Pakets der Sicherheitsgesetze
München 1990

Katz, Alfred — Staatsrecht. Grundkurs im Öffentlichen Recht
17. Auflage Heidelberg 2007

Kluge, Rudolf/ Krüger, Heinrich — Verfassung und Verwaltung im Großdeutschen Reich
3. Auflage Berlin1941

Kloepfer, Michael — Geben moderne Technologien und die europäische Integration Anlass, Notwendigkeit und Grenzen des Schutzes personenbezogener Informationen neu zu bestimmen? Gutachten für den 62. Deutschen Juristentag, in: Verhandlungen des zweiundsechzigsten Deutschen Juristentages, Band I, Teil D
München 1998

Knemeyer, Franz-Ludwig — Polizeibegriffe in Gesetzen des 15. bis 18. Jahrhunderts
AöR 92 (1967), S. 153-180

Ders. — Art. "Polizei", in: Brunner, Otto/Conze, Werner/Koselleck, Reinhart (Hrsg.), Geschichtliche Grundbegriffe. Historisches Lexikon zur politisch-sozialen Sprache in Deutschland, Band 4
S. 875-897
Stuttgart 1978

Ders. — Polizei- und Ordnungsrecht
9. Auflage München 2007

Kniesel, Michael — „Innere Sicherheit" und Grundgesetz
ZRP 1996, S. 482-489

Kniesel, Michael/ Vahle, Jürgen — VE ME PolG, Musterentwurf eines einheitlichen Polizeigesetzes in der Fassung des Vorentwurfs zur Änderung des ME PolG – Text und amtliche Begründung, Clages, H. (Hrsg.), Grundlagen der Kriminalistik,

	Band 36 Heidelberg 1990
König, Marco	Trennung und Zusammenarbeit von Polizei und Nachrichtendiensten Stuttgart 2005
Kutscha, Martin	Die Aktualität des Trennungsgebotes für Polizei und Verfassungsschutz ZRP 1986, S. 194-198

L

Lange, Hans-Jürgen	Innere Sicherheit im Politischen System der Bundesrepublik Deutschland Opladen 1999
Ders. (Hrsg.)	Wörterbuch zur Inneren Sicherheit Wiesbaden 2006
Langguth, Gerd	Die Protestbewegung in der Bundesrepublik Deutschland 1968- 1976 Köln 1976
Laqueur, Walter	Terrorismus Kronberg 1977
Ders.	Die globale Bedrohung. Neue Gefahren des Terrorismus Berlin 2001
Lisken, Hans	Polizei und Verfassungsschutz – Aspekte der gesetzlichen Zusammenarbeit NJW 1982, S. 1481-1488
Ders.	„Nachrichtendienste extra legem“? ZRP 1984, S. 144 ff.
Ders.	Nachrichtendienste und „organisierte Kriminalität“ Grundrechte-Report 1997, S. 192-199
Ders.	Zur polizeilichen Rasterfahndung NVwZ 2002, S. 513-519
Lisken, Hans/ Denninger, Erhard	Handbuch des Polizeirechts 4. Auflage München 2007

Lutz, Dieter S. Was ist Terrorismus? Definitionen, Wandel, Perspektiven, in: Koch, Hans-Joachim (Hrsg.), Terrorismus – Rechtsfragen der äußeren und inneren Sicherheit, Symposium für Hans Peter Bull und Helmut Rittstieg am 31. Mai 2002
S. 85 ff.
Baden-Baden 2002

M

Mager, Christoph Terrorismusbekämpfung zwischen Sicherheit und Freiheit
Kiel 2005

Mangoldt,Hermann von/ Klein, Friedrich/ Starck, Christian Das Bonner Grundgesetz,
Gesamtwerk in drei Bänden
Band 2: Art. 20-82
Band 3: Art. 83-146 GG
5. Auflage München 2005

Maunz, Theodor Gestalt und Recht der Polizei
(Deutsche Geisteswissenschaft: Idee und Ordnung des Reiches)
Hamburg 1943

Maunz, Theodor/ Dürig, Günter Grundgesetz
Loseblattkommentar
53. Auflage 2009

Mehde, Veith Terrorismusbekämpfung durch Organisationsrecht
JZ 2005, S. 815-822

Meyer-Goßner, Lutz Strafprozessordnung: mit Gerichtsverfassungsgesetz und Nebengesetzen und ergänzende Bestimmungen
52. Auflage München 2009

Middel, Stefan Innere Sicherheit und präventive Terrorismusbekämpfung
Baden-Baden 2007

Möller, Manfred/ Wilhelm, Jürgen Allgemeines Polizei- und Ordnungsrecht mit Verwaltungszwang und Bescheidtechnik
5. Auflage Stuttgart 2003

Möstl, Markus | Verfassungsrechtliche Vorgaben für die strategische Fernmeldeaufklärung und die informationelle Vorfeldarbeit im allgemeinen
DVBl. 1999, S. 1394-1403

Ders. | Die staatliche Garantie für die öffentliche Sicherheit und Ordnung
Tübingen 2002

Ders. | Stellungnahme zur Vorbereitung für die öffentliche Anhörung des Innenausschusses des Deutschen Bundestages am 06. November 2006 zu den Gesetzesentwürfen der Bundesregierung für ein Gesetz zur Errichtung gemeinsamer Dateien von Polizeibehörden und Nachrichtendiensten des Bundes und der Länder (Gemeinsame-Dateien-Gesetz) - BT-Drucks. 16/2950 - und für ein Gesetz zur Ergänzung des Terrorismusbekämpfungsgesetzes (Terrorismusbekämpfungsergänzungsgesetz) - BT-Drucks. 16/2921 – sowie einer Reihe von Anträgen, A-Drs. 16(4)131 A
Bayreuth 2006
Zitiert: Möstl, Stellungnahme zum GDG und TBEG, A-Drs. 16(4)131 A

Münch, Ingo von/ Kunig, Philip | Grundgesetz Kommentar in 3 Bänden
Band 3 (Art. 70-146 GG)
5. Auflage München 2003

N

Nehm, Kay | Das nachrichtendienstrechtliche Trennungsgebot und die neue Sicherheitsarchitektur
NJW 2004, S. 3289-3368

Noethen, Stefan | Polizei in der Besatzungszeit – Vorstellungen und Einflüsse der Alliierten, in: Lange, Hans-Jürgen (Hrsg.), Die Polizei der Gesellschaft: zur Soziologie der Inneren Sicherheit
Studien zur Inneren Sicherheit Band 4
S. 77-92
Wiesbaden 2003

Ders. | Kriminalpolitische Vorgaben der alliierten Besatzungsmächte, in: Lange, Hans-Jürgen (Hrsg.), Kriminalpolitik

Studien zur Inneren Sicherheit
S. 59-80
Wiesbaden 2008

O

Oeter, Stefan | Terrorismus – ein völkerrechtliches Verbrechen?, in: Koch, Hans-Joachim (Hrsg.) Terrorismus – Rechtsfragen der äußeren und inneren Sicherheit. Symposium für Hans Peter Bull und Helmut Rittstieg am 31. Mai 2002
S. 46 ff.
Baden-Baden 2002

Ostheimer, Michael | Verfassungsschutz nach der Wiedervereinigung: Möglichkeiten und Grenzen einer Aufgabenausweitung
Europäische Hochschulschriften, Reihe II: Rechtswissenschaft, Band 1523
Frankfurt a.M. u.a. 1994

P

Paeffgen, Hans-Ullrich/ Gärditz, Klaus | Die föderale Seite des „Trennungsgebotes“ oder: Art. 87 III, 73 GG und das G-10-Urteil
KritV 2000, S. 65-75

Pieroth, Bodo/ Schlink, Bernhard/ Kniesel, Michael | Polizei- und Ordnungsrecht mit Versammlungsrecht
5. Auflage München 2008

Poscher, Ralf | Stellungnahme zur Vorbereitung für die öffentliche Anhörung des Innenausschusses des Deutschen Bundestages am 06. November 2006 zu den Gesetzesentwürfen der Bundesregierung für ein Gesetz zur Errichtung gemeinsamer Dateien von Polizeibehörden und Nachrichtendiensten des Bundes und der Länder (Gemeinsame-Dateien-Gesetz) - BT-Drucks. 16/2950 - und für ein Gesetz zur Ergänzung des Terrorismusbekämpfungsgesetzes (Terrorismusbekämpfungsergänzungsgesetz) - BT-Drucks. 16/2921 – sowie einer Reihe von Anträgen, A-Drs. 16(4)131 J
Bochum 2006
Zitiert: Poscher, Stellungnahme zum GDG und TBEG, A-Drs. 16(4)131 J

R

Robbers, Gerhard — Sicherheit als Menschenrecht
Aspekte der Geschichte, Begründung und Wirkung einer Grundrechtsfunktion
Baden-Baden 1987

Roellecke, Gerd — Der Rechtsstaat im Kampf gegen den Terror
JZ 2006, S. 265-270

Roewer, Helmut — Trennung von Polizei und Verfassungsschutz
DVBl. 1986, S. 205-208

Ders. — Nachrichtendienstrecht der Bundesrepublik Deutschland
Köln u.a. 1987

Ders. — Geschichtlicher Nachtrag zur Kontroverse um die Trennung von Polizei und Verfassungsschutzbehörde
DVBl. 1988, S. 666-671

Roggan, Fredrik — Das neue BKA-Gesetz - Zur weiteren Zentralisierung der deutschen Sicherheitsarchitektur
NJW 2009, S. 257-262

Roggan, Fredrik/
Bergemann, Nils — Stellungnahme zur Vorbereitung für die öffentliche Anhörung des Innenausschusses des Deutschen Bundestages am 06. November 2006 zu den Gesetzesentwürfen der Bundesregierung für ein Gesetz zur Errichtung gemeinsamer Dateien von Polizeibehörden und Nachrichtendiensten des Bundes und der Länder (Gemeinsame-Dateien-Gesetz) - BT-Drucks. 16/2950 - und für ein Gesetz zur Ergänzung des Terrorismusbekämpfungsgesetzes (Terrorismusbekämpfungsergänzungsgesetz) - BT-Drucks. 16/2921 – sowie einer Reihe von Anträgen, A-Drs. 16(4)131 D
Berlin und Kiel 2006
Zitiert: Roggan/Bergemann, Stellungnahme zum GDG und TBEG, A-Drs. 16(4)131 D

Ders. — Die „neue Sicherheitsarchitektur der Bundesrepublik Deutschland“ – Anti-Terror-Datei, gemeinsame Projektdateien und Terrorismusbekämpfungsergänzungsgesetz
NJW 2007, S. 876-881

Roggan, Fredrik/ Kutscha, Martin (Hrsg.) — Handbuch zum Recht der Inneren Sicherheit
2. Auflage Berlin 2006

Ronellenfitsch, Michael — Das Recht auf informationelle Selbstbestimmung im Krieg gegen den Terrorismus, in: Nettesheim, Martin/Oppermann, Thomas (Hrsg.), Ehrensymposium Edward Kossoy,
S.115-148
Tübingen 2007

Ruhmannseder, Felix — Informationelle Zusammenarbeit von Polizeibehörden und Nachrichtendiensten auf Grund des „Gemeinsame-Dateien-Gesetzes“
StraFO 2007, S. 184-190

Rupprecht, Reinhard/ Hellenthal, Markus — Innere Sicherheit im Europäischen Binnenmarkt. Strategien und Optionen für die Zukunft Europas
Gütersloh 1992

S

Sabrow, Martin — Die verdrängte Verschwörung. Der Rathenaumord und die deutsche Gegenrevolution.
Frankfurt 1999

Sachs, Michael — Grundgesetz Kommentar
4. Auflage 2007

Saurer, Johannes — Die Ausweitung sicherheitsrechtlicher Regelungsansprüche im Kontext der Terrorismusbekämpfung
NVwZ 2005, S. 275-282

Schaar, Peter — Stellungnahme zur Vorbereitung für die öffentliche Anhörung des Innenausschusses des Deutschen Bundestages am 06. November 2006 zu den Gesetzesentwürfen der Bundesregierung für ein Gesetz zur Errichtung gemeinsamer Dateien von Polizeibehörden und Nachrichtendiensten des Bundes und der Länder (Gemeinsame-

Dateien-Gesetz) - BT-Drucks. 16/2950 - und für ein Gesetz zur Ergänzung des Terrorismusbekämpfungsgesetzes (Terrorismusbekämpfungsergänzungsgesetz) - BT-Drucks. 16/2921 – sowie einer Reihe von Anträgen, A-Drs. 16(4)131 G
Berlin 2006
Zitiert: Schaar, Stellungnahme zum GDG und TBEG, A-Drs. 16(4)131 G

Schaefer, Hans Christoph	Strafverfolgung und Verfassungsschutz NJW 1999, S. 2572-2573
Schafranek, Frank Peter	Die Kompetenzverteilung zwischen Polizei und Verfassungsschutzbehörden in der Bundesrepublik Deutschland Aachen u.a. 2000
Schapper, Claus Henning	Rechtsstaatliche Fundierung der Informationsverarbeitung bei Sicherheitsbehörden und Nachrichtendiensten DRiZ 1987, S. 221-225
Schenke, Wolf-Rüdiger	Polizei- und Ordnungsrecht 5. Auflage Heidelberg 2007
Schmalenbach, Kirsten	Administrativer Verfassungsschutz: Bürger unter Beobachtung, in: Thiel, Markus (Hrsg.), Wehrhafte Demokratie: Beiträge über die Regelungen zum Schutze der freiheitlichen demokratischen Grundordnung, S. 415 -445 Tübingen 2003
Schmid, Alex P.	Political Terrorism: A Research Guide to Concepts, Theories, Data Bases and Literature Amsterdam 1983
Schmidt, Dagmar	Der Freskenzyklus von Ambrogio Lorenzetti über die gute und die schlechte Regierung - Eine danteske Vision im Palazzo Pubblico von Siena St. Gallen 2003
Schmidt, Walter	Amtshilfe durch Informationshilfe ZRP 1979, S. 185-190
Schoch, Bruno/ Hauswedell, Corinna/ Weller, Christoph	Friedensgutachten 2002 Münster 2002

Scholz, Rupert/ Pitschas, Rainer — Informationelle Selbstbestimmung und staatliche Informationsverantwortung
Berlin 1984

Schulze-Fielitz, Helmuth — Nach dem 11. September: An den Leistungsgrenzen eines verfassungsstaatlichen Polizeirechts?,
in: Horn, Hans-Detlef (Hrsg.),
Recht im Pluralismus: Festschrift für Walter Schmitt Glaeser zum 70. Geburtstag
Berlin 2003

Siemann, Wolfram — Deutschlands Ruhe, Sicherheit und Ordnung
Tübingen 1985

Simitis, Spiros — Von der Amtshilfe zur Informationshilfe – Informationsaustausch und Datenschutzanforderungen in der öffentlichen Verwaltung
NJW 1986, S. 2795-2805

Singer, Jens Peter — Die rechtlichen Vorgaben für die Beobachtung der Organisierten Kriminalität durch die Nachrichtendienste der Bundesrepublik Deutschland
Aachen u.a. 2002

Ders. — Das Trennungsgebot – Teil 1 – Politisches Schlagwort oder verfassungsrechtliche Vorgabe?
Die Kriminalpolizei 9/2006, S. 85-90

Ders. — Das Trennungsgebot – Teil 2 – Politisches Schlagwort oder verfassungsrechtliche Vorgabe?
Die Kriminalpolizei 12/2006, S. 112-117

Sommer, Theo — Die Blutspur des Terrors
Die Zeit vom 02.08.1996, 32/96, abrufbar im Internet unter:
http://www.zeit.de/1996/32/Die_Blutspur_des_Terrors?page=2 (zuletzt aufgerufen am 18.08.2009)

Soria, José Martínez | Nachrichtendienste und Polizei
Die Zusammenarbeit in Deutschland und in der EU im Lichte des Trennungsgebotes, in: Hendler, Reinhard/Ibler, Martin/Soria, José Martinez (Hrsg.) „Für Sicherheit, für Europa“, Festschrift für Prof. Dr. Volkmar Götz zum 70. Geburtstag,
S. 359-375
Göttingen 2005

Straßner, Alexander | Perzipierter Weltbürgerkrieg: Rote Armee Fraktion in Deutschland, in: Straßner, Alexander (Hrsg.), Sozialrevolutionärer Terrorismus, Theorie, Ideologie, Fallbeispiele, Zukunftsszenarien
S. 209-236
Wiesbaden 2008

Ders. | Sozialrevolutionärer Terrorismus, Typologien und Erklärungsansätze, in: Straßner, Alexander (Hrsg.), Sozialrevolutionärer Terrorismus, Theorie, Ideologie, Fallbeispiele, Zukunftsszenarien
S. 9-36
Wiesbaden 2008

Stubenrauch, Julia | Gemeinsame Verbunddateien von Polizei und Nachrichtendiensten. Eine verfassungsrechtliche Untersuchung am Beispiel der Antiterrordatei
München 2008

T

Tilgner, Daniel | Sozialdisziplinierung und Sozialregulierung.
Die Policeyordnungen für Schleswig Holstein von 1636 und für das Amt Bergedorf von 1623
Münster 2000

W

Wagner, Heinz | Die Polizei im Faschismus, in: Reifner, Udo/Sonnen, Bernd-Rüdiger (Hrsg.), Strafjustiz und Polizei im Dritten Reich
S. 161 ff.
Frankfurt/New York 1984

Waldmann, Peter	Neuer Terrorismus?, in: Graulich, Kurt/Simon, Dieter (Hrsg.), Terrorismus und Rechtsstaatlichkeit, Analysen, Handlungsoptionen, Perspektiven, S. 47-56 Berlin 2007
Walter, Bernd	Innere Sicherheit zwischen Mythos und Nimbus Die Gewährleistung der Inneren Sicherheit als Lackmuster für den Rechtsstaat Kriminalistik 2000, S. 778-782
Weiss, Bernhard	Polizei und Politik Berlin 1928
Werthebach, Eckart/ Droste-Lehnen, Bernadette	Organisierte Kriminalität ZRP 1994, S. 57-65
Weßlau, Edda	Vorfeldermittlungen – Probleme der Legalisierung „vorbeugender Verbrechensbekämpfung" aus strafprozessrechtlicher Sicht Berlin 1989
Wettig, Gerhard	Entmilitarisierung und Wiederbewaffnung in Deutschland 1943-1955 – Internationale Auseinandersetzungen um die Rolle der Deutschen in Europa München u.a. 1967
Wiedmaier, Gunter (Hrsg.)	Münchener Anwaltshandbuch Strafverteidigung 1. Auflage München 2006
Wieschhörster, Angela	Die Aufrechterhaltung der öffentlichen Ordnung und der Schutz der inneren Sicherheit gem. Art. 64 Abs. 1 EGV Münster 2001
Wilhelm, Friedrich	Die Polizei im NS-Staat: Die Geschichte ihrer Organisation im Überblick 2. Auflage Paderborn u.a. 1999
Wolff, Heinrich Amadeus/ Scheffcyk, Fabian	Verfassungsrechtliche Fragen der gemeinsamen Antiterrordatei von Polizei und Nachrichtendiensten JA 2008, S. 81-88
Wördemann, Franz	Terrorismus. Motive, Täter, Strategien München u.a. 1977

Würtenberger, Thomas/ Heckmann, Dirk/ Riggert, Rainer — Polizeirecht in Baden-Württemberg (Jurathek: Studium) 6. Auflage Heidelberg 2005

Wurtzbacher, Jens — Sicherheit durch Gemeinschaft Bürgerschaftliches Engagement für öffentliche Sicherheit Opladen 2004

Y

Yonah, Alexander/ Pluchinsky, Dennis A. — European Terrorism Today & Tomorrow Dulles, VA (USA) 1992

Z

Ziercke, Jörg — Stellungnahme zur Vorbereitung für die öffentliche Anhörung des Innenausschusses des Deutschen Bundestages am 06. November 2006 zu den Gesetzesentwürfen der Bundesregierung für ein Gesetz zur Errichtung gemeinsamer Dateien von Polizeibehörden und Nachrichtendiensten des Bundes und der Länder (Gemeinsame-Dateien-Gesetz) - BT-Drucks. 16/2950 - und für ein Gesetz zur Ergänzung des Terrorismusbekämpfungsgesetzes (Terrorismusbekämpfungsergänzungsgesetz) - BT-Drucks. 16/2921 – sowie einer Reihe von Anträgen, A-Drs. 16(4)131 H Wiesbaden 2006 Zitiert: Ziercke, Stellungnahme zum GDG und TBEG, A-Drs. 16(4)131 H

Zimmermann, Uwe-Wolfgang — Sicherheitsvorsorge vor Ort – Eine verschiedenen Trägern zustehende, vernetzt wahrzunehmende Aufgabe auch in Bereichen *„Innerer Sicherheit"* und öffentlicher *Un-Ordnung* in der Kommune – Würzburg 2005

Zöller, Mark A. — Informationssysteme und Vorfeldmaßnahmen von Polizei, Staatsanwaltschaft und Nachrichtendiensten Heidelberg u.a. 2002

Ders. — Der Rechtsrahmen der Nachrichtendienste bei der „Bekämpfung" des internationalen Terrorismus JZ 2007, S. 763-771

Rechtspolitisches Symposium
Legal Policy Symposium

Herausgegeben im Institut für Rechtspolitik an der Universität Trier
von Bernd von Hoffmann und Gerhard Robbers

Band 1 Bernd von Hoffmann (ed.): Towards a Common European Immigration Policy. Reports and Discussions of a Symposium held in Trier on October 24th and 25th, 2002. 2003.

Band 2 Bernd von Hoffmann (ed.): Global Governance. Reports and Discussions of a Symposium held in Trier on October 9th and 10th, 2003. 2004.

Band 3 Gerhard Robbers (ed.): Reforming Federalism – Foreign Experiences for a Reform in Germany. Reports of a Symposium held in Trier on December 2nd to 4th, 2004 hosted by the Institute for Legal Policy at the University of Trier in Cooperation with the German Bundesrat. 2005.

Band 4 Gerhard Robbers / Dieter C. Umbach / Klaus-Eckart Gebauer (Hrsg.): Innere Sicherheit, Menschenwürde, Gentechnologie. Kolloquium aus Anlass des 80. Geburtstages von Ernst Benda am 22. Januar 2005 in Trier, veranstaltet vom Institut für Rechtspolitik an der Universität Trier und den Professoren Dr. Gerhard Robbers (Trier), Dr. Dieter C. Umbach (Potsdam), Dr. Klaus-Eckart Gebauer (Mainz) in Zusammenarbeit mit dem Landtag Rheinland-Pfalz. 2005.

Band 5 Bernd von Hoffmann (Hrsg.): Rechtspolitische Herausforderungen. Kolloquium anlässlich des 75. Geburtstages von Ministerpräsident a.D. Dr. Carl-Ludwig Wagner. 2005.

Band 6 Joachim Mertes / Gerhard Robbers (Hrsg.): Antworten auf den internationalen Terrorismus. Gewährleistung der Inneren Sicherheit durch Bund und Länder. Mit Beiträgen von Manfred Baldus, Wolfgang Bosbach, Paul Dubois, Rüdiger Freiherr von Fritsch, Joachim Mertes, Wolf Plesmann, Gerhard Robbers, Dieter Wiefelspütz und Heinrich Amadeus Wolff. 2007.

Band 7 Bernd von Hoffmann (Hrsg.): Universalität der Menschenrechte. Kulturelle Pluralität. 2009.

Band 8 Katharina Knüppel: Religionsfreiheit und Apostasie in islamisch geprägten Staaten. 2010.

Band 9 Johan D. van der Vyver: Implementation of International Law in the United States. 2010.

Band 10 Michael Rahe: Begriff und Bedeutung der Staatspraxis in der Rechtsprechung des Bundesverfassungsgerichts. 2011.

Band 11 Kathrin Luise Lang: Das Antiterrordateigesetz. Zusammenarbeit von Polizei und Nachrichtendiensten im Lichte des Trennungsgebotes. 2011.

www.peterlang.de

Peter Lang · Internationaler Verlag der Wissenschaften

Stephan Büsching

Rechtsstaat und Terrorismus

Untersuchung der sicherheitspolitischen Reaktionen der USA, Deutschlands und Großbritanniens auf den internationalen Terrorismus

Frankfurt am Main, Berlin, Bern, Bruxelles, New York, Oxford, Wien, 2010.
194 S., 2 Tab.
Europäische Hochschulschriften. Reihe 31: Politikwissenschaft. Bd. 582
ISBN 978-3-631-59657-9 · br. € 38,80*

In *Rechtsstaat und Terrorismus* wird die Frage gestellt, welche Auswirkungen der islamistische Terrorismus auf die sicherheitspolitischen Vorstellungen und Strategien der USA, Deutschlands und Großbritanniens hat. Die Untersuchung beruht hauptsächlich auf der Auswertung von Quellenmaterial. Im Mittelpunkt stehen dabei die Verhaftungswellen nach dem 11. September, der USA PATRIOT Act, das Internierungslager auf Guantanamo, die Sicherheitspakete I und II, der UK Anti-Terrorism Crime and Security Act und die mit diesen Maßnahmen und Gesetzen zusammenhängende Rechtsprechung. Ein wichtiges Ergebnis der Untersuchung ist, dass in allen drei untersuchten Gesellschaften der Staat Züge eines Präventionsstaates annimmt, der bestrebt ist, Risiken für seine Bürger lange vor deren tatsächlichen Manifestierung zu erkennen und zu beseitigen, und dabei fast unweigerlich mit Grundsätzen der Rechtsstaatlichkeit kollidiert. In den USA und Großbritannien geht die Entwicklung noch einen Schritt weiter: Der Verdacht auf terroristische Aktivitäten ist hier zum Inhaftierungsgrund auf rein administrativer Grundlage geworden, ohne dass der Verdächtige Anspruch auf ein reguläres Gerichtsverfahren hat.

Aus dem Inhalt: Verhaftungswellen · USA PATRIOT Act · Guantanamo · Rechtsprechung des Supreme Court · Sicherheitspakete I und II · Anti-Terrorism Crime and Security Act · Vom Rechtsstaat zum Präventions- und Exekutivstaat?

Frankfurt am Main · Berlin · Bern · Bruxelles · New York · Oxford · Wien
Auslieferung: Verlag Peter Lang AG
Moosstr. 1, CH-2542 Pieterlen
Telefax 0041(0)32/3761727

*inklusive der in Deutschland gültigen Mehrwertsteuer
Preisänderungen vorbehalten

Homepage http://www.peterlang.de

Printed by
CPI books GmbH, Leck

Kolibri 360 GmbH
Ferdinand-Jühlke-Straße 7
99095 Erfurt, Deutschland
produktsicherheit@kolibri360.de